VICTOR MIRSHAWKA

A LUTA PELA QUALIDADE NA ADMINISTRAÇÃO PÚBLICA

COM ÊNFASE NA GESTÃO MUNICIPAL

DVS Editora Ltda

VICTOR MIRSHAWKA

A LUTA PELA QUALIDADE NA ADMINISTRAÇÃO PÚBLICA

COM ÊNFASE NA GESTÃO MUNICIPAL

São Paulo, 2014
DVS Editora Ltda

A Luta pela Qualidade na Administração Pública
com Ênfase na Gestão Municipal

Diagramação: Spazio Publicidade e Propaganda

Dados Internacionais de Catalogação na Publicação (CIP)
(Câmara Brasileira do Livro, SP, Brasil)

Mirshawka, Victor
    A luta pela qualidade na administração pública
com êfase na gestão municipal / Victor Mirshawka. --
1. ed. -- São Paulo : DVS Editora, 2014.

    Bibliografia.
    ISBN 978-85-8289-071-4

    1. Administração pública 2. Administração
pública - Brasil 3. Municípios - Governo e
administração 4. Políticas públicas 5. Qualidade
I. Título.

14-03067   CDD-352.14

Índices para catálogo sistemático:

1. Administração pública municipal   352.14
2. Municípios : Administração pública   352.14

SUMÁRIO

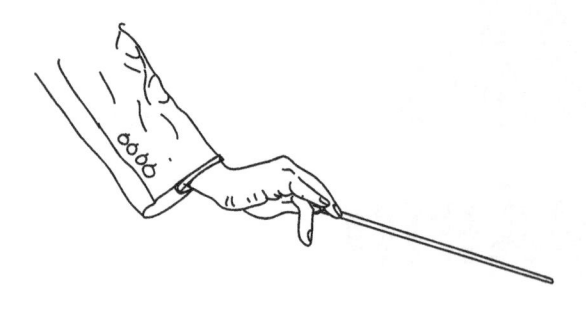

"

A administração pública (AP) trata da
organização e da gestão dos homens
e materiais para a consecução dos
propósitos do governo. "

Dwight Waldo

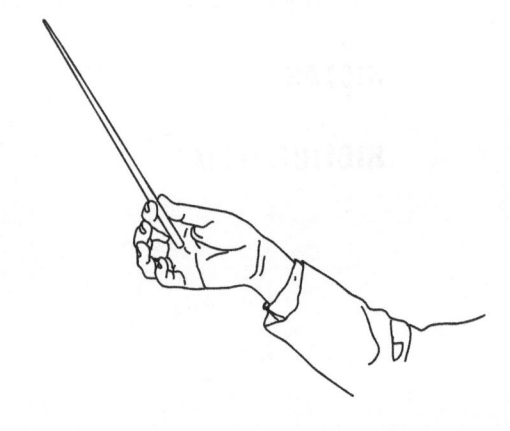

INTRODUÇÃO

O Estado de São Paulo, tem 645 municípios, há cidades ricas e cidades pobres, cidades prósperas e cidades estagnadas.

Algumas, como tem sido divulgado pelos levantamentos da Firjan (Federação das Indústrias do Estado do Rio de Janeiro) geram dez vezes mais produtos e serviços por habitante que as outras e cerca de 10% delas, cresceram mais que o dobro da média das demais entre 2003 e 2013.

O incrível é que esse padrão de resultados é semelhante com o de outros Estados da Federação e também com de muitos outros países (desenvolvidos e em desenvolvimento) em que uma **minoria** das cidades tem um desempenho bem superior às demais.

Naturalmente, cada caso é um caso, mas de maneira geral a explicação está em três conjuntos de fatores, ou seja:

1º) o **ambiente**;

2º) a **gestão**;

3º) as **estratégias.**

No que se refere ao **ambiente** de um município, por exemplo, a presença de grandes indústrias, o fluxo de *royalties*, que aumenta a sua riqueza, a boa situação econômica do País que estimula gastos em entretenimento e turismo de um modo geral etc. fazem algumas cidades crescerem, porém, às vezes com caráter passageiro e fortuito, visto que boa parte desse progresso se deve a variáveis exógenas, cujo controle está fora do alcance em particular das prefeituras...

A boa **gestão** já é a habilidade do governo municipal de dar vida aos projetos, de atuar em sintonia com os vereadores, oferecendo bons serviços aos munícipes, ou seja, agregando valor às taxas e aos impostos que os contribuintes foram obrigados a pagar para a prefeitura.

É nesse sentido que vai o curso de pós-graduação Gerente de Cidade da Fundação Armando Alvares Penteado (FAAP) que já formou até o metade de 2014 (em 18 anos de existência) aproximadamente 5.100 gerentes de cidade, profissionais competentes para auxiliar os prefeitos das cidades a desenvolverem uma administração eficaz.

O curso Gerente de Cidade, nesses 18 anos de existência, recebeu muito apoio dos prefeitos e dos vereadores de mais de uma centena de cidades do Brasil.

E uma das provas disso é que a Câmara Municipal de Ribeirão Preto instituiu uma data não só para comemorar o **Dia do Gerente de Cidade**, mas para promover a reflexão sobre a importância e relevância das boas práticas de **Administração Pública (AP).**

De autoria do vereador Léo Oliveira, a Resolução nº 169/11 instituiu a comemoração do Dia do Gerente de Cidade em 31 de maio e foi aprovada por unanimidade em 11 de maio de 2011, sendo a mesma promulgada pelo presidente da Câmara, Nicanor Lopes.

O Brasil necessita urgentemente de um contingente cada vez maior de especialistas em políticas públicas e gestão governamental, os EPPGGs, ou mais especificamente, gestores municipais com as características do *city manager* (gerente de cidade) que tornou-se uma figura de proa na administração das cidades dos Estados Unidos da América (EUA), no Canadá, na Austrália, na Nova Zelândia e em outros países desenvolvidos da Europa.

A palavra **gerência** deriva do verbo *to manage* (administrar, gerenciar) que etimologicamente vem da palavra latina *manus*, que significa "**mão**".

No passado, a palavra *manus* foi também associada (ou entendida) à **"adestrar um cavalo nas suas andaduras"**, para fazê-lo praticar o *manège* (manejar).

Como um cavaleiro que utiliza rédeas, bridão, espora etc. para impor sua vontade ao animal, o gestor público (um dirigente) empenha-se por meio da gerência (*management*) para controlar o trabalho dos servidores públicos (seus colaboradores).

Assim, o **controle** passou a ser considerado como o **objetivo final** da gerência.

A **atividade gerencial**, sobretudo a partir da última década do século XX, passou por mudanças que a tornaram bem mais complexa.

Atualmente, os gestores públicos (gerentes) são **responsáveis** pelo trabalho de terceiros, e o ato de gerenciar passou a ser **analisado** com mais minúcia, **estudado** e **sistematicamente melhorado** com o surgimento de novos métodos e ferramentas tecnológicas.

Assim, fala-se hoje abertamente sobre a **qualidade da gestão!**

Pode-se afirmar que, atualmente, gerenciar envolve administrar os resultados, o estresse das pessoas e a posição da prefeitura (uma organização) no contexto das cidades (do mercado).

Gerenciar também tem tudo a ver com a rotina das reuniões de planejamento, das apresentações dos programas e projetos, dos relatórios das atividades e com a capacidade de lidar com o clássico conflito, **trabalho executado** *versus* **dinheiro gasto**. Implica em mensurar, obter ganhos de produtividade, economizar recursos e diminuir os desperdícios, agir de forma proativa, também significa compreender, enxergar, se antecipar, orientar e principalmente educar e liderar os seus colaboradores.

Gerenciar é também saber manter sigilo, ter a capacidade de buscar as boas informações, planejar e desenhar as táticas e as estratégias.

Significa ainda saber construir **fortes elos** (em especial, político-partidários), **alianças sólidas** (parcerias com o setor privado) e também **doar-se** – ter a competência de servir aos outros – ter maior compromisso e buscar o comprometimento de todos numa prefeitura (organização).

Gerenciar é motivar e automotivar-se.

É saber negociar, "ler" o outro, lidar com os medos, assumir – ou não – riscos.

É envolver-se com o **fascínio do poder** e **manter o ego sob controle**, inclusive o dos outros.

Gerenciar quer dizer **"encantar"** tanto seus subordinados quanto os superiores hierárquicos.

Encantar os munícipes e também os possíveis investidores, novos empreendedores na cidade.

Porém, gerenciar talvez seja, sobretudo, aprender a lidar com as reivindicações, reclamações e as emoções dos cidadãos.

No curso Gerente de Cidade uma das intenções é a de formar esse profissional generalista, dando uma forte ênfase no conhecimento em ciências sociais, economia e política.

Além disso, esse gerente de cidade que deve dominar as metodologias próprias destas ciências, precisa também entender os problemas da cidade e ser um bom **articulador**, em todos os níveis hierárquicos.

Procura-se formar um especialista em comando, com muito conhecimento técnico para saber fazer o detalhamento e a execução das políticas públicas, tendo também a capacidade de motivar e constituir equipes de trabalho, planejando e coordenando suas ações.

O processo de aprendizagem de quem quer se tornar um gerente de cidade é **bidimensional,** abrangendo uma dimensão **objetiva** e outra **subjetiva** de prática gerencial.

Na dimensão objetiva, a aprendizagem ocorre por meio de ações formais, voltadas para a formação técnico-profissional e para a aquisição de conhecimentos e competências técnicas, sobretudo vinculadas a procedimentos e métodos para a formulação e implementação de estratégias voltadas para o desenvolvimento do empreendedorismo na cidade, o *marketing* das realizações da gestão municipal, a melhoria da arrecadação de tributos e um controle das finanças municipais, a capacitação dos recursos humanos, a criação de novos serviços aos munícipes [por exemplo a difusão do governo eletrônico (*e-government*)], além de contribuir para o estabelecimento de uma visão sistêmica e o aperfeiçoamento da sua capacidade de negociação, de tomada de decisões, do trabalho em equipe e da utilização das suas ideias, ou seja, da sua criatividade.

Por outro lado, existe uma dimensão subjetiva, interior a cada pessoa, que a torna singular e que é fundamental para a aprendizagem.

A busca de autoconhecimento, o processo de reflexão sobre as experiências vividas, as sensações, o medo, os traumas pessoais, o sofrimento com o desrespeito com os valores morais de uma pessoa (comportamento antiético, oferta de propinas, convívio com a desonestidade etc.), temas esses que infelizmente não são abordados adequadamente na maioria dos cursos que visam a formação gerencial.

Mas a dimensão subjetiva é determinante e tem um papel fundamental no desempenho do gerente de cidade, pois o auxilia muito na sua evolução como ser humano e como um servidor municipal envolvido com os problemas urbanos, para que ele possa contribuir de forma efetiva na solução dos mesmos.

Para desenvolver suas competências um gestor público não precisa apenas de **conhecimentos**, mas também de **experiência**.

Esta, por sua vez, não envolve apenas as situações vividas no contexto profissional, ou seja, no trabalho do servidor municipal, mas no espaço total de sua vida, e isso inclui as experiências que vive no curso, nos seus relacionamentos sociais e profissionais.

Quem participa do curso Gerente de Cidade da FAAP acaba envolvido num processo de ensino e aprendizagem que não é fundamentado só na apresentação de novos conceitos e teorias, mas também se envolve com muitas vivências (visitas aos locais onde foram implementadas as melhorias na própria cidade ou em outras) e tem como professores, pessoas que já ocuparam (ou ocupam) cargos importantes no governo (prefeito, secretário municipal ou estadual, diretor de um órgão público etc.) para assim desfrutarem de explanações do que eles fizeram (ou fazem) e quais os resultados obtidos.

O grande desafio dos programas de aprendizagem gerencial é compatibilizar, ou melhor, equilibrar a educação formal com o aperfeiçoamento das competências necessárias para que esse gestor saiba enfrentar os desafios da sua vida profissional cotidiana.

Entre as condições importantes para se ter uma aprendizagem eficaz, no curso de Gerente de Cidade, força-se os seus participantes a:

1º) Elaborar monografias ligadas a algum processo de melhoria do trabalho realizado na prefeitura.

2º) Formular planejamentos com o detalhamento das atividades e as metas a serem alcançadas.

3º) Conviver num ambiente em que eles ficam constantemente sob pressão para imaginarem as mudanças que podem (e devem) implementar nos diferentes órgãos (setores) da prefeitura.

4º) Testar seus experimentos para diferentes cenários.

5º) Buscar novas informações e conhecimento técnico aprofundado para o desenvolvimento de novas estratégias.

Pode-se dizer que o gerente de cidade é o que um governante, bom político, **desejaria ser**, se na maior parte do seu tempo não estivesse voltado – como é o caso de um prefeito – para as questões sociais, políticas e estratégicas da sua cidade.

Um bom gerente de cidade é aquele que no seu desempenho:

⟹ não se preocupa só com o novo, mas também busca dar continuidade ao "velho projeto" desde que este seja relevante para o município e os seus habitantes;

⟹ traz para o prefeito (em especial para aquele que assume o cargo pela primeira vez) um diagnóstico real do que está ocorrendo no município, já que muitas vezes as paixões partidárias impedem uma visão real do cenário;

⟹ possibilita o tempo que o prefeito necessita para poder governar e tornar-se um realizador dos seus planos estratégicos, um grande empreendedor de novos programas e projetos para a cidade e nesse sentido ele não pode ficar preso no seu gabinete ou ficar percorrendo sistematicamente os diversos setores da prefeitura administrando a "máquina burocrática";

⟹ entende o que o prefeito quer realizar e viabiliza os seus planos;

⟹ é um grande articulador e facilitador das diversas secretarias municipais, possibilitando a interligação das mesmas em um real trabalho de equipe;

⟹ viabiliza a atuação da prefeitura como se fosse uma empresa que deve ter bons resultados;

⟹ concilia o técnico com o humano;

⟹ é aceito pela comunidade, até porque ele fez um excelente curso de relações públicas no qual aprendeu que:

◆ As seis palavras importantes são: **"Admito que o erro foi meu!"**

◆ As cinco palavras importantes são: **"Você fez um bom trabalho!"**

◆ As quatro palavras importantes são: **"Qual a sua opinião?"**

◆ As três palavras importantes são: **"Faça o favor!"**

◆ A palavra mais **importante** é: **"Nós!"**

◆ A palavra **importantíssima** é: **"Gente!"**

⟹ independe de campanha eleitoral, pois sabe trabalhar fundamentando-se em conhecimentos técnicos e no código de ética, procurando executar a política do prefeito, mas sendo apartidário;

⟹ apoia-se no antigo e sábio provérbio chinês: **"Visão sem ação é sonho; ação sem visão é pesadelo!"**

Enfim cabe ao gerente de cidade fazer acontecer o que não só ele sonhou, mas principalmente realizar as promessas que o prefeito fez aos munícipes para poder se eleger.

Concluindo, gestão é a capacidade de fazer o que precisa ser feito!

É conduzir a prefeitura para cumprir a sua missão.

Quanto maior for a demanda e mais escassos forem os recursos (que é o que mais acontece nas nossas prefeituras) maior capacidade de gestão será exigida.

A gestão pública tem que ser focada em resultados e orientada para o cidadão criando mais valor para ele nos serviços públicos oferecidos e contribuindo para aumentar a competitividade do País.

Sem dúvida, o gestor que quiser atingir excelência no seu trabalho deve apoiar-se no que reza o artigo 37 da nossa Constituição: impessoalidade, moralidade, legalidade, publicidade e eficiência, pois isso fará com que ele dê muita atenção para a valorização das pessoas, para o controle social, para o aprendizado organizacional, para a gestão participativa e baseada em processos e informações, buscando ser ágil, voltada para a inovação e com uma visão de futuro.

Portanto, um programa de aprendizagem gerencial para a AP deve estar apoiado sobre a tríade: **educação, desenvolvimento** e **prática gerencial**.

Desta forma o aprendiz fica estimulado tanto à reflexão quanto a ação.

Hoje, fala-se muito que uma pessoa deve ser a responsável pelo próprio desenvolvimento, mas uma prefeitura (organização) na qual ela trabalha também tem a sua parcela de responsabilidade, uma vez que não se aprende apenas em um curso de aperfeiçoamento, mas também, e muito, no trabalho cotidiano, com as próprias tarefas e assimilando como os colegas executam suas atividades.

Isso significa que todos os órgãos públicos, ou seja, nos diversos setores de uma prefeitura (organização) os servidores (funcionários) devem ter ambientes propícios para aprender, bem como para aplicar aquilo que lhes foi ensinado num curso.

Dessa maneira, não basta estimular e ajudar financeiramente os funcionários públicos a estudar em instituições de ensino superior (IESs) qualificadas, se não lhes for permitido depois implementar as suas ideias e os seus novos conhecimentos, possibilitando dessa maneira um desempenho melhor no seu trabalho.

Claro que não basta só realizar uma boa gestão.

É essencial, para se ter um desempenho ímpar numa prefeitura, que existam **estratégias** adequadas formuladas pelos seus prefeitos líderes.

Lamentavelmente, enquanto a maioria das prefeituras ainda reage aos problemas, outras geram resultados surpreendentes, aproveitando oportunidades e fixando prioridades bem definidas e, dessa maneira garantindo um futuro mais tranquilo para os seus munícipes.

Em muitos casos as ideias de novas estratégias foram levadas para os prefeitos pelos servidores que eles estimularam a se tornar gerentes de cidade!

Sem dúvida, a potência da gestão local está aumentando significativamente em vista da evolução da **tecnologia da informação** e **comunicação** (TIC), da globalização, das redes produtivas internacionais voltadas para o desenvolvimento de cidades mais "amigáveis" e de muitas transformações da estrutura econômica.

São abundantes os exemplos de cidades no mundo que seguiram estratégias promissoras, aproveitando as oportunidades que apareceram, como Cingapura, Hong Kong, Dubai, Amsterdã etc., citando as grandes cidades, mas muitas outras médias e até pequenas souberam também implementar estratégias vencedoras.

Todas as cidades de sucesso têm um elemento em comum: **foco no capital humano**!

Seu objetivo é atrair e reter os talentos essenciais, dando-lhes condições locais para gerar sinergias, melhorar o ambiente e coordenar esforços em uma determinada direção.

Pode ser o **lazer**, como ocorre hoje em Las Vegas (nos EUA), Macau (China), Dubai (Emirados Árabes Unidos) ou **conhecimento**, como em Boston (EUA) e Londres (Reino Unido), ou ainda as **finanças** em Zurique (Suíça).

Naturalmente é um erro pensar que as oportunidades e vocações são iguais para todas as cidades.

Obviamente não existe uma fórmula única para se obter o progresso de uma cidade e talvez se possa afirmar que o sucesso esteja exatamente na **diferenciação**.

Os *slogans* (lemas) de algumas cidades pujantes ilustram a estratégia que buscam seguir: Barcelona, **"um bom investimento"**, Florença **"uma cidade de caráter"**, Roma **"todos os caminhos levam a Roma"**, Paris, **"a cidade luz"** etc.

Por exemplo, Nova York (EUA), usa "**capital do mundo**", um *slogan* pretensioso, mas no final das contas emblemático e verdadeiro.

Essa grande cidade norte-americana, prosperou muito, chegou a entrar numa certa decadência (principalmente por causa da violência urbana) e conseguiu dar a volta por cima.

O incrível é que com a mesma estrutura do final do século XX, em 2014 Nova York é uma cidade pujante e merece o título de **"capital do mundo"**, pois de fato abriga uma diversidade enorme.

Apesar de ter estado no olho do furacão com diversas crises financeiras, continua gerando cada vez mais valor e agora está investindo numa outra vertente, isto é, tornando-se uma **cidade digital**, atraindo muitas novas empresas de tecnologia.

Certamente uma parte do mérito de se ter Nova York tão progressista se deve a gestões focadas em **fazer acontecer** (especialmente nos três mandatos do prefeito Michael Bloomberg, que assumiu a prefeitura alguns meses depois do terrível ataque com os aviões, planejado por terroristas, em 11 de setembro de 2001, derrubando as duas torres do World Trade Center) independentemente do ambiente adverso.

É falsa a noção de que se um país cresce, o mesmo vai necessariamente ocorrer na maioria das suas cidades.

A maior parcela do desenvolvimento de uma cidade se deve realmente a eficácia da administração local.

Num cenário mundial de mudanças e permutas, inclusive da função das cidades, é premente que cada uma delas tenha estratégias para usufruir as oportunidades que vão surgindo e assim evitar a sua obsolescência e o seu declínio.

Os prefeitos devem então ser "alimentados" continuamente com ideias e propostas que aumentem a eficiência de suas gestões e produzam projetos com resultados importantes para os munícipes.

Por isso, muitos deles, aqui no Brasil, voltaram a estudar, inclusive no curso Gerente de Cidade da FAAP, ou então enviar para esse tipo de capacitação os seus colaboradores mais talentosos, para se tornarem mais ousados e antenados com o que poderiam desenvolver nas suas cidades, visando conseguir um bom desempenho nos seus municípios, mesmo quando a economia do País estiver evoluindo de forma lenta.

Os nossos governantes, particularmente os prefeitos, precisam cercar--se cada vez mais de profissionais em AP, constituindo as suas equipes de colaboradores mais próximos com formação em gestão, mas que ao mesmo tempo saibam **planejar**, que procurem **desburocratizar** diversos processos, fugindo da incrível justificativa que a antiguidade confere legalidade, que tenham **inteligência ecológica**, ou seja, que balizem todas as suas ações respeitando os princípios da sustentabilidade ambiental, que estejam aptos a inovar pensando no futuro. Mas a maior prioridade dos governantes deveria ser o desenvolvimento da capacitação dos seus recursos humanos, pois o que mais falta no governo são as pessoas talentosas, motivadas e com vontade de dedicar seu trabalho para servir os outros, e não se servirem deles.

Como diz o médico Vitor Lippi, que foi prefeito de Sorocaba – **"a cidade educadora, saudável, inovadora e empreendedora"** – : **"O planejamento urbano é a essência de uma boa gestão."**

E ele tem razão ao afirmar isso pois, o Brasil aprendeu algo nesse sentido, inicialmente com a construção de Brasília pelo ex-presidente Juscelino Kubitschek de Oliveira e depois com o modelo de planejamento urbano realizado em Curitiba, seguramente o mais bem-sucedido do Brasil, por duas razões básicas: a primeira, porque se pautou por vetores técnicos e a segunda porque houve continuidade nas várias administrações municipais.

O engenheiro eletrônico Cassio Taniguchi, que foi prefeito de Curitiba por dois mandatos consecutivos (de 1997 a 2000 e de 2001 a 2004), quando realmente conseguiu **humanizar a capital paranaense**, proporcionando melhor qualidade de vida aos seus moradores, explica isso muito bem: "O **bom planejamento** é fundamental para qualquer cidade.

É imprescindível ter uma **visão estratégica** e saber traçar as metas para o futuro que queremos para a cidade.

Um bom governante é aquele que se coloca sempre na posição de um agente de transformações.

Em um quadro de constantes mudanças urbanas, existe uma importante série de indutores do desenvolvimento. Entre eles estão, a orientação do crescimento, o uso racional do solo, o sistema viário e, principalmente, o transporte público, pois a questão da mobilidade urbana está se tornando crucial e crítica em quase todas as cidades brasileiras com mais de 300 mil habitantes.

E não se pode esquecer da educação (escolas), da saúde (hospitais, postos de saúde, creches etc.), do controle da violência, das moradias e da empregabilidade.

A cidade é um organismo vivo, em que é constante a necessidade de mudanças de paradigmas para se melhorar o atendimento aos munícipes, satisfazer suas outras demandas e principalmente para caminhar na direção da visão ideal: **a cidade que todos queremos.**

Nesse sentido é imprescindível valer-se do **planejamento estratégico**, que deve apoiar-se no tripé do **desenvolvimento sustentável** constituído pela área social, pelo **meio ambiente** e pelo **desenvolvimento econômico**.

O prefeito, seus secretários, seus principais gestores (os **gerentes de cidade**) que lideram as equipes nos órgãos da prefeitura devem continuamente se perguntar:

⇛ Qual é o negócio da cidade?

⇛ Para onde a cidade deve crescer?

É óbvio que as respostas para estas questões, de tempo em tempo, não devem ser as mesmas porque ocorrem mudanças nas seguintes três dimensões:

⇛ **Social**, na qual se procura aproveitar a diversidade cultural, incrementar a solidariedade e melhorar os cuidados com a saúde, pensando sempre no bem-estar dos munícipes, que devem ser tratados com equidade.

⇛ **Ambiental**, na qual as preocupações maiores são com o suprimento de água e de energia elétrica, com o transporte público, com a biodiversidade e com o clima tendo sempre como prioridade o desenvolvimento não só viável como também sustentável.

⇛ **Econômica**, estimulando o comércio justo, o consumo responsável, o gerenciamento de recursos humanos (oferecendo a melhor educação possível), investindo na inovação e procurando atrair novos investimentos para a cidade.

No tempo em que fui prefeito de Curitiba, minha grande preocupação era com a **execução**, ou seja, com a correta implantação de cada projeto.

Por exemplo, não adianta ter um hospital enorme e com muitos leitos, se você **não cuida da prevenção** de certas enfermidades.

Por isso, sempre dei prioridade à prevenção, para não haver tanta demanda nos hospitais.

Busquei transformar Curitiba em uma **cidade saudável**, aquela que possui muitos parques, centros esportivos e que oferece várias outras opções de lazer aos seus munícipes (espetáculos musicais, mostras de arte, festas populares etc.), pois isso também entusiasma as pessoas, as energiza e auxilia muito para que não fiquem doentes.

Um outro projeto importantíssimo desenvolvido na minha gestão foi o **Linhão do Emprego**, com o qual foi possível capacitar em um só ano, 36 mil pessoas, o que foi fundamental para a mudança nos perfis do tipo profissional demandado pelo mercado de trabalho.

Logo em seguida foram criados milhares de empregos, conforme a necessidade da economia (técnicos em computação, padeiros, mecânicos, massagistas, pedreiros, eletricistas, cabeleireiros etc.), aproveitando-se todos esses trabalhadores.

Um outro programa extremamente eficiente foi **Mãe Curitibana** e com ele, a mortalidade infantil passou de 18 óbitos para cada mil crianças em 1996, para 9,9 óbitos para cada mil crianças em 2004.

Foi assim que Curitiba tornou-se uma **cidade modelo para o mundo inteiro**, pois antes de mim, o prefeito Jaime Lerner introduziu melhorias em diversos setores e, da minha parte, procurei consolidá-las, além de implementar novos serviços.

Todo governante ou gestor público deve refletir e apoiar-se sobre essa mensagem de Khalil Gibran: 'Para viver, é necessário ter coragem. Tanto a semente intacta como aquela que rompe sua casca possuem as mesmas propriedades, mas sem dúvida apenas aquela que rasga sua casca é capaz de lançar-se na aventura da vida.'

É isto que todo gestor público deve ter em mente, ou seja, que os grandes desafios precisam ser enfrentados para se atender as demandas dos cidadãos e nesse sentido, é essencial que ele rompa os paradigmas, se quiser fazer diferença na administração municipal, estadual ou federal."

Bem, no livro *A Luta pela Qualidade na Administração Pública com Ênfase para a Gestão Municipal* foi dividido em duas partes (talvez no futuro saia o volume 3). Nesse primeiro volume o intuito é mostrar a importância do curso Gerente de Cidade da FAAP, no tocante a formação de milhares de gerentes de cidade que hoje executam um excelente trabalho nas cidades onde trabalham, alguns dos quais já se tornaram prefeitos.

Aliás, no Capítulo Zero estão descritos de forma sucinta as maneiras como os prefeitos de várias cidades brasileiras que deram grande apoio ao curso Gerente de Cidade, têm procurado administrar as suas cidades; como também estão aí os depoimentos de governadores e de integrantes do Poder Legislativo dando as suas opiniões sobre a **importância da gestão pública**.

Nos outros capítulos do volume 1 procurou-se analisar os diversos elementos que devem ser combatidos ou então aprimorados para se vencer a luta pela qualidade na AP.

Obviamente aí não deixam de ser abordados temas como ética, a corrupção, o desperdício e principalmente, como proceder para ter uma **melhor educação no Brasil**, mais especificamente a fundamental e o ensino médio.

No volume 2, que estará a disposição a partir do início de 2015, estão alguns dos assuntos mais intrigantes sobre os quais os gestores públicos em geral devem ter um bom conhecimento para poder desenvolver bem o seu trabalho e auxiliar de forma significativa, sob a liderança do prefeito, a cidade onde trabalham a progredir e oferecer uma excelente qualidade de vida para os munícipes.

Aí estão apresentados temas que envolvem a economia criativa, as cidades sustentáveis, os problemas de mobilidade urbana, a necessidade de se ter um excelente aeroporto em cidades com mais de 300 mil habitantes e assim o surgimento de **aerotrópoles**, o governo eletrônico (*e-government*), a formação de regiões metropolitanas e aglomerações urbanas, a implementação da gestão do conhecimento nas prefeituras, o tratamento de resíduos etc.

Enfim, descrevem-se todas as ações desenvolvidas nas melhores cidades do mundo (e também no Brasil) para se poder vencer adequadamente os desafios de uma urbanização cada vez mais intensa.

Já plantei muitas árvores, consegui gerar três filhos (e estes por sua vez ampliaram a família com muitos netos) e escrevi dezenas de livros.

Mas agora já com mais de sete décadas de vida, parece que surgiu muita energia para escrever muitos outros livros que permitem educar e levar **conhecimentos** que adquiri nesses quase 50 anos dedicados a educação.

Naturalmente um dos meus sonhos é deixar um legado concreto de como se deve viver a vida.

Alguns dizem que vivemos a **era do conhecimento**, mas gostaria de corrigir dizendo que vivemos na **era da sabedoria**.

Nela quatro são as condições à vida inteligente.

A primeira, a **informação** para poder construir o **conhecimento**; a segunda, o conhecimento, que é a informação processada e retida; a terceira, a **competência**, resultado do conhecimento, como a aptidão para realizar algo e a quarta, a **sabedoria**.

Afinal, informação, conhecimento e competência são elementos relativos visto que são apenas referenciais para que aconteça a ação.

Essencial é a **sabedoria**, isto é, a nossa capacidade de transformar tudo em uma realidade produtiva.

O mundo está cada vez mais **saturado de informações**, os conhecimentos se espalham por todos os cantos e as **competências se multiplicam**, mas pouco acrescentam se uma pessoa não tiver **sabedoria**.

Um dia, depois de mim, um filho que eu criei com a minha mulher, lerá um livro que escrevi. Quem sabe para um neto meu, à sombra de uma árvore que plantei.

E aí, mesmo que eu não esteja presente, algo de mim permeará toda a paisagem.

Certamente um sentimento de plenitude, por meio dessas sementes lançadas à eternidade são o que realmente fica, aquilo que na verdade importa, ou seja, transmitir aos outros como proceder para chegar a **sabedoria** que é o que mais importa na verdade.

Aliás esse é de fato, o grande sentido da vida humana, quando se aplica para ela a sabedoria da felicidade, ou seja: **"Onde não há amor, ponha amor e receberá amor!"**

Certamente esse é um lema que um gestor público deve seguir para ser admirado e bem avaliado pelos munícipes, não é?

É o que se procura enfatizar bastante no *A Luta pela Qualidade na Administração Pública, com Ênfase para a Gestão Municipal.*

Cabe a cada prefeito e aos seus colaboradores (secretários, gerentes de cidade, gestores e todos os outros servidores) deixarem algum legado no trabalho que desenvolverem na AP.

Victor Mirshawka
Formado engenheiro,
mas que viveu como professor e
acabou se transformando
em gestor educacional

"

O que se ouve ou se vê, ou ainda se lê, nos diversos noticiários das autoridades federais, estaduais e municipais é a frase: 'Estamos estudando esse problema e já tomamos providências para que seja solucionado.'

Isso autoriza dizer que o Brasil tem os governantes mais 'estudiosos' do mundo, pois passam a vida estudando os mesmos problemas.

Lamentavelmente o fracasso das administrações públicas brasileiras (no transporte público, no fornecimento de energia elétrica, gás de cozinha e de combustíveis e de água, o péssimo saneamento básico, a falta de soluções para a saúde pública e baixo nível do ensino básico e médio) é mais do que evidente num balanço de tudo o que afeta o dia a dia do brasileiro comum.

"

Jornalista Marco Antonio Rocha,
num texto no jornal
O Estado de S. Paulo (20/3/2014).

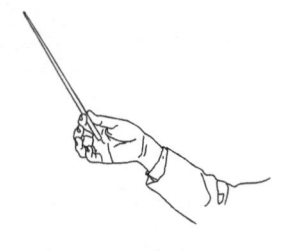

Cases de administração pública (AP) no Brasil

Chamou-se esse capítulo de Zero pois aí vão as estratégias, as reflexões, as sugestões e as ações de prefeitos, governadores, deputados, senadores, secretários municipais e estaduais, enfim, governantes, políticos e autoridades de órgãos públicos e privados, ou seja, pessoas com ligação direta (ou indireta) com a gestão pública no sentido de como ela deve ser praticada, para que os cidadãos sejam melhor atendidos.

Procurou-se selecionar aquelas figuras que, além de serem referência pela forma como desenvolveram as políticas públicas e planos, programas e projetos nas cidades, de alguma forma tiveram relação (ou até conhecimento profundo) com o que se procura ensinar no curso de pós-graduação Gerente de Cidade da FAAP e o tipo de profissionais que se formam nele.

Aí vão incialmente 27 *cases* brasileiros que servirão para esclarecer as diversas maneiras de agir para se ter uma **administração pública** (AP) eficaz e ter uma cidade em constante progresso.

Alexandre Augusto Ferreira

Alexandre Augusto Ferreira

Alexandre Augusto Ferreira, professor do curso Gerente de Cidade de Ribeirão Preto, quando ocupava o cargo de secretário municipal da Saúde e Desenvolvimento Econômico de Franca, foi candidato a prefeitura e elegeu-se em 2012. Ele relatou: "Uma das minhas recentes grandes satisfações foi o fato de ter sido avaliado como o melhor professor do curso Gerente de Cidade que foi oferecido para a 10ª turma. Isso mexeu com a minha autoestima e fiquei orgulhoso que os aprendizes, que também já são gestores públicos, valorizaram tudo o que procurei lhes passar de conhecimento.

Fui nomeado secretário de Saúde de Franca em 2004. Depois, o prefeito me convidou, em 2009, para assumir também a recém-criada secretaria de Desenvolvimento Econômico, e a assim acabei acumulando as duas.

Para mim, o desenvolvimento da minha cidade tornou-se um grande fator motivador, inclusive porque a prefeitura nunca teve antes uma secretaria nesses moldes, para **conhecer, entender** e **atender** às necessidades da cidade.

Uma coisa estava evidente: era preciso fazer um diagnóstico situacional, e, a partir dele, a secretaria teria que fomentar as políticas públicas em todas as áreas que permitissem o desenvolvimento da cidade.

O trabalho na secretaria do Desenvolvimento Econômico começou com apenas 15 servidores, uma vez que os recursos para o seu funcionamento não estavam previstos na LDO (Lei de Diretrizes Orçamentárias) do ano 2008, no qual ocorreram as eleições.

Uma das minhas iniciativas foi procurar atrair mais empresas para Franca e, para tanto, desenvolveu-se a melhoria da infraestrutura, de oferta de água, de telefone, de energia elétrica e de transporte.

Franca fica em um lugar privilegiado entre grandes centros consumidores, como Goiânia, Uberaba, Uberlândia, Belo Horizonte, Ribeirão Preto, São Paulo e até Curitiba. Isso significa que, em média, deslocando-se 500 km, chega-se a esses importantes destinos.

Para poder atrair a instalação de novas empresas em Franca, foi preciso ficar evidente para os empresários que a cidade tinha boa qualidade de vida, infraestrutura decente, mão de obra qualificada e em quantidade suficiente.

Tínhamos também uma 'grave mortalidade', ou seja, cerca de 300 empresas de pequeno porte e micro abriam todo mês, mas o índice de mortalidade após 12 meses chegava à assustadora taxa de 27%. E estávamos vivendo numa situação bastante especial, ou seja, cerca de 85% dos empregos da cidade eram de 95% de empresas de micro e pequeno porte!?!? Era evidente que devia ser feito algo que pudesse diminuir radicalmente a falência dessas pequenas e microempresas.

A nossa equipe, apesar de pequena, em menos de quatro meses tornou--se bem organizada e eficiente, e foi possível criar um banco de dados, com vários índices socioeconômicos. Mais do que isso, para ter diversas pessoas com vários conhecimentos específicos, criamos um fórum permanente do qual faziam parte entidades como: Sebrae, Senai, Sesi, Senac, Sindicato Coureiro-Calçadista, Associação de Manufatura de Couro e Calçado, Sindicato Patronal de Calçados, Centro de Diretores Lojistas, Associação Comercial e Industrial de Franca, diversas instituições de ensino superior (IESs) da cidade e muitas pessoas que lidavam com os problemas das indústrias, que estivessem desenvolvendo novas tecnologias, ou seja, que buscassem a inovação.

Conseguiu-se a participação e união de atores tão diversos em torno da discussão de seis itens principais – **agronegócio, turismo, infraestrutura, indústria, comércio e serviços e meio ambiente** –, e no lugar de se analisar o futuro de Franca, ou como ele deveria ser daqui a 20 anos, **decidiu-se focar em resolver os diversos problemas atuais para depois planejar para o futuro.**

Iniciou-se pela análise dos pontos fortes e pontos fracos, que, apesar de à primeira vista parecer uma metodologia quase primária, ela deu um excelente resultado.

É evidente que se buscou uma interligação, ou seja, pensou-se em desenvolver um setor ou uma área, mas sem que com isso se prejudicasse os outros. Digamos, desenvolver a indústria prejudicando o meio ambiente, ou incrementar o agronegócio e, com isso, prejudicar o turismo.

O importante é que, ao reunir tanta gente nos nossos encontros, muitas pessoas passaram a conhecer com mais clareza os problemas de outras áreas.

Ao se falar em desenvolvimento econômico, não se pode deixar de falar de educação e saúde, que afetam todas os outros setores ou áreas; isto é, se conseguirmos controlar melhor o meio ambiente, seguramente, os problemas com saúde serão menores."

Ana Karin Dias de Almeida Andrade

Ana Karin Dias de Almeida Andrade

A prefeita de Cruzeiro, Ana Karin Dias de Almeida Andrade, formada no curso Gerente de Cidade (turma de 2009), e exercendo a partir de 2013 o seu segundo mandato, declarou: "O mundo está cada vez mais urbanizado e precisa de um planejamento mais integrado para as cidades que estão próximas. Na Região Metropolitana do Vale do Paraíba e do Litoral Norte (RMV-PLN), Cruzeiro faz parte da sub-região 4, na qual estão também incluídas as cidades de Arapés, Areias, Bananal, Lavrinhas, Queluz, São José do Barreiro e Silveiras.

Na nossa sub-região há muitas cidades que vivem praticamente do **turismo**, das pessoas que vêm para cá para passear nas serras da Mantiqueira e Bocaina, para chegar à Pedra da Mina, que é o ponto mais alto do Estado de São Paulo, que fica em Queluz. Porém, não se pode falar em turismo sem infraestrutura. É preciso ter boas estradas, bons hotéis, restaurantes etc. Então esse projeto de integração que está embutido no conceito da RMVP é muito importante para se poder desenvolver as cidades que ficam nesse vale histórico, pois algumas estão entre aquelas com os piores índices de desenvolvimento humano (IDHs) entre as 645 cidades do nosso Estado.

Um(a) prefeito(a) tem que estar sempre à disposição no seu gabinete para receber todos os empresários que queiram investir, bem como correr atrás dos outros, convidando-os para conhecer sua cidade, por isso deve estar cercado de competentes secretários municipais, ter os seus gerentes de cidade (ou gestores públicos seniores) para que o ajudem a fazer os outros trabalhos e atender às demandas dos munícipes enquanto ele (ela) está procurando atrair novos investimentos para a cidade.

Assim, sou eu quem vou visitar os empresários!!!

Aliás, a sede da empresa Danúbio, que faz aquele gostoso *cream cheese*, fica a uns 200 m da prefeitura. Quando cheguei lá, o diretor fez a seguinte exclamação: 'Nossa, é a primeira vez que um(a) prefeito(a) nos visita!'.

É função do prefeito trabalhar de modo incessante para que se tenha mais empregos na cidade, com o que, evidentemente, ocorre o seu desenvolvimento.

Realizo encontros periódicos com a comunidade, para, dessa forma, saber imediatamente os problemas **importantes** e **urgentes** para se resolver.

Todas as quartas-feiras faço uma palestra na Associação Cívica Feminina, chamando os mais diferentes segmentos: taxistas, cabeleireiras, costureiras, donos de bares, padres e pastores etc.

É verdade que hoje, com as redes sociais, recebo no meu Facebook, todo dia e a qualquer momento, reclamações do tipo: 'Prefeita tem buraco na rua...' ou 'Prefeita, o mato está tomando conta da praça...' e imediatamente aciono a secretaria responsável por cada coisa; entretanto, é muito mais produtivo ter essas reivindicações ou sugestões diretamente dos munícipes nas reuniões que tenho com eles.

No Vale do Paraíba, todas as cidades cresceram muito porque ficavam perto da rodovia Presidente Dutra, no entanto, Cruzeiro fica a 6 km dessa via e chegava-se até ela por uma modesta estradinha vicinal, que poucas pessoas se dispunham a enfrentar... Por isso, lutei muito para ter uma **terceira ponte**, que é, na realidade, um complexo viário que, para ser executado, precisou de muito esforço para se obter a liberação ambiental e, principalmente, os recursos (cerca de R$ 22 milhões), os quais foram conseguidos graças à intervenção direta do governador Geraldo Alckmin. Ela foi inaugurada em 3 de março de 2011 e, certamente, foi a maior obra do Vale do Paraíba naquele ano.

Quando fiz minha campanha em 2008, prometi que ia envolver mais as mulheres com a administração da cidade, e o objetivo é ter 50% do secretariado composto por mulheres. Atualmente, cinco das atuais secretarias municipais têm no seu comando mulheres, e elas também estão chefiando outros órgãos da prefeitura.

Alguns acham que se for reeleita, 98% dos cargos mais importantes da prefeitura vão ser ocupados por mulheres. Isso, obviamente, é uma brincadeira, apesar de que as mulheres que estão na AP de Cruzeiro têm sido muito eficientes.

Fui a **primeira mulher** eleita para dirigir a prefeitura de Cruzeiro e creio que não decepcionei, pois fui uma das primeiras a aderir ao programa federal Minha Casa, Minha Vida e entregar centenas de habitações aos cruzeirenses.

Resolvi também, ao menos parcialmente, o grave problema do meio ambiente, pois o que tínhamos antes era um lixão e, agora, temos um aterro controlado.

Tudo isso que se fez foi realizado por mim, porque amo o que faço. Mesmo assim, tenho levado algumas 'pedradas', certamente de opositores invejosos, mas acho que meu pai, onde quer que ele esteja, está orgulhoso com o trabalho com o qual faço **uma diferença** na **vida** de tantas pessoas.

Para finalizar, ressalto que, para ser prefeito, é preciso também ter muita **coragem!**".

Antonio Carlos da Silva

Antonio Carlos da Silva

Antonio Carlos da Silva foi eleito prefeito de Caraguatatuba pela primeira vez em 1996 e reeleito depois em 2000. Nesses dois mandatos consecutivos foi considerado no primeiro como o 2º melhor prefeito paulista e no segundo como o melhor do Estado de São Paulo.

O prefeito de Caraguatatuba, Antonio Carlos da Silva, foi reeleito em outubro de 2012 (para o seu 4º mandato), falou sobre as suas realizaçoes destacando: "Caraguatatuba está no centro de desenvolvimento do Litoral Norte, que, hoje, na verdade, já representa um papel importante no desenvolvimento da região Sudeste do País, em função do evento do pré-sal, da construção da unidade de tratamento de gás de Mexilhão, da ampliação do porto de São Sebastião e da extensão do terminal petrolífero da Transpetro. É por isso que é intenso agora o movimento de veículos (carros, caminhões, ônibus etc.), em Caraguatatuba.

Temos, atualmente, que atender na cidade diversas demandas por habitação, saúde, segurança, saneamento básico e educação. Fizemos nesses últimos quatro anos, importantes investimentos em **educação** e **equipamen-**

tos urbanos. Construímos três grandes complexos educacionais, nos quais a criança entra – desde a creche até chegar aos 18 anos – de manhã e fica o dia inteiro no mesmo. Ele se chama Centro Integrado de Desenvolvimento Educacional (CIDE).

Na realidade, estamos oferecendo educação nos CIDEs, graças a uma parceria que estabelecemos com o governo de Estado nos ensinos fundamental e médio. Nessas instituições escolares (IEs), procura-se, além de desenvolver a educação formal, complementar a mesma com a prática mais intensa de esportes, com aulas de música e de artes. Os estudantes também fazem as suas refeições nos CIDEs.

Acredito que o jovem não pode ficar com a **'cabeça vazia'** pois isto pode levá-lo ao descaminho, assim, é vital deixar os jovens repletos de atividades e fazendo o seu cérebro trabalhar muito.

O nosso foco é de envolver nas CIDEs, principalmente, os jovens que vivem nos bairros mais necessitados – onde aliás estão localizados esses três grandes centros educacionais. Neles buscamos cuidar desses meninos e meninas o dia inteiro, liberando-os no final da tarde, bem alimentados para dormirem em suas casas. A intenção é fazer isso praticamente até que cheguem aos 18 anos, quando estarão aptos para serem inseridos na sociedade, com boa formação e capacidade de realizar um trabalho profícuo.

Nessa última gestão foi possível pavimentar mais de 200 km de vias nos bairros da cidade. Firmamos em 2013 uma parceria com a FAAP para capacitar um grande contingente de gestores municipais – dois grupos de funcionários, cada um com 40 pessoas – para os quais a prefeitura pagou 70% no curso de pós-graduação Gerente de Cidade.

A prefeitura tem também proporcionado bolsas de estudo para os funcionários efetivos para que façam um mestrado em Gestão Ambiental, pois a questão ambiental é um assunto muito importante e deve ser tratado com muita competência em todo o Litoral Norte, onde temos uma área de preservação permanente, com o que é essencial que se tenha gestores profissionais no quadro permanente, bem preparados para promover o desenvolvimento sustentável.

Caraguatatuba investiu muito em saúde. Assim construímos o Polo de Reabilitação, ou seja, um complexo de saúde para atender pessoas portadoras de deficiências. Além disso, alocaram-se muitas verbas para melhorar a acessibilidade, criando para isso a secretaria da Pessoa Portadora de Deficiência e Idoso, colocando os equipamentos adequados nas praças, no acesso à praia e nas calçadas.

Caraguatatuba é uma cidade muito boa para se morar, para se visitar e para investir!. Ela tem apresentado o maior crescimento populacional da região; possui a maior área de expansão urbana entre os quatro municípios do Litoral Norte, sendo que os habitantes dos outros três (Ubatuba, Ilhabela e São Sebastião) recorrem não só aos diversos serviços públicos que estão em Caraguatatuba, como também consideram a cidade como o seu centro de consumo.

Portanto, o que posso garantir é que Caraguatatuba vai crescer muito nas próximas duas décadas e por isso estou preocupado com a formação profissional de uma grande equipe de gestores que esteja apta a resolver todos os desafios, remover os obstáculos para que esse progresso aconteça, mas dentro de um contexto bem planejado e seguindo os princípios da sustentabilidade."

Arnaldo Madeira

Arnaldo Madeira

O deputado federal Arnaldo Madeira, que ocupou esse cargo quatro vezes consecutivas e, que antes tinha sido vereador por três mandatos em São Paulo, inclusive presidente da Câmara, foi professor da Faculdade de Artes Plásticas da FAAP e do seu curso de pós-graduação Gerente de Cidade, aliás um grande propagador do mesmo. Ele enfatizou: "Parto da seguinte premissa: nos últimos 20 anos, a sociedade brasileira tornou-se bem mais complexa e diversificada, além de ter ocorrido uma grande **urbanização** (quase 86% dos brasileiros estão vivendo nas cidades).

Temos cidades brasileiras fantásticas (em especial as paulistas), com atividades econômicas extremamente dinâmicas. Avançamos, de forma significativa, em vários setores, sendo competitivos em nível mundial, no agronegócio, na extração de minerais, na manufatura de diversos produtos elétricos, na fabricação de aviões etc.).

Mas, apesar dessa melhoria em vários setores, a cabeça de muitos políticos brasileiros e a própria organização política parecem ter ficado estagnadas na década de 1950, não tomando conhecimento nem da revolução da tecnologia da informação e comunicação (TIC). O *iPhone* e o *iPad*, por exemplo, dos quais não largo, me permitem enviar mensagens, saber o noticiário dos melhores jornais, rádios e canais de televisão imediatamente.

Estamos na sociedade do conhecimento, em que os governos federal, estaduais e municipais poderiam colocar muitas informações nos seus *sites* e oferecer diversos serviços aos cidadãos de forma eficiente e muito rápida.

Quem entrar no portal do governo do Estado de São Paulo verá o que ele está fazendo, o que está anunciando, quais são os serviços que está prestando etc.

Esta é uma forma eficaz de administrar, usando a tecnologia, ou seja, o governo eletrônico (*e-government*), que ajudei a instituir quando fui o chefe da Casa Civil, no governo Geraldo Alckmin, ainda em 2006.

Porém, a grande maioria das nossas cidades e Estados está muito atrasada no que se refere ao *e-government*.

Para caracterizar esse descompasso da nossa AP com a tecnologia, vale a pena contar uma história bem-humorada que o embaixador Rubens Ricupero, diretor da Faculdade de Economia da FAAP, relatou em um artigo no jornal *Folha de S. Paulo*: 'Um empresário de Barcelona, muito conservador e muito rígido, foi convencido por seus amigos a ir de trem de alta velocidade (TAV), serviço recém-inaugurado, de Barcelona para Madri.

Foi lhe dito que ir de trem para Madri era uma coisa muito moderna, ágil, confortável, muito boa... Então, ele resolveu fazer a viagem.

No meio do caminho, o trem parou em uma estação, ele desceu e foi lá comer um sanduíche, tomar um copo de vinho e não percebeu que o trem em que ele viajava foi embora. Então chegou um outro trem que vinha no sentido contrário, de Madri para Barcelona, na mesma linha. Ele entrou neste trem e sentou-se em frente a uma rapaz muito falante.

O empresário perguntou ao jovem para onde ele ia. Este lhe respondeu que ia para Barcelona, para resolver algumas questões de família.

Aí, esse empresário conservador, lhe disse: 'Veja que maravilha essa revolução tecnológica.

Você está indo para Barcelona, eu estou indo para Madri, e estamos no mesmo trem!?!?'

Pois é, esta a situação que vivemos, particularmente nas esferas do Executivo e do Legislativo. Estamos envolvidos por uma enorme revolução tecnológica, com muita gente qualificada, mas não sabemos se estamos indo para Barcelona ou para Madri!

Essa é a nossa realidade!

Temos, no Brasil, uma crise das instituições, quando elas não correspondem às necessidades da sociedade brasileira contemporânea.

➠ **E como a gente percebe isso?**

Nas mínimas coisas, como é o caso do **direito do cidadão**. Ele tem brigas diárias com muitas empresas fornecedoras de serviços, como aquelas que operam com telefonia, com suprimento de energia elétrica ou abastecimento de água. O cidadão é mal atendido continuamente, e coisas inimagináveis no primeiro mundo acontecem aqui com relação ao desrespeito flagrante da cidadania.

A nossa Justiça não funciona bem, pois leva anos, ou até décadas, para julgar os processos.

Uma outra coisa muito deficiente no Brasil é o **ensino fundamental** e também o **ensino médio**, além do que existem muitas ressalvas ao que se ensina nas nossas IESs. Porém, o curso Gerente de Cidade da FAAP é um belo curso e é interessante como uma IES privada teve essa iniciativa de fazer algo bem sério para atender a uma necessidade pública, buscando preencher uma grande lacuna: **a falta de profissionais talentosos para administrar as cidades e os diversos órgãos estaduais e os federais.**

Os que fizeram (ou vão fazer) o curso aprendem como se deve proceder para tomar as melhores decisões, como planejar, como implementar as melhores práticas na AP que já deram certo em outros lugares e como melhorar a qualidade de vida dos munícipes.

Mas, sem dúvida, a questão fundamental continua sendo a qualidade do ensino básico. Se quisermos mudar o desempenho dos nossos políticos em algumas décadas, devemos, em primeiro lugar, melhorar, de forma significativa, a qualidade do nosso ensino básico, pois só assim poderemos almejar a melhoria sensível nos outros níveis para um grande contingente de jovens, a maioria dos quais não seguirá a carreira política, mas saberá escolhê-los melhor!

Se isso não acontecer, ou seja, se não vencermos a **luta pela qualidade na educação,** como é que vamos querer competir com a China já, ou a Índia e a Rússia que fazem parte do bloco BRICS?

Claro que não se pode esquecer também que na China – com uma população de 1,36 bilhão de pessoas – tem **mais gente aprendendo inglês** do que nos EUA, com uma população de aproximadamente 315 milhões.

Mas, aqui, no Brasil, discutíamos até há pouco se o inglês deveria ser obrigatório na seleção dos candidatos para a carreira diplomática e não se dá prioridade alguma para o ensino dessa língua – a mais usada no mundo global – nas nossas IESs, com o que fica difícil para os alunos brasileiros participarem de programas de aperfeiçoamento educacional em outros países.

No momento, o nosso problema crucial está ligado aos seguintes fatos básicos.

O **primeiro:** tornou-se imprescindível **ajudar o Judiciário**, para que ele possa se modernizar e possa resolver com mais agilidade todos os litígios, todos os processos e todas as cassações com presteza.

O **segundo:** refere-se à **educação** e, para se ter uma educação básica de qualidade, é necessário pagar muito bem os professores, assim muitos profissionais talentosos procurariam desenvolver sua carreira na educação.

O **terceiro elemento vital** é a **questão da representação**, particularmente no caso dos senadores biônicos, e mesmo na forma como são eleitos os vereadores e os deputados estaduais, ou seja, por cidadãos com os quais eles não convivem (e evidentemente não conhecem) e, portanto, têm poucas condições de representar bem os seus anseios..."

Carlos José de Almeida

O prefeito de São José dos Campos, Carlos José de Almeida, eleito em outubro de 2012 e que já exerceu os cargos de vereador (três mandatos) deputado estadual (eleito três vezes) e deputado federal de 1º de janeiro de 2011 até 31 de dezembro de 2012, quando no dia 1º de janeiro de 2013 assumiu a prefeitura, deu o seguinte panorama de como vai administrar a sua pujante cidade: "Cada cidade tem

Carlos José de Almeida

sua história, sua economia, seus desafios, suas perspectivas, suas possibilidades, sua gente. A primeira coisa que eu destacaria é que é fundamental nós termos a capacidade de lermos bem a nossa realidade, conhecermos bem a nossa **'aldeia',** amarmos nossa cidade, para que a gente possa contribuir para a nossa comunidade quando se está na gestão pública municipal. É assim que eu vejo a política, e é assim que vou procurar nortear minha atuação como prefeito e procedi da mesma maneira antes como vereador, deputado estadual e federal.

Acredito que é vital todo cidadão conhecer não só a **história da sua cidade**, mas também do seu País e do mundo; aliás, foi essa concepção que me levou a formar-me em História e Geografia.

É muito comum, principalmente no meio da política, em que a gente tem alternância de poder, esse pêndulo, se constatar a tendência de alguém se colocar na posição de **iniciador da história**!

Ouve-se assim: 'Bom, antes de mim nada prestava. Depois de mim tudo é bom!'.

➠ **Mas na verdade sabemos que não é assim, não é?**

Por isso, é importante a gente conhecer a história da nossa cidade. Quando vemos uma cidade bonita, pujante, como São José dos Campos, é importante olhar para trás e verificar que: foi fundamental para o nosso desenvolvimento a rodovia Presidente Dutra, mas entender também que ela não passou só por aqui. Passou por outras cidades que acabaram tendo outro tipo de desenvolvimento.

Obviamente, foi fundamental para nós a localização, bem próximo do rio Paraíba, perto de São Paulo, entre uma linda serra e um maravilhoso litoral. Mas algumas outras cidades da região também gozam dessas vantagens de posicionamento.

➠ **Então, qual é o traço que distingue nossa história?**

Sem dúvida nenhuma, a decisão do governo federal de criar aqui, na década de 1950, uma unidade militar da Aeronáutica voltada para a pesquisa e o desenvolvimento tecnológico. Recebemos uma benção com a instalação do CTA (Centro Tecnológico da Aeronáutica).

O CTA não gera, diretamente, nenhuma arrecadação para a prefeitura. Desse ponto de vista, todas as honras devem ir para a Embraer, Petrobras e General Motors (GM), que oferecem a maior parte dos empregos industriais dos joseenses e dos impostos pagos.

Mas o CTA foi fundamental para que a cidade passasse a se constituir em um grande polo tecnológico do País.

E dele surgiram outros investimentos fundamentais como o INPE (Instituto Nacional de Pesquisas Espaciais), a Avibras, o ITA (Instituto Tecnológico de Aeronáutica), só para citar algumas instituições ou organizações mais conhecidas. Isso também alavancou o surgimento de centenas de pequenas empresas relacionadas direta ou indiretamente com essas organizações (instituições) de grande porte.

Muitas pessoas que se mudaram para São José dos Campos ou então os visitantes dizem: 'A cidade tem ruas largas e belas avenidas!'. Sim, isso é verdade, mas nada disso aconteceu por acaso. Tudo isso foi fruto de planejamento e esforço dos prefeitos anteriores e das suas equipes de trabalho.

Esse conceito de planejamento foi fundamental para o desenvolvimento da nossa cidade, que há algumas décadas era até bem pequena. Então, ela foi crescendo, mas apoiando-se continuamente na cultura do planejamento.

A gente nunca pode deixar de reconhecer e perceber as conquistas que já foram alcançadas aqui em São José dos Campos e procurar construir a nossa história a partir dessa condição privilegiada.

Na minha campanha para o cargo de prefeito, sempre ressaltei que, caso fosse eleito, não seria **nenhum revolucionário,** que iria destruir tudo o que foi feito para começar uma nova história, mas sim, buscar avançar a partir do patamar ao qual se chegou para progredir mais ainda, eliminando desse caminho eventuais obstáculos ou deficiências.

Quem quer ser bem-sucedido na administração municipal tem que ter a humildade de reconhecer tudo que foi bem feito pelos seus antecessores, independentemente de terem sido de partidos que não tenham feito aliança com aquele pelo qual se elegeu. Não se deve nunca enveredar pelo arriscado caminho da **reinvenção da roda, que já está rodando bem.**

Um outro ponto que quero destacar, é a necessidade do desenvolvimento da competência para vencer desafios que a prefeitura enfrenta.

Acredito que o administrador público tem que ter um pouco de **historiador, médico** e **engenheiro.** Historiador para **entender a história de sua cidade,** médico para fazer um **bom diagnóstico** do que está funcionando e o que não está e engenheiro para **projetar e planejar para o futuro.**

Claro que, quando se fala dos engenheiros, é bom se incluir aí os arquitetos e os geógrafos. Mas sempre alguém me alerta: 'Você esqueceu dos advogados!'. E, de fato, não se pode esquecer deles, pois eles são indispensáveis, principalmente para defender os prefeitos, acusados em muitos casos por terem cometido atos ilegais, na sua ânsia de contornar alguns obstáculos para dar uma adequada velocidade para a realização dos diversos projetos de melhoria e desenvolvimento econômico da cidade.

É o desenvolvimento econômico que propicia que se tenha mais riqueza na cidade e que se criem mais oportunidades de trabalho para os munícipes.

Atualmente, em São José dos Campos, ficou evidente que o ICMS (Imposto sobre Operações Relativas à Circulação de Mercadorias e sobre Prestações de Serviços de Transporte Interestadual, Intermunicipal e de Comunicação), se estabilizou e existe inclusive uma tendência de baixar enquanto o ISS cresce ano a ano. Isso indica que o setor de serviços é muito importante e que devemos cuidar mais dele. Ao assumir a prefeitura, notei que tínhamos 800 projetos de empreendimentos que estavam parados e em cinco dias analisamos todos, aprovando boa parte deles e segurando aqueles que não estavam de acordo com a legislação e que pudessem deteriorar a qualidade de vida na cidade sob o ponto de vista ambiental.

De certa maneira **flexibilizamos**, pois não podemos criar amarras ao desenvolvimento econômico da cidade! O Brasil já teve um Ministério da Desburocratização, e o burocrata radical continua existindo e **diminuindo significativamente** a **eficiência** do trabalho nos órgãos públicos.

Um outro grande desafio que se torna cada vez mais visível em todas as cidades brasileiras, principalmente as de porte médio e grande, é a **mobilidade urbana**. Na maioria dessas cidades há, agora, **um carro para cada dois habitantes**! Pois é, a população das cidades cabe agora só nos dois bancos da frente!

O projeto que tenho para melhorar a mobilidade na cidade é através da construção de uma extensa linha de veículos leves sobre trilhos (VLTs), ou seja, a implantação de um eficaz transporte de massa, para o qual já conseguimos uma verba federal de R$ 800 milhões.

Outra questão crucial é a melhoria da qualidade do serviço prestado pelos servidores municipais, em especial no tocante a educação e saúde. Precisamos dar um atendimento mais rápido e mais eficiente a todos os munícipes que necessitam de cuidados médicos e devemos ter mais creches e mais escolas em tempo integral para permitir que não apenas o pai (como ocorre normalmente), mas também a mãe possa trabalhar um período, estando os seus filhos entregues aos cuidados de educadores capacitados.

Finalmente quero destacar que apoio a ideia da RM (região metropolitana), pois acredito que tudo que pudermos fazer de maneira integrada acabará sendo **benéfico** para todos, pois haverá mais **eficiência** e **eficácia**.

O mundo hoje está globalizado, e se acontece algum problema do outro lado do planeta, sentimos as consequências, imaginem se algo trágico ocorrer em Caraguatatuba, Taubaté ou Jacareí. É evidente que teremos reflexos na nossa cidade. Se algo aconteceu e provocou um **sério problema** em qualquer cidade da nossa RMVPLN, isso irá nos atingir, e não apenas por solidariedade, mas porque isso é bom para todas as nossas comunidades, convém que tenhamos uma ação integrada no combate ao mesmo."

Cláudio Lembo

O ex-governador do Estado de São Paulo, prof. Cláudio Lembo, e que até o final de 2012 foi o secretário municipal de Negócios Jurídicos de São Paulo, além também de ser professor do curso Gerente de Cidade e da Faculdade de Direito da FAAP, afirmou: "É indiscutível a importância da FAAP na educação brasileira, pois ela é, realmente, uma IES de qualificação excepcional e tem oferecido cursos de qualidade em diferentes áreas, sendo o Gerente de Cidade um deles.

Cláudio Lembo

Não é comum nas nossas IESs, que uma delas se dedique com tanto afinco como está fazendo a FAAP, a um tema tão vital e contemporâneo como a AP gerencial.

Aliás, um excelente exemplo de preocupação com a eficácia da gestão pública tivemos no período de 2007 a 2012, quando o prefeito Gilberto Kassab convidou um **grande contingente de coronéis** da Polícia Militar (PM) reformados e os guindou ao cargo de **subprefeitos**, isso em 30 das 31 subprefeituras da cidade.

E o desempenho foi exemplar, porque eram todas pessoas bem preparadas, qualificadas e que demonstraram nessa função uma grande capacidade para o trabalho. Além disso, romperam uma série de situações complexas e difíceis do passado envolvendo desvios das boas rotinas administrativas e corrupção.

Fui secretário de Negócios Jurídicos de São Paulo, com diferentes prefeitos, **sempre por casualidade**, pois, na realidade, nunca procurei ser alçado para esse cargo. E, hoje, posso afirmar que os quadros administrativos municipais estão muito melhores do que no passado.

Tivemos um grande avanço com a Constituição de 1988 e de uma maneira muito especial, devido ao seu artigo 37.

Todo aquele que seguir o que está **'recomendado'** no artigo 37 será um gestor público, no mínimo, **bom**!

E quais são os princípios previstos no artigo 37 da Constituição de 1988?

Inicialmente, a **legalidade**. Comportando-se dentro da lei, nós só podemos ir bem. Em seguida, vem a **impessoalidade**. Um político, um governante, o prefeito em particular, na sua função pública à qual chegou através de uma eleição, não pode dar preferência a amizades. O seu foco tem de ser o bem público, aquilo que for de interesse da comunidade que o elegeu.

Depois, tem-se também a **moralidade**. A moralidade pública é fundamental, até porque hoje temos notícias de muitas consequências graves decorrentes de atos de pessoas que não respeitaram esse princípio.

A **publicidade dos atos**, **programas**, obras, serviços e campanhas dos órgãos públicos deverá ter caráter educativo, informativo ou de orientação social, dela, não podendo constar nomes, símbolos ou imagens que caracterizem promoção pessoal de autoridades ou servidores públicos.

E, por fim, há um outro princípio que foi agregado pelos constituintes, que é o da **eficiência**. Assim, aquele gestor público que age seguindo os princípios da legalidade, impessoalidade, moralidade, publicidade e eficiência torna-se um **gestor público eficaz**.

Hoje, temos uma outra situação relativamente nova, que é a Lei de Improbidade Administrativa, que já está há 15 anos em vigência, sendo uma norteadora da vida do gestor público. Essa lei é um instrumento da moralidade pública, e é nela que o Ministério Público se apoia, criando situações embaraçosas, em particular para os prefeitos que cometem erros administrativos.

Portanto, acredito que, respeitando-se o artigo 37 da Constituição, a Lei de Improbidade Administrativa e a Lei de Responsabilidade Fiscal (LRF), um gestor público tem aí o seu manual de boa conduta administrativa, que o guiará para poder exercer corretamente as suas funções públicas.

Mas vale a pena lembrar que a civilização busca um bom governo há um bom tempo... Foi ao longo de muitos séculos que foram introduzidos e instituídos os atributos de um **bom governo.**

Um governo capaz de conferir à coletividade: **liberdade, bem-estar, segurança** e **futuro.** Um governo cujos gestores saibam suas obrigações e preservem a legalidade.

Confúcio (551 a.C – 479 a.C) ensinou aos chineses: 'Se o homem justo existe, o governo é próspero, se o homem justo não existe, o bom governo está acabado.' Justa é a pessoa benévola. Aquela que ama seu povo, como ama a si mesmo e faz todo o esforço para trazer-lhe benefício.

Para Confúcio, bastava seguir um só principio para entender o caminho para o bom governo: a **lealdade** e a **reciprocidade,** e nada mais.

O dever do governante é o de aperfeiçoar suas qualidades morais para atrair as demais pessoas. São cinco as qualidades que permitem ao governante atingir a benevolência e, consequentemente, um bom governo, no pensamento do humanismo chinês: **respeito, magnanimidade, sinceridade, solicitude** e **generosidade.**

E bastante **ilustrativo** o diálogo captado no interior da tradição chinesa.

Nela se pode notar o rigor exigido por Confúcio na relação entre governados e os governantes.

Uma vez um discípulo perguntou a Confúcio: 'Quais são os ingredientes para um bom governo?'.

Ele respondeu: 'A comida, as armas e a confiança do povo.'

Mas aí, prosseguiu o discípulo: 'Se fostes constrangido a renunciar a um entre os três ingredientes, a qual renunciaria?'.

'Às armas', disse Confúcio.

'E se devesse eliminar outro?', questionou o discípulo.

'Os alimentos', não titubeou em responder Confúcio.

'Mas sem alimentos a gente morre!', alertou o discípulo.

Aí Confúcio explicou: 'A morte representa, desde tempos imemoráveis, o inevitável destino de seres humanos, enquanto o povo que não tem mais confiança nos seus governantes é verdadeiramente um povo perdido.'

Na cultura ocidental, a busca do bom governo se iniciou de fato no período clássico (500 a.C a 300 a.C).

Os gregos, por meio de seus filósofos e teatrólogos, lançaram-se na elaboração dos fundamentos de um bom governo. Combateram as tiranias e esboçaram as configurações adotadas pelas democracias contemporâneas.

Platão (427 a.C – 347 a.C) escreveu *A Política*, livro no qual se mostrou decepcionado com a forma débil e hipócrita de governar do soberano rei Dionísio I da Sicília.

Os romanos, por seus pensadores, identificaram os comportamentos humanos que levariam ao aperfeiçoamento individual e, assim, à possibilidade de forjar-se bons governantes.

Marcus Tullius Cícero (106 a.C – 43 a.C) é um expoente do pensamento estoico na Roma clássica e apontou como traço de um Estado onde há bom governo, aquele em que **todos trabalham** e todos ocupam-se de **assuntos políticos** e, para tanto, devem ser informados sobre todos os assuntos, desde os de maior importância até os mais insignificantes.

O pensamento humano prosseguiu incessantemente em busca do bom governo, como que a procura do Graal (designa, normalmente, o cálice usado por Jesus Cristo na *Última Ceia*) inatingível por mãos pecaminosas.

Na cidade de Siena, quando esta se constituía em República, os seus dirigentes determinaram a confecção de um imenso afresco no interior do Palazzo Comunale, no espaço urbano conhecido como Cortile del Podestà.

Assim, na antiga sala do Governo dos Nove, chamada sala de Paz, onde se reuniam os nove magistrados que governavam Siena, em uma das paredes estava a expressiva obra de Ambrogio Lorenzetti do Século XIV, denominada *A Alegoria do Bom Governo*, uma **verdadeira obra-prima**. Esta é, sem dúvida, uma das mais expressivas obras a respeito do bom governo.

Todos os elementos para a obtenção de um governo perfeito para a cidade, fundamentadas na justiça, sabedoria e concórdia, na visão clássica da *civitas* ou *pólis*, se encontram no mural elaborado pelo artista medieval A. Lorenzo. Nele se apresenta de maneira altaneira a **sabedoria**, com dom advindo de Deus, a **concórdia**, sem a qual falece a possibilidade de se ter o equilíbrio social e as virtudes superiores: **fé, caridade** e **esperança**. Além das 'figuras estampadas' com as virtudes bastante esquecidas nos governos de várias partes do mundo no século XXI, a saber: **paz, fortaleza, prudência, magnanimidade, temperança** e **justiça**.

O Cristianismo buscou captar e transmitir aos governantes as diretrizes para um bom governo. Os limites da lei eterna sempre estiveram presentes nessa incessante procura.

Com a explosão de ideias na Renascença, particularmente italiana, alteraram-se os parâmetros, mas não se ignoraram os valores cristãos, mesclados com as raízes judaicas, gregas, romanas e, em determinadas regiões, com os conhecimentos originários da cultura islâmica.

A um só tempo, a Renascença foi um momento perturbador e criativo, inigualável na história da humanidade. Velhos preconceitos se desanuviaram. Novas concepções se estabeleceram. Nada se manteve sem análise. Tudo foi passado a limpo.

No campo político, o Renascimento permitiu a concepção de novas instituições e gerou o arcabouço das democracias contemporâneas. Mas, a par dos pensadores dedicados às especulações filosóficas, no campo político, a figura mais controvertida e inovadora da Renascença italiana foi Nicolau Maquiavel (1469-1527), autor de duas obras fundamentais para o pensamento político: *Discurso sobre a Primeira Década de Tito Lívio* e o polêmico *O Príncipe* cuja primeira edição impressa é de 1532.

O político Maquiavel distinguia-se pela forma contraditória, mordaz e ardorosa de suas posições. As suas lições para a concretização de um bom governo ferem a moralidade média, mas mostram-se imbuídas de um pragmatismo pleno quando ele diz: '...se será melhor ser **amado** que **temido** ou vice-versa, responder-se-á que se desejaria ser uma e outra coisa, mas como é difícil reunir-se ao mesmo tempo as qualidades que dão aqueles resultados, é **muito mais seguro ser temido** que **amado**... os homens geralmente são ingratos, volúveis, simuladores, covardes e ambiciosos por dinheiro e, enquanto lhes fizeres bem, todos estão contigo, oferecem-te sangue, bens, vida, filhos... desde que a necessidade esteja longe de ti. Mas quando ela se avizinha, voltam-se para outra parte.

E o príncipe, se confiou plenamente em palavras e não tomou precauções, está arruinado.

Pois a amizade conquistada por interesse, e não por grandeza e nobreza de caráter, é comprada e não se pode contar com ela no momento necessário. E os homens hesitam menos em ofender aos que se fazem **amar** do que aos que se fazem **temer**, porque o amor é mantido por um vínculo de obrigação, o qual devido a serem os homens pérfidos, é rompido sempre que lhes aprouver, ao passo que o temor que se infunde é alimentado pelo receio do castigo, que é um sentimento que não se abandona nunca.'

Maquiavel tornou-se, devido às suas ideias e posições, um autor estigmatizado e execrado. Mas, modernamente, surgiu uma outra consciência de sua visão ética da política, entendendo-se que ele sempre buscava preservar o Estado a serviço da comunidade!?!?

Assim ele lutou corajosamente contra os exércitos mercenários, inconfiáveis e usurpadores dos tesouros públicos e buscou a unificação da Itália.

Ainda no decorrer da Renascença, em um espaço geográfico diverso, foi muito importante a figura de Erasmo de Roterdã (1466-1536), um grande reformador.

Erasmo, em seu livro irônico, quase sarcástico, *Elogio à Loucura*, em um momento de **equilíbrio**, aconselhou aos governantes: 'Aquele que tem o timão do Estado, se faz administrador dos negócios públicos, não de seus privados, não deve distanciar-se nem um dedo da lei, da qual ele é o autor e ao mesmo tempo executor, deve responder pela correção de seus administrados e magistrados.'

Erasmo talvez tenha conhecido o maior número de cabeças coroadas de seu tempo e foi homem dos dois movimentos reformadores: a Renascença e a Reforma.

A Reforma conheceu duas figuras exemplares: Martinho Lutero (1483-1546) e João Calvino (1509-1564).

Em regiões diferentes da Europa, ambos os reformadores alteraram as concepções religiosas e políticas e lançaram os fundamentos das profundas mudanças conhecidas pela humanidade com as suas pregações.

Lutero tinha uma mensagem expressiva aos administradores para que alcançassem o bom governo. É primoroso o seu sermão proferido perante o prefeito de Nuremberg, Lazaro Splengler, cumprimentando-o pela implantação de uma escola e admoestando sobre os perigos da fuga escolar: 'Porque em uma cidade tão grande, em meio a seus inúmeros cidadãos, o diabo não faltará por certo em provar a sua arte e exigir a muitos que desprezem a palavra de Deus e a escola. Pois é muito possível que muitas causas (o comércio, sobretudo) impeçam de se levar as crianças a escola e as entreguem à Mamona.'

O discurso de Nuremberg é uma apologia à escola em seus vários níveis. Ou seja, da escola de primeiro grau à universidade.

Lutero seguiu recomendando: 'É importante que um Conselho (municipal) honrado e prudente decida estabelecer e recolher grandes meios financeiros e instalar uma escola tão bonita e esplendida. Vejo que os homens simples se mostram contrários a mandar seus filhos a escola, retiram seus próprios filhos da escola e pensam só em comer e beber, sem querer refletir sobre sua horrível ação ...'

Por sua vez, em 1536, João Calvino dedicou-se a um tema extremamente rico e tão presente agora: o **governo civil**. Assim, ao buscar o bom governo, João Calvino lançou uma tripartição precoce, e esta, ao enfatizar a importância da **legalidade**, dá os primeiros traços do contemporâneo Estado de Direito: 'Bem, há três partes. A primeira é o **magistrado**, que é o guardião e o mantenedor das leis. A segunda é a **lei**, segundo a qual o magistrado exerce o seu domínio. A terceira é o **povo**, que deve ser governado pelas leis e obedecer ao magistrado.'

Os princípios de João Calvino marcaram o Ocidente e ingressaram por grandes espaços geográficos da Europa continental e da Inglaterra e Escócia. Dos preceitos calvinistas, adotados por presbiterianos e calvinistas puros, originaram-se os **pioneiros** que ocuparam a costa leste dos EUA.

Após a presença dos reformadores na história, os acontecimentos políticos europeus dividiram-se entre **defensores do absolutismo** e figuras que lutavam para se ter uma **abertura para a liberdade**.

O período do absolutismo conheceu pensadores que ensinavam como conviver nas cortes. Muitos deles expressavam bajulações aos poderosos e comumente exaltavam seus traços mais marcantes. São muitos os chamados **moralistas clássicos**.

Entre estes, é relevante a figura do *cardinale* Mazzarino ou, em português, cardeal Júlio Mazarino (1602-1661).

O seu livro, com o título *Breviarium Politicorum Secundum Rubricas Mazarinicas* é considerado um tratado do cinismo e das formas insidiosas de convívio humano.

Há quem o considere uma '**espécie diabólica**'.

As lições de Mazzarino para os governantes e governados se caracterizam mais como os procedimentos que se devem seguir para a **sobrevivência nas cortes**. Há, contudo, no seu contexto todo, muitas lições para um administrador público e, entre estas, cabe a leitura da seguinte propositura: 'Cuida para adular do povo, prestando contas de teus atos, mas somente depois de tomados, a fim de que ninguém resolva contestar tuas decisões.'

Apesar de arrolado como sendo um dos moralistas, o correto seria considerar Mazzarino como uma **figura amoral**.

Após uma viagem à Inglaterra e tomar conhecimento da sabedoria árabe, Montesquieu (1689-1755) escreveu o seu livro *O Espírito das Leis* (publicado em 1748), que se tornou uma obra extremamente divulgada e conhecida para quem buscasse o bom governo.

Jean-Jacques Rousseau (1712-1778), por seu turno, sempre conviveu em sua obra com dilemas entre **natureza** e **civilização** ou **sentimento** e **razão**.

Mas Rousseau se mostrou mal aparelhado para conviver com 'a malícia, o egoísmo e o engano, que se escondem debaixo da máscara de benevolência e cortesia que exibem os homens'. E estas condicionantes humanas impedem o exercício de um bom governo.

Rousseau formulou, assim refletindo, a tese psicanalista do '**descontentamento da civilização**', este sentimento com o qual todos convivem contemporaneamente.

O seu conselho para se alcançar um bom governo é simples e a seu tempo preocupante: '**Portanto, o governo, para ser bom, deve ser relativamente forte na medida em que o povo é mais numeroso.**'

O inesquecível François Marie Arouet, ou seja, Voltaire (1694-1778), deve ser recordado, quando são arrolados os pensadores que buscaram influir na elaboração de um bom governo. Ele sempre conviveu nas cortes, entre as quais de Frederico da Prússia, mas sempre sabendo enxergar de forma real o que estava acontecendo um pouco mais longe delas...

Após ler a clássica obra de Cesare Beccaria, *Dos Delitos e das Penas*, Voltaire se pertubou com a presença de filhos de mães solteiras e dá um conselho para o bom governo: 'A caridade, neste país, não levou a construção de mais asilos onde as crianças expostas possam ser cuidadas. Onde falta a caridade **(hoje, se chama isso de responsabilidade social)** a lei sempre é **cruel**. Seria melhor prevenir desgraças como estas, que são usuais, que limitar-se a punir.

A verdadeira justiça consiste em impedir os delitos e não em condenar à morte quem é vítima da fraqueza do próprio sexo, quando é evidente que a sua culpa não se encontra acompanhada de malícia, e que esta causa dor ao seu coração. Assegurem, os governantes, o quanto puderem, uma via de saída a quem está tentado agir mal, e terão assim menos a punir.'

Para se captar os traços de um bom governo, deve-se também debruçar sobre o pensamento dos '**pais fundadores**' dos EUA. Eles foram personalidades de excepcional capacidade de captar a realidade e elaborar **normas factíveis.**

Há uma nota 'realística' na vida pública norte-americana. Fala-se que, nos EUA, ao contrário do que ocorre na Europa, se presta mais atenção **no modo correto de aplicar um princípio** que ao princípio em si!

Com este realismo, os autores de *O Federalista*, James Madison, John Jay e Alexander Hamilton, apontaram os princípios de um bom governo.

Alexander Hamilton, no artigo nº 70, foi taxativo: 'A **energia** do Executivo representa a característica principal de um bom governo. Essa é a qualidade essencial para proteger a comunidade dos ataques externos; é ainda essencial para garantir uma constante e uniforme aplicação das leis; proteger a propriedade contra os complôs tirânicos que obstruem a todo momento o processo regular da justiça; e para salvaguardar a liberdade contra maquinações e os ataques das ambições, das facções e da anarquia.'

Alexandre Hamilton (1755-1804), John Jay (1745-1829) e James Madison (1751-1836) foram combatentes notáveis do **federalismo** e demonstraram ter um preparo intelectual diferenciado.

Madison, jovem constituinte, no artigo décimo, apontou com ênfase as condições para um bom governo: 'Colocar o bem público e os direitos privados a salvo dos perigos de uma facção e preservar sempre o espírito e a forma do governo popular, é o maior fim de nossos debates.'

Esses são alguns dos produtos diretos da formação dos EUA e da própria Revolução Norte-Americana. Esta sempre classificou como pensamentos dominantes os **direitos naturais** e **constitucionais**, o **contrato social** e o **direito à resistência.**

Há frases populares do período revolucionário norte-americano que merecem ser registrados pela flagrante atualidade. Diziam os sulistas, na busca de um bom governo: '**Quanto menos governo, melhor!**'

Certamente, Abraham Lincoln (1809-1865), em seu discurso da **Casa dividida**, proferido após seu rompimento com o presidente James Buchanan, ressaltou como o bom governante deve ser preciso nas suas colocações, ao contrário do que fizeram os moralistas (alguns citados há pouco...): 'Em minha opinião, esse problema não cessará enquanto não se tiver alcançado e transposto toda a crise.

Uma casa dividida contra si mesmo não subsistirá. Acredito que esse governo, meio escravocrata e meio livre, não poderá durar para sempre. Não espero que a União se dissolva; não espero que a casa caia; mas espero que **deixe de ser dividida.**'

Percebe-se que a busca de um bom governo já passou por mentes bem esclarecidas e por cérebros maledicentes.

Houve, contudo, uma **procura incessante**.

Na contemporaneidade, tornou-se mais preocupante ainda a qualificação do que é um bom governo. Os meios de comunicação eletrônicos, de natureza instantânea, alteraram os costumes e feriram, muitas vezes, os valores éticos.

Parece até que ser um bom governo, nos tempos que correm, é ser aquele que melhor se apresenta nos vídeos. As palavras pouco importam. **Vale a imagem!?!?**

Ainda, assim, porém pode-se afirmar que a Constituição de 1988 apontou com exatidão o que se pode considerar um bom governo e quais as regras que devem ser seguidas para se atingir este objetivo maior.

Repetindo, o artigo nº 37 da Constituição é claro ao afirmar que a boa administração deve obedecer aos princípios da **legalidade, impessoalidade, moralidade, publicidade** e **eficiência**.

A cidadania, que almeja por um bom governo numa nação democrática, deve estar atenta e exigir que estes princípios se encontrem presentes em todos os atos dos administradores públicos e utilizar, sempre que isso não acontecer, as garantias constitucionais colocadas à sua disposição: **ação civil pública, ação popular** e o **direito de petição**.

A omissão, quanto ao agir à procura de um bom governo, é ato que lesa a individualidade e a comunidade a um só tempo. Agir em defesa da coisa pública **é exercer a cidadania**, suporte para um bom governo.

No Estado de Direito, obedecidos os princípios constitucionais expressos, pode-se atingir um bom governo. Caso contrário, atendo-se somente ao governo das pessoas, volta-se ao **pessimismo**.

O governo das pessoas é suportado na **ambição** e esta **é uma droga que transforma quem se entrega a ela em um demente em potencial, ficando num êxtase sórdido.**

Dárcy Vera

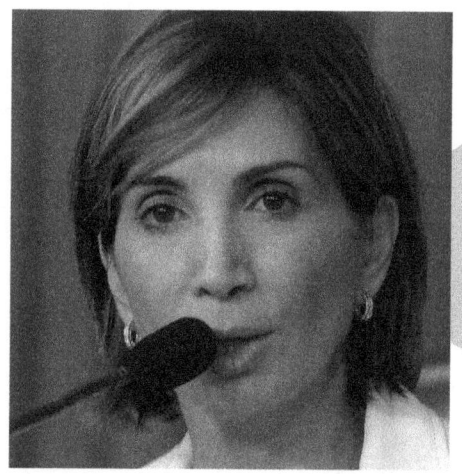

Dárcy Vera

Dárcy da Silva Vera foi eleita em quatro oportunidades vereadora de Ribeirão Preto e mais tarde a deputada estadual mais votada do País.

A prefeita Dárcy Vera, que foi re-eleita em outubro de 2012 ressaltou: " A prefeitura de Ribeirão Preto agradece muito à FAAP pois nesses último anos, no mínimo 20 gestores municipais puderam participar de cada uma das novas turmas do curso Gerente de Cidade com o que tenho uma grande equipe de competentes administradores que me auxiliam a governar.

No início do meu mandato em 2009, precisei enfrentar um sério problema quando pedi aos prefeitos da região e a todos os moradores da cidade que me ajudassem na questão de manter a Agrishow na cidade, pois esse evento não era apenas de Ribeirão Preto, mas de todas as cidades circunvizinhas. E nós conseguimos, sim, após obter rapidamente mais de cem mil assinaturas de pessoas que solicitavam do governo federal para manter a feira aqui.

Fui a Brasília levar essa lista de assinaturas para o presidente Luiz Inácio Lula da Silva e, para entregar-lhe a mesma, precisei infiltrar-me no meio dos prefeitos das capitais dos Estados, numa cerimônia que era acompanhada também por milhares de outros prefeitos...

O presidente Lula foi muito atencioso com Ribeirão Preto e acabou ajudando a reverter uma situação, pois, caso isso não ocorresse, a nossa cidade perderia muito.

Administrar Ribeirão Preto é um grande desafio. A gente acorda e todo o resto do dia transcorre voltado a resolver problemas da cidade, desde os minúsculos até os de grande magnitude, que precisam de ações de médio a longo prazo e bem estruturantes. Entre os problemas triviais, posso citar as constantes reclamações para cortar mato, tapar buracos, melhorar a iluminação de uma rua e assim por diante.

É parecido um pouco com a casa de cada um, na qual, continuamente, é necessário arrumar a cama, varrer o chão, lavar a roupa e a louça, acabar com a bagunça do banheiro etc. Isso também acontece na cidade quando alguém resolve jogar um sofá antigo na rua, pensando que ali é um depósito de lixo...

Então todas essas coisas que uma mulher faz dentro da casa ou na limpeza da rua, uma prefeita também deve fazer cotidianamente na sua cidade.

Mas também acontecem as grandes realizações.

Dessa maneira, por exemplo, valeu muito lutar pela permanência da Agrishow na cidade, na qual, em 2013, durante uma semana, nela foram vendidos mais R$ 2 bilhões de máquinas e equipamentos, e já obtivemos do governo estadual a cessão de uma área por 30 anos para que o evento seja feito no mesmo lugar, com o que os expositores construirão agora os seus estandes de forma mais definitiva, que talvez até se tornem *showrooms* para serem usados o ano todo.

Estou muito orgulhosa de ter vencido a luta no combate às enchentes aqui no centro da cidade. Nesses últimos cem anos, a cidade viveu, em certos períodos do ano, embaixo de água em uma das suas regiões mais importantes. O comércio era castigado de forma intensa, geralmente perdendo tudo.

Com persistência, consegui os recursos e executei as obras, e tudo indica que daqui para frente não teremos mais enchentes em Ribeirão Preto.

Claro que não consegui atender às pequenas e às grandes demandas sozinha. Essas conquistas e realizações se devem ao trabalho comprometido dos servidores públicos da prefeitura de Ribeirão Preto."

Edson Aparecido

Edson Aparecido dos Santos exerceu o cargo de deputado estadual em dois mandatos (de 1998 a 2006) e em seguida tornou-se deputado federal (de 2007 a 2010 e 2011 até 2014).

O secretário estadual de Desenvolvimento Metropolitano, Edson Aparecido, que depois ocupou o cargo de chefe da Casa Civil do governo do Estado de São Paulo ao falar sobre a ques-

Edson Aparecido

tão da **integração** vinculada com uma **melhor gestão das cidades explicou:**

"Logo de início, é essencial dizer que estamos dentro da **macrometró-pole paulista**, a qual só vai evoluir caso se conquiste um espírito de convergência e se surgir uma governança metropolitana conduzida pelo consenso.

A macrometrópole paulista, de acordo com estudos da Emplasa (Empresa Paulista de Planejamento Metropolitana) e da Seade (Fundação Sistema Estadual de Análise de Dados), tem pouco mais de 16% do território do Estado de São Paulo, inclui 153 municípios, nos quais vivem 31 milhões de habitantes, quase 75% da população do Estado, que produzem 84% do seu Produto Interno Bruto (PIB) e aproximadamente 26% do PIB do País. Nesses municípios da macrometrópole há uma **conurbação consolidada**, e 96% da sua população vive nas áreas urbanas.

Tal tendência está se espalhando por todo o Estado, com, inclusive, o trabalhador rural vivendo na cidade. Por exemplo, a Região Metropolitana de São Paulo (RMSP) é constituída por 39 municípios, tendo uma população chegando aos 22 milhões de habitantes, sendo assim a terceira metrópole do planeta, ficando apenas atrás de Tóquio e Nova Délhi.

Hoje, o que se nota é que nas quatro RMs do Estado de São Paulo, ou seja, da Baixada Santista, de Campinas, do Vale do Paraíba e a de São Paulo, os grandes problemas são idênticos, isto é, são questões para resolver com o lixo, a educação, a saúde, a segurança pública, a mobilidade urbana, a habitação, a população que mora em áreas de risco etc.

Nesse caso, é o **planejamento regional integrado** que vai possibilitar que se resolvam mais rapidamente esses problemas. Assim, não é eficiente a solução de se proibir o transporte de carga na cidade de São Paulo sem ver o que isso vai acarretar nas cidades vizinhas! Essa medida foi tomada por exemplo em São Paulo em 2011, e tal ação **desorganizou** o sistema de transporte de carga em toda a RMSP, pois os caminhões passaram a parar em Guarulhos, Taboão da Serra, São Bernardo do Campo, Diadema, gerando um **certo caos**.

Nesse caso (e em muitos outros), o que se necessita é de um **plano estratégico** coordenado pelo governo do Estado para organizar a logística de transporte de cargas em todos os 35 municípios que fazem parte da RMSP.

Hoje, nós temos uma concentração espetacular no Brasil. Assim, se imaginarmos o quadrilátero formado entre as cidades de Santos, Campinas, Juiz de Fora (MG) e Campos dos Goytacazes (RJ), temos aí uma área que representa aproximadamente 1% do território nacional, mas nela se gera 40% do PIB brasileiro! Essa é uma região estratégica para o Brasil, que precisa aproveitar muito mais o porto de São Sebastião, que necessita, por seu turno, de melhores ligações com a RM de Campinas e a RM do Rio de Janeiro.

Foi com esse objetivo que também foram criadas as aglomerações urbanas (AUs) de Jundiaí e de Piracicaba (e, em breve, a de Sorocaba...).

Entre as vantagens das RMs devem-se citar:

1ª) **Maior competitividade** – A ideia central é que as RMs possam competir com as RMs de países como Coreia do Sul, Alemanha, China, EUA, Espanha etc.

2ª) **Melhor planejamento** – Pode-se realizar um planejamento integrado para uma região, desde que se consiga o consenso, se esqueçam as desavenças partidárias e se reorientem positivamente todas as atividades que devem ser desenvolvidas.

3ª) **Sustentabilidade e preservação ambiental** – De fato, o que possibilita chegar-se a um estado sustentável e ter uma preservação eficaz é o planejamento. Quem almeja alcançar a preservação ambiental deve valer-se da integração, pois é muito difícil conseguir isso no **isolamento**.

4ª) **Combate à pobreza** – A ideia da criação das diversas RMs e AUs é para melhorar as condições das cidades mais pobres que integram as mesmas, ou seja, nivelá-las, com as melhores de cada região."

Eduardo Pedrosa Cury

Eduardo Pedrosa Cury

O prefeito de São José dos Campos, engenheiro Eduardo Pedrosa Cury, que governou a cidade de 2005 a 2012 declarou: "Aqui, no Estado de São Paulo, em outras partes do Brasil e em muitos países do mundo, por causa da **intensa urbanização**, está desaparecendo o conceito simples de cidade e surgindo o **conceito de região**, devido à proximidade cada vez maior das cidades, as quais, em muitos lugares, já estão **conurbadas**, ou seja, do outro lado da rua você está em outra cidade...

Porém, quero destacar que sou um **ferrenho municipalista**, um defensor radical da cidade, pois as soluções para uma vida melhor para as pessoas realmente estão nas cidades. Por outro lado, quero salientar que, para administrar bem uma cidade, deve-se aprender continuamente, conhecer o que de melhor existe nas outras cidades do nosso País e de outras nações. Assim, ressalto a importância de se ter na prefeitura **gestores públicos competentes,** que tenham conhecimentos como os que são passados aos que se formam no curso Gerente de Cidade da FAAP (em São José dos Campos, em 2014, estava em andamento a 14ª turma, com muitos participantes que trabalham na prefeitura), que é uma rica atualização do que há de mais avançado sendo feito na AP municipal, nos mais diferentes urbes do mundo.

Particularmente, sou admirador do **modelo alemão,** no qual existem três (na realidade, quatro) instâncias de Poder Executivo. Na Alemanha, os recursos e os serviços executados são divididos quase igualmente entre essas instâncias, ou seja, de forma bem mais equilibrada que no Brasil, o que torna o nosso modelo menos eficaz. Lá, quando uma cidade atinge certo tamanho, vira cidade-Estado, como é o caso de Berlim, Hamburgo etc., tendo uma legislação especial.

No Brasil, uma cidade do tamanho de São Paulo (chegando já a 12 milhões de habitantes), tem a mesma legislação que uma pequena cidade do Estado, como, por exemplo, Barra do Chapéu, com uma população que não chega a 5 mil habitantes.

A urbanização será cada vez mais crescente, e a migração das pessoas para elas será cada vez maior. Assim, é vital estabelecer novas legislações, pois a conexão entre as cidades será cada vez mais intensa, e por isso acredito que foi de **grande importância** a **criação** das novas RMs e, em especial, da RMVPLN do Estado, bem como das AUs pelo governador Geraldo Alckmin.

➡ **E por que isso?**

Porque parte do desafio humano é **individual,** mas a maior parte dele é **coletivo,** e as pessoas, no momento que se juntam ou se aglomeram, é que começam a ter um **ganho de escala.**

Um dia desses vi uma mensagem na televisão que me assustou. A comunicação mostrava uma casa no sertão nordestino e pedia que as pessoas **doassem dinheiro** e **adotassem as crianças pobres dessa região.** Era mostrada a terrível situação de uma família que vivia num local que não tinha escola, posto de saúde, nenhuma agricultura ao redor da casa, nenhum trabalho, e os membros da família tinham que buscar água a 3 km da casa. Enfim, aí não havia nada, e eu não entendia bem por que essa casa estava lá!

➡ **Viver numa situação dessas, ter uma casa tão longe da água potável, é inconcebível, não é?**

E não é que aparece gente que doa dinheiro para essa região, repleta de casas no sertão em condições deploráveis!?!? Nesse caso, a saída é ir para a cidade mais próxima, na qual tudo é mais eficaz no que se refere às necessidades básicas de uma pessoa (abastecimento de água, luz elétrica, educação, saúde etc.).

É verdade que não é fácil desenvolver um município, pois ele não fica com mais de **15%** do que arrecada, enquanto, na Alemanha, cada uma das três instâncias recebe **um terço**.

A nossa Constituição só fala em Município, Estado e União, mas dever-se--ia introduzir nela a RM, para a qual já existe uma lei estadual, porém ainda vai se caminhar muito para que ela obtenha algum tipo de autonomia."

Emanuel Fernandes

Emanuel Fernandes

O deputado federal Emanuel Gavioli Fernandes, que foi prefeito de São José dos Campos no período de 1997 a 2004, incentivou e apoiou muito a abertura do primeiro curso Gerente de Cidade, na cidade que ocorreu em 1998 (algumas aulas foram dadas em Campos do Jordão, pois alguns alunos eram dessa cidade e fizeram esse "convite" aos colegas e à FAAP, o que foi aceito...), tem a seguinte opinião: "Para administrar bem uma cidade, em particular do tamanho de São José dos Campos, é vital **planejar e muito bem**. Aliás, não é apenas planejar, é preciso ter uma excelente equipe de gestores que possa executar aquilo que se planejou (digamos que, no mínimo, tenham concluído um curso como o Gerente de Cidade), sempre de acordo com os seguintes princípios orientadores:

1º) Inclusão – O objetivo da minha gestão sempre foi favorecer ao máximo os que tinham mais dificuldades, os mais carentes, os sem emprego ou ocupação fixa, permitindo-lhes uma certa estabilidade; até porque sempre lembro de que 'sapo pula por necessidade, não por esperteza ou boniteza'.

2º) Empreendedorismo – A prefeitura estimulou o aprendizado do empreendedorismo no **ensino fundamental** para que os jovens, assim que pudessem, iniciassem um negócio próprio.

Através da educação, buscou-se incutir nos jovens que não temessem riscos e que tivessem ousadia e coragem para ter a própria empresa, criando para si um jeito decente de sobreviver e, inclusive, ajudando os outros com oferta de empregos.

3º) Qualidade – Buscou-se explicar, inicialmente a todos os funcionários da prefeitura e depois para a população da cidade, que em todas as suas ações uma pessoa **deve procurar fazer tudo bem feito** e não precisar refazer, ou seja, executar o retrabalho. Dessa maneira, por exemplo, numa escola municipal, a ideia é ter o prédio mais bonito do bairro, com banheiros limpos, os jardins cheios de flores e sem a necessidade de muros e grades para se esconder de ninguém.

Este, sem dúvida, é um projeto complexo que implica em mudar a cultura de toda a comunidade, mas cabe ao prefeito e aos seus gestores principais abraçarem essa **luta pela qualidade**, não só no serviço público, mas que os munícipes também participem da mesma, cuidando com esmero da sua cidade.

4º) Regras – Mesmo que algumas regras não sejam escritas, é essencial que todos os servidores da prefeitura saibam fazer as **coisas certas** e o que **não podem fazer!** Não se deve abrir exceções, pois aquele munícipe '**agraciado**' por uma delas irá contar para as outras pessoas, e aí fica muito difícil **gerenciar com equilíbrio!**

Procurei sempre ser um exemplo nas minhas ações, como, por exemplo, nunca utilizar o carro oficial nos fins de semana ou quando não estava a serviço da prefeitura. Esta é uma regra não escrita que meus outros gestores públicos tiveram que seguir, ou ao menos respeitar.

5º) – *Liberté, égalité et fraternité* **(liberdade, igualdade e fraternidade)** – Essa tríade de conceitos deve ser mais do que nunca privilegiada no século XXI, sendo que, no tocante à **igualdade**, temos que ser tolerantes, particularmente no que tange à diversidade. E aqui em São José dos Campos nós temos uma cidade de migrantes; além disso, precisamos ser bem mais tolerantes com os mais pobres.

Quando assumi a prefeitura em 1996, no primeiro mandato, eu sempre tive em mente esses cinco princípios.

No início foi muito difícil, pois não consegui realizar muita coisa e, por onde passava sempre recebia apupos ou 'incentivos' do tipo: 'Lá vem o embrulhão!'. Mas a economia da cidade foi melhorando e promovi um enorme trabalho de modernização e manutenção, reformando e reconstruindo tudo o que estava em más condições.

Foi possível, em seguida, fazer muitas obras estruturais que, finalmente, foram bem avaliadas pela população, e a minha reeleição bem folgada foi de fato uma demonstração que o joseense aprovou a nossa forma de administrar.

Tenho procurado ir contra o conceito vigente no Brasil de **subdesenvolvimento sustentado!!!**

Ele pode ser explicado da seguinte forma:

1º Passo – Existe alguém responsável pelo meu insucesso, ou seja, pela minha desgraça, e o **governo** é parte integrante disso.

2º Passo – Há recursos para melhorar muitas coisas nas nossas cidades, **mas falta vontade política** dos nossos governantes para melhorar a vida dos cidadãos brasileiros.

3º Passo – Alguém, em certo momento, virá me **salvar!**

Em São José dos Campos procurei, através da **educação**, ensinar aos jovens que eles devem **fugir** do subdesenvolvimento sustentado através do seu **instinto empreendedor**.

Ensinamos às nossas crianças que elas têm capacidade de vencer, de conquistar, de chegar aos seus sonhos, de serem donas dos próprios destinos.

Nesse sentido, o **empreendedorismo** foi muito útil, e, mais que isso, em todas essas crianças buscou-se incutir a vontade de amar o próximo como a si mesmo. Creio que formamos uma geração de munícipes talentosos, responsáveis e preocupados com o bem-estar dos outros.

Antes de ser prefeito e agora deputado federal, tornei-me funcionário público federal do Instituto Nacional de Pesquisas Espaciais (INPE), no qual o meu trabalho estava ligado a usar e fazer satélites. Hoje, estou licenciado desse serviço e um dos meus trabalhos é a elaboração de 'boas leis'.

E aí vai uma provocação: **o Poder Legislativo faz boas leis e fiscaliza corretamente o Poder Executivo?**

Do jeito que as coisas estão indo, diria que não estamos fazendo bem nem uma coisa nem outra, e os **legisladores**, antes de serem eleitos, deveriam, isso sim, passar por um concurso que avaliasse as suas **aptidões** para tal **função**.

Aqui na Câmara, como em qualquer Câmara Municipal ou Assembleia Legislativa, é preciso que o deputado tenha um corpo de funcionários que faça as leis para ele.

Esta é uma boa técnica administrativa!?!?

Quando fui prefeito, demorei a entender que, para fazer uma lei, precisava ter um especialista para viabilizá-la e que a mesma devia ser aprovada, o que normalmente acarretava uma intensa luta política.

Várias vezes pedi: vamos fazer um Plano Diretor que todos os munícipes possam entender, que tenha coisas claras e diretas. Assim, por exemplo, deve ser óbvio para todos que não se pode construir casas no morro. E é preciso explicar por que não pode. Da mesma forma, todos devem saber que não podem ocupar nas ruas e avenidas locais que estão reservados em frente das escolas, num aeroporto, num *shopping center*, digamos para os deficientes físicos.

➡ **Mas quem é que de fato obedece a isso?**

Muitos planejadores, por outro lado, fazem do Plano Diretor um vasto calhamaço que é difícil de ser compreendido até pelos especialistas, algo que também ocorre com muitas leis cuja abrangência não fica bem entendida, principalmente pelas pessoas mais humildes.

Para que tudo seja resolvido com equilíbrio e harmonia, é fundamental que existam leis para serem seguidas e se conseguir essa condição. A verdade, entretanto, é que no momento **não precisamos de mais leis, e sim de mais consenso, mais compreensão e mais cultura**.

Isto é, entender por que as pessoas jogam lixo na rua, por que depositam entulho no terreno dos outros, e assim por diante.

Provavelmente, porque não entendem que estão agindo de forma incorreta ou talvez até saibam isso, mas valem-se da lei do **'mínimo esforço'**, apoiadas na ideia de que não receberão reprimendas ou punições por isso.

➡ **Quando você não compreende bem algo, acaba não seguindo, não é?** Mas existe também outra razão, que talvez seja do hábito adquirido.

Quando uma pessoa mora no interior, cercada de mato por todos os lados, é normal jogar lixo em qualquer lugar, inclusive depositar o entulho no fundo da casa, pois pode se precisar dele mais tarde para alguma coisa...

Assim que essa pessoa passa a morar numa cidade, precisa seguir normas, necessita obedecer a regramentos, firmar pactos para inclusive construir a tal da cidadania.

Eu tentei estabelecer pactos com os vereadores da minha cidade e **não consegui!?!?** Tentei convencê-los a criarem leis que aumentassem o grau de pertinência do cidadão com a rua em que vive, com o seu bairro e com a sua cidade.

Pedi aos vereadores de São José dos Campos que aprovassem uma lei que estabelecesse que, na primavera, todo mundo deveria colocar um vaso de flores e pintar a fachada da sua casa. Mas a discussão tomou um rumo inglório, e os vereadores começaram a discutir sobre aqueles que teriam e os que não teriam dinheiro para pintar, sobre outras formas de enfeitar a casa, que a casa não era deles etc. E assim ficou muito difícil construir um comportamento do munícipe **baseado em valores**.

Porém, inúmeras leis continuam sendo aprovadas em todas as partes do Brasil, sem levar em conta os valores, sem estabelecer pactos, sem entendimento e a maior parte delas com o efeito de **subdesenvolver** o Brasil.

Virou quase uma cultura no Brasil a prática do **subdesenvolvimento sustentável**. E assim, boa parte dos brasileiros acredita que tem alguém ou algo que é responsável pelo seu insucesso, sendo que, de fato, recai muito dessa culpa para os políticos, tanto os que administram como aqueles que fazem as leis.

Os políticos, em uma democracia eficaz, têm de conversar mais com a população, compartilhar seus diagnósticos e prognósticos, das coisas mínimas até as grandes. Por isso, acredito que, nesses últimos anos, o Parlamento está sendo **criticado de forma bem justa pela população**, pois está reciclando o modelo de subdesenvolvimento sustentável.

O que a gente precisa é de mais pessoas que possam construir consensos no Brasil. Mas como nem sempre se vive de **consenso**, é necessário que se regulamentem também os **dissensos**!

Há quem diga que o Brasil errado é o Brasil dos outros, não é? Pois é no Parlamento onde se encontra o **'Brasil dos outros'**!!!. Só que ali deveria estar o Brasil de todos. Ali não tem nenhum deputado que tenha sido indicado, todos foram eleitos. E por isso foi até fácil para alguns chegarem ao Parlamento usando as pernas do subdesenvolvimento sustentável... Para mim, é imprescindível estabelecer urgentemente no Brasil o conceito de Nação, com diversos valores e vários **consensos essenciais**.

O que falta aos integrantes do Parlamento é o trabalho político de colocar a população a par do que eles estão fazendo, pelo que estão lutando, compartilhando seus diagnósticos e prognósticos.

Se assim agissem continuamente, o nosso Parlamento seria bem mais forte e tudo seria melhor para o Brasil, pois as leis **votadas** seriam **só** as **boas**!"

Emanoel Mariano Carvalho

O médico Emanoel Mariano Carvalho, que foi prefeito de Barretos no período de 2005 a 2012, enfatizou: "Quando assumi a prefeitura, estávamos ainda procurando saídas para o desenvolvimento da cidade, inclusive as formas para melhorar sua arrecadação, pois, sem recursos, não poderíamos solucionar muitos dos novos problemas. Foi aí que nós nos focamos na **cultura**,

Emanoel Mariano Carvalho

visto que temos na cidade forte tradição cultural.

Todos sabemos que, às vezes, nós entramos em um avião e viajamos mais de 24 h para conhecer os grandes monumentos, palácios, santuários e em especial a cultura dos povos orientais. Viajamos bem menos (cerca de 6 h de avião) para ir ao Peru, mais precisamente para apreciar *in loco* onde existiu uma civilização inca em Machu Picchu. É muito comum voar para a Europa e passarmos alguns dias na Itália, que tem a felicidade de possuir 40% dos monumentos culturais do mundo que a Unesco (Organização das Nações Unidas para a Educação, a Ciência e a Cultura) considerou como patrimônio da humanidade, ou passear pela França, em especial indo a Paris, que é também uma capital da cultura por excelência.

Dessa maneira, no meu primeiro ano de mandato, concentrei-me no trabalho de usar melhor a **cultura barretense**.

➡ **E o que tínhamos que mais chamava a atenção de todo o mundo?**

Sem dúvida, a **Festa do Peão**, a nossa festa de rodeio que é a **maior do Brasil,** e talvez seja a segunda maior do mundo, perdendo apenas para o rodeio de Houston, no Estado do Texas, (EUA). Fui até lá para compreender melhor como os norte-americanos a realizavam e, o melhor de tudo, como a transformaram em um **grande negócio**.

Infelizmente, em Barretos, nós ainda **não conseguimos transformar** essa festa, que é organizada pelo clube **Os Independentes,** em um negócio tão amplo como aquele de Houston.

Em 1904, Barretos sofreu uma grande queimada. Após esse incêndio, que destruiu muitas matas, começou a brotar o capim, o que resultou num excelente pasto para o desenvolvimento da pecuária. Em 1909, chegou a Barretos a rede ferroviária – Companhia Paulista – que, inclusive, avançou bastante para o interior do Brasil. Em 1913, instalou-se em Barretos o primeiro frigorífico de carnes do Brasil, que se chamava Anglo e que hoje é do grupo JBS.

Nessa época, chegavam à cidade as boiadas, e o peão de uma comitiva costumava desafiar o de outra para que lhe apresentasse um cavalo 'indomável'. Assim, foram surgindo outras 'provocações', as quais são os primórdios da nossa Festa do Peão atual.

As atrações na festa foram mudando, e, hoje, o rodeio de touros é mais importante do que o rodeio de cavalos. Atualmente, a festa é realizada no magnífico parque do Peão Mussa Calil Neto e acontece nas duas últimas semanas de agosto.

O parque do Peão ocupa uma área de dois milhões de metros quadrados, tem um estacionamento para 40 mil veículos, um local especial para 1.300 ônibus, um heliporto, um clube hípico e um centro de eventos, chamado de Berrantão, no qual se acomodam confortavelmente até quatro mil pessoas, com ar-condicionado.

Acreditamos que esse é o mais completo parque de eventos do Brasil e, por isso, **não podíamos usá-lo apenas 15 dias por ano.**

De fato, o público normal da Festa do Peão é de um **milhão de visitantes todos os anos**, dos quais quase **mil** são **jornalistas credenciados.**

Durante a festa, criamos seis mil empregos diretos e sete mil indiretos, e ela impacta num raio de 200 km, com muitas cidades da região, tendo ocupação plena nos seus hotéis e grande movimentação nos restaurantes.

Para a cidade, o retorno econômico da Festa do Peão é extraordinário, mas não podíamos ter o parque do Peão sem nada no resto do ano... Então conseguimos, no mês de março, promover um *rally* (aliás, ele já está no quinto ano), no qual vem competir o mesmo pessoal que participa do famoso *Rally dos Sertões*. Tornou-se um evento de sucesso. Começamos também o *Barretos Motorcycle*, inicialmente com poucas motos, mas, em 2012, tivemos 85 mil motos, sendo o maior evento do gênero no País.

As atividades esportivas e de entretenimento que acontecem no parque do Peão também são complementadas por muitos eventos culturais. Para tanto, foram revitalizados, ou seja, sofreram um radical *retrofit* (modernização), vários espaços públicos abandonados.

Esse foi o caso da estação de trem, que estava num estado deplorável, mas foi reformada e, hoje, é uma **estação cultural**, uma atração para os que visitam.

Nós tínhamos um cinema desativado em Barretos, envolvendo uma desapropriação bastante confusa, com diversos processos judiciais. Resolvemos essa questão, e esse cinema de 1940, no estilo *art déco*, muito bonito, é agora um cineteatro que tem feito a alegria dos barretenses, pois muitos casais que hoje são avós se conheceram e começaram a namorar nesse local.

Criamos também o nosso Circuito Cultural Barretense (algo parecido com o Circuito Cultural Paulista) e procuramos atrair para a cidade pessoas de renome para proferirem palestras, como é o caso do escritor Augusto Cury, que se transformou no patrono da Feira de Livros e Artes.

A tradição barretense está voltada para a tradição sertaneja; assim, surgiu a ideia de revitalizar o nosso Mercado Municipal e lá apresentar o *Vida e Cantoria* (que está no sexto ano). Dessa maneira, nesse local, aos domingos, se reúnem cerca de 600 pessoas para ouvir música, almoçar e até fazer algumas compras, o que ajudou muito a dar um novo fôlego ao estabelecimento.

Fomos buscar recursos (cerca de R$ 7,5 milhões do Ministério do Esporte) e pudemos, perto do recinto Paulo de Lima Corrêa, construir o Centro de Excelência em Hipismo Rio 2016, sendo que a seletiva dos cavaleiros que foram defender o Brasil nos Jogos Olímpicos de Londres de 2012 foi feita nesse local. E já temos a garantia do Ministério do Esporte que, para os Jogos

Olímpicos no Rio de Janeiro de 2016, a concentração da seleção brasileira de hipismo e a aclimatação dela será na nossa cidade!

Temos, abaixo de nós, em Barretos, o aquífero Guarani, só que para chegar até ele é necessário perfurar 900 m! É dele que retiramos a nossa água de consumo que sai numa temperatura entre 48°C e 50°C, ruim para o consumo imediato, mas está sendo bem aproveitada por alguns hotéis, como é o caso do Barretos Country, que entre as suas atrações tem um parque aquático e piscina de água quente.

Deixei a prefeitura sem nenhum problema financeiro e o caminho aberto para o meu sucessor continuar a executar ações que tragam mais progresso ainda para a cidade, cada vez mais envolvida com a **economia criativa**."

Geraldo Alckmin

Geraldo Alckmin

O governador do Estado de São Paulo, Geraldo José Rodrigues Alckmin Filho, na sua carreira política foi vereador, prefeito, deputado estadual, deputado federal, vice-governador e candidato a presidente da República, ou seja, fez uma trajetória completa, que lhe deu muita sabedoria e conhecimento para ser um competente governador, repleto de **Es: ético**, **educador**, **empreendedor**, **entusiasmado**, para ser um **excelente** servidos público. Quando o seu tempo lhe permitiu, compareceu a vários eventos que a FAAP promoveu para aprimorar os conhecimentos em AP e inclusive lecionou no curso Gerente de Cidade.

Eis o que pensa e faz o governador Geraldo Alckmin: "O Brasil é um País continental, e, em certas situações, a **centralização** é necessária para fortalecer a **Federação**, mas em muitas outras é essencial que ocorra a **descentralização**. Assim, devemos seguir com mais afinco o **princípio da subsidiariedade**, isto é: o que o município puder fazer, o Estado não deve fazer. E o que o Estado puder fazer, a União não deve fazer. **E o que a sociedade puder fazer o governo não deve fazer!**

Cada vez mais, a cidade é a protagonista principal onde se deve investir para melhorar a qualidade de vida da população. A Constituição de 1988 estabeleceu claramente que essa descentralização é fundamental. Dessa maneira, a questão da **gestão pública nas cidades** tornou-se cada vez mais relevante. O mundo moderno é urbano, porque as melhores empresas **estão nas cidades ou bem próximas delas.** No Estado de São Paulo, quase 92% da sua população está na área urbana.

Quero destacar algo que aprendi com o ex-governador Mario Covas. Ele dizia: 'Nas várias áreas do governo, nós temos três problemas: o primeiro é **gestão**; o segundo é **gestão** e o terceiro é **gestão!**'

As diferenças ideológicas no mundo moderno estão diminuindo, o que é muito positivo. Uma maneira de entender o nosso amadurecimento político é que muitas coisas no País não são mais objeto de lutas e debates políticos, pois se tornaram um consenso. É o caso da aplicação da Lei de Responsabilidade Fiscal (LRF), do combate à inflação, do esforço conjunto para o desenvolvimento do País e assim por diante.

E se as coisas não andam bem no governo em qualquer esfera, isso se deve, certamente, à **gestão inadequada.**

➡ **E como proceder para que as coisas possam caminhar melhor nas cidades do nosso País?**

Deve-se melhorar a **gestão**, investindo em recursos humanos, **tendo a pessoa certa no lugar certo!** Por isso é vital aperfeiçoar a **AP**, e aí lembro mais uma vez o que dizia Mario Covas: 'Para se administrar melhor, em primeiro lugar é preciso ter **gente**, em segundo lugar **gente** e em terceiro lugar **gente!**'

Se você não tiver a pessoa certa na sua secretaria, setor ou órgão, nem com muito dinheiro se consegue fazer algo nele. Em AP não se pode improvisar.

Nesse sentido, é necessário também promover a **capacitação permanente!**

O ingresso no serviço público deve ter uma boa seleção; em seguida, é essencial oferecer uma capacitação continuada para que todos estejam aptos a usar a TIC, para assim incrementar mais o governo eletrônico, o qual tem se mostrado muito eficaz.

O nosso grande problema na AP é que se deve promover um choque de capitalismo, ou seja, é preciso colocar a economia do mercado a serviço do cidadão. Ela exige **eficiência** e **redução de custos** para se ter mais recursos para novos investimentos em benefício da população.

Criei, nesse sentido, o **guardião da economia**, ou seja, foi introduzida essa figura em todas as secretarias, fundações, autarquias e empresas estatais, com a finalidade de minimizar (ou evitar) desperdícios.

A cada três semanas, ele faz uma avaliação do que está controlando e a cada dois meses comparece a uma reunião comigo, analisando como estão as coisas, buscando alcançar a nossa meta.

A meta global é de reduzir as despesas de um ano sem afetar o que está sendo realizado em 5%, o que equivale a uma economia de R$ 1 bilhão, para que essa quantia possa ser investida em novas melhorias.

Aristóteles definiu **a política como arte e ciência indo ao encontro do bem comum**. A arte é um dom como o de ser um músico, um escultor ou um pintor. A ciência precisa ser estudada, analisada e praticada. Ela é o conhecimento que uma pessoa deve ter das melhores decisões para atender da melhor forma aos interesses públicos. Entretanto, só se consegue com que a arte e a ciência convirjam ao encontro do bem comum quando os **gestores públicos gostam das pessoas**.

Se o nosso Estado fosse um país, seria a 18ª economia do mundo. Somos o maior produtor mundial de **açúcar** e **álcool**. Assinei recentemente o diferimento do ICMS para o lastro de álcool, do alcoolduto que foi inaugurado em 2013 na Agrishow que se realizou em Ribeirão Preto, ligando a cidade até Paulínia para dar um incentivo importantíssimo para a economia de São Paulo, que é o setor sucroalcooleiro.

O ICMS da gasolina e do álcool é de 25% no Brasil inteiro, mas no Estado de São Paulo, para o álcool, ele foi reduzido para 12%, assim, aqui vale a pena colocar no carro *flex*, álcool porque é mais barato, sendo assim mais competitivo.

O Estado de São Paulo é o maior produtor mundial de suco de laranja, o maior exportador de carne, não confundir com o maior produtor. Somos o maior produtor brasileiro de aves, de frutas e flores e de borracha!

São Paulo tem um grande agronegócio, além de ser o 'motor' da indústria brasileira, pois aqui está 51% de toda a sua produção.

Temos no Estado o maior canavial do mundo, e como é que se cortava a cana-de-açúcar? Valendo-se do cortador que fazia o trabalho manualmente e depois se queimava o que sobrou. Mas agora não se pode queimar mais em razão da questão ambiental e da saúde das pessoas.

Não se podendo cortar nem queimar, foi necessário mecanizar e fazer uso de máquinas sofisticadas. De um lado acabou a profissão de cortador de cana e de outro lado surgiram essas máquinas cada vez mais modernas que são lançadas a cada edição do Agrishow, que demandam um nível de tecnologia, conhecimento e manutenção bem significativos.

Por isso temos investido muito nas Escolas Técnicas (Etecs) e nas Faculdades de Tecnologia (Fatecs).

Abrimos na Fatec da cidade de Pompeia, próxima de Marília, um curso único no Brasil, que foi trazido de Oklahoma, dos EUA, que forma o tecnólogo em Mecanização de Agricultura de Precisão.

Quem é especialista em Agricultura de Precisão aprende lidar corretamente com o solo, não desperdiça adubo, trabalha com máquinas com computação embarcada que possibilitam ter uma produtividade enorme e praticamente sem causar dano ambiental.

Então existem profissões que, desaparecem e outras que são criadas, mas não se deve estar nunca numa velocidade inferior ao das mudanças no nosso tempo. Justamente por isso é que no Estado de São Paulo temos 14 parques tecnológicos, nos quais se busca estar ao par dos avanços nos diversos setores, bem como preparar a força de trabalho para os mesmos.

Assim, o parque tecnológico de São José dos Campos está voltado para a indústria **aeronáutica** e **aeroespacial**; o de Piracicaba para a **bioenergia**; o de Ribeirão Preto para **equipamentos hospitalares, biotecnologia, fármacos** e **cosméticos**; o de Sorocaba para a **manufatura de veículos** e assim por diante.

É por meio da pesquisa e desenvolvimento (P&D) que acontece nesses parques tecnológicos, que conseguiremos dar mais competitividade a nossa indústria no seu todo.

Se o Estado de São Paulo fosse um país, o seu investimento em pesquisa superaria o de muitas nações, como Argentina, Chile, México, Índia, África do Sul, Rússia, Itália e Espanha. No nosso Estado, os recursos para P&D vêm, principalmente, de quatro fontes: setor privado (60%), governo estadual (23%), governo federal (14%) e o ensino superior privado (3%).

Nós reservamos 1% do ICMS só para P&D, o que em 2013 representou o aporte de algo próximo de R$ 950 milhões. Temos apoiado intensamente o funcionamento dos **parques tecnológicos,** e, nesse sentido, São José dos Campos é o campeão.

➠ **Antigamente, o que se fazia para estruturar um parque tecnológico?**

Descobria-se um terreno disponível na beira da rodovia, dividia-se o mesmo em lotes e divulgava-se a informação 'venha abrir sua empresa aqui'. Hoje, as coisas são muito mais sofisticadas se a intenção for a de abrir empresas de vanguarda.

É necessário ter universidades dentro, é preciso ter institutos de pesquisa, é indispensável a existência de laboratórios, são vitais as incubadoras de empresas para se poder afirmar que se tem um **verdadeiro parque tecnológico**. Tudo isso já está acontecendo por exemplo, no parque tecnológico de São José dos Campos, que é voltado às tecnologias aeroespaciais, energia, saúde, água e saneamento ambiental. Há uma fila de empresas querendo se instalar nesse parque tecnológico.

Façamos uma reflexão sobre a região do Vale do Paraíba do Sul.

O nosso grande escritor Monteiro Lobato dizia sobre essa região, e ninguém pode esquecer que sou de Pindamonhangaba, que aqui é a **terra roxa** do **talento** e da **aptidão**!!!

Essa região foi onde se concentrou, inicialmente, a grande riqueza da Província de São Paulo. Dizia-se no passado – século XIX – que o Brasil era café, e o café é o vale do rio Paraíba paulista e fluminense.

São José dos Campos era pequenina; Taubaté era o berço de toda a região; a imperial São Luiz do Paraitinga; Bananal, do lado de Barreira, que já foi a segunda receita da Província de São Paulo, a ponto, de quando a Coroa foi fazer um empréstimo no banco de Londres, este exigiu um **aval dos cafeicultores de Bananal**!

Mas isso também mostra que não podemos ter uma economia alicerçada num pilar só. É preciso diversificar as atividades econômicas, e essa é hoje a riqueza dessa região que possui uma indústria extremamente sofisticada, de vanguarda, com um setor de serviços bem pujante, em especial no setor da educação, sendo o centro da peregrinação religiosa da América Latina, com destaque para a cidade de Aparecida, além de ter um litoral com praias maravilhosas, que atraem turistas do Brasil todo e do exterior.

Vamos falar inicialmente de **logística**, em particular de tudo o que impacta diretamente essa região. Já está pronto o **Rodoanel Oeste**, que permite ligar cinco autoestradas: Bandeirantes, Anhanguera, Castello Branco, Raposo Tavares e Régis Bittencourt. Está pronto também o **Rodoanel Sul**, que se conecta com as vias Anchieta e Imigrantes, permitindo que se chegue ao porto de Santos, o maior da América do Sul.

No 1º semestre de 2014 será entregue o trecho leste do Rodoanel, que permitirá o acesso às rodovias Ayrton Senna e Dutra, entre Guarulhos e Arujá, uma obra com todas as unidades ambientais que, inclusive, não permite a interferência na microdrenagem e na questão das águas nas várzeas. Essa obra vai ficar pronta antes da abertura da Copa do Mundo de Futebol, permitindo um outro acesso ao 'Itaquerão', o estádio do Corinthians, e a toda essa região leste de São Paulo.

O último trecho do Rodoanel é o Norte, que já foi contratado e se desenvolverá com seis frentes de trabalho ao mesmo tempo. É uma obra totalmente pública, sendo que um terço dos recursos é federal e os restantes dois terços serão cobertos por verbas do Estado. Já foi feita a concorrência pública, e grande parte dessa rodovia será em túneis, por causa da serra da Cantareira.

Quando pronto todo o Rodoanel metropolitano com 178 km, vai ser possível ir do aeroporto de Cumbica, o maior do País, até o maior porto brasileiro, Santos, passando **por fora** de São Paulo, o que possibilitará a retirada de cerca de 17 mil caminhões/dia, que não atrapalharão mais o trânsito na capital paulista.

Uma rodovia muito importante é a Tamoios, e ela foi duplicada em quase toda a sua extensão, sendo uma estratégica ligação do litoral com o Vale, especialmente para se chegar a Caraguatatuba e ao porto de São Sebastião, o qual vai crescer muito nos próximos anos.

São Sebastião tem uma **vantagem** e uma **desvantagem!?!?** A vantagem é o seu calado natural, e é por isso que a Petrobras está lá com o terminal de petróleo. O calado bem profundo permite a chegada de navios de grande porte. A desvantagem é que São Sebastião não tem uma ferrovia. Claro que isso é um grande problema, porém a duplicação da Tamoios vai ajudar bastante, além do contorno que será feito em breve em Caraguatatuba para se chegar a São Sebastião (com muitos túneis).

Por outro lado, vão ser disponibilizados mais de R$ 1 bilhão para recuperar diversas estradas estaduais, como aquelas que ligam Jacareí a São José dos Campos; Guararema a Jacareí; São José dos Campos a Monteiro Lobato; Caçapava com Taubaté; em Cruzeiro já está pronta a ponte que possibilita a ligação com o Estado de Minas Gerais; no vale histórico, a rodovia dos Tropeiros etc.

Ou seja, a malha estadual está sendo recuperada e também as estradas vicinais, muitas das quais serão pavimentadas e outras tantas mantidas convenientemente pela concessionária das rodovias Ayrton Senna e Carvalho Pinto, o que é, aliás, sua obrigação.

Quero trazer aqui o meu abraço à FAAP, uma IES) que orgulha São Paulo e o Brasil pela **excelência da educação** oferecida aos seus alunos e pelos serviços prestados ao País no campo da **arte** e da **cultura**. Quero também testemunhar a dedicação, a seriedade, o empenho e o compromisso da FAAP com o processo de ensino e aprendizagem daqueles que militam na AP, pois tive a oportunidade de, durante alguns anos, dar aula no curso Gerente de Cidade, bem como ministrar diversas palestras nos vários *campi* da Instituição."

Gilberto Kassab

Gilberto Kassab

Gilberto Kassab em 1992 foi eleito vereador em São Paulo e depois deputado federal em duas legislaturas, primeiro de 1999 a 2003 e a outra de 2003 a 2007, renunciando em 1º de janeiro de 2005 para assumir o mandato de vice-prefeito de São Paulo.

O prefeito de São Paulo Gilberto Kassab, economista e engenheiro, comandou a cidade de 31 de março de 2006 (com a saída do prefeito José Serra para ser candidato a presidente da República) até 31 de dezembro de 2012. Kassab sempre apoiou todas as iniciativas educacionais e culturais da FAAP, em particular, o seu curso Gerente de Cidade e os eventos promovidos pela Instituição voltados à AP.

Declarou o prefeito Gilberto Kassab: "Obviamente, a cidade de São Paulo já tem uma posição de destaque não apenas no Brasil, mas em toda América Latina.

Atualmente, vivem em São Paulo cerca de 11,6 milhões de habitantes, mas aproximadamente mais quatro milhões de pessoas diariamente acabam vindo para cá trabalhar, passear, estudar, visitar familiares etc., sendo que muitos provenientes não apenas das 38 cidades da região metropolitana, mas também do interior do Estado.

Muitas vezes, esse público todo não tem uma ideia clara do porquê temos tantos problemas na capital paulista. Naturalmente, todos nós queremos que os moradores e os visitantes de São Paulo tenham uma qualidade de vida semelhante, digamos, àquela dos que vivem ou transitam em Nova York (cuja população é de quase 9 milhões de habitantes), nos EUA.

Vejamos algumas comparações: em Nova York, o metrô tem quase 400 km de extensão, em São Paulo são cerca de 74 km. Na educação estamos caminhando para eliminar o terceiro turno, para o que foi necessário construir quase 300 escolas nesses quase oito anos em que fiquei na prefeitura (uma parte do tempo no cargo de vice-prefeito), porém, em Nova York, há muito que não existe o terceiro turno e está se acabando com o segundo turno, pois lá o ensino fundamental é em **tempo integral,** e a prefeitura não precisa investir na construção de novas escolas, pois a rede está pronta. Nova York tem 100% do seu esgoto tratado, e São Paulo está longe disso...

Poderíamos também estar comparando São Paulo com Paris ou Londres e perceberíamos que estamos distantes dessas cidades, uma vez que em São Paulo temos um orçamento muito menor para os investimentos, principalmente em recursos humanos, em especial para se ter mais e melhores professores e médicos, e também em tecnologia, com mais semáforos inteligentes, com mais câmeras de vigilância etc.), para se ter aqui a qualidade de vida que existe em muitas metrópoles do mundo.

Uma cidade como São Paulo precisa de mais **verde**, e, ao iniciarmos a nossa gestão, encontramos 33 parques. Até o final da minha gestão, em 2012, deixamos quase 100 parques na cidade, saindo assim de uma área verde de 15 milhões de metros quadrados para mais de 50 milhões de metros quadrados. Aliás, para esses novos (e os antigos) parques, tivemos que procurar gestores competentes que se tornaram verdadeiros 'prefeitos', pois eles têm de lidar com grandes públicos, como é o caso do parque do Ibirapuera, que recebe cerca de 120 mil pessoas aos domingos e feriados, ou então o parque Villa-Lobos, onde circulam, em média, 65 mil pessoas nos fins de semana.

O ideal seria um parque do Ibirapuera ou Villa-Lobos em cada uma das 31 subprefeituras, de forma que houvesse a possibilidade de oferecer mais lazer aos paulistanos, que os munícipes também pudessem praticar algum esporte, em especial os mais humildes, que não têm condição de serem sócios dos nossos clubes sociais e esportivos.

Acredito que as intervenções mais importantes da minha gestão foram aquelas vinculadas à **educação** e à **saúde**. Na educação, a rede municipal atende, por ano, **1,1 milhão de alunos**, que inclusive recebem material escolar e uma boa merenda.

Claro que os pais desses alunos querem um ensino público de qualidade, e acredito que a equipe de colaboradores que tive na Secretaria da Educação fez um excelente trabalho.

Na saúde, o número de pessoas que depende de atendimento público é muito maior, chegando a sete milhões. Então, é evidente que não há coisa mais importante para uma criança, para uma pessoa com poucos recursos, que não tem plano de saúde privado, do que ser atendida com dignidade no que se refere à assistência médica e hospitalar num equipamento público.

Dessa maneira, hoje, pensar num futuro melhor para São Paulo, significa continuar dedicando **40%** dos seus **recursos** financeiros e 50% do **tempo de administração** às **questões de educação e saúde**! Essas devem ser as principais preocupações de qualquer prefeito ou gestor público: a **saúde e a educação**.

Os outros 50% de tempo dediquei parte dele para o projeto **Cidade Limpa**, um combate à poluição visual. Hoje, São Paulo é referência nesse assunto, tanto que recebemos visitas de autoridades de 136 países para conhecer detalhes do nosso projeto Cidade Limpa.

Na medida em que a **poluição visual** foi sendo eliminada, foi muito fácil iniciarmos o combate da poluição da água, do ar e a sonora.

Usando como exemplo inicial a poluição do ar, foi preciso estabelecer a inspeção veicular. Ela existe no mundo todo. Sabíamos que iríamos enfrentar críticas e dificuldades, mas o cidadão aceitou que ela devia ser feita, pois, com isso, melhoraria bastante a qualidade do ar e, consequentemente, a saúde de cada pessoa.

O combate à poluição da água tem um custo muito elevado, mas foi preciso arcar com ele. Nossa atitude foi despoluir os córregos, visto que essas águas chegam às represas que abastecem as casas dos habitantes de São Paulo com água potável.

Temos cerca de 300 córregos em São Paulo, e através do programa **Córrego Limpo**, com investimentos da prefeitura e uma parceria com a Sabesp (Companhia de Saneamento Básico do Estado de São Paulo), eles foram sendo despoluídos.

É natural que esse investimento na despoluição dos córregos esteja vinculado com a melhoria da saúde e, por extensão, com a qualidade de vida do munícipe."

Hamilton Ribeiro Mota

O prefeito de Jacareí, Hamilton Ribeiro Mota, formado em arquitetura recordou e aconselhou: "Na realidade, vou abordar diversos assuntos bastante recorrentes no desenvolvimento das cidades brasileiras e posicionar Jacareí nesse contexto.

Hamilton Ribeiro Mota

Nós estamos numa região que agora está sendo tratada como uma RM e ela já nasce com uma importância muito grande no País, uma vez que é a **décima mais importante**!

Somos **39** municípios aqui na nossa RM com características bastante diferentes. Então aqui quem é morador de São José dos Campos, Jacareí, Taubaté etc. sabe que está vivendo numa região que de um lado é muito rica, mas, por outro, também está repleta de **dificuldades** e **diferenças bastante profundas**.

Por mais que possamos constatar e ficarmos satisfeitos com um certo desenvolvimento que está ocorrendo na região Nordeste do País, e alguns avanços mais significativos na região Centro-Oeste, o Estado de São Paulo de longe vai continuar – e por muito tempo – sendo a **locomotiva do Brasil**.

Pode talvez não estar na velocidade que nós gostaríamos, talvez já tenha até sido mais importante, mas os investimentos de outros países no Brasil têm como foco o nosso Estado, que sempre está na frente dos outros por conta de razões como: infraestrutura, qualificação de mão de obra, aeroportos, portos, sistema viário, tecnologia da informação e comunicação etc.

Jacareí tem 211 mil habitantes numa região que tem mais de dois milhões de habitantes, ou seja, somos cerca de **11%** de toda a população da região. É interessante notar que, apesar de o Brasil ter 5.570 municípios, nós temos apenas cerda de 100 deles com população superior a 200 mil habitantes.

Há algumas características comuns nessas cidades com mais de 200 mil pessoas.

O município de Jacareí ocupa uma área de 463 km² e a cidade está concentrada, com mais de 95% da sua população numa área de aproximadamente 72 km² (área urbana). E aí vem a pergunta: é bom estar quase toda a cidade consolidada em 72 km² dos 465 km² do território todo no que se refere à sustentabilidade?

No meu ponto de vista, isso é **muito bom**!

Em 3 de abril de 2014, Jacareí completou 362 anos, e, não muito diferente de muitos outros municípios antigos do Brasil, cresceu sem muito planejamento, sem olhar muito para o futuro, não se preocupando muito com as questões ambientais, sem infraestrutura adequada e sem o devido equilíbrio na ocupação do seu território.

Então, costumeiramente, os munícipes fazem muita cobrança ao prefeito de plantão, como se todas as responsabilidades daquilo que ainda falta ou do que não está bem no município **fossem dele**!

O conceito que utilizamos de **sustentabilidade** é aquele que introduz o contexto de que isso acontece quando utilizamos de maneira correta todos os recursos que temos, ou seja, de forma equilibrada, garantindo a qualidade de vida dos munícipes e assegurando para as futuras gerações que também terão essa qualidade de vida, mas não uma pior...

Dentro desse contexto, talvez se possa dizer que **não há cidades com desenvolvimento sustentável no Brasil hoje?**

Eu confirmarei: **não há mesmo!!!**

E por que declaro que não há cidades no Brasil nas quais estejam ocorrendo o desenvolvimento sustentável de forma correta? Porque estamos vivendo em um intenso processo de urbanização no Brasil, que está em evolução de forma intensa desde os anos 1970, quando tínhamos o início da nossa industrialização, e 80% das pessoas viviam na zona rural e 20% nas cidades. Hoje, temos algo como 15% na zona rural e 85% (ou mais) nas zonas urbanas.

➡ **E como é que as nossas cidades foram evoluindo?**

Sou formado em Arquitetura e Urbanismo e posso dizer que os nossos espaços urbanos, públicos e privados foram sendo ocupados de uma forma irregular e sem planejamento, tendo, hoje, situações que podemos caracterizar como constituindo uma **cidade legal** e em uma outra a **cidade ilegal**.

Ilegal no sentido de estar um tanto quanto oculta dos olhos da sociedade, dos olhos do prefeito e dos gestores municipais.

Temos 145 bairros em Jacareí, e 18 deles são **bairros irregulares**!

Hoje estamos preocupados com as questões de trânsito, de mobilidade, acessibilidade etc., conceitos que não existiam na formação das cidades. Nesses seus 72 km², Jacareí tem muito espaço para se desenvolver, mas sem a utopia de se achar que é possível transformar uma **cidade já consolidada** em uma **cidade sustentável**. Nós podemos criar mecanismos que permitam aos munícipes ter uma melhor qualidade de vida, por exemplo, melhorando o transporte de massa. Assim, dá para acreditar que a solução para o transporte é a implementação de um trem de superfície, mas, para tanto, é vital angariar recursos (do governo federal ou do estadual) de cerca de R$ 800 milhões (ou seja, o investimento de quatro anos do município em um único projeto).

Dessa maneira, quando se fala de melhorar a mobilidade, os municípios não podem resolver esse problema sozinhos. Por exemplo, esse conceito de que morar bem é morar longe do centro da cidade foi devido à maneira como se construíram os centros das cidades sem planejamento, o que, de uma certa forma levou esses centros **à degradação**.

➠ Quantos empreendimentos são lançados nas nossas cidades que fazem o uso correto da água (o reúso)?

➠ Quantos de nós, ao projetarmos um empreendimento, utilizamos, por exemplo, o sol para aproveitar adequadamente sua energia?

Lamentavelmente, nós fazemos um discurso do que é sustentabilidade e não colocamos isso na prática. É bonito falar de ciclovias, de sustentabilidade, mas onde é que estão sendo desenvolvidas as iniciativas concretas para que isso aconteça? Se pegarmos a questão do meio ambiente, que é um desafio enorme aqui no Vale do Paraíba, perceberemos que a maioria dos municípios lança o seu esgoto coletado diretamente no rio Paraíba. **E no Brasil mais da metade das cidades nem coleta o esgoto!!!**

Estamos numa região em que a grande maioria dos munícipios coletam cerca de 90% do seu esgoto. Em Jacareí, já estamos com praticamente 98%.

➠ **Mas e o tratamento desse esgoto?**

Há alguns anos, São José dos Campos tratava só 4% e agora já está chegando a 85% com as obras em andamento. Não faz tanto tempo assim, Jacareí tratava só 2%, atualmente, 20% estão sendo tratados, porém vai-se chegar logo aos 70%, e temos condições de chegar aos 100% em médio prazo.

Precisamos também acabar com esse mito de que quanto mais prédios, mais condomínios existirem na cidade, mais vai piorar o trânsito. Isso é uma tolice. Ao contrário, deve-se estimular que mais pessoas morem no centro, pois estarão mais próximas de seus empregos e, portanto, utilizarão menos seus veículos. Já se as pessoas viverem longe do centro, irão para ele com os seus carros todos os dias...

Para tratar o tema sustentabilidade corretamente, precisamos estabelecer políticas duras na ocupação do território urbano. E aí quando se falar de alguma área de expansão da cidade, poderemos trazer o conceito de sustentabilidade daquilo que hoje nós desejamos numa cidade consolidada, mas para a qual não há jeito fácil de se conseguir isso. Falo de mais áreas verdes para se ter melhor qualidade de vida, de ciclovias, de calçadas seguras, de uma acessibilidade eficaz e assim por diante.

➡ **Como é que vai se ter isso numa cidade consolidada?**

Talvez com muito esforço, vencendo diversos obstáculos!!!

Nesse sentido, o que resta para o prefeito é tomar, muitas vezes, um grande conjunto de medidas impopulares, tais como: tirar estacionamentos da região central, coibir o uso do automóvel criando restrições para a sua utilização, impedir a construção de prédios-garagem etc.

Precisei tomar tais medidas, e alguns munícipes entenderam que isso foi para se ter uma melhor qualidade de vida, ir na direção da cidade sustentável, mas todos aqueles que saíram da zona de conforto passaram a me criticar, e nas pesquisas de aprovação (se fossem feitas...), provavelmente, estaria em baixa.

Hoje, finalmente, temos o Estatuto da Cidade – uma luta de décadas – e pode-se ter um debate com os empreendedores da construção civil sobre a função social da terra e, dessa maneira, a prefeitura obter alguma contrapartida da iniciativa privada para se melhorar as condições de vida na cidade.

Porém, o que aconteceu nas cidades nos últimos 40 anos, e isso inclui Jacareí, além de exigir do prefeito muita competência para se lidar com os investidores, tentando transformá-los em **parceiros**, vai se necessitar de, pelo menos, 20 anos para que possamos solucionar os principais desafios. E a orientação primordial é fazer ou conseguir com que as pessoas que trabalham, que prestam serviços, que comecem a fazer isso cada vez mais próximo de onde moram. Para mim, essa é a essência do **conceito de sustentabilidade** e acredito que Jacareí está no caminho certo para tornar-se uma cidade mais amiga dos seus habitantes.

Ouço algumas pessoas falarem nas ruas ou em locais públicos de Jacareí: 'Mas e agora com a chegada de uma montadora de veículos na cidade, como é que ela vai querer ser sustentável?'. Até parece que os veículos que aqui serão produzidos vão ficar todos na cidade e a questão do trânsito vai piorar muito. **Que grande bobagem!!!**

Não precisa ter fábrica de carros na sua cidade para o problema de mobilidade no que se refere ao transporte individual aumentar. Nunca tivemos fábrica de carros em Jacareí, mas, nos últimos dez anos, a frota deles na cidade aumentou em 80%."

João Paulo Kleinubing

O prefeito de Blumenau, João Paulo Kleinubing, que é historiador e ocupou esse cargo em dois mandatos seguidos de 2005 a 2012, salientou: "Poucas foram as cidades brasileiras que usaram um planejamento ordenado, como foi o de Brasília ou de Palmas, e Blumenau não foi também parte das honrosas exceções.

João Paulo Kleinubing

De 1850, ano de início da colonização germânica na cidade, até a década de 1970, a infraestrutura da cidade desenvolveu-se basicamente calcada em necessidades pontuais, que nem sempre se mostraram adequadas em longo prazo. É por isso que procuramos desenvolver e implementar o projeto **Blumenau 2050**, com o qual se estabeleceu um plano de diretrizes e projetos para o município no que diz respeito ao planejamento territorial, com a previsão de total **implantação até 2050!**

Além da importância de se planejar a evolução da cidade no longo prazo, o projeto Blumenau 2050 surgiu a partir de vasto material existente na prefeitura, do trabalho das diversas equipes técnicas que passaram pela secretaria de Planejamento Urbano desde os anos 70 do século passado. Esses estudos, porém, não tiveram sequência ou não se deu a eles a devida publicidade.

O projeto Blumenau 2050 agregou todo esse conhecimento em benefício da cidade, por meio da apresentação de dados concretos e propostas viáveis para se ter uma cidade cada vez mais aprazível. Na elaboração desse projeto, contei com a participação eficiente de competentes servidores municipais, muitos dos quais se capacitaram mais ainda com a conclusão do curso Gerente de Cidade na FAAP (duas turmas já concluídas na cidade).

Há muitos anos sabe-se, por exemplo, que Blumenau cresceu mais para a região norte. E o projeto surgiu justamente para **explicar como deve ser** esse desenvolvimento daqui para a frente e **por quê**.

Para organizar o trabalho, esse planejamento foi dividido em cinco eixos:

1º) Uso e ocupação do solo.

2º) Sistema de circulação e transporte.

3º) Intervenções para o desenvolvimento econômico, do turismo e do lazer.

4º) Habitação e regularização fundiária.

5º) Saneamento e meio ambiente.

Claro que existe uma enorme possibilidade do projeto Blumenau 2050 sofrer adequações ao longo dos anos, em especial pelas prioridades escolhidas pelos prefeitos que me sucederam; entretanto, a espinha dorsal, certamente, será mantida, pois o resultado desse trabalho atende aos anseios e necessidades dos blumenauenses, representados por associações e entidades de classe no município, e não apenas do Poder Público Municipal. Dessa maneira, o futuro de Blumenau já começou a ser construído!".

José Alberto Gimenez

José Alberto Gimenez

O prefeito de Sertãozinho, o engenheiro **José Alberto Gimenez**, que foi eleito novamente em outubro de 2012, portanto ganhou o seu terceiro mandato explicou: "A minha intenção é apresentar de uma forma sucinta, baseando-se na minha experiência em gestão municipal a importância do equilíbrio nas **ações políticas** e **administrativas** que resultam na melhor qualidade de vida, satisfação e orgulho daqueles que vivem em Sertãozinho.

Claro que com isso, desejo provocar uma reflexão, sem ter qualquer pretensão de afirmar que este é o melhor caminho para se ter sucesso ocupando o cargo de prefeito.

Atualmente, Sertãozinho é a terceira maior cidade da região nordeste do Estado de São Paulo, com uma população de aproximadamente 115 mil habitantes, conhecida como a **'capital mundial do açúcar e do etanol',** sendo assim um dos maiores polos industriais, destacando-se pelo seu empreendedorismo. Possui cerca de 702 indústrias de transformação, sendo que na agroindústria tem quatro usinas de açúcar e uma destilaria autônoma de etanol.

É um polo tecnológico do setor sucroenergético e apresenta muitas indústrias que fabricam máquinas e equipamentos, bem como aquelas que pertencem aos setores eletrônico e químico.

No meu modo de ver a gestão pública, temos muitos **desafios**, entre eles executar o plano de governo, melhorar os serviços públicos, obter reconhecimento e satisfação dos munícipes pelo trabalho realizado etc.

Existem muitos obstáculos para vencer esses desafios.

Entre as dificuldades destaco as seguintes:

⇒ Pouco tempo que o prefeito tem num mandato de 4 anos.

⇒ Construção de uma base aliada na Câmara dos Vereadores.

⇒ Estabelecimento de um equilíbrio orçamentário (receita *versus* despesa *versus* investimento).

⇒ Implantação de uma gestão com foco na qualidade (tornar isso uma cultura).

⇒ Conquistar o comprometimento dos funcionários públicos.

⇒ Solucionar as dívidas do município contraídas ao longo do tempo.

As recomendações que quero dar não só aos prefeitos novos, mas para todos os gestores públicos, e em especial para os gerentes de cidade, é que devem fugir da postura reativa o máximo que puderem a qual é caracterizado pela complacência, por apagar incêndios, protelar, ser omisso, acomodado, disperso, medroso, clientelista, retórico, não prestando atenção nas novas informações e circunstâncias ao seu redor, 'comprador' de imagem, ausente, fundamentar-se no 'achismo', manipulado politicamente e sem visão de futuro.

O comportamento e as atitudes de um **gestor público eficaz** devem ser voltadas para a **proatividade**, isto é: para o planejamento, para o estabelecimento de metas com avaliação de resultados; saber decidir; ter coragem para enfrentar quaisquer problemas; conquistar recursos para os novos projetos; ser audacioso, confiante e focado; demonstrar sensibilidade social; evidenciar transparência na prestação de contas; dar uma publicidade séria das suas ações; estar presente em todos os atos públicos na cidade consolidando sua liderança e construindo sua reputação; investir em recursos humanos e onde faltar condição para estabelecer um raciocínio lógico, seguir sua **intuição**.

Sempre procurei valorização: dos servidores municipais, investindo em treinamento, procurando pagar melhor pelo seu trabalho e buscando com a sua capacitação poder oferecer melhores serviços aos munícipes.

Fiz isso nos meus mandatos anteriores e vou intensificar mais ainda essa linha de conduta, pois almejo inclusive conseguir a integração da educação, da cultura, do esporte e do lazer.

Procuro ser um prefeito presente e, assim, percorro diariamente a cidade acompanhando todos os serviços e obras em desenvolvimento.

Oriento a minha gestão através do acompanhamento de diversos indicadores, do que aconteceu em Sertãozinho nos últimos 13 anos (despesas e receitas municipais, gastos com o pessoal, investimentos com recursos próprios etc.) não esquecendo nunca da LRF e a Lei da Transparência."

José Bernardo Ortiz

José Bernardo Ortiz

José Bernardo Ortiz Monteiro Júnior, em outubro de 2012, foi eleito prefeito de Taubaté, ele que em 2007 concluiu o seu curso Gerente de Cidade entre outras pós-graduações concluídas, afirmou: "Em primeiro lugar, quero conceituar o que é **governança regional**, ou seja, essa gestão integrada de um território, um conceito tão moderno.

Governança regional é um método desenvolvido por muitos pesquisadores europeus e também por brasileiros, no qual se busca encarar os diversos aspectos que influenciam a sociedade: sociais, culturais, ambientais e econômicos, de **forma transversal**, interagindo simultaneamente. Portanto, é um conceito que está ligado à gestão integrada de uma região. Isso é um grande avanço em relação ao conceito de **desenvolvimento sustentável**, que foi enunciado no início da década de 1970.

Sustentabilidade é um conceito bastante difundido e busca enfatizar a forma correta de se usar os recursos naturais para que não venham a escassear, permitindo que gerações futuras possam também utilizá-los de forma equilibrada! Tal conceito foi transmudado ao longo desses últimos 40 anos e passou-se a falar muito em **economia sustentável**, em **emprego sustentável**, ou seja, de sustentabilidade nos mais variados campos de atuação profissional.

Esse conceito de gestão integrada representa um avanço no conceito de desenvolvimento sustentável, pois, além de contemplar a economia e a sociedade, abrange também a cultura e os aspectos socioeconômicos.

A grande contribuição do conceito de gestão integrante – já aplicado nas mais importantes RMs (regiões metropolitanas) do mundo – é que ele permite a **transversalidade**, ou seja, o diálogo permanente entre os atores dos variados campos: cultural, econômico, social, ambiental etc., de modo a minimizar as tensões.

Também estamos vivendo em uma época em que o próprio conceito de hierarquia não é mais o mesmo! Quando, por exemplo, um prefeito delega funções a um organismo técnico da administração municipal, de certa forma está modificando o conceito de **hierarquia**, permitindo que a tomada de decisões seja feita em outro órgão ou secretaria, aplicando, assim, um conceito que se chama **heterarquia**, isto é, privilegia a **administração descentralizada**. Esse conceito já deu certo em muitos governos estaduais, bem como em diversos municípios do Brasil, em especial nos Estados de Minas Gerais, São Paulo, Paraná, Santa Catarina e Rio Grande do Sul.

Acredito que a governança tradicional não serve mais para se ter uma gestão eficaz em uma região tão peculiar como a RMVPLN. Destaco que a governança territorial permite a formação de uma poderosa rede social empreendedora, o que traz para o diálogo líderes comunitários, a sociedade civil organizada, o terceiro setor, os governos federal, estadual e municipal.

Aqui, no Vale do Paraíba, temos diversas cadeias produtivas importantes, em especial o *cluster* (conglomerado ou arranjo) aeronáutico em São José dos Campos, capitaneado pela Embraer, e o *cluster* automotivo em Taubaté, que tem no centro as duas grandes montadoras de veículos: Ford e Volkswagen. No entorno dessas grandes empresas estão dezenas de pequenas indústrias satélites que fornecem componentes e matéria-prima para a montagem de veículos automotores e aviões.

A nossa RMVPLN tem um grande potencial para ter uma evolução com uma eficaz gestão integrada, mas não se deve pensar que os problemas da mesma são semelhantes aos das outras 41 RMs que já existem no Brasil.

Temos RMs em vários Estados do Brasil, mas nenhum tem quase 16 mil quilômetros quadrados de superfície como a RMVPLN, nem características tão díspares de um extremo ao outro.

A característica principal para se ter uma RM é a **continuidade urbana**, ou seja, a **conurbação**. A segunda característica importante são os **serviços públicos e infraestrutura comuns** (água, esgoto, saneamento, lixo, sistema viário etc.). E a RMVPLN não tem ainda exatamente essas características, o que realmente deverá constituir um sério desfio a ser contornado, não é?".

Quero ressaltar também que é vital que cada cidade descubra (ou estabeleça) qual é a sua **vocação**. Assim, não basta imaginar ou simplesmente dizer que Taubaté é uma **cidade criativa**, ou ainda também não é suficiente envidar esforços para fazer de Taubaté uma cidade em que prospere a economia criativa, sem criar condições para que isso ocorra.

É essencial, antes de mais nada, identificar qual é essa vocação. Atualmente, nós temos em Taubaté uma vocação industrial.

Hoje, cerca de 30% dos empregos de Taubaté estão vinculados a empresas como Ford, LG, Volkswagen, Campo Limpo, Embraer (uma pequena unidade em relação à instalação da empresa em São José dos Campos). Aliás, a importância da **indústria** na economia brasileira nunca será como antes. Tudo indica que adotar políticas para recuperá-la é lutar contra as '**forças da natureza**' e contra o inevitável.

Nós temos em Taubaté também uma vocação comercial, com um comércio de rua muito pujante, diferentemente, por exemplo, de São José dos Campos, onde ele está mais concentrado nos *shoppings centers*. Além disso, temos uma grande demanda pelos produtos oferecidos no nosso tradicional Mercado Municipal.

Temos, também, uma forte vocação para os **serviços,** embora não seja ele o principal colaborador da formação do orçamento municipal que tem a sua principal contribuição advinda do ICMS, sendo o ISS uma pequena parcela.

Mas ainda assim, nós temos sim uma vocação importante, ou seja, para os **serviços no turismo cultural**. Todo mundo sabe que embora não tenha nascido em Taubaté, aqui viveu e morou o cineasta Amácio Mazzaropi e a sua Pam Filmes era aqui. Aqui tivemos o escritor Monteiro Lobato, seja pela literatura adulta, seja pela literatura infantil, e retroalimentado continuamente pelo programa Sítio do Pica-Pau Amarelo, em programas de televisão. Além disso, são de Taubaté alguns dos expoentes da música e do entretenimento, como Hebe Camargo, que nasceu aqui (e faleceu em 29/9/2012), Renato Teixeira, Celly Campello etc.

No meu modo de ver, Taubaté tem uma vocação fundamental para as artes, música, literatura, cinema e possui um componente importante, que é um folclore tradicional, artesanato muito epecial, inclusive o símbolo do artesanato paulista é o nosso **pavão azul.**

Há um desafio muito grande em Taubaté e deve ser um desafio comum nas diversas cidades do nosso País, que é ter **vivência do imaginário**, ou seja, há um problema geracional, de mudança de geração, com o que as mais novas, demonstrando um significativo deslocamento desse imaginário coletivo, como, por exemplo, a intensa presença de Mazzaropi e da sua grande produção cinematográfica na cidade. E não foi apenas uma grande produção cinematográfica, mas também a montagem de um grande estúdio, o maior da América Latina na época, o desenvolvimento de todos os materiais para a produção dos filmes, sem ter na realidade muitos recursos financeiros nem a tecnologia que era disponível nos grandes centros de produção de películas. E Amácio Mazzaropi tinha uma instrução geral pequena, mas um enorme espírito empreendedor que a minha geração, aquela de mais de 30 anos, ainda consegue perceber, porém as gerações mais novas **não!**

Em 2013, comemoramos em Taubaté o centenário de nascimento de Mazzaropi. Organizamos a 20ª Semana Mazzaropi, mas precisamos fazer muito mais para que haja uma melhor percepção da sua obra, principalmente pelas crianças, que são nativos digitais.

Observando hoje uma criança de, digamos, 10 anos, ela passa quase o dia inteiro na Internet jogando, pesquisando para realizar tarefas escolares, ou seja, boa parte de sua vida se desenvolve conectada à *Web*. Mas isso trouxe uma certa **estética da superficialidade**. Raramente hoje você vê um garoto visitando um museu, apreciando uma obra de arte, lendo um livro durante várias horas ou entusiasmado com a beleza de uma escultura.

As duas gerações que me sucedem demonstram essa estética de superficialidade, que é colocada em uma cultura de videoclipe, de muitas imagens vistas na Internet quase instantâneas (exibidas durante uns 5 s). Até nos longa-metragens de hoje as cenas são cada vez mais rápidas, não são repetitivas e a dinâmica é completamente diferente, com diálogos muito mais curtos e concentrando-se mais em imagens.

Bem, agora no comando da administração pública de Taubaté, para **torná-la uma cidade criativa**, uma das minhas obrigações é a de retroalimentar essas crianças que estão no ensino fundamental e aqueles no ensino médio sobre a importância de Mazzaropi, Monteiro Lobato, Cely Campello etc. da nossa cidade, pois, caso contrário, será difícil constituir uma economia criativa.

É claro que isso deve chegar também a toda a população, para que ela compreenda a importância do que tudo isso significa para poder atrair o visitante para participar desse grande movimento de **turismo cultural**. E a nossa região tem muitas atrações, como o parque estadual da Mantiqueira, o turismo religioso no circuito Aparecida, Guaratinguetá, Cachoeira Paulista, Canas (sede nacional da Renovação Carismática Católica). Portanto, o primeiro passo para transformar Taubaté numa cidade criativa é **remodelar a compreensão sobre o seu passado cultural**, mostrando que é possível ganhar dinheiro aproveitando esse potencial turístico da cidade, em função de seus grandes personagens.

Há quatro anos foi aprovada uma lei no Congresso com a qual Taubaté foi considerada '**Capital Nacional da Literatura Infantil**.' A partir daí, a prefeitura organizou uma feira literária – Feira de Literatura Infantil de Taubaté –, porém cometeu-se uma falha muito grave, pois ela foi organizada no mesmo período do encontro internacional em Paraty, da Flip (Festa Literária Internacional de Paraty).

É evidente que isso foi um erro e não houve o sucesso esperado, pois não se pode nunca esquecer o que está em sua volta e, inclusive, é preciso aproveitar as potencialidades dos vizinhos, tentando inicialmente fazer a sua potencialidade ser um complemento.

O prefeito é um gestor público que fica durante um período relativo de tempo – quatro anos e, eventualmente, outros quatro se for reeleito – depois do qual ele cede o seu lugar para uma nova administração, muito provavelmente com um planejamento estratégico diferente, com um conceito e concepção de governo diferentes, mas quando já existir um acervo pronto, **isso normalmente é mantido.** Por isso, é que quero transformar Taubaté em uma **cidade baseada em economia criativa** e tratar de criar as condições para que no futuro Taubaté possa viver, fundamentalmente, não só do seu arranjo produtivo industrial (seu *cluster* automotivo), do seu comércio, mas ter também uma pujante economia criativa, sendo um excelente polo de recepção de turistas.

Vamos assim criar as Escolas Municipais de Iniciação Artística (EMIAs) – cinco no total – para trazer para os jovens o ensino e a capacitação empreendedora que lhes permitam trabalhar com artes cênicas, artes plásticas, música, dança e cinema. Assim o aluno do ensino fundamental vai poder passar pelas cinco variedades de manifestação artística, inclusive pelo conservatório. Queremos despertar nessas crianças a vontade de se tornarem atores, roteirista, compositores, cantores, dançarinos, escultores, produtores culturais etc.

Chamando a economia criativa de **setor quaternário**, o que desejamos é despertar nos moradores de Taubaté a sua vocação empreendedora para o mesmo, contando com a ajuda de todas as instituições de ensino públicas e privadas que estão instaladas aqui.

Tenho plena convicção de que esse setor será o que mais contribuirá para a geração de empregos e recursos econômicos para o município, pois as grandes indústrias (fábrica do Campo Limpo é um exemplo) estão se automatizando cada vez mais e cortando os postos de trabalho. Isso deverá ocorrer no máximo em uma década, desde que nos esforcemos para **planejar** e **estruturar** Taubaté, de fato, como uma **cidade criativa."**

José Carlos Hori

José Carlos Hori

Antes de se tornar prefeito, José Carlos Hori foi o vereador mais votado da história de Jaboticabal na eleição de 2000.

O prefeito de Jaboticabal, José Carlos Hori, que comandou a cidade de 2005 a 2012, disse: "Inicialmente, quero agradecer à FAAP, que sempre me acolheu de maneira muito carinhosa, da qual recebi bastante ajuda quando solicitei e que me possibilitou capacitar, com a formação no curso Gerente de Cidade, vários dos meus colaboradores que me auxiliaram bastante para se ter uma administração municipal eficiente na nossa cidade.

A FAAP é uma instituição de ensino de excelência, um desses locais maravilhosos que temos no nosso País, onde se pode, de fato, capacitar a criatura humana para que possa tomar melhores decisões e tenha um comportamento exemplar nas suas ações, na sua vida profissional pública ou privada.

Quero lembrar que nasci num sítio, e quando um agricultor sai para ir à roça, coloca botina, uma calça bem resistente, uma camisa comprida (para se proteger do sol), um chapéu de palha e, às vezes, dependendo do tipo de trabalho, algum tipo de óculos ou máscara para proteger a vista ou ter uma adequada respiração.

No final da tarde, quando ele chega em casa e vai se despir para tomar um banho, nota várias partes do seu corpo bem sujas e que nas suas botinas também há muita terra e sujeira, em especial naquela parte onde a calça entra na botina... Assim, tem lugar na perna que está bem mais sujo que as outras partes do corpo, as mãos também estão bem sujas, o cabelo, o rosto etc., e por isso ele precisa caprichar mais na limpeza daquelas partes que ficaram mais comprometidas higienicamente ao fazer sua assepsia.

➠ **Qual foi a lição que tirei disso para aplicar na administração municipal?**

É que hoje, quando chego diariamente à prefeitura, percebo logo muitas 'manchas de dificuldades'. Quando falo de manchas, quero referir-me à sujeira rural, e não quero nessa metáfora incluir os vários tipos de imoralidades que mancham a AP municipal, e entre elas a **corrupção**.

Ao iniciar o meu primeiro mandato de prefeito, estava muito motivado para criar um ambiente melhor na prefeitura; acreditava num mundo melhor. Porém, ele só começa a existir quando nós nos **transformamos intimamente,** e, para tanto, precisava limpar as manchas de irregularidades administrativas, técnicas, comportamentais etc., para ter um **funcionalismo municipal** mais **alegre** e **feliz**!

Dessa maneira, não queria ser mais um prefeito, mas, sim, alguém que fizesse a diferença.Então defini um *slogan*: **'Desenvolver a cidade'**, que na minha concepção era higienizar aquele **'corpo rural'**, limpar as manchas e eliminar as fragilidades.

Eu não queria fazer grandes transformações, não desejava tornar o município mais populoso do que era, mas pretendia conseguir que o nosso habitante entendesse que vivia numa **cidade especial**! Desejava embutir na cabeça dos munícipes que sua cidade era **espetacular**. O jaboticabalense tinha de estar ciente da riqueza da sua cidade. Ficar orgulhoso de que tínhamos uma Unesp há quase 50 anos, na qual trabalham 250 professores dos mais capacitados em tecnologias de agronegócio do nosso País, com 850 funcionários, a segunda maior empresa da cidade depois da prefeitura.

Para que isso acontecesse, procurei mudar a cultura dos nossos funcionários, inclusive nos pequenos detalhes, como sempre cumprimentar todo jaboticabelense que for a algum órgão da prefeitura com um sorriso no rosto e a frase típica: **'Em que posso te ajudar?'**. Essa postura no atendimento, para ser implementada, não custa muito, porém faz com que **cresça** a **autoestima** dos funcionários da prefeitura e aumente o seu comprometimento com o trabalho.

Quando comecei a administrar Jaboticabal, defini duas formas de ação. Assim, de um lado, procurei ressaltar tudo o que já havia de **notável**, que fosse de valor na cidade, e, por outro lado, como sou político, procurei também **fazer** ou **falar** aquilo que a **população queria saber ou ouvir**.

Não foi feito nenhum milagre, mas batalhei bastante para potencializar a energia positiva, fazendo crescer o orgulho do jaboticabalense.

Muitos dos nossos funcionários, por exemplo, foram auxiliados financeiramente pela prefeitura para fazer o curso Gerente de Cidade da FAAP, para, dessa forma, desenvolverem novas competências gerenciais, adquirindo uma maior capacidade para a inovação.

Para se ter um funcionário público produtivo, você, como líder, deve orientá-lo e estimulá-lo continuamente, e isso começa com as mais variadas formas de recompensas, que não precisam significar apenas ganhos financeiros, mas que salientem e reconheçam a sua dedicação e seu bom desempenho.

Precisa-se não só dar atenção e controlar o trabalho dos funcionários públicos, como periodicamente parabenizá-los e destacá-los pela forma como realizam suas tarefas, em especial no atendimento dos munícipes. Deve-se ter mais **humanização**, e isso em qualquer tipo de organização, seja ela pública ou privada.

Devemos valorizar o trabalho das pessoas. Por esse motivo, procurei elaborar na prefeitura um bom plano de cargos e carreiras, focando, principalmente, a **educação continuada**. Assim, em Jaboticabal, todo funcionário que volta a estudar recebe automaticamente um aumento de salário de 2,5% se terminar o ensino médio; 3,5% se concluir uma faculdade e 4,5% ao finalizar uma pós-graduação (como o curso Gerente de Cidade). Quase três centenas de funcionários receberam recentemente um aumento de 2,5%.

Para ocorrer uma transformação na nossa sociedade, acredito que o melhor caminho é o de ter mais **educação**, que possibilita o fortalecimento da mente, desenvolve a inteligência e proporciona a possibilidade de surgimento de melhores líderes, que saibam conduzir de forma mais eficiente o trabalho em equipe. Para mim, a humanização significa **ambiente acolhedor**, ou seja, o **acolhimento** é a **palavra mágica da humanidade**.

Um exemplo disso talvez seja o que fizemos em Jaboticabal quando se constatou que havia muita gente que vivia junto, tendo filhos, alguns até com mais de 20 anos, mas que **ainda não tinham se casado**, apesar de esse ter sido sempre o seu sonho!

Para eles, casar foi algo muito difícil, pois implicava em gastos no início da vida, como pagar cartório, igreja e muitas outras coisinhas... E aí resolvi que deveria realizar esse sonho para muitas pessoas e **fui fazer casamentos**. Então, ao longo dos meus oito anos nos dois mandatos, fiz **quatro eventos**, todos nos anos pares, e nesses **casamentos comunitários conseguimos ca-**

sar cerca de mil casais! Isso foi incrível e estou muito feliz, pois alguns me consideram o **'maior casamenteiro de Jaboticabal'**.

Faço três perguntas provocativas, dirigidas para aqueles que não investem na humanização:

1ª) Como vamos humanizar uma sociedade se nós não humanizamos a nossa própria convivência?

2ª) Estamos preparados para reconhecer o valor das pessoas e para ajudá-las a construir sua vida, para que ela seja menos traumática?

3ª) Como é que se vai promover o bem comum, que deveria ser a principal meta de um político governante, se não existe amor no seu coração?

Deve-se reconhecer que o homem que tem bons amigos é aquele que é realmente o ser humano verdadeiramente rico.

Procurei ter, e acredito que tenho, bons amigos!

É claro que a gente precisa amar as pessoas, principalmente quando se quer ser um bom servidor público. Amar as pessoas é uma questão de ter o mínimo de bom senso, pois o ser humano está carente de amor... Aí emerge a questão crucial: **como é que vamos ter prefeitos, bons políticos e gestores, se eles não tiverem humanização?**

Acho que é bem difícil um prefeito ser bem-sucedido se não gostar de servir e ajudar os munícipes!?!?".

Marcelo Fortes Barbieri

O prefeito de Araraquara, Marcelo Fortes Barbieri, foi reeleito em outubro de 2012. Antes já tinha sido eleito deputado federal em 1990, cargo que ocupou por 14 anos e em 2003, no primeiro mandato da administração de Luiz Inacio Lula da Silva, foi assessor especial da Casa Civil. A sua receita de como pretende manter o progresso de sua cidade é a seguinte: "Araraquara tem hoje, cerca de 215 mil habitantes,

Marcelo Fortes Barbieri

apresentando um dos maiores índices de desenvolvimento e riqueza do Estado de São Paulo. No cenário nacional, desponta como um dos municípios de maior desenvolvimento e melhor qualidade de vida segundo levantamento da Firjan. Nos últimos quatro anos foram investidos no município cerca de R$ 5 bilhões e desde 2009 temos 15 mil pessoas trabalhando com carteira assinada.

Grande parte dos investimentos é resultado da eficaz **política de atração de empresas** pela prefeitura que se fundamenta nos seguintes elementos importantes que caracterizam a cidade:

⇒ localização geográfica privilegiada;

⇒ mão de obra qualificada;

⇒ existência de política de recuperação e preservação ambiental;

⇒ boa qualidade de vida;

⇒ adequada rede de educação;

⇒ bons serviços de saúde pública;

⇒ eficiente infraestrutura.

No município de Araraquara se desenvolvem, atualmente, diversas atividades econômicas: no setor de agronegócio com a presença de empresas do porte da Cutrale (uma das maiores fabricantes de suco de laranja do mundo), Raizen e Minerva; no setor de alimentos/bebidas com companhias como Heineken, Nestlé e JBS Foods; no segmento metal-mecânico com empresas como Iesa, Andritz Hydro Inepar, ZF Sachs; no setor têxtil com a famosa empresa Lupo, que emprega quase cinco mil pessoas; no setor de logística com a ALL e Brado Logística e no que se refere ao comércio e serviços com a existência de vários *shopping centers*.

Pode-se dizer que a ferrovia que estimulou o progresso de Araraquara no fim do século XIX é a mesma que ajuda agora a impulsionar a economia e a atrair indústrias para a nossa cidade.

De fato, a vocação logística do município na região central do Estado tem contribuído para que se torne polo de grandes empresas.

A ALL, concessionária que administra mais de 21.300 km de ferrovias no País e no exterior, tem em Araraquara a sua maior movimentação de composições em toda a sua malha, que vai se ampliar mais ainda. Assim, quem está chegando em Araraquara, principalmente por causa da linha férrea e da cana é a Randon, que vai produzir vagões e semirreboques canavieiros, e está investindo cerca de R$ 500 milhões.

Mas não é só a localização do município que está garantindo grandes investimentos para os próximos anos em Araraquara. A proximidade de centros produtores de matérias-primas como a cana-de-açúcar e a laranja também está atraindo novos empreendimentos.

É o caso da Coca-Cola Brasil e da JBF Industries, da Índia, que está construindo da **maior fábrica do mundo** para a produção de *bio meg* (material feito a partir da cana, usado na fabricação de embalagens recicláveis). Essa unidade vai exigir um investimento de R$ 1,6 bilhão e gerar 1.650 empregos diretos e indiretos.

Em breve, Araraquara se transformará em uma transmissora de energia ao se completar o 'linhão' de 2.345 km, entre Porto Velho e a cidade, atravessando cinco Estados e 85 municípios, quando a capacidade de distribuição de cerca de 6.000 megawatts (MW) irá beneficiar a região Sudeste e a parte sul de Minas Gerais e uma parte do Estado do Rio de Janeiro.

Tenho procurado estimular o empreendedorismo em Araraquara, e, assim, temos hoje na cidade uma nova incubadora de empresas e com a criação da Sala do Empreendedor, diminuiu o tempo de emissão do alvará para a abertura de uma empresa de 30 para 2 dias.

A prefeitura tem procurado trabalhar o **turismo de negócios**, ampliando a sua capacidade para sediar grandes eventos empresariais e também os de entretenimento.

Um exemplo disso foi a construção de um amplo centro de eventos, um dos maiores do interior do Estado, denominado Centro Internacional de Convenções Dr. Nelson Barbieri.

Araraquara já está credenciada como subsede da Copa do Mundo de Futebol de 2014 pela FIFA (Fédération Internationale de Football Association) ao disponibilizar a Arena da Fonte com 21 mil lugares cobertos.

A cidade tem sido agraciada com diversos prêmios pelo seu cuidado com o meio ambiente (cuidado com a água, conservação das nascentes e das florestas, pelo seu índice de urbanização etc.). Araraquara está situada sobre o aquífero Guarani e em 2011 foi classificada pela revista *Veja* como a segunda cidade brasileira com a melhor cobertura de saneamento básico.

Em 2012, a prefeitura destinou **30,39%** do orçamento para a saúde pública (bem acima do que exige a lei), e os munícipes tiveram uma significativa melhoria no que se refere à assistência médica. Também, **30,67%** do orçamento foi destinado para a **educação** em 2012 (isso foi possível com a economia que se obteve com os gastos de pessoal), o que possibilitou a criação de 1.200 vagas em creches, dezenas de escolas reformadas ou ampliadas, informatização (com lousas digitais) de escolas em tempo integral e o estabelecimento de parcerias com o Sesi na rede municipal.

Estamos construindo o novo terminal do aeroporto Bartholomeu de Gusmão, que lidera o crescimento de movimento entre os aeroportos regionais do Estado e estamos cientes de que a nossa cidade pode virar uma **aerotrópole**, pois a aviação de passageiros e de carga vai se desenvolver muito nas próximas décadas.

Finalmente, quero lembrar que 92% de ruas e avenidas da cidade estão pavimentadas; pode-se dizer que temos Internet para todos, pois 95% de sua área está coberta; estamos melhorando a mobilidade urbana com a criação de novos corredores e estamos focados na construção do parque dos Trilhos: projetado para ser executado em oito etapas, com a retirada dos trilhos do centro da cidade e utilizando o espaço para equipamentos públicos na área da cultura, esporte e lazer."

Marco Antônio de Oliveira Maciel

Marco Antônio de Oliveira Maciel

Em 1995, em Recife, no Estado de Pernambuco, a FAAP participou de um evento organizado pela FIABCI (Federação Internacional de Profissões Imobiliárias) Brasil, no qual estiveram delegações de empreendedores da construção civil dos países vizinhos (Uruguai, Paraguai, Argentina e Chile), quando a instituição foi convidada para apresentar um esboço de um curso que viria a ser Gerente de Cidade, que, como benefício direto, criaria a possibilidade de uma melhor interlocução entre o setor da construção civil e os órgãos públicos para que não se considerasse o primeiro como um ente que agride o meio ambiente, e o governo, por sua vez, como inerte e omisso, frente ao avanço cada vez maior das edificações e da necessidade de ampliar a infraestrutura nas cidades (estradas, pontes, ruas, avenidas, aeroportos etc.) com a profissionalização da gestão pública e o surgimento da figura do gerente de cidade (*city manager* como é chamado nos EUA).

Muitas figuras importantes do governo estavam nesse evento e, em especial, o então vice-presidente da República, Marco Antonio de Oliveira Maciel, que se encantou com a ideia e passou a apoiá-la em muitas das suas manifestações e artigos que escreveu.

Na realidade, ele veio diversas vezes participar de seminários e aulas magnas na FAAP, e num desses eventos disse: "Sempre digo que a **federação** rima com **descentralização**. E se nós queremos fazer com que haja uma verdadeira descentralização, precisamos lutar e nos esforçar para que ela efetivamente ocorra.

Deve-se, nesse sentido, lembrar de alguns ensinamentos de Norberto Bobbio, um grande intelectual italiano, sobre **política**, quando ele alertou que numa democracia duas questões são fundamentais.

A primeira é que é preciso ter **instituições fortes**.

Um país que desejar ter uma verdadeira democracia tem de possuir instituições bem estruturadas, para que a sociedade possa apoiar-se nelas.

A segunda é que essa nação deve insistir para que continuamente sejam **melhorados os níveis de governabilidade**.

Destacava Norberto Bobbio que as instituições são o que são, as pessoas são o que são, com suas virtudes e **seus defeitos**, mas as **pessoas passam enquanto as instituições devem ficar**. E mais, não basta ter instituições sólidas, é fundamental ter níveis de governabilidade compatíveis com as mesmas.

Seguindo as lições de Bobbio, torna-se óbvio que, no Brasil, precisamos fazer uma reforma política, ou melhor, uma **reforma institucional**. Lamentavelmente, o nosso Congresso não fez muita coisa nesse sentido até agora, apesar de, entre 1995 e 1997, terem sido feitos alguns avanços.

É verdade que hoje a insegurança jurídica no Brasil é bem menor, mas ela existe em certa dose com a criação de novas taxações e impostos.

Não se pode esquecer nunca que o **direito** e o **poder** são as duas faces da mesma moeda! E uma sociedade organizada precisa das duas.

Em lugares onde o **direito** não é importante (ou não é obedecido...), a sociedade corre o risco de se precipitar na **anarquia**. Onde o **poder** não é controlado, corre-se o risco oposto: do **despotismo**.

Dessa maneira, o modelo ideal de encontro entre o direito e o poder é no **Estado Democrático de Direito**, isto é: um Estado no qual, através das leis fundamentais, não há poder mais alto nem mais baixo que não esteja submetido a normas. Não há governo democrático que não seja regulado pelo direito e a legitimidade do consenso ativo dos cidadãos.

Atualmente, nós temos em vigência a Constituição de 1988, e ela é a primeira que reconhece o município como membro pleno da Federação, além, obviamente, dos Estados, mas o que se nota é que ele não tem ainda muita **autonomia** nem os **recursos necessários** para poder prover os serviços dos quais os seus moradores necessitam..

São justamente essas reformas institucionais que faltam ser feitas no Brasil, o qual está cada vez mais urbano! É aí que cabe uma referência elogiosa à FAAP, que está desenvolvendo esse excelente trabalho e tão necessário no País, de formar milhares de bons administradores públicos, que, certamente, com seus conhecimentos e sua criatividade, vão conduzir a gestão municipal com mais competência, alavancando mais ainda o progresso nacional."

Marco Aurélio Bertaiolli

Marco Aurélio Bertaiolli

Marco Aurélio Bertaiolli, formado em Administração de Empresas, publicitário, exerceu o cargo de vereador em dois mandatos de 1996 a 2004, quando foi eleito vice-prefeito de Mogi das Cruzes. Em 2006 foi eleito deputado estadual e em 2008 ganhou as eleições para prefeito da cidade.

Em 4 de maio de 2009, iniciou-se o primeiro curso Gerente de Cidade, no Centro Municipal de Formação Pedagógica (Cemforpe) de Mogi das Cruzes e o seu prefeito Marco Aurélio Bertaiolli, um empreendedor nato, era o aluno nº1 dessa turma, composta por mais 29 participantes, entre os quais, seus secretários municipais, assessores dos secretários e vereadores.

Como a demanda pelo curso não foi atendida, o prefeito autorizou a abertura de uma segunda turma em setembro de 2009.

Marco Aurelio Bertaiolli foi reeleito em outubro de 2012, tendo a expressiva votação (cerca de 82% dos votos) o que demonstra a sua competência. Explicando a sua forma de administrar ele disse: "Na nossa cidade, a administração caracterizou-se pela austeridade financeira, muito trabalho e transparência. Procurou-se imprimir um ritmo de gestão, focado na **obtenção de resultados e na participação efetiva da população.**

No início do meu primeiro mandato, em 2009, devido à crise econômica mundial que deflagrou-se nos EUA em agosto de 2008, uma das primeiras medidas foi o contingenciamento do orçamento em 30%, até que pudessem ser renegociados todos os contratos de prestação de serviços mantidos pela prefeitura, o que resultou numa economia de quase R$ 10 milhões aos cofres municipais.

O rigor no trato com o dinheiro público possibilitou que a prefeitura investisse em projetos e programas que beneficiaram diretamente a população, com reflexos diretos na melhoria da qualidade de vida.

Entre essas ações, uma importante foi a implantação do período integral na rede municipal de ensino para quase mil crianças moradoras de bairros periféricos de Mogi das Cruzes.

Antes ou depois das aulas, dependendo do horário em que estavam matriculadas, eles participaram de projetos culturais, aulas de educação física e práticas esportivas visando o seu pleno desenvolvimento, e, além disso, de envolvimento em ações de resgate da cidadania através da valorização da autoestima.

A nossa merenda escolar, oferecida a quase 45 mil alunos que recebem 90 mil refeições diariamente, é considerada uma das melhores do País. Aliás, nela são usados muitos alimentos produzidos no próprio município, tais como cogumelo, caqui, alface etc., que saem do produtor mogiano para as escolas. Dessa forma, os alimentos chegam mais frescos para as crianças e ainda pode-se gerar mais empregos ao se valorizar a agricultura local.

Em Mogi das Cruzes promovemos a **integração** entre todos os setores de atendimento da saúde através de um trabalho desenvolvido dentro da câmara técnica [formada por médicos e especialistas em gestão pública e SUS (Sistema Único de Saúde)].

O objetivo foi dar uma maior **resolutividade** para o setor, desde o momento em que o paciente entra na rede municipal através de postos de saúde, até a disponibilização de os recursos de alta complexidade, caso sejam necessários.

Dentro desse conceito de obtenção de resultados, a prefeitura exigiu uma melhoria na qualidade do transporte coletivo, solicitando que as empresas concessionárias renovassem a sua frota colocando nas ruas 'onibus 0 km' e com acessibilidade.

Atualmente, quase 65% da frota de ônibus em Mogi das Cruzes é adaptada, quando a média nacional é ridícula, não passando de 4%.

Em Mogi das Cruzes, tenho praticado a **gestão democrática**, tanto assim que a participação popular é estimulada através do que chamei **'prefeitura aberta'**, ou seja, a possibilidade do munícipe falar com o prefeito. Reservei um dia da semana para isso, porque são os moradores que muitas vezes enxergam aquilo que nós não vemos. Eles são os nossos fiscais e nos trazem soluções simples para problemas que os tecnocratas consideram de difícil solução (!?!?) porque não possuem a vivência do dia a dia.

Para se melhorar a qualidade de vida dos munícipes, é fundamental cuidar da infraestrutura básica da cidade com a mesma atenção e carinho que se deve dedicar aos seus moradores. Assim, vários programas foram elaborados e implementados para a preservação e recuperação do meio ambiente.

O projeto mais audacioso é o da coleta e tratamento de 100% do esgoto produzido na cidade, para que os detritos não sejam mais depositados ou lançados *in natura* no rio Tietê, que corta o município. Para isso, foram investidos muitos recursos municipais e firmados termos de cooperação técnica para a execução desse trabalho. Estamos avançando celeremente para o nosso objetivo. Este é um dos grandes compromissos que tenho com a população mogiana, no qual trabalharei muito para cumpri-lo integralmente, porque só vale a pena ser prefeito se for possível mudar a vida das pessoas para melhor!"

Miguel Moubadda Haddad

A atuação política de Miguel Moubadda Haddad iniciou-se em 1982, quando foi eleito vereador em Jundiaí. Em 1992 elegeu-se vice-prefeito e em 1994 foi eleito deputado estadual e prefeito de Jundiaí em 1996.

O prefeito de Jundiaí, o advogado Miguel Moubadda Haddad, que governou a cidade em três mandatos (1997 a 2000, 2001 a 2004, 2009 a 2012, ressaltou:

Miguel Moubadda Haddad

"Estou terminando um livro chamado *Coisa de Paulista*, no qual abordo os temas relacionados ao desenvolvimento do Estado de São Paulo, dos seus municípios, das ações, dos encaminhamentos que um prefeito deve promover para ter uma **gestão eficaz**, evidentemente fundamentando-se na minha vivência em Jundiaí.

Eu me tornei prefeito de Jundiaí pela primeira vez em 1997 e, agora, estou terminando meu terceiro mandato.

Hoje, Jundiaí é uma cidade com cerca de 400 mil habitantes, sendo a **quarta cidade** com o melhor Índice Firjan de Desenvolvimento Municipal (IFDM) do Estado de São Paulo, elaborado pela Federação das Indústrias do Estado do Rio de Janeiro (Firjan) em 2011.

E se nesse *ranking* (classificação) entrassem só as cidades com mais de 300 mil habitantes, seria a **primeira cidade do Brasil** usando como critérios **emprego, renda, educação** e **saúde**!

Em 1997, quando assumi a prefeitura, a cultura que imperava em todo País era a de que o prefeito que assumia, durante os dois primeiros anos, **reclamava** (e tentava saldar) de todas as dívidas deixadas pelo antecessor, bem como dos problemas não solucionados por ele, e nos últimos dois anos era o **próprio prefeito que endividava o município...**

Essa era a prática, era a cultura do País!

Assim, nos quatro primeiros meses de 1997, a minha principal atividade foi chamar todos os credores da prefeitura e ir renegociando com cada um deles. Era necessário renegociar, até porque o custo para a prefeitura era sempre maior, visto que a crença era de que esta era uma má pagadora.

Assumi a prefeitura com um déficit público de 18% em relação a nosso orçamento. Depois de muitos meses de negociações, foi possível obter novos preços e zerar o déficit público municipal. E caminhamos sempre nessa condição com a compreensão de que a nossa administração só teria sucesso se cuidássemos bem dos nossos gastos e tivéssemos sobras de recursos para investir em melhorias na cidade.

Só em 1999 é que começou o movimento para se ter a Lei de Responsabilidade Fiscal (LRF) – **totalmente necessária e correta** – que provocou várias marchas dos prefeitos do Brasil contra ela; mas, agora, finalmente, todos compreenderam que ela tem de ser obedecida à risca.

Ao final do meu primeiro mandato, em 2000, a folha de pagamento era em torno de 40% de nossa receita, e o **déficit público estava zerado**! Naquela época, recebemos um apoio importante do jornal *O Estado de S.Paulo*, que publicou um artigo com o título *A lição do prefeito de Jundiaí*, elogiando o cuidado que tivemos na nossa cidade com gastos públicos, e, nessa época, poucas prefeituras do País procediam assim.

Isso pode se chamar de **gestão com qualidade e responsabilidade**.

Todos os prefeitos que quiserem ser eleitos daqui para frente precisam, cada vez mais, demonstrar um **perfil administrativo**. Os munícipes-eleitores querem **ética**, **responsabilidade** e uma **boa gestão** de um prefeito, e não **apenas foco no assistencialismo**.

Uma forma de demonstrar essa melhor gestão foi quando Jundiaí adotou o programa **Compra Aberta**, um leilão eletrônico que nos permitiu uma grande economia e, inclusive, ter fornecedores em número muito maior, escapando-se das limitações regionais. Jundiaí foi **pioneira** em algo que é adotado agora em muitas cidades do País.

Criamos o **Portal da Transparência**, que possibilitou a qualquer munícipe ter as informações sobre as licitações ou os contratos celebrados pela prefeitura, ter dados sobre os funcionários públicos do município, os cargos que exercem, quanto eles ganham ou então saber o que é preciso ser feito para a abertura de uma empresa.

Naturalmente, fomos **ampliando** cada vez mais o **governo eletrônico**. Criamos a Escola de Governo e Gestão para capacitar melhor nossos funcionários, e contamos também com a FAAP, que já colaborou bastante em

2011 com um excelente curso de aperfeiçoamento para os nossos servidores e, em 2012, 40 dos melhores classificados no processo de seleção começaram a fazer o curso de pós-graduação Gerente de Cidade totalmente pago para eles pela prefeitura.

Se quisermos ter sucesso na luta pela qualidade na AP, é necessário ter um quadro de servidores públicos cada vez mais competente. Aliás, a nossa preocupação não é apenas com o treinamento dos servidores públicos em várias habilidades e competências, mas com a educação no seu todo e, principalmente, com os 30 mil alunos que temos hoje na nossa rede municipal.

Três pontos são essenciais para se ter uma boa educação: o **aluno**, o **professor** e o **conteúdo**.

Na **questão do aluno**, nós investimos para que eles pudessem estudar em escolas com boas instalações, tivessem uma merenda adequada (que é orgânica e muitos de seus alimentos são provenientes das nossas hortas).

Nesses últimos quatro anos, dobrou o número de vagas nas creches da cidade, apesar do índice de natalidade estar caindo em Jundiaí.

O **professor da rede municipal** tem que ter uma **capacitação permanente** e um **salário adequado**, pois, na verdade, é a alma do sistema educacional.

Em Jundiaí, nós temos dois professores em sala de aula.

Finalmente, o **conteúdo**, o **currículo**, o **material pedagógico**: tudo foi obtido da **Fundação Bradesco**, uma parceria notável para que as crianças de Jundiaí tivessem uma **educação de qualidade**.

A educação é, de fato, o grande instrumento da mobilidade, ou seja, é ela que permite a ascensão econômica e social. Há uns três anos, uma pesquisa do Banco Mundial sobre a educação apontou que o Brasil **não é um país pobre**, mas **injusto**, com grandes diferenças sociais. Por outro lado, o Brasil é o País onde se tem a maior mobilidade social, ou seja, onde se consegue **mais rapidamente** sair da classe E para a A, no mundo todo!

O maior patrimônio, a grande obra, o enorme legado que uma administração municipal pode deixar é um excelente sistema de educação básico, e foi esse compromisso que assumi em Jundiaí.

E para falar de alguns sonhos, o nosso é o de não ter mais **nenhuma favela na cidade**! Estamos trabalhando muito para torná-lo uma realidade!

Assim, onde há um barraco, nós estamos substituindo-o por uma casa decente e vamos fazer a erradicação dos subnúcleos. E nos locais onde viverem as pessoas mais carentes, elas terão esgoto, água, luz elétrica etc.

É natural que todas as ações desenvolvidas pela prefeitura, quando realizadas com boa gestão, acabam trazendo resultados na ponta, ou seja, prestação de serviços de qualidade para o cidadão.

Por isso que tenho plena convicção de que daqui para a frente o munícipe eleitor vai poder avaliar a **qualidade da gestão** e mensurar o potencial de um candidato a prefeito, se ele tem ou não essa competência!

É fundamental, portanto, que o prefeito esteja comprometido com a responsabilidade fiscal para poder ter sempre um saldo positivo entre as condições em que recebem a prefeitura, o trabalho que desenvolveu e como deixou a mesma."

Nelson Trad Filho

Nelson Trad Filho

O médico cirurgião-geral e urologista Nelson Trad Filho, que foi prefeito de Campo Grande, capital do Mato Grosso do Sul, por dois mandatos consecutivos no período de 2005 a 2012, tendo sido antes vereador (três mandatos) e deputado estadual, afirmou: "Na nossa cidade, uma turma de funcionários municipais já concluiu um curso Gerente de Cidade da FAAP e foi um aprendizado muito valioso para todos eles.

Tive o privilégio de tornar-me prefeito, mas não nunca imaginei que mesmo com relação aos problemas nos quais não tive nenhuma participação, acabaria sendo declarado o **culpado**!?!? Qualquer distúrbio em uma escola municipal, qualquer defeito no sistema de suprimento de água, qualquer falha em um hospital, qualquer congestionamento ou acidente em uma avenida, **o culpado é o prefeito**!

Costumo dizer que administrar uma cidade é uma imprevisibilidade enorme, porque você está lá com sua agenda montada, mas chegam problemas de diferentes naturezas e em momentos que você nunca espera. Então é preciso ter **tranquilidade, maturidade** e **bom senso** para resolver um por um da maneira mais eficiente possível. Constantemente, os munícipes querem melhorias nas áreas de educação, saúde, transporte público, segurança pública, geração de empregos e nas questões de lazer. Os cidadãos estão cada vez mais exigentes no que se refere à qualidade de vida e querem ter uma praça na porta de sua casa para poderem caminhar, para passear com seus filhos e com seus animais domésticos. E os municípios estão com uma arrecadação cada vez mais insuficiente para atender adequadamente a todas as demandas.

Por isso, a saída é a **gestão eficiente** e **enxuta**. Não se deve ter vergonha de copiar e adaptar o que deu certo em outro lugar ou em outros tempos.

Campo Grande é uma cidade muito rica em água, tem vários córregos que cruzam o perímetro urbano, e, como a cidade é plana, isso gera problemas de inundações na época das chuvas. Desenvolvemos, por isso mesmo, um intenso trabalho de contenção de enchentes.

Deve-se destacar também que nas nossas largas avenidas criamos **ciclovias** e **pistas de caminhada,** como aquelas que vi em Bogotá (Colômbia), feitas pelo então prefeito Enrique Peñalosa. Essa construção de largas avenidas junto aos córregos foi feita preservando-se as matas ciliares.

Inspirei-me no que o então governador Leonel Brizola fez há um bom tempo no Rio de Janeiro, com a criação dos Centros Integrados de Educação Pública (CIEPs) e nas exitosas experiências educacionais desenvolvidas recentemente nas cidades de Apucarana (Paraná) e em Palmas (Tocantins). Assim, começamos a criar as nossas unidades escolares em tempo integral. Aliás, com o apoio da iniciativa privada, foi possível equipar essas escolas com o que há de mais avançado em tecnologia digital e estruturar equipes de profissionais da educação com dedicação plena.

É por isso que, entre outras coisas, Campo Grande é, agora, uma **cidade de oportunidades,** que vive num intenso processo de industrialização e com uma vocação para oferecer uma excelente qualidade de vida para seus munícipes."

Paulo Altomani

Paulo Altomani

O bem-sucedido empresário, o engenheiro **Paulo Altomani**, prefeito eleito em outubro de 2012 para comandar São Carlos destacou: "Infelizmente, encontrei a minha cidade de tanta história e tradição com muitas obras inacabadas e parece que, nos últimos 12 anos, ela viveu numa certa exclusão no que se refere ao **desenvolvimento social!**

Claro que São Carlos continua sendo a **'capital nacional da tecnologia'** ou a **'cidade do doutor-empreendedor'**, expressões usadas para tentar descrever a junção de tantas universidades, centros de pesquisa e parques tecnológicos que temos.

As criações, de uma extensão da Universidade de São Paulo (USP) nos anos 1950 e da Federal (UFSCar) nos anos 1960 foram os marcos iniciais da nossa **'capital da tecnologia'**.

Nos anos 1980, surgiu a primeira de várias incubadoras de empresas, o ParqTec.

Hoje, são muitas as empresas que surgem das salas de aula, as chamadas *spin-offs* (novas empresas que nascem a partir de um grupo de pesquisa dentro de uma empresa, universidade ou centro de pesquisa público ou privado, normalmente com o objetivo de explorar um novo produto ou serviço de alta tecnologia).

De fato, São Carlos é um importante *cluster* (conglomerado), ou seja, uma concentração geográfica na qual há uma intensa formação de talentos, desenvolvem-se muitas pesquisas e ocorre intensa produção de coisas novas.

São Carlos, pode-se afirmar, é um *cluster* no qual se tem uma média de 14,5 patentes por 100 mil habitantes, enquanto a média brasileira é de 3,2, e a paulista é de 7,6. São Carlos tem cerca de 235 mil habitantes e **'gaba-se'** de ter 1 doutor para cada 180 habitantes, enquanto que no Brasil essa taxa é de 1 para 5.423 habitantes.

Estão instaladas em São Carlos muitas empresas de porte como a Volkswagen (produção de motores), a TAM (manutenção de aviões), Electrolux (fabricação de eletrodomésticos), Faber-Castell (produção de todos os lápis imagináveis), Tecumseh (compressores), para citar algumas delas.

Em São Carlos temos hoje pesquisas voltadas para a estimulação da regeneração óssea, valendo-se da ativação ultrassônica; um importante centro municipal de tecnologia da informação (TI) com o apoio de empresas do porte da Intel, Microsoft, Furukawa, Cisco e contando, também, com o apoio do Centro Paulo Souza, do Senai, Sesi, Senac e Sebrae.

Estamos estimulando o **desenvolvimento sustentável**, difundindo a agricultura orgânica e promovendo um assentamento organizado.

Entre as empresas *start-ups* (iniciantes) de São Carlos, há aquelas como uma que da palha de cana-de-açúcar está conseguindo produzir papel ecológico; temos a Embrapa (Empresa Brasileira de Pesquisa Agropecuária) Instrumentação que desenvolveu a fossa séptica biogestora, que ganhou o prêmio Fundação Banco do Brasil de Tecnologia Social e muitas outras com destaque nacional e internacional.

Em São Carlos está se dando uma grande atenção à **mobilidade urbana**, ao **monitoramento** dos pontos onde ocorrem possíveis assaltos, contando, também, nesse sentido com o eficiente trabalho da Guarda Municipal.

Para que seja cada vez mais fácil abrir uma empresa em São Carlos temos um setor específico para essa finalidade que se chama Balcão do Empresário, que além de facilitar esse procedimento, dá várias orientações e auxílio aos empreendedores.

Nesses meus quatro anos de mandato, duas importantes empreitadas que espero desenvolver são: a **melhoria do nosso aeroporto**, para que aqui possam descer aeronaves de todos os tamanhos, inclusive para receberem a adequada revisão nas oficinas da TAM, bem como desenvolver a **Cidade da Energia**, na qual queremos incrementar todas as pesquisas voltadas para as fontes de energia renovável (solar, eólica etc.), bem como dispor de excelentes instalações para a realização de congressos, *shows* e exposições.

Claro que não esqueceremos de promover as revitalizações necessárias em diversos prédios que existem na cidade (como é o caso da antiga sede da Faber-Castell), de arrumar constantemente os nossos espaços públicos (ruas, avenidas, parques etc.), desenvolvendo para isso uma usina de micropavimentação, trazendo as máquinas mais modernas para tapar buracos, fazer varrição e poda mecânicas.

E, para finalizar, uma promessa pública, o nosso Hospital Escola Municipal vai transformar-se em referência após o *retrofit* (modernização e atualização) que será feito no mesmo."

Raimundo Angelim

Raimundo Angelim

O prefeito Raimundo Angelim Vasconcelos (2005 a 2008 – 2009 a 2012), de Rio Branco, capital do Estado do Acre, que foi avaliado em 2012 como o melhor – junto com o de Campo Grande (MS), Nelson Trad Filho – entre todos aqueles prefeitos das capitais brasileiras, com uma aprovação de **63%** da sua administração, enfatizou: "O prefeito de uma cidade tem algo de similar com um **síndico de prédio**.

Na nossa cidade, nós temos o conceito de que não **administramos** Rio Branco, mas, sim, **cuidamos** de Rio Branco. Quem cuida geralmente tem zelo, tem sensibilidade e ainda **cuida com paixão**.

Para mim, uma cidade sustentável é aquela que é **limpa, acolhedora** e que preserva a **cultura**, as **raízes** e seus **valores**.

A gestão municipal deve ter como seu **foco as pessoas**, os munícipes, para que sejam felizes e tenham bem-estar. É por isso que durante a minha gestão, a cada seis meses, em Rio Branco foi feita uma pesquisa para saber como os cidadãos enxergam o desempenho de todos aqueles que trabalham na prefeitura.

Devo salientar que para se ter um **desenvolvimento sustentável** é necessário sonhar, ou melhor, é preciso ter um **sonho novo**, pois não serve, no nosso caso, copiar os modelos dos outros. Nós temos que inovar e nos reinventar a partir dos nossos valores, das nossas raízes e da nossa cultura. É preciso criar um modelo de **cidade amazônica**, da **cidade florestal** e também compartilhar um ideal que transforme a vida dos nossos cidadãos.

A construção de um sonho para Rio Branco tornou-se a nossa **missão** dentro da nossa **visão**. Isso significa as suas crianças terem uma infância sadia e feliz, uma juventude cheia de perspectivas e oportunidades, um povo forte e altivo, com bom padrão de vida e elevada autoestima.

Entre os princípios que orientam a gestão sustentável, destacam-se: **igualdade, justiça, inclusão social, legitimidade, cidadania e participação popular.**

Logo no início do meu primeiro mandato em 2005, estabeleceu-se um **processo de gestão participativa** para se chegar a inovações e não simplesmente discutir o orçamento. Assim, os munícipes se reuniam para, junto com seus gestores municipais, discutirem a pavimentação de ruas ou avenidas, a recuperação da nascente de um rio, um córrego ou ainda para se promover uma maior valorização das sugestões dos cidadãos.

O meu governo sempre esteve focado em três eixos centrais, a saber: o de **desenvolvimento sustentável** e **cidadania**; o de **infraestrutura e serviços**; e o terceiro, que é o de **modernização da gestão.**

No que se refere ao projeto de valorização do servidor municipal, é importante destacar que temos a nossa Escola Municipal do Governo, onde foi ministrado o curso de pós-graduação Gerente de Cidade da FAAP para um grupo de 40 gestores da nossa prefeitura."

Sebastião Afonso Viana Macedo Neves

Mais conhecido como Tião Viana, iniciou sua vida política ainda como estudante em Medicina. Em 1998 ele foi eleito senador pelo Estado do Acre e reeleito em 2006 com 88% dos votos válidos.

O governador do Estado do Acre, o médico Sebastião Afonso Viana Macedo Neves (2011 a 2014), assim se expressou: "A ideia de **economia verde** é

Sebastião Afonso Viana Macedo Neves

um grande desafio para a humanidade, pois o seu tripé de sustentação tem como pilares: o **econômico**, o **social** e o **ambiental.**

Nós trabalhamos dentro da nossa gestão seguindo essas três diretrizes e acompanhando o novo paradigma do século XXI, que é o **conceito de desenvolvimento sustentável.**

Nosso Estado é bem novo. Viveu a maior parte do tempo, de 1903 em diante, numa situação de monocultura com a exploração da seringueira e, depois, da castanha, que nós dizemos ser do Brasil e não do Pará!

Estimulada pelos governos militares para vencer o 'desafio' de integrar a Amazônia ao Brasil, só nos anos da década de 1970 é que começou uma forte migração dos habitantes do centro-sul brasileiro. E aí surgiu um modelo de desenvolvimento baseado na pecuária que gerou muitos conflitos e foi necessário encontrar uma outra forma de conviver com a Amazônia, ou seja, sobreviver no meio dela, **mas sem destruí-la**. E a partir daí surgiram no Acre os conceitos ambientais pioneiros que vieram de Chico Mendes, das comunidades de base da Igreja Católica e das lutas democráticas brasileiras.

Surgiu também o movimento indígena, aquele das populações tradicionais da floresta, e assim chegou-se ao **socioambientalismo** ou à **economia verde** como um paradigma.

O nosso território é parecido com um triângulo entre Bolívia, Peru e Brasil. Temos um desafio de integração, mas a rodovia até o oceano Pacífico está completamente concluída, e ele está a uns 1.600 km de nós (depende do lugar que se parte...), enquanto o oceano Atlântico dista 3.800 km do nosso Estado – uma diferença bem significativa, não é?

Até o século XVI, as principais rotas comerciais eram para o oceano Índico, depois o oceano Atlântico tornou-se o mais movimentado, mas o grande anseio, agora, é chegar mais depressa até o oceano Pacífico, e o melhor portal para o Brasil é através do Estado do Acre.

Atualmente, no Acre, vivem cerca de 770 mil habitantes – e nós não queremos ser muito mais populosos, pois o que almejamos é uma melhor qualidade de vida. Mas estamos inseridos numa região na qual, num raio de 1.300 km, vivem mais de 45 milhões de pessoas que compram produtos alimentícios do Canadá, dos EUA e do México.

Depois de mais de 500 anos de convivência, temos, atualmente, uma ponte em Assis Brasil que é a porta de saída do Brasil para o oceano Pacífico, no porto de Matarani, no Peru.

Como exemplo, o Acre poderia exportar para a China desde a sua carne bovina até água mineral, o que permitiria aumentar aqui a empregabilidade e evitar que a renda das pessoas viesse do desmatamento e de outras agressões à natureza.

Existe um projeto de uma rodovia transcontinental, saindo de Macaé, no Estado do Rio de Janeiro, passando por Minas Gerais, Goiás, até chegar ao Acre. Se essa integração rodoviária ocorrer na próxima década, isso seria maravilhoso para o progresso do País, pois muitos produtos do Centro-Sul do Brasil poderiam ser exportados para a Ásia e muita coisa da Amazônia chegaria mais facilmente às diversas regiões brasileiras, desenvolvendo em muito o nosso Estado, que assim cresceria economicamente...

A **luta pela qualidade do serviço público** pode ser vencida, como temos demonstrado aqui no nosso Estado. Hoje, temos uma infraestrutura pública, um desenvolvimento econômico em evolução e queremos apostar na incorporação da atividade industrial vinculada ao modelo de economia verde, o que significa implementar com responsabilidade e com o manejo correto a atividade madeireira, o cultivo de frutas e o plantio de soja, milho, arroz etc., bem como a criação de peixes, suínos e aves.

Conseguimos, finalmente, criar a **primeira zona de exportação do Brasil**, da qual pretendemos exportar alimentos, frutas e peixes para o mercado asiático e também o andino.

Foi com a implantação da zona franca em Manaus que se atenuou muito o desmatamento, pois surgiram oportunidades de emprego na zona industrial, e o mesmo deve acontecer no nosso Estado.

No Acre, temos um grande potencial para vender a carne de peixes como o tambaqui, pirarucu e surubim. Aliás, para incrementar essa indústria, foi inaugurada recentemente a maior indústria de ração para peixes da região amazônica, bem como os frigoríficos para o devido armazenamento dos peixes. O Acre vai se tornar o endereço do peixe de água doce na Amazônia.

Graças à difusão de uma forma de manejo sustentável, a indústria da madeira no Acre está crescendo, e as nossas empresas já estão exportando tacos e pisos para o Reino Unido. Nesse sentido, estamos buscando atrair os britânicos para cá, para que instalem as suas fábricas de móveis aqui.

Em 2012, participamos da feira de Milão (Itália), procurando intercambiar o nosso *design* de madeira amazônica com o *design* italiano (que está muito à frente do nosso...). Para tanto, estamos capacitando dois grupos de jovens do Acre em *design* de madeira italiana.

Estamos realmente entusiasmados com o que já conseguimos, mas acreditamos que podemos alcançar muito mais e, com isso, servir de referência para os outros Estados, principalmente para os da região amazônica."

Vitor Lippi

Vitor Lippi

Vitor Lippi iniciou sua carreira política como vereador (em dois mandatos) na cidade de Mairinque e depois foi secretário de Saúde do município de Sorocaba a partir de 1997. Desenvolveu vários projetos de destaque, o que o habilitou a ser candidato e, tornar-se prefeito da cidade.

O prefeito de Sorocaba (2005 a 2008 – 2009 a 2012), o médico Vitor Lippi, enfatizou: "Sorocaba é uma cidade com cerca de 600 mil habitantes, que fica a 86 km da capital, sendo o principal polo metal-mecânico do País, mas que também é forte nos setores automotivo (muito incrementado com a inauguração da nova fábrica da Toyota, a maior de todas no Brasil), de autopeças, de eletroeletrônicos e de energia eólica.

Temos, assim, uma economia basicamente industrial, Sorocaba influencia, aproximadamente, 30 municípios ao seu redor, nos quais, somados, vivem cerca de 2 milhões de pessoas.

Sou particularmente encantado com o planejamento estratégico (PE), o qual procurei utilizar muito na gestão de Sorocaba nos meus dois mandatos. Usamos o PE dentro de dois modelos internacionais de desenvolvimento urbano: o modelo das **cidades saudáveis** e aquele de **cidades educadoras**.

As cidades saudáveis, ou promotoras da qualidade de vida, são um conceito da Organização Mundial da Saúde (OMS) que surgiu em Quebec, no Canadá, em que se estabeleceram as **diretrizes** que levam a uma cidade sustentável, democrática, justa, promotora de saúde e boa qualidade de vida, e que, obviamente, se alicerçam em PE.

Já o conceito de cidades educadoras, que tem o apoio da Unesco, surgiu há 25 anos, lá em Barcelona (Espanha), e fala do compromisso da cidade com a formação de valores, cidadania, qualidade da educação, da escola aberta, comunitária e cidadã.

Então nós fizemos uma junção dessas diretrizes, e todos os programas prioritários do governo municipal tinham de estar alinhados com as mesmas.

Isso foi muito rico, pois nos permitiu, em cada novo programa da prefeitura, achar novas formas, novas estratégias de a gente atuar de uma maneira mais ampla, mais integral, mais holística, promovendo a inclusão, a participação da comunidade com todas essas diretrizes internacionais.

No início do meu primeiro governo elaboramos, com a participação de uma grande equipe, **166 programas prioritários**!?!?

Ora, quem tem 166 prioridades acaba não tendo nenhuma!!!

Como em Sorocaba temos um bom número de secretarias – 23 no total –, cada uma delas ficou responsável, em média, por **6 programas prioritários,** e para as secretarias com mais funcionários e recursos, como eram os casos da Saúde e Educação, foram designados 15 programas para cada uma.

Inicialmente, foram também capacitados 64 servidores públicos municipais para serem os **gerentes de projeto,** e, para conseguir isso, recorremos ao auxílio de consultores e universidades.

Para executar esses programas houve a necessidade de quebrar certas hierarquias, alguns paradigmas, com o que emergiram diversos conflitos. Entretanto, no final de 2008, 153 programas foram realizados (**92%**), graças à montagem de uma equipe matricial.

A execução desses programas exigiu muito planejamento, e este não existe sem a gestão das pessoas, **pois são elas que fazem tudo**! Por isso, procurou-se desenvolver **uma política de valorização dos nossos servidores**, com o que se criou um plano de cargos e salários, foram desenvolvidos muitos treinamentos, foi criada a Escola do Governo, melhoraram-se as condições de trabalho, surgiu a avaliação de desempenho de cargos em comissão, com o que apareceu um maior **envolvimento** e **motivação** dos servidores municipais.

Em 2012, formaram-se duas turmas do curso de pós-graduação Gerente de Cidade da FAAP, uma capacitação que sonhei oferecer para os servidores, totalmente paga pela prefeitura, desde que comecei minha gestão em 2005. Hoje, temos um prêmio de qualidade; implantamos a gestão à vista (um *balanced scorecard* simplificado), temos um **Banco de Ideias** para coletar as contribuições criativas dos servidores, foram construídos quase 120 km de ciclovias, criaram-se cinco Casas do Cidadão (algo como o Poupatempo estadual); despoluímos o rio Sorocaba e inauguramos mais seis estações de tratamento de esgoto, e a cidade ganhou mais 16 parques nos quais vivem muitos pássaros de diversos tipos.

A partir de 4 de junho de 2012, Sorocaba passou a ter um **parque tecnológico de terceira geração**, no qual, se espera, sejam feitas muitas pesquisas que levem a invenções e inovações.

Não existe nada mais importante que o conhecimento tecnológico, que é o que coloca as nações na dianteira, sendo mais competitivas na produção dos mais variados produtos e oferta de serviços.

Quem almeja ser prefeito (ou um auxiliar direto dele) precisa ter bem claro que estar na vida pública é uma **missão**, é um contínuo processo de procurar resolver os problemas dos munícipes.

Não creio que exista um gestor público mais cobrado que um prefeito!?

Mas ser um prefeito bem avaliado é **extremamente recompensador**, pois parece que **fizemos uma grande diferença na vida de milhares de pessoas.**

E na realização dos seus sonhos, o prefeito acaba concretizando os sonhos de muitas outras pessoas. Às vezes, os sonhos são desafios, como aquele que um munícipe me fez dizendo: 'Prefeito, lá em Itu eles conseguiram, com a ajuda de voluntários, plantar 30 mil árvores em uma hora. Por que Sorocaba não bate esse recorde, já que temos tantos parques?'

Aceitei o desafio e fizemos uma convocação para, em uma área limpa de 3 km de extensão de um parque livre ao longo do rio, plantar 50 mil mudas de árvores. E não é que conseguimos? **Isso em meia hora!** E esse recorde foi quebrado no ano seguinte.

Tudo indica que isso é viável, desde que a população dê o apoio necessário. E isso se consegue quando se cria o sentimento de pertencimento, que é o que existe em Sorocaba: **cidade saudável, cidade educadora, cidade empreendedora!"**

O gargalo para o desenvolvimento do Brasil é a gestão pública!?!?

A falta de uma **gestão pública eficiente** e o **excesso de burocracia** no Brasil são os principais **entraves** que reduzem a **competitividade** do País nos seus vários setores industriais, não permitindo um melhor desenvolvimento da sua infraestrutura.

O grupo Estado, em parceria com a Confederação Nacional da Indústria (CNI), realizou, em 25 de setembro de 2013, o seminário *Gestão Pública e*

Burocracia: Desafios para o Estado Brasileiro, que fez parte da série *Fóruns Estadão Brasil Competitivo*, no qual foi possível registrar a opinião de vários executivos e autoridades no tema da gestão, quando ela foi apontada como o principal elemento que **impede** o País ter uma **maior competitividade**. Entre 2012 e 2013, o Brasil caiu da **48ª posição** para a **56ª** no Relatório Global de Competividade do Fórum Econômico Mundial.

Eis a opinião de José Augusto Fernandes, diretor do CNI: "A economia brasileira tem um péssimo desempenho de produtividade. Temos várias questões para tratar que envolvem a questão da produtividade muito baixa no Brasil, mas a área mais importante na qual necessitamos de ganhos de produtividade é a infraestrutura. Um exemplo típico é a diferença de frete cobrado para Xangai, na China, o qual, aqui no Brasil, chega a ser duas ou até quatro vezes mais caro do que aquele cobrado para se enviar algo dos EUA. Nas pesquisas realizadas pela CNI, podemos constatar que o frete cobrado para Xangai pode ser reduzido em, no mínimo, 25%."

O presidente da Associação Brasileira da Infraestrutura e Indústrias de Base (Abdib), Paulo Godoy, ressaltou: "No País, tem-se adotado uma política de bombeiros, sem querer ir de 8 a 80 – criticar ao extremo ou elogiar demais –, o fato é que não estamos conseguindo enfrentar os nossos problemas de infraestrutura. Nesse sentido, hoje, o **modelo de concessão** não é só o melhor, mas o único para aumentar a eficiência no trato dos recursos em temas que ainda permanecem sob a gestão do Estado. Além disso, o nosso sistema tributário é uma **calamidade**. Todos concordam que é preciso mudar, mas não mexem uma palha. E quando se faz alguma coisa, só piora mais ainda.

É imperiosa a necessidade de desonerar investimentos em infraestrutura, como acontece nos casos de desoneração do Imposto de Renda (IR) para pessoas físicas que aplicam recursos em fundos imobiliários."

Por sua vez, o economista do Instituto de Pesquisa Econômica Aplicada (Ipea), Mansueto Almeida, declarou: "Os recursos obtidos com os tributos são destinados a programas importantes, mas isso não significa que o governo pode gastar de qualquer forma. É preciso definir bem os assuntos ou projetos prioritários, estabelecendo claramente para onde serão destinados os recursos advindos da cobrança de tributos. Mas isso não tem ocorrido exatamente assim nesses últimos 20 anos!!!

Tornar o governo mais eficiente não vai reduzir a nossa alta carga tributária. O nosso grande problema é que precisamos de um **choque de gestão**.

Necessitamos ter regras bem claras para serem seguidas. Ou mudam-se as regras ou seremos sempre apenas um País com grande carga tributária."

Presente ao evento, o presidente da concessionaria Aeroportos Brasil Viracopos S.A., Luiz Alberto Kuster, explicou: "No Brasil, a empresa que ganha uma concessão se depara com um entrave específico: a chamada '**conta 10**', que são os gastos sociais e ambientais. Ou seja, ganha-se a concessão para fazer um aeroporto e, com ela, o compromisso de aumentar leitos nos hospitais e construir creches, por exemplo. Além disso, os investidores que procuram obter as concessões têm de conviver em muita **insegurança jurídica** no ambiente econômico brasileiro.

O investidor teme as mudanças de regras no meio do jogo. Aliás, esse receio ganhou destaque nos últimos meses, quando o governo federal, para cumprir a promessa de reduzir as tarifas de energia – incluídas entre as mais altas do mundo –, **antecipou a renovação das concessões do setor elétrico!?!?**

A fórmula não agradou nem um pouco ao mercado. E, nos últimos dias, as regras para a concessão de rodovias e aeroportos também sofreram mudanças e podem surgir outras até o dia do leilão...

Nós vamos começar a obra da segunda pista do aeroporto de Viracopos no segundo semestre de 2014. Já estamos com o projeto pronto e, agora, buscamos o licenciamento ambiental. A nossa intenção é transformar Viracopos no **maior aeroporto brasileiro**, ultrapassando o de Cumbica, em Guarulhos. No futuro, Viracopos terá quatro pistas. A terceira e a quarta pistas serão projetadas e construídas gradualmente após a conclusão das obras da segunda pista. A construção do novo terminal de passageiros está dentro do prazo, será entregue em maio de 2014. Assim, a capacidade do aeroporto passará a ser de 14 milhões de passageiros por ano. Será um fato inédito no mundo a rapidez da construção dessa obra, na qual estão trabalhando **seis mil homens dia e noite**. Até metade de 2014, os investimentos no aeroporto chegarão a R$ 2,2 bilhões e nos 30 anos de concessão, estão previstos R$ 9,3 bilhões.

Gostaria de elogiar a nossa sócia estatal Infraero, que posso classificar como uma '**grande operadora, que pagava os pecados de ser estatal**' antes da privatização. Porém, se os funcionários da Infraero conseguiam ter bom desempenho, ou seja, navegar com as ferramentas de uma empresa pública, vão poder agora voar com o que têm à sua disposição numa empresa privada. Havendo bons projetos, não falta dinheiro nem para a mobilidade urbana nem para a interurbana. Com bons projetos, existem recursos até para o trem-bala.

O que se necessita é de mais **segurança jurídica** para não haver tantas mudanças, repentinamente, como está ocorrendo agora para a concessão de novos aeroportos, nesse caso os de Confins e o do Galeão. No resto, o que é importante é valer-se também da criatividade no sentido de reestatizar a administração pública, focando-se mais na meritocracia."

No tocante aos problemas do nosso modelo de concessão, é bem importante o que Claudio Adilson Gonçalez, economista e consultor, escreveu no seu artigo *É preciso rever o modelo de concessões* (publicado no *Jornal O Estado de S. Paulo* em 30/9/2013): "De acordo com o Relatório de Competitividade Global 2012/2013, elaborado pelo World Economic Forum, entre os 144 países analisados, ocupávamos a 100ª posição em **ferrovias**; a 123ª em **rodovias**; a 134ª em **aeroportos**; e a 135ª em **portos**!?!?

Nas últimas três décadas, a taxa média de investimento em infraestrutura no Brasil foi de cerca de 2% do nosso PIB. Isso é muito menos do que investem nossos concorrentes no mercado internacional (entre 4% e 8% do PIB) e insuficiente até mesmo para repor a depreciação do estoque de capital já investido no setor.

Dessa maneira, o Programa de Investimento e Logística (PIL) do governo federal é condição necessária (embora não suficiente) para se poder elevar, de forma duradoura, o crescimento econômico do Brasil. O governo quer transferir à iniciativa privada a responsabilidade de projetos de longo prazo, como os de rodovias e ferrovias, mas, na busca quase obsessiva da modicidade tarifária, fixa **tarifas-teto** para as licitações que resultam em taxas de retorno pouco atraentes (em torno de 6,5% a 7,5% ao ano).

Para compensar, oferece fortes financiamentos subsidiados, principalmente com recursos do BNDES (Banco Nacional de Desenvolvimento Econômico e Social), o que eleva para mais que o dobro a taxa de retorno alavancada, ou seja, a remuneração do capital próprio investido no negócio pelo concessionário. Além disso, transfere para o contribuinte riscos inerentes aos empreendimentos, tal como a compra antecipada pela Empresa Brasileira de Ferrovias (EBF) da capacidade total de transporte da ferrovia. Assim, cabe indagar se faz sentido oferecer generosos subsídios às concessões de rodovias e ferrovias.

A teoria econômica nos ensina que devem ser subsidiados os projetos cujo **benefício total** é maior que o benefício privado, em razão da presença de benefícios sociais, ou seja, de **externalidades**. Nesses casos, não é possível incorporar no preço do bem ou serviço o valor total de tais benefícios. Assim, se **não houver subsídio**, haverá **subinvestimento**!!!

Um exemplo claro é o do metrô nos grandes centros urbanos. Pode-se incluir na tarifa o valor do benefício relativo do serviço de transportar o usuário de um determinado ponto a outro, mas não o correspondente à redução da poluição, à queda dos acidentes, à melhora da saúde pública etc., que tal meio de transporte possibilita.

Esse não é o caso de rodovias e ferrovias.

Uma boa logística de transporte é fundamental para se elevar a taxa de crescimento do País, mas isso não significa que haja, nesses empreendimentos, claras externalidades. Além disso, uma vez que os projetos só são viáveis graças aos financiamentos subsidiados e à mitigação dos riscos, há o **temor**, por parte dos eventuais concessionários, de que essas vantagens **não sejam mantidas** por todo o horizonte da concessão!!!

Não por acaso, que apesar de várias revisões recentes nos parâmetros dos projetos feitas pelo governo após ouvir os investidores potenciais, a maior parte das concessões rodoviárias ainda parece pouco atrativa... Dessa maneira, o PIL precisa ser profundamente revisto.

Há uma urgência em melhorar a nossa infraestrutura, mas o custo do eventual fracasso é muito maior do que o decorrente de mais um adiamento das concessões para fazer as devidas correções."

Voltando ao assunto da constante mudança de regras, é que isso evidencia claramente a falta de consistência do governo federal e a ausência de bons gestores, com o que não se concluem os projetos nos prazos.

O diretor associado da Macroplan, José Paulo Silveira, ex-secretário do Planejamento e Investimentos Estratégicos do Ministério do Planejamento e Orçamento do governo Fernando Henrique Cardoso, alertou: "É possível ampliar a implementação de novos princípios na AP brasileira. Devemos por isso retomar a experiência que se obteve na implantação do programa *Brasil em Ação* – uma iniciativa do governo do presidente Fernando Henrique Cardoso lançada em agosto de 1996, cujo objetivo era listar, agregar e gerenciar um pacote de ações e obras do governo federal, em parceria com Estados, municípios e empresas privadas.

Pelo programa, cada projeto tinha seu **gerente responsável**, escolhido **criteriosamente**. Hierarquicamente, acima dele, esse gerente só tinha o ministro e o presidente. Dessa maneira, tornou-se possível agilizar a tomada de decisões e introduzir a rapidez, que é fundamental para mover a máquina pública. Além disso, é vital criar um ambiente que permita descobrir, revelar e potencializar os talentos gerenciais na área pública, bem como definir linhas específicas para destinação dos recursos. É preciso, ainda, carimbar os recursos e fazer a sua liberação de acordo com o andamento das obras. **Se não andou, não recebe!!!**

É importante também que em todos os processos de gestão prevaleça a **transparência.**"

No controle das obras tem grande importância a atuação dos Tribunais de Contas (TCs), em especial o Tribunal de Contas da União (TCU).

O presidente do TCU, ministro Augusto Nardes, numa entrevista para o jornalista Luiz Guilherme Gerbelli (publicado no jornal *O Estado de S. Paulo* em 27/9/2013), disse: "O grande **gargalo** do desenvolvimento brasileiro é a **gestão pública.** Existem algumas instituições com grande dificuldade de entregar um produto para a sociedade, como uma boa **educação** e uma boa **saúde**, por exemplo. Nesse sentido, o TCU está fazendo uma auditoria em conjunto com 33 Tribunais de Contas dos Estados e dos municípios.

Em dezembro de 2012, nós planejamos uma auditoria sobre a questão educacional para mostrar os gargalos da gestão pública brasileira. Para isso, montamos um planejamento em todo o Brasil. Em 2013, estamos focando em educação e no meio ambiente em toda a Amazônia legal.

Todos os anos, o TCU faz uma avaliação das obras públicas mais importantes do País, que é chamada de Fiscobras. Nós apontamos quais são os problemas mais sérios. Assim, o Fiscobras dá um retrato da gestão pública brasileira.

Por exemplo, **53%** das obras analisadas em 2012 revelaram problemas de **falta de um projeto básico** e **não tinham** um **planejamento adequado.** Dos indicadores de obras, **52%** delas têm sobrepreço por causa da falta de um bom projeto-base e, como consequência, os preços sempre estão muito mal planificados.

Hoje em dia, o TCU faz o relatório das obras públicas e envia ao Congresso as indicações das que têm problemas. Agora, vamos fazer anualmente um relatório também sobre a educação, destacando se existe evolução dos indicadores.

Foi por isso que treinamos os tribunais dos Estados e dos municípios para trabalhar conosco. Dessa maneira, vamos ter uma fiscalização não somente das obras, e essa é uma grande evolução do tribunal, de partir para a especialização da gestão pública. Aliás, em breve, o TCU vai assinar um acordo com a Organização para a Cooperação e Desenvolvimento Econômico (OCDE) para aumentar a competência do órgão, isto é, para facilitar a contribuição do TCU e de entidades de fiscalização de diversos países no sentido de fortalecer a boa governança e de promover uma sólida gestão pública por meio de seu trabalho de auditoria e aconselhamento.

A partir desse acordo, serão desenvolvidos estudos que possibilitarão uma análise detalhada das boas práticas internacionais de governança pública, o que permitirá compreender melhor como as entidades superiores podem contribuir para o fortalecimento dos processos de **formulação, implementação, monitoramento** e **avaliação de políticas públicas**. Ao mesmo tempo, esse conjunto de boas práticas pode ser aproveitado mais diretamente pelo Poder Executivo, criando formas para o aprimoramento imediato das condições de governança em torno da ação de governo destinada à sociedade. Assim, tanto o Brasil poderá aproveitar as melhores práticas dos outros participantes como servir de espelho para os demais países em determinada política.

Lamentavelmente, há uma falta de cultura da gestão pública no Brasil por falta de padrões de governança e de planejamento. O planejamento no Brasil não funciona de forma adequada a médio e longo prazo. Infelizmente, os governos, nos três níveis (municipal, estadual e federal), têm um mandato com **muita pressão** e por isso se preocupam muito mais em resolver os problemas do dia a dia.

Nós últimos cinco anos, nós tivemos uma economia de trabalho preventivo de R$ 102 bilhões. Somente com a intervenção nas obras da Copa do Mundo de Futebol de 2014 – sem deixar parar qualquer obra –, fizemos uma economia de R$ 650 milhões.

Hoje, com a estabilidade econômica, já podemos pensar tanto no curto, médio e longo prazos. É por isso que o TCU tem trabalhado no projeto de governança com os três níveis com as auditorias coordenadas. Não é um projeto para curto prazo, é para médio e longo prazo.

Temos procurado **combater os maus gestores.**

Na última eleição – a de 2012 –, entregamos para o Tribunal Superior Eleitoral (TSE) 6,8 mil candidatos condenados que não tiveram as suas contas aprovadas. Esse número é bastante alto, e nele estão incluídos governadores, ministros, parlamentares, senadores, prefeitos. Ou seja, todos os gestores públicos, do Poder Executivo bem como os legisladores do Poder Legislativo.

Muitos prefeitos não estão bem assessorados nem preparados para essa função. Falta-lhes uma cultura de planejamento, e a concentração do poder em Brasília, sem uma discussão de um pacto federativo, nos leva a centralizar muito o poder e, como consequência, isso cria um elo maior de burocracia no País."

O que atrapalha o TCU e os outros tribunais a terem um desempenho melhor ainda é a forte **influência política na composição dos mesmos**. O ponto fraco desses órgãos sempre foi esse, o que levanta suspeitas sobre a isenção e a qualidade técnica das suas decisões, sem falar no comportamento nem sempre impecável de seus integrantes.

Num levantamento feito pelo jornal *O Globo*, concluiu-se que existem muitas ações ou inquéritos penais de que são alvo os vários conselheiros de TC estaduais em todo o País. Aliás, do total de 189 conselheiros desses tribunais, 29 (cerca de 15%) ou estão naquela situação em ações que correm contra eles no Superior Tribunal de Justiça (STJ), ou já têm o seu currículo manchado por condenações de improbidade administrativa!!!

As acusações que pesam sobre eles são as mais variadas e graves possíveis para quem tem a função de avaliar e julgar as contas de Estados e municípios: desvio de recursos dos próprios tribunais, recebimento de propinas para **não fiscalizar** contratos com o devido rigor, peculato e formação de quadrilha.

Em resumo, tudo isso é exatamente o oposto do que deve ser o comportamento de conselheiros de TCs. E não se pode dizer que se trata apenas das tristes e inevitáveis exceções que podem manchar qualquer colegiado – 15% de "ovelhas negras" são uma porcentagem suficientemente alta para comprometer ou, pelo menos, **colocar em dúvida** a reputação de todo o rebanho. A situação é agravada pelo fato de serem poucos os casos em que os tribunais promovem o afastamento cautelar dos que são alvo daquelas ações.

Há uma falta de independência dos conselheiros para julgar as contas de quem os nomeou. É por isso que é muito bem-vinda a proposta de Diogo Ringenberg, presidente da Associação Nacional do Ministério Público de Contas, para alterar a legislação de forma que **80% dos conselheiros sejam escolhidos por sua competência técnica**.

Sem dúvida, deveria ser aprovada essa proposta, não é?

Não se pode dizer que não podemos ter funcionários públicos competentes e talentosos, até porque eles continuam sendo contratados. Aliás, todo o severo **ajuste** do quadro do pessoal ativo do **governo federal realizado** durante os dois mandatos de Fernando Henrique Cardoso (1995-2002) foi bastante desfeito nesses últimos dez anos (mandatos de Luiz Inácio Lula da Silva e de Dilma Rousseff).

Assim, no final de 2012, o número de funcionários públicos federais em atividade já era superior ao que havia no fim de 1994 e continuou o aumentar no decorrer de 2013. Em dezembro de 1994, o quadro de funcionários ativos do Executivo era formado por **964.032 servidores.**

Na busca de maior eficiência da máquina administrativa, ao mesmo tempo em que se procurava reduzir seu custo como parte do ajuste fiscal indispensável ao êxito do plano de estabilização, então em curso – o Plano Real, de julho de 1994 –, o governo federal promoveu uma gradual redução da folha de pessoal. Em dezembro de 2002, no fim do segundo mandato de Fernando Henrique Cardoso, o quadro tinha sido reduzido para **809.075 servidores**.

Esses dados são do Boletim Estatístico de Pessoal publicado pela Secretaria de Gestão Pública do Ministério do Planejamento. Daí para frente, com os novos presidentes, essa tendência se inverteu.

Em dezembro de 2010, por exemplo, no fim do segundo mandato do ex-presidente Luiz Inácio Lula da Silva, o Executivo, em sua folha, tinha 970.605 funcionários ativos, ou seja, 20% mais do que no início sua administração. Esse número continuou a crescer no governo Dilma Rousseff, tendo alcançado 997.661 servidores ativos em dezembro de 2012.

Portanto, de 2002 até 2012, o quadro de pessoal do Executivo cresceu 23,3%. Atualmente, deve ser maior ainda, pois o Orçamento da União em execução previu a contratação de 61.682 novos servidores públicos federais, a maior parte dos quais para o Executivo.

Uma parte do aumento do quadro de servidores foi explicada pelo governo como **necessária** para a recomposição da estrutura de pessoal de áreas essenciais para a atividade pública e para fortalecer as atividades típicas do Estado.

O aumento dos gastos com pessoal também ocorreu nos quadros do Legislativo e do Judiciário em velocidade maior do que a observada no Executivo. Em 1995, os servidores do Legislativo e do Judiciário representavam 8,9% do total e absorviam 10% dos pagamentos totais. Em 2012, eram 11,6% do total e recebeiam 17,7% dos pagamentos totais. O aumento mais rápido de sua fatia no bolo total pago aos servidores indica que, na média, eles ganham mais do que os servidores do Executivo.

Outra distorção no quadro do pessoal do Executivo está na sua distribuição geográfica. Embora tenha deixado de ser a capital do País há mais de meio século, o Estado do Rio de Janeiro, onde vivem 8,4% dos brasileiros, concentra 19% do total de servidores. No Estado de São Paulo, com 21,6% da população brasileira, tem apenas 7,7% dos servidores federais.

Também nas esferas estadual e municipal, com a população aumentando, sente-se que o número de servidores públicos está crescendo, porém, com frequência, eles não estão preparados para exercer funções na AP, principalmente em cargos de gestão. E isso tem uma explicação: o ensino de Administração Pública está em plena evolução no Brasil. Em 2002, apenas três IESs ofereciam cursos de graduação: a Fundação Getulio Vargas de São Paulo, a Universidade Estadual Paulista (UNESP) de Araraquara e a Fundação João Pinheiro, no Estado de Minas Gerais.

O ministro da Educação, Aloizio Mercadante, explicou em 2013: "Hoje, já são 46 graduações presenciais, mais outros 40 cursos de formação de tecnólogos e graduações a distância no recém-denominado campo de Públicas. Aliás, cinco nomenclaturas surgiram nos últimos anos: Administração Pública, Gestão Pública, Gestão de Políticas Públicas, Políticas Públicas e Gestão Social, para as quais existem cerca de 8 mil novas vagas por ano. Além disso, o País conta com 13 programas de pós-graduação, entre acadêmicos e profissionais e um doutorado.

Muitos docentes acreditam que é fundamental afirmar a identidade do campo de Públicas. Existe, inclusive, uma proposta no Conselho Nacional de Educação (CNE) para a aprovação de diretrizes curriculares específicas que, em breve, deve ser julgada."

Nas democracias modernas, bem como em diversos países desenvolvidos, como é o caso dos EUA e até em emergentes como a Argentina, está bastante claro que a **administração pública** é uma **linha de ensino diferente daquela voltado mais para a lógica das empresas**. No Brasil, temos cerca de 2.500 faculdades de Administração, a maioria de IESs privadas, nas quais o ensino está voltado para o livre mercado. Em poucas delas se oferece a opção para a Administração Pública (AP). Mais do que isso, o Conselho Federal de Administração (CFA) e a Associação Nacional dos Cursos de Graduação em Administração (Angrad) entraram com um recurso contra a iniciativa de se ter um conteúdo diferenciado para o campo das Públicas. Essas entidades consideram desnecessária essa mudança, alegando que os cursos de Administração não são exclusivamente para a atuação no meio empresarial. E ainda avaliam que a medida abre possibilidade concreta de divisão da profissão, criando uma outra categoria profissional, no caso a de **administrador público**, interferindo, dessa forma, nos direitos e prerrogativas do administrador, que tem até um dia consagrado para a comemoração do seu **talento e competência profissional** em **9 de setembro**!!!

Mas essa discussão agora terminou com a publicação da Resolução Nº1, pois existe uma clara diferença entre os princípios que guiam a administração no setor privado, geralmente voltado para o lucro, e a administração do setor público, cujo foco é o bem-estar e a qualidade de vida dos cidadãos.

Realmente em 13 de janeiro de 2014, foi publicado pelo presidente da Câmara de Educação Superior do CNE, Gilberto Gonçalves Garcia, a resolução Nº1, que dispõe sobre o curso de graduação em Administração Pública, bacharelado, dentro de um campo multidisciplinar de investigação e atuação profissional voltado ao Estado ao Governo, à Administração Pública e Políticas Públicas, à Gestão Pública, à Gestão Social e à Gestão de Políticas Públicas com carga horária de 3.000 h.

É por isso que a FAAP, tem uma excelente Faculdade de Administração, focada em formar novos empreendedores, em educar competentes sucessores e desenvolver novos talentos em estratégias competitivas para os negócios, mas a Instituição também oferece, há mais de 18 anos, o seu curso de pós-graduação Gerente de Cidade nos seus vários *campi* e também em diversas cidades, formando o **gerente de cidade** (*city manager*, em inglês), ou seja, um competente gestor, apto a ser um excelente secretário municipal, um eficiente diretor de algum órgão da prefeitura ou mesmo se tornar um candidato vencedor para o cargo de prefeito, como já aconteceu com muitos daqueles, depois de terem concluído o curso Gerente de Cidade.

Desde a abertura do seu primeiro curso de Gerente de Cidade, em 1996, um em São Paulo e outro em Ribeirão Preto, a FAAP formou cerca de **5.100 gerentes de cidade** que estão trabalhando de forma eficiente nas prefeituras e nos outros órgãos dos governos estadual e federal, contribuindo para que se tenha uma melhor gestão pública no Brasil!!!

Bem, caro(a) leitor(a) acredito com todos esses sábios depoimentos você está mais que preparado para compreender o cenário que enfrenta a AP, principalmente nas cidades do nosso País, bem como sobre as estratégias adotadas pelos mais representativos prefeitos brasileiros para poder desenvolver uma gestão municipal no mínimo aceitável pela sua eficiência e eficácia.

Será, sem dúvida, muito mais fácil a partir de agora acompanhar todos os outros temas pertinentes a AP.

"

O Estado pode ter duas finalidades:
pode icentivar a felicidade ou
somente querer impedir o mal, aí
incluído o mal dos próprios homens.
Se limitar-se ao último, o Estado
busca somente a segurança, pois sabe
que sem ela não existe liberdade. **"**

Wilhelm von Humboldt,
no seu livro *Os Limites de Ação do Estado*.

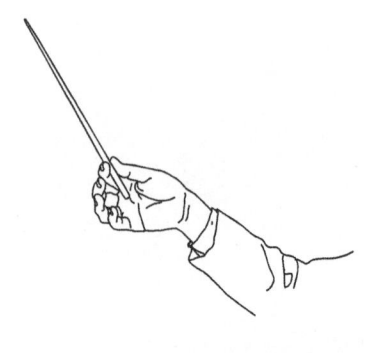

CAPÍTULO 1

Gestor público – sua missão, liderança e transitoriedade

Comportamento do gestor público

O gerente ou gestor público (pode ser o nosso **gerente de cidade**) que vamos chamar simplesmente de **gestor Y** (com uma certa referência às pessoas da geração Y, isto é, aquelas que nasceram entre 1982 e meados de 1994), que tem o hábito de anotar citações, referências, casos de sucesso etc., com certos aprofundamentos críticos e comentários que, de alguma maneira, se constituem em confirmações de flagrante oposição em relação à realidade que ele vive!!!

Dessa maneira, sente-se desafiado no confronto com situações inusitadas e, assim, busca compreensão e *insights* (lampejos ou discernimentos) que possam servir-lhe de pontos de apoio nos seus diálogos, discussões e análises do processo decisório.

Procedendo desta forma, isso lhe permite executar um exame crítico das situações já vividas ou observadas, muitas das quais fogem dos parâmetros esperados e criam novas perspectivas.

Ao tomar essa direção, o gestor Y consegue um alargamento do horizonte de significados para abarcar um espectro maior de sentidos relevantes, levando-o a expectativas de comportamento ainda não plenamente assimiladas.

Um gestor Y, ou seja, um dirigente no setor público pode estar exercendo um cargo de confiança (digamos, ter sido nomeado para dirigir uma secretaria municipal ou algum outro órgão da prefeitura), ou inclusive ser o funcionário concursado que foi galgado a um posto de comando.

"Nenhum gestor público deve sucumbir às solicitações que lhe são feitas pelos diversos setores da sociedade! É vital que saiba manter o equilíbrio e estabelecer prioridades para a aplicação dos recursos públicos."

Qualquer que seja a situação, o seu trabalho acaba tendo forte influência político-partidária do detentor do cargo maior, que foi eleito para um certo mandato (prefeito, governador ou presidente da República).

O gestor Y que pretende ser original, na maioria das vezes, apenas acaba se dando conta que deve agir como porta-voz de estruturas mais amplas (não poucas vezes viciadas) que, em larga escala, determinam e restringem suas ações e suas formas de representação social.

Entretanto, as limitações e determinações de contexto às quais está submetido o gestor Y não vêm somente das estruturas mais amplas, mas também da cultura institucional e do baixo nível de recursos humanos, em especial nas prefeituras das nossas cidades.

Obviamente, quem comanda uma prefeitura tem uma missão, vários objetivos e muitas tarefas a cumprir.

Precisa, porém, trabalhar com pessoas de diversas experiências e diferentes inclinações partidárias (muitas vezes não coincidentes com o partido do prefeito), e modos de ser que são partes da história e do processo institucional vigente na prefeitura por algumas décadas.

Além disso, por limitação de recursos, o prefeito, para poder implementar melhorias, desenvolver o progresso econômico da sua cidade, realizar e cumprir os seus objetivos, depende muito das políticas dos governos estadual e federal.

Há em meio a tudo isso, a consciência de **curto prazo** (quatro anos assegurados e talvez a reeleição para mais um mandato de quatro anos), do **"tempo que corre"** e, por conseguinte, que é um **recurso** muito **escasso**!!!

Um prefeito brasileiro, ao assumir o cargo, enfrenta a síndrome de que **"tudo anda muito devagar"**, que tem muito pouco tempo para realizar o que almeja, e desde o início já fica angustiado com o fato de que dificilmente poderá esperar a continuidade dos seus planos e projetos nas administrações posteriores.

O entrosamento da equipe, a afinação de desejos e competências, o replanejamento à luz de novos pressupostos, a divisão harmoniosa e equilibrada das tarefas, a integração dos que chegam (os novos gestores aos quais se atribuem os cargos de confiança...) com a cultura institucional e as pessoas com *status* que a representam, bem como a análise dos modos de funcionamento existentes, consomem, em geral, o **primeiro ano de trabalho** de uma gestão que se instala numa prefeitura.

Após esta instalação, muito do ânimo inicial fica deteriorado, alguns propósitos são modificados e, na maioria das vezes, os planos ambiciosos iniciais são reduzidos ao que é viável com os recursos disponíveis, sejam **humanos, financeiros** ou **culturais**.

Os **tangíveis** – recursos materiais – ou os **intangíveis** – tendências e princípios dominantes – delimitam e moldam as ações possíveis.

E estas, como se torna óbvio depois, estão sempre aquém dos "**sonhos impossíveis**", daquilo que foi idealizado como sendo as respostas às situações críticas existentes numa cidade (trânsito, educação, saúde pública, segurança dos cidadãos, saneamento básico etc.).

Apesar de tudo isso, das políticas nacionais (e da interferência das globais, como por exemplo, a invasão chinesa nas cidades brasileiras, trazendo, inclusive, trabalhadores chineses para fazer os mais variados serviços nas suas empresas), da força da cultura institucional que bloqueia bastante a ação eficaz do prefeito e da sua equipe de colaboradores diretos, das muitas limitações de recursos disponíveis (comumente com a educação, a saúde e o pagamento dos servidores municipais, **90%** do orçamento municipal acaba ficando comprometido), da redução necessária das ambições de executar mudanças, das múltiplas adaptações para que a administração municipal seja bem-sucedida, o dirigente

"Para você um gestor municipal deve ser alguém que só pense em números? Certamente só isso não basta não é?"

principal, ou seja, o prefeito deve se manter sempre **altivo**, **energizado** e **confiante**, se quiser cumprir sua missão.

Essa inteireza não é tão somente uma questão ética. Ela é absolutamente necessária para manter "**o moral**" do grupo de trabalho como um todo, e suas inter-relações e na potencialidade de sua força em seu compromisso com as transformações que se deseja implementar.

Não é apenas pelo seu discurso que o prefeito e os seus gestores principais são continuamente avaliados, mas, sobretudo por seu modo de agir, por sua postura frente aos problemas, por sua solidez e flexibilidade no enfrentamento dos dilemas cotidianos.

Formação de um gestor municipal

Inicialmente vejamos algumas situações como o enorme montante de impostos cobrados e a dificuldade de se ter bons gestores.

Assim, a Associação Comercial de São Paulo (ACSP) desenvolveu um interessante dispositivo eletrônico denominado de "**impostômetro**", que supostamente mede em tempo real a evolução da arrecadação tributária dos três níveis de governo.

Sucesso de público e de crítica, ele mostra a cada segundo a "mão leve" do governo aliviando o bolso dos cidadãos brasileiros.

Obviamente, a enxurrada de números que chega e enfeita o *display* (visor) do aparelho não representa a **efetiva entrada** nos cofres da União, dos 26 Estados, do Distrito Federal e dos 5.570 municípios.

Nem o próprio governo federal tem uma informação tão rápida e precisa.

Na realidade a apuração efetiva da arrecadação tributária nos três níveis de governo demanda meses de trabalho, após o encerramento de cada ano.

Provavelmente, o **impostômetro** é algo como uma **ampulheta digital** que derrama a cada segundo um grão da estimativa da arrecadação tributária mensal distribuída linearmente pelos **2.592.000** segundos de cada mês.

Não é por isso que se deve achar que o impostômetro seja um **artefato impostor!?!?**

Aliás, essa teatralização do debate tributário tem importante efeito pedagógico e desperta na sociedade a percepção do que o governo **custa caro**.

O economista e consultor em administração tributária Clóvis Panzari escreveu no jornal *O Estado de S. Paulo* (17/12/2012) o artigo *Impostômetro, jurômetro, mensalômetro* no qual relatou: "De acordo com os dados divulgados pela Secretaria do Tesouro Nacional (STN), em 2011, a receita líquida (RL, descontadas as transferências a Estados e municípios) do governo federal, de acordo com a STN, somou R$ 817,9 bilhões. No período, gastaram-se com a Previdência Social R$ 281,4 bilhões (34,4% da RL) e com os juros nominais da dívida pública, outros R$ 180,6 bilhões (22,1% da RL).

Para a saúde e a educação, a União destinou apenas 8,7% e 6,5%, respectivamente, de sua receita líquida.

Esses números assustam: de cada R$ 100 da receita líquida federal, R$ 56,50 esvaem-se pelos improdutivos ralos da Previdência Social e dos juros da dívida pública.

Em 2011, o superávit primário (receitas menos despesas não financeiras) do governo federal, a sua "poupança" para honrar a dívida, foi de R$ 93 bilhões, suficiente apenas para pagar cerca de metade (51,5%) dos juros devidos.

Considerados os três níveis de governo, a receita líquida consolidada alcançou no ano passado R$ 1.578,1 bilhões, tendo a Previdência Social e os juros devorado, respectivamente, 20% e 14,8% daquele total.

Com educação e saúde, os três níveis de governo gastaram apenas 13,8% e 12,3%, respectivamente, da receita líquida agregada. E com segurança pública, para alegria da bandidagem, gastaram-se apenas 3,4% daquele valor.

O superávit primário agregado, exceto o das empresas estatais, foi de R$ 126,2 bilhões, suficiente para pagar **apenas 54%** dos juros nominais do setor público (R$ 233,5 bilhões, desconsiderados os das empresas estatais) em 2011.

O resto virou dívida nova!

O governo entrou no cheque especial para pagar a fatura do cartão de crédito.

Mais importante do que amaldiçoar a carga tributária - **moda do momento** - é preciso fiscalizar e exigir eficiência e decência no gasto público. Aquela é consequência deste, pois o setor público não deve arrecadar menos do que gasta, pois isso acaba significando que vai necessitar emitir dinheiro novo, o que significa inflação adicional, que dói mais do que imposto no bolso do povo.

Ou aumentar a dívida, que exige mais esforço fiscal futuro.

Mais do que clamar por redução de impostos, é preciso que os cidadãos **percebam** que sai de seu bolso cada centavo que o governo gasta e passem a prestar mais atenção na qualidade da despesa pública.

Aliás, o **'jurômetro'**, dispositivo análogo ao 'impostômetro' criado pela Federação das Indústrias do Estado de São Paulo (Fiesp), supostamente mede em tempo real o dinheiro público vazando pelo ralo dos juros.

Seria interessante se fosse possível criar, também, uma espécie de **'mensalômetro'**, que mostrasse em tempo real o dinheiro público esvaindo-se para o esgoto devido ao inchaço da máquina estatal, do superfaturamento das obras públicas, das organizações não governamentais (ONGs) fajutas, do pagamento de propina aos políticos ('mensalões') e de outros malfeitos que cotidianamente nos assombram nas ações governamentais.

Talvez com isso os contribuintes-eleitores passassem a eleger melhores **gestores públicos**, criando-se assim condições para a redução dos impostos com responsabilidade fiscal. Sem cortes de despesa, o clamor pela redução da carga tributária soa pueril, não é?"

Gustavo Fruet elegeu-se em 2012 prefeito de Curitiba e gerou um certo "espanto" quando escolheu os seus secretários.

Isso porque incluiu entre eles o nome da sua irmã, a economista Eleonora Bonato Fruet, para ser a secretária de Finanças e a sua mulher, a jornalista Marcia Oleskovicz Fruet, que assumiu a pasta da Ação Social, área que de fato ficou com as primeiras-damas nas gestões anteriores na capital paranaense.

Esse nepotismo já foi praticado antes pelo ex-governador Roberto Requião e pelo governador em exercício em 2012, Beto Richa. Ambos nomearam mulheres e irmãos para cargos públicos.

Gustavo Fruet explicou: "Já há súmula do Supremo Tribunal Federal (STF) que permite a indicação para secretários, porém, mais do que isso, quero pessoas que tenham **competência** nas áreas que atuam.

Não é fácil encontrar gente capacitada e de confiança para atuar no setor público."

Pois é, essa é uma questão difícil de analisar, ou seja, se é correto ou não indicar parentes para cargos no serviço público.

Um fato é indiscutível: no setor privado empresas familiares funcionam bem, com os principais cargos de uma organização sendo ocupados por integrantes com algum tipo de parentesco.

➡ **Por que isso não pode funcionar bem numa prefeitura?**

Eis uma questão para se refletir melhor, não é?...

O nosso notável economista, ex-ministro e ex-deputado federal Antônio Delfim Netto, sobre a "recomendação" da revista inglesa *The Economist* (7/12/2012) para que a presidenta Dilma Rousseff demitisse o ministro da Fazenda, Guido Mantega, pelo fato de ele não saber gerir a economia brasileira, entravada por um intervencionismo governamental asfixiante que tolhe investimentos, afugenta investidores e que vive em tempos de insegurança jurídica generalizada, comentou: "Sempre admirei a clareza, a relativa imparcialidade e o tom doutoral e provocador da revista. Aliás, ela foi criada em 1843 por James Wilson, com o objetivo fundamental de defender a liberdade de comércio na Inglaterra naquela época.

Não se pode pois ignorar que nesses últimos 169 anos ela sobreviveu e tornou-se a **mais importante revista econômica internacional**, porém isso não garante validade para todas as opiniões e conceitos que emite.

Fez assim um deselegante e injusto ataque ao ministro Guido Mantega fundamentado em premissas a meu ver falsas, inclusive criticando pelo baixo crescimento do PIB brasileiro em 2012.

O baixo crescimento tem pouca coisa a ver com as políticas monetária, fiscal e cambial. Tem mais a ver com uma redução dos investimentos gerada por uma desconfiança exagerada entre o setor privado e o governo.

E fez muito bem a presidenta Dilma Rousseff em fortalecer o ministro no seu cargo."

Sobre esse episódio, em que a revista *The Economist* ressaltou que os índices econômicos do País não vão melhorar se não houver uma alteração na condução do barco, o que significa tirar o atual comandante do navio, que está fazendo com que o barco fique parado, ou seja, a economia brasileira ter um desempenho "moribundo", a presidenta Dilma Rousseff ressaltou: "Embora o crescimento não tenha alcançado os níveis desejados e esperados, a crise não atingiu as áreas mais importantes para o governo que são o **emprego** e o **aumento de renda da população.**

E a prova disso foram os dados divulgados pela Organização Internacional do Trabalho (OIT) em 2012, que mostraram que os salários no Brasil têm crescido a um ritmo **duas vezes maior** que a média mundial durante os anos da crise internacional, apesar de ainda estar distante, em valores absolutos, da renda dos países ricos."

Deve-se recordar que também em 2009 a *The Economist* também errou quando pretendeu antecipar, o que na visão dela, seria uma fase de **bonança** para a economia brasileira, ilustrada com a imagem na capa de um Cristo Redentor (aquela estátua maravilhosa que existe no Rio de Janeiro...) "decolando".

Pois é, naquela ocasião, como com essa sua crítica ao ministro Guido Mantega (que caminha para se tornar o mais longevo ministro da Fazenda) a revista se equivocou...

Assim como o otimismo de 2009 foi exagerado e descabido, o crescimento do Brasil de 2014 em diante não está fadado ao insucesso.

Claro que isso vai depender de uma série de variáveis, entre elas o que seremos capazes de construir e principalmente em gerenciar bem as nossas cidades.

Muito provavelmente a economia **não se expandirá** ao ritmo de 7,5% de 2010. Mas tampouco se restringirá ao 1% previsto para 2012 e em 2013 já foi de 2,3% do PIB.

O futuro é o que virá, e não o que foi. É natural que é preciso melhorar o ambiente competitivo e acelerar os investimentos públicos e privados.

Questões complexas como infraestrutura e logística estão sendo enfrentadas e nos permitirão não só consolidar as conquistas obtidas até aqui, mas também construir um caminho mais sustentável à frente para nosso País.

Para que haja melhoria nas cidades é vital ter respostas para questões do tipo:

➠ Como formar um bom gestor municipal para que ele seja um gerente de cidade?

➠ Como fazer para que um gestor público incorpore as características de inteireza, criatividade e flexibilidade?

➠ Quem ou onde ele pode aprender a decifrar os paradoxos que as vertiginosas mudanças estão a impor a todo o momento?

Na FAAP, os seus gestores educacionais acreditam que atendem parcialmente a essas necessidades e a aquisição dessas competências ao oferecer o seu **curso de pós-graduação Gerente de Cidade** e outros complementares ao tema, como o sofisticado programa Master of Public Administration (MPA), ou seja, o mestrado em Administração Pública (AP).

Nesses cursos, ensina-se, entre outras coisas, que tudo é **provisório** e tudo pode ser **reformulado.**

Uma prefeitura que pretende não só sobreviver, mas evoluir, deve ser sempre um "laboratório de ideias, invenções e testes." Precisa ser uma organização que **não tenha medo de mudar**, não tenha receio de enfrentar as mudanças, mas ao contrário, procure buscá-las e implementá-las desde que isso melhore a vida dos munícipes. Naturalmente ela vai ser mais eficiente e eficaz se tiver funcionários competentes.

Uma **prefeitura vivaz, ousada** e **eficiente** é a que sabe assumir riscos, busca sempre adaptar e introduzir melhorias na sua cidade – ajusta-se e reajusta-se continuamente.

Aqueles que estão à frente da administração municipal devem sempre estar conscientes de que o que foi definido, dito ou defendido ontem, pode estar obsoleto hoje ou num futuro bem próximo.

A reciclagem de concepções e de critérios avaliativos dos seus gestores não se faz apenas em cursos de pós-graduação e aperfeiçoamento, mas também na atividade fervente do dia a dia, no trabalho de solucionar os problemas dos cidadãos.

Dessa maneira, a aprendizagem e a educação – **reaprendizagem** e **reeducação** – são obtidas no burburinho de muitos enfrentamentos com os munícipes, quando, inclusive, são revisados os planos e projetos que fracassaram e abrem-se as perspectivas para arranjos e combinações de ações que levem a novas visões, novos significados para a qualidade de vida dos munícipes.

É aí que se torna vital a mudança da denominação de "**funcionário**" para "**servidor**" público, acentuando, dessa maneira, que ele deve dar uma importância especial ao munícipe, como seu **cliente** e o seu papel de constante preocupação com o morador da cidade.

O **servidor municipal**, em especial, deve descentrar-se de si mesmo, do comportamento de "levar vantagem em tudo", e passar a pensar no seu serviço como sendo um trabalho posto à disposição de interesses e necessidades para além de si mesmo!!!

É isso que constitui um sinal de amadurecimento pessoal e profissional de quem trabalha numa prefeitura, em qualquer cargo e/ou nível.

É só deste modo que o trabalhador do serviço público torna-se "servidor", ou seja, a serviço da coletividade, do público ou públicos para os quais volta sua energia de trabalho.

Está difícil acreditar que um dia a maioria dos servidores públicos será assim, não é? Muita gente está ainda pessimista...

O técnico de futebol Luiz Felipe Scolari, o Felipão, que levou o Brasil a conquista da Copa do Mundo de 2002, disputada conjuntamente no Japão e Coreia do Sul, ao ser indicado novamente para dirigir a seleção brasileira para a Copa do Mundo de 2014 que será disputada no Brasil, ao fazer suas declarações no dia 29/11/2012 fez um "**sincerocídio**", pois afirmou: "Temos a obrigação de ganhar a Copa que vai ser realizada no nosso País.

E todo jogador convocado deve saber dessa pressão.

Se alguém não quiser pressão, que vá trabalhar no Banco do Brasil (BB), sente lá num escritório com ar-condicionado e não faça nada!"

Pois é, nesse mundo politicamente correto, houve uma enxurrada de protestos, isso porque Felipão cometeu o **pecado da generalização**.

Ele **carimbou** todos os funcionários do BB como **preguiçosos**.

Aí Felipão precisou telefonar para a direção do BB e pedir desculpas, as quais o banco achou satisfatórias para eliminar o mal-estar criado.

Bem, o articulista do jornal *Folha de S.Paulo*, Fernando Rodrigues, aproveitou sabiamente o que disse Felipão e escreveu o artigo *A Sabedoria de Felipão* (1/12/2012), ressaltando: "Alguma coisa está errada quando alguém não pode vocalizar um sentimento generalizado na sociedade. Basta ir à praça da República, em São Paulo, ou à Cinelândia, no Rio, e perguntar aos pedestres se concordam com o '**axioma de Felipão**' (não vale incluir na enquete funcionários do BB). A imensa maioria concordará.

Se de um lado é óbvio que existem bons funcionários no BB, é também inegável a condição privilegiada que eles têm na sociedade. Por exemplo, acesso a aposentadoria quase integral e a um plano de saúde dos sonhos, entre outros benefícios inalcançáveis para milhões de brasileiros.

Um funcionário que ingressa solteiro no BB pagará a vida inteira 3% de seu salário para ter acesso ao plano de saúde do banco, não importando se casar e agregar meia dúzia de filhos ou enteados desfrutando dessa facilidade.

Quem é funcionário do BB pode afirmar que vive num capitalismo sem risco elevado à máxima potência!

Quem paga a grande conta dos funcionários do BB é o restante da sociedade brasileira.

Em vez de apenas se indignar, o Banco do Brasil e seus funcionários deveriam se perguntar: por que tantos brasileiros têm uma visão parecida com a de Felipão e não estão satisfeitos com os serviços oferecidos pelos que trabalham na instituição financeira?

Não é só senso comum e preconceito. Trata-se de uma situação que emula a desigualdade social no País. Muitos estão se incomodando cada vez mais com isso. **E têm toda razão!"**

Aliás, no Brasil, de um modo geral, a qualidade dos serviços públicos prestados aos cidadãos precisa melhorar muito.

Nesse sentido, fica bastante estranho quando o próprio governo quer esconder o "sol com a peneira" divulgando inclusive que eles são bons!?!?

Valores e crenças

É fundamental para todo aquele que **luta pela qualidade na gestão pública**, que conheça os elementos que constituem a cultura organizacional, e entre eles destacam-se os **valores**.

Todos têm dúvidas sobre o conceito de valor, e as questões que normalmente devem ser respondidas são do tipo:

"Tenho a crença (apesar da minha ideia diabólica...) que todos vão apreciar essas pedras se colocá-las no meu jardim!?!?!

⇒ O que são **valores**?

⇒ Como são definidos?

⇒ Eles atendem a que tipo de funções?

⇒ Por que os **valores** devem ser conservados?

⇒ Por que os **valores** devem ser mudados?

⇒ Como os **valores** são construídos (ou elaborados) nas organizações (prefeituras)?

As respostas a estas perguntas podem ser dadas de uma forma conjunta, dizendo que **valores** são as crenças e os conceitos básicos numa organização (prefeitura).

Eles se transformam em princípios de comportamento. Ao mesmo tempo, eles constituem o coração de uma cultura e determinam o sucesso em termos concretos, por servidores (funcionários), estabelecendo os padrões que devem ser atingidos por uma prefeitura (organização).

"Será que conversando pausadamente a gente chega a alinhar os nossos valores e nossas crenças?"

Os gestores municipais que almejam desenvolver um trabalho de qualidade, precisam falar abertamente sobre os valores e não tolerar nenhum tipo de desvio dos mesmos por parte de qualquer servidor municipal.

Eles deviam estar muito atentos a esses "desvios", que sinalizam discrepâncias, que exigem ações imediatas que as eliminem.

São os valores que representam a essência da filosofia de uma prefeitura para que haja nela uma administração bem-sucedida, visto que eles fornecem um senso de direção comum para todos que trabalham nela, ou seja, constituem um guia para o seu bom comportamento diário.

Os valores e as crenças de uma prefeitura salientam quais questões devem ser observadas com mais atenção e indicam o seu nível de prioridade.

Embora as prefeituras tendam a "personalizar" seus valores, pode-se constatar que algumas delas guardam características comuns como:

⇒ A importância dada ao munícipe cliente, não o encarando como um simples contribuinte, um paciente ou um aluno genérico na escola municipal.

⇒ Padrão de desempenho dos diversos setores da prefeitura.

⇒ Importância na evolução da motivação "intrínseca" de todos os servidores municipais.

⇒ Busca constante da inovação e da melhoria da qualidade dos produtos e serviços oferecidos pela prefeitura aos seus munícipes.

Quanto maior for a aderência dos servidores municipais aos valores estabelecidos por uma prefeitura, mais forte será o poder de penetração dos outros elementos culturais baseados neles em toda a instituição.

As **crenças** existentes numa prefeitura podem também ser entendidas como as suas "verdades", como a que "melhor atende os munícipes", "que têm gestores criativos e flexíveis", "seus servidores tratam todos os seus moradores com muita cortesia e presteza" etc.

Ritos, rituais e cerimônias

Os ritos, rituais e cerimônias são exemplos de atividades planejadas que têm como resultados práticos uma coesão e uma tangibilidade bem maior na cultura organizacional.

Não seria interessante você, gestor Y, na sua prefeitura, criar um **ritual** chamado "**café do despertar de ideias**" ou o "**almoço da amizade e colaboração perenes**", realizado semanalmente (ou mensalmente) com a presença do pre-

"Você acha que esse gesto do genial Albert Einstein é para tornar rídiculo qualquer cerimônia, ritual ou mito?"

feito, dos seus assessores, a sua própria e de alguns convidados (inclusive dos níveis hierárquicos mais baixos da prefeitura e vários munícipes)?

Para quem cria um ritual desses, deve parecer muito importante que as pessoas de diversos setores e moradores da cidade se conheçam um pouco melhor, e tenham um contato mais íntimo com a figura mais **importante na luta pela qualidade de vida na cidade**, o seu **prefeito**.

Os rituais e as cerimônias desempenham um papel muito importante, visto que:

⇒ comunicam claramente de que forma os servidores municipais devem se comportar no seu trabalho na prefeitura e quais são os padrões de decoro aceitáveis;

⇒ orientam para a forma correta de se proceder;

⇒ fixam as normas e a forma como as pessoas podem comportar-se e até "divertir-se" no seu trabalho;

⇒ encorajam a aproximação das pessoas, diminuindo conflitos e estabelecendo novos valores e visões;

⇒ exercem uma influência visível e penetrante em todos os servidores municipais.

As cerimônias devem ser destacadas como eventos extraordinários, aos quais as luzes da prefeitura precisam sempre emprestar seu brilho.

Com os ritos consegue-se também a redução dos conflitos, uma melhor integração, um reforço para o engajamento de todos os servidores municipais com a missão da prefeitura: **atender com qualidade as demandas dos seus munícipes**!!!

Histórias e mitos

Deve-se entender como **histórias** as narrativas baseadas em eventos notáveis ocorridos na prefeitura (organização) que reforçam e enaltecem o comportamento tomado, bem como enfatizam como o mesmo se ajusta ao atual ambiente organizacional.

"Você acredita nas histórias de que a coruja é um pássaro de mau agouro?"

Os **mitos** dizem respeito a histórias com os valores da prefeitura (organização) que, entretanto, podem não ser sustentados por fatos comprovados!?!?

As histórias têm algumas funções, e dessa forma servem como **mapas orientadores**, pois auxiliam os servidores municipais (funcionários) da prefeitura (organização) a saber como as coisas são feitas por um determinado órgão (setor), ou como **símbolos**, dando conta de eventos ou ainda como *scripts* (roteiros), explicando de forma ilustrada como os servidores (funcionários) da prefeitura (organização) devem agir, quais devem ser as suas atitudes aceitáveis e, principalmente, o que eles podem esperar que a instituição faça por eles no futuro...

As características gerais das histórias são as seguintes:

"Esse tipo de 'bicoca' é perigoso pois a saliva é um bom transmissor de vírus. Mito ou verdade?"

⇒ Elas são **concretas**, pois descrevem pessoas particulares, ações específicas, além de fornecer descrições a respeito de uma certa época da cidade ou do município.

⇒ Elas são do **conhecimento comum** dos mais diversos grupos de pessoas vinculadas com a prefeitura.

⇒ Os servidores municipais **acreditam** nas histórias e, assim, elas se tornam conhecimento comum.

⇒ Elas são uma espécie de contrato social na prefeitura, uma vez que são comumente relacionadas com a forma de agir e com a maneira como esse **comportamento** é **tratado**, **recompensado** ou **punido**.

⇒ Elas são **impregnadas de valores**, como normas comportamentais e têm muita força porque, fazendo parte do inconsciente coletivo, reavivam e legitimam esperanças e aspirações.

Tabus e o que é proibido

Os tabus colocam em evidência o aspecto da cultura à qual está vinculado o servidor público sempre com ênfase no **não permitido**.

Portanto, o seu papel é o de orientar o comportamento demarcando áreas de proibições e, portanto, estabelecendo os limites e os contornos do que é **possível**, **aceit**ável e **desejável**.

Às vezes, pode-se pensar em tabus como "rituais que não funcionam".

Quem luta pela qualidade, que implica em se ter uma gestão eficiente e eficaz, e percebe que na prefeitura existem tabus, precisa pensar no impensável para poder fugir deles...

"Com essa pose de Marilyn Monroe, eternizada no filme *O Pecado Mora ao Lado*, quebrou-se algum tabu de algo que é proibido de se ver?"

Heróis e o que se almeja com eles

Os **heróis** personificam valores e condensam a força de uma prefeitura (organização), como foi o caso do prefeito de Nova York, Rudolph Giuliani, que realmente teve uma atuação incrível ao cuidar de todos os problemas após os atentados dos aviões terroristas que mataram milhares de pessoas no desmoronamento das duas torres do World Trade Center, em 11 de setembro de 2001.

Os heróis do serviço público, como por exemplo, os integrantes do corpo de bombeiros, cristalizam os valores que estão dispersos no tecido organizacional.

De fato, os heróis, no fundo, são aquelas pessoas que fazem aquilo que todos almejam e que, entretanto, têm medo de tentar, ou não estão preparadas para executar o seu trabalho de forma extremamente destacada.

Os heróis são as pessoas que têm visão, fazem o seu próprio tempo, apreciam cerimônias, experimentam novas fórmulas e processos, buscam sempre novas alternativas para solucionar os problemas de maneira mais eficiente etc.

São alavancadores de mudanças e precursores de um novo tempo que virá.

Nesse sentido, tornam-se heróis porque anunciam o futuro desejado, ainda que de forma tênue ou esmaecida.

São os heróis humanos (natos ou criados) que tornam o sucesso alcançável e humano, fornecem modelos, simbolizam a prefeitura (organização) a qual pertencem, para o resto do mundo, difundem a imagem de algo especial que ela possui, estabelecem os padrões de desempenho e motivam intensamente todos os servidores (funcionários) que trabalham na mesma.

"Você acha que com o seu 'jeitinho' brasileiro alguns malandros podem se transformar em heróis?"

Normas e delimitações

Toda cultura tem maneiras de fazer as coisas, ou seja, as **normas** que influenciam seus integrantes no tocante ao comportamento esperado, aceito ou apoiado pelo grupo, esteja tal comportamento fixado formalmente ou não.

Dessa forma, a **norma** é o comportamento permitido, por meio do qual as pessoas são recompensadas ou punidas, promovidas ou encostadas, confrontadas ou encorajadas, exoneradas (despedidas) ou colocadas no ostracismo quando violam a mesma.

As normas são definidas e repassadas por intermédio de sistemas formais de comunicação, bem como por meio de heróis, dos ritos e rituais, das histórias, dos mitos etc.

As normas dão a estrutura na qual é lícito o funcionamento da prefeitura (organização).

Quando as normas não são claras, ou bem entendidas, surgem comportamentos "desestruturados" que clamam evidentemente pela redefinição das próprias normas.

Se a cultura pode ser entendida como um aprendizado coletivo ou compartilhado, que uma prefeitura (organização) desenvolve para fazer frente ao ambiente externo e lidar com as

"Para ultrapassar e sobreviver aos desafios de administrar uma cidade no século XXI não basta ter uma vara comprida viu?!?!"

suas questões internas, é também verdade que ela pode ser descrita pelas suas histórias e mitos, pelo seu simbolismo, cerimônias e rituais, pelo seu sistema de valores e normas de comportamento e pelo seu sistema de linguagem e as suas metáforas.

O que se espera de um prefeito, servidor público, é que na sua luta pela qualidade busque sempre instalar o *status* de uma **prefeitura com cultura excelente!!!**

E por incrível que pareça, a cultura excelente **pode** e **deve ser planejada!!!**

Nas prefeituras, nas quais se têm uma cultura excelente, as suas estruturas e os servidores municipais que nelas trabalham têm o senso correto de missão, as tarefas e os planos que devem executar, e sabem o porquê e onde estão querendo chegar!!!

Eles sentem-se parte de uma grande equipe devotada a oferecer o melhor atendimento aos munícipes.

Nessas prefeituras dá-se grande importância ao **planejamento**, que está relacionado com os procedimentos, padrões de operações e desempenho, bem como com a avaliação de cumprimento das metas estabelecidas.

Infelizmente, existem ainda muitas prefeituras no Brasil que possuem uma **cultura vaga**, ou, na melhor das hipóteses, **indistinta**.

O pior de tudo são aquelas prefeituras que estão voltadas para propostas idealistas, inatingíveis nas atuais circunstâncias e em constante mudança da equipe dirigente, e nas quais não há definição do rumo que se deve seguir.

Tal cultura pode ser percebida por meio do comportamento do prefeito (que não pode ser reeleito ou que se desiludiu com a vida pública) e da sua equipe de colaboradores diretos, que não procuram mais introduzir melhorias em vários setores da prefeitura, mas ao contrário, ficam inertes, aproveitando-se, os seus integrantes, apenas das funções e cargos que desempenham!!!

Nesse tipo de prefeitura, o clima é geralmente muito desagradável e frustrante.

Ter uma cultura excelente numa prefeitura é sem dúvida uma grande vantagem competitiva (por exemplo, ela torna-se um polo de atração de novos investimentos, pois os empreendedores acreditam que terão mais segurança para os seus negócios numa cidade com esse atributo) e isso facilita promover o desenvolvimento de todo o município.

Para se ter uma cultura excelente é preciso atender três condições:

1ª) A cultura precisa ser **valorativa**, ou seja, deve possibilitar à prefeitura conseguir realizar muitas obras e ações que incrementem a qualidade dos serviços que ela oferece aos munícipes, lhe permita reduzir os custos, isto é, possa ser feito **"mais com menos"** e tornem-se tangíveis os benefícios sociais dos projetos implementados.

2ª) A cultura deve ser **rara**, ou seja, precisa apresentar atributos e características que não sejam comuns àquelas vigentes na maioria das outras prefeituras.

3ª) Essa cultura possa ser **replicada** ou **imitável**, apenas de modo **imperfeito**, ou seja, para que as outras prefeituras não consigam copiá-la com facilidade e dessa forma precisem trabalhar muito até chegarem à sua própria cultura excelente!!!

Mudando a estrutura

A AP não pode vencer por si mesma os vícios que historicamente a corrompem.

Nessas condições – de extremo **corporativismo**, de funcionários estáveis, admitidos mais pelo jogo político de influências do que por sua qualificação profissional, portanto mal preparados, geralmente recebendo salários inadequados e sem perspectivas de realização humana e profissional –, a AP é caudatária de estruturas sociopolíticas que **deseja, mas não consegue mudar de forma eficaz!!!**

Por outro lado, as mudanças impostas pela modernização, com a grande evolução das TICs que têm permitido a instalação do chamado *e-government* (governo eletrônico), juntamente com as conjunturas

"Infelizmente, não é nada fácil mudar a estrutura de trabalho no serviço público no qual em muitas situações, parece que temos gestores como os dois remadores acima."

econômicas adversas – crises econômicas de caráter mundial – têm levado e incentivado o corpo de funcionários públicos dos mais diversos órgãos e nos vários níveis governamentais a ficarem muito inquietos e insatisfeitos. Assim, muitas vezes, eles não encontram outra solução que não seja a de rebelar-se através de greves e paralisações, das quais, em geral não saem nem com a reposição salarial pleiteada, nem com a consciência clara do inter-relacionamento das variáveis políticas, sociais e econômicas.

Além disso, vive-se uma crise geral do Estado, que busca sua redefinição a partir da Constituição de 1988 que, sem dúvida, introduziu vários avanços, mas não dimensionou os instrumentos necessários para alavancar o progresso almejado, em especial com os poucos recursos destinados diretamente aos municípios.

Uma redefinição do Estado supõe uma reformulação da AP, mas esta parece intocável, fazendo surgir paradoxos e impasses e exigindo os mais variados "malabarismos" administrativos (por exemplo, o interesse e até a necessidade do prefeito ter um certo domínio sobre a Câmara dos Vereadores da sua cidade) no afã de preservar ou cumprir alguns aspectos legais que já deveriam ter sido modificados...

É preciso, portanto, montar novas estruturas administrativas – **uma delas é a introdução do cargo de gerente de cidade** – compatíveis com as novas propostas sociopolíticas que aos poucos vão sendo introduzidas no dinamismo social.

Esta reinvenção do serviço público, em particular do municipal, de conformidade com as tendências históricas que vão pouco a pouco se consolidando, passa necessariamente pela reafirmação de uma **administração democrática** e cada vez mais **transparente**.

Isso significa, sem dúvida, a prática de uma **gestão participativa** (analisada no Capítulo 2), em sua essência, voltada para os cidadãos, ou seja, para os **munícipes**!!!

É, pois, essencial o bom gerenciamento da **"coisa pública"**, através do compartilhamento de responsabilidades, por meio do diálogo, do debate e do questionamento pelas várias instâncias que contribuem para o desenvolvimento eficaz das instituições públicas (por exemplo, o bom funcionamento de uma escola ou de um hospital público.)

Isso implica a aceitação de paradoxos e contradições, controvérsias e ambiguidades, sabendo delas extrair o seu papel positivo em toda mudança que se quer promover, ou uma crise que se deseja debelar.

Ao mesmo tempo, torna-se imprescindível ter também uma consciência lúcida em relação às mudanças do macrocontexto, que produzem imperativos sociopolíticos e econômicos que, nessa segunda década do século XXI, são determinadas, em larga escala, pelos efeitos da globalização e do surgimento de novas potências econômicas.

Esse é o caso da China, que está invadindo todos os países com os seus produtos e com isso causa a **desindustrialização** em outras nações, que não conseguem ser competitivas e, como consequência, fecham as suas indústrias, desaparecem os empregos e as cidades onde elas estavam instaladas, passam por graves problemas econômicos...

Por conseguinte, impõe-se uma política bem mais ousada de formação pessoal, tanto no **pré-serviço** (a educação formal, e no Brasil deveriam incrementar substancialmente a oferta de escolas técnicas), quanto **em serviço** (treinamento e educação continuada para elevar a produtividade do empregado brasileiro que atualmente chega a ser **cinco vezes menor** que a de um trabalhador da Alemanha ou dos EUA), a fim de que o País possa enfrentar e vencer os desafios contra as nações desenvolvidas e as emergentes.

Obviamente esses esforços não podem esvair-se nas malhas da burocracia, do legalismo, dos privilégios e benesses, e do puro **formalismo administrativo** que não considera as questões em sua complexidade, mas que a tudo busca **enquadrar em fórmulas**, na maioria das vezes **arcaicas** e **superadas**.

Deve-se acreditar cada vez mais que o desenvolvimento da economia brasileira e em especial das suas cidades, onde vive a maior parte da sua população, requer **mais** do que a **mobilização de um saber concebido de modo puramente funcional**.

É preciso ter um grande contingente de pessoas na prefeitura com competência técnica, poder político, inteligência espiritual e qualidades morais.

Naturalmente, a aplicação eficaz do poder técnico – algo que deve possuir o gerente de cidade ou o gestor municipal eficaz –, no sentido amplo, conecta-se com uma mentalidade específica de trabalho, perseverança, seriedade, iniciativa, valorização da qualidade, responsividade às necessidades dos munícipes etc., e tudo isso naturalmente acaba trazendo grandes avanços na cidade que tem esse tipo de governo.

Para se ter esse tipo de governo, é vital uma mudança de mentalidade, voltada para uma **racionalidade** mais **refinada** e **globalizante**, em que cada prefeito entenda que para superar os vários obstáculos que a urbanização crescente está criando, é vital que ele esteja cercado por secretários municipais competentes (e não apenas figuras de destaque de partidos que o apoiaram na sua eleição) e um grupo de gestores com conhecimento de AP municipal, podendo ser chamados de "**gerentes de cidade**".

Não se pode ter talentos humanos sem que um sistema educacional de qualidade os capacite previamente e possa cultivá-los e desenvolvê-los ao longo dos anos de escolaridade.

E um dos paradoxos do atual desenvolvimento brasileiro é o fato de que, enquanto os serviços se tornam cada vez mais exigentes (basta ler o Código do Consumidor) e o discurso da **competitividade** e da **eficácia** se alarga, o sistema educacional brasileiro continua mergulhado em sérios problemas, com os nossos estudantes sendo promovidos sem ter a capacidade de entender os textos que leem ou de realizar operações aritméticas, além de se classificarem nos **últimos lugares** em todos os testes de avaliação do rendimento escolar respeitados.

É tão sério o atual descompasso entre os anseios por melhor educação e a sua realidade, que os cursos de licenciatura (grau universitário que dá o direito de exercer o magistério do segundo segmento do ensino fundamental e do ensino médio) ou estão fechando por falta de candidatos, ou então precisam oferecer bolsas de estudo e diversos incentivos para atrair alunos.

É evidente que a carreira do magistério – **ser professor** – não mais atrai e nem corresponde às aspirações de jovens aptos.

Diferentemente que na Finlândia, Coreia do Sul, EUA etc., onde a carreira de professor continua bem valorizada (inclusive daquele que vai trabalhar com a alfabetização das crianças...), no Brasil isso não acontece e em especial em disciplinas como Biologia, Química, Física, Matemática, nas quais há uma carência enorme de professores, o que significa que também não temos muitas chances de ter talentos nessas matérias, pois não há quem os estimule a aprofundar-se nas mesmas...

É aí, ou seja, na questão a competência do professor e do *status* que lhe assegura a sociedade, que qualquer reforma educacional terá que se apoiar necessariamente.

Não é o "talento humano isolado" que precisamos no Brasil!?!?

Longe deve estar a ideia de **"ilhas de modernidade"**, às vezes representadas por uma única pessoa que domina determinado conhecimento ou técnica.

Ao contrário, o que se deve buscar é nivelar por cima.

No caso particular de uma prefeitura, o objetivo deve ser que todos os servidores em quaisquer escalões da hierarquia tenham plena consciência que precisam renovar, reinventar e até de criar novas modos de pensar e sentir suas funções e executar as ações cotidianas e sociais.

A cultura numa prefeitura é produzida e se institui num "caldo de cultura" provocado por muitas faces do poder constituído, ou seja, a AP com suas características que, por sua vez, refletem os modos de ser, pensar, sentir e agir da cultura maior, isto é, da sociedade como um todo.

Temos na nossa cultura brasileira o insidioso hábito do **"mais ou menos"**, em outas palavras, um certo gosto pela falta de precisão e vivemos numa época em que muitas coisas são medidas e executadas com bastante exatidão (desde a nanotecnologia até a cronometragem de recordes de atletismo ou de natação).

Ainda estamos submetidos a uma cultura que trabalha com muitas aproximações, arredondamentos e padrões de desempenho minimamente satisfatórios, sem qualquer ambição de qualidade, quando se tornam aceitáveis, na tradicional escala de 0 a 10, que um enorme percentual de alunos num teste nacional fique abaixo do **nível 5**!?!?

Entretanto e infelizmente, não se muda a cultura de um dia para outro, extirpando vícios e comportamentos patriarcais que temos dede que aqui chegaram os portugueses...

Estruturas dinossáuricas

Na luta pela qualidade não se deve ter **prefeitos com cérebro de dinossauro,** ou seja, aqueles que mantêm estruturas gigantescas, pois é aí que está um grande contingente de seus eleitores e onde eles podem fazer muitos "favores", que lhes garantam uma futura reeleição ou a volta ao poder após um "descanso" de quatro anos...

"Não esqueça que os dinossauros eram enormes, pouco flexíveis e por isso desapareceram..."

A prefeitura que se quer comandando a cidade é a **excelente** e nela precisam estar gestores inteligentes que não tenham reações irracionais e nem sejam afetados pela **síndrome do dinossauro.**

Pense no dinossauro. Não era de fato uma obra-prima de concepção!?!?

⇒ **Como é que um cérebro do tamanho de uma noz podia controlar um corpo do tamanho de um caminhão grande?**

Todo dinossauro nascia adequadamente programado. Sabia tudo que precisava saber: demarcar um terreno, lidar com o perigo, ter prestígio no meio da manada, encontrar uma companheira...

Os dinossauros morreram há 65 milhões de anos (!?!?), porém ainda estão conosco – não apenas nos museus, estampados nas camisetas, descritos nas revistas e livros, exibidos em vídeos e filmes – mas, principalmente, à frente de inúmeras prefeituras do Brasil e no comando de muitas empresas estatais e privadas!!!

Os corpos dos dinossauros podem ter desaparecido, entretanto "seus cérebros", por inteiro e com os mesmos instintos, continuam presentes em muitos funcionários, em postos de comando na AP brasileira.

⇒ **E como se comportava um dinossauro?**

Mais do que qualquer outra coisa, os répteis **não sabem esperar**!!!

Os gestores públicos (em especial os prefeitos) que tiverem um cérebro de dinossauro são sempre aqueles que estão resolvendo probleminhas imediatos e jamais acham tempo para um **planejamento a longo prazo.**

Seus sistemas de respostas funcionam de maneira bem repentina e agressiva, muitas vezes confundindo-os e arrumando-lhes sintomas de estresse, tais como úlceras, dores de cabeça, indisposições estomacais, insônia e às vezes abuso do álcool e a manutenção do inútil vício de fumar ou até recorrer a outros tipos de drogas.

Quem tem cérebro de dinossauro tem a inclinação de ver o mundo como estando sempre sob ameaças em potencial.

Durante um dia típico no local de trabalho de um "**gestor dinossáurico**", qualquer coisa que possa lhe fazer mal, ou talvez para os outros, ativa todos os seus alarmes com sinais de perigo.

Nossos cérebros de dinossauro (você acha que o seu não é?) engendram **regras** de proteção contra qualquer tipo de ridículo e os perigos para o nosso amor próprio. Entre essas regras destacam-se as seguintes:

⇒ **Seja perfeito!**

⇒ **Seja cuidadoso, pois os outros sempre estão querendo pegá-lo no pulo!**

⇒ **Não confie em ninguém que ocupe posição hierárquica superior à sua!**

⇒ **Nunca diga que está errado.**

⇒ **Seja recalcado e, sempre que possível, desforre-se!!!**

⇒ **Esteja alerta e defenda-se sempre!!!**

⇒ **Proteja-se!**

⇒ **Esconda seu rabo de palha e fique sempre de costas para as paredes.**

O cérebro de dinossauro está sempre dizendo para fazermos a coisa mais fácil e menos assustadora primeiro, ou para darmos um jeito e cuidarmos daquilo que estiver fazendo mais barulho.

Na luta pela qualidade, eficiência e eficácia na AP, precisamos ter um cérebro um pouco mais eficaz que o cérebro de dinossauro, não é?

Assim, quando o seu cérebro de dinossauro lhe sugere que determinada alternativa é a correta e você percebe que ela é a mais simplória, diga: **"Afaste-se de mim, satanás!"** e **ignore-a!!!**

O cérebro de dinossauro baseia-se nas seguintes crenças:

1ª) Só existe um tipo de supremacia social e é necessário ser persistente, competitivo e agressivo para subir nessa "escada".

2ª) Os serviços (negócios) e a gestão nas prefeituras (organizações) são uma luta perene.

Quem cai pelo caminho (por exemplo, sofre um *impeachment*, ou seja, uma cassação) mostra que não tinha "qualidades" para sobreviver e por isso não vai fazer falta.

3ª) A sua única regra é: **"Só os fortes merecem sobreviver!!!"**

4ª) Todo conflito é uma luta pelo poder. Nenhum campo é irrisório para ele aparecer.

5ª) Os dinossauros não comandam apenas o espetáculo, são os próprios donos do mesmo. Estabelecem regras para os subalternos (nem pensar neles como colaboradores...), porém eles mesmos estão sempre acima das leis!!!

Imagine o cérebro humano como um sanduíche em evolução: um córtex (centro do pensamento e da lógica) empilhado no topo de um cérebro de dinossauro (**reptiliano**) controlado pelos instintos e comandado pelas emoções, com uma camada que se chama **sistema límbico**.

O cérebro de dinossauro é a uma fonte de instruções que nos leva a lidar com instintos e emoções tão antigas quanto o próprio dinossauro (!?!?) ou seja, **agressão** e **raiva**, **acasalamento** e **atração sexual**, **territorialidade** e **medo**, **hierarquia social** e **lealdade**.

O córtex é a parte do cérebro que nos faz **humanos**. É a área onde ocorrem o pensamento, a associação de ideias, o raciocínio lógico.

Quando o cérebro de dinossauro atrapalha o pensamento prático, racional e organizado, o resultado que se consegue assemelha-se à tentativa de argumentar com um lagarto.

O lagarto faz a mesma coisa, do mesmo jeito, até que o **seu hábito se transforma no único modo de fazê-lo!!!**

O córtex permite refletir que:

1º) A **agressividade irracional** não é o único modo de agir.

2º) A **competitividade descontrolada** e **agressiva** dentro de uma prefeitura acaba se tornando muito dispendiosa e maléfica, em termos de alienação dos servidores, da falta de controle dos serviços oferecidos e da energia desperdiçada em ações e obras inúteis ou sem muita serventia para os munícipes.

O **planejamento** a longo prazo é um conceito incompatível com o cérebro de dinossauro, que está sempre mais preocupado com a próxima refeição ou a ameaça que vem a seguir (falta de dinheiro para pagar o 13º salário dos servidores municipais...).

Entretanto, ignorar o planejamento a longo prazo na AP é o mesmo que escolher o caminho da extinção.

Claro que, para mudar o padrão vigente de gestão municipal de viver de **"uma crise para outra"** e injetar a cultura de planejamento a longo prazo, é necessário criar um forte estímulo cortical na cabeça de um prefeito!!!

Na realidade, ninguém conhece o futuro, mas mesmo assim, é necessário aprender a **"criá-lo"** e saber lidar com ele...

As duas funções principais de um planejamento a longo prazo são estabelecer algumas metas e objetivos necessários para que todos numa prefeitura saibam para onde estão caminhando e desenvolver uma estrutura flexível, capaz de reagir com consistência, coerência e de modo cooperativo nas crises e nas mudanças.

Eficiência e eficácia

Depois desse sucinto relato sobre o cérebro de dinossauro e as estruturas dinossáuricas que temos em muitas prefeituras e os mais diversos órgãos da AP, convém dar alguns detalhes da nossa (in)**eficiência** e (in)**eficácia**.

Já disse há muito tempo o ex-presidente dos EUA, John F. Kennedy: **"Tentar fazer o governo trabalhar é como pregar botão em torta de queijo!"**

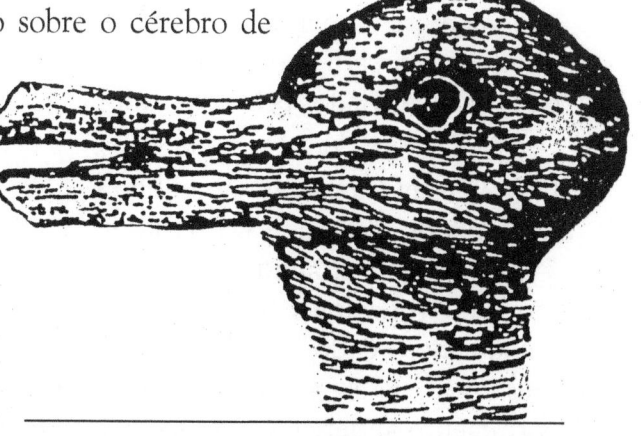

"Um pato ou um coelho? Como o seu cérebro não é de dinossauro aprenda que em AP vai ser preciso lidar com ambiguidade..."

Essa afirmação tem uma grande confirmação, por exemplo, no nosso Poder Legislativo.

Assim, a **falta de produtividade** do nosso Congresso é preocupante, e ele de certa forma é um "retrato" e talvez até seja o "perfil" da média da produtividade nacional na AP.

Embora os parlamentares costumem gastar algum tempo em projetos relevantes para o País, o número dos **votados** é **minúsculo** em relação aos **apresentados**!?!?

A Câmara dos Deputados tem atualmente 513 deputados federais, cada um contando com o apoio de um bom número de funcionários.

É natural que apesar de todas as proibições constem nesse quadro de servidores muitos parentes ou "amigos" antigos dos deputados.

O Senado é constituído por 81 senadores que são atendidos também por milhares de funcionários que trabalham na gráfica, no setor de processamento de informações, no restaurante etc.

Ambos, o Senado e a Câmara, custam muito para o governo federal e

nesses últimos anos, o que mais a sociedade tem visto são cassações de senadores e deputados federais envolvidos em **atos de corrupção**, a realização de CPIs (comissões parlamentares do inquérito); e no final de 2012, o processo do "mensalão", que chegou ao STF e incriminou vários parlamentares e políticos por compra de votos, para apoiarem os projetos de lei enviados pelo governo.

Nas Câmaras dos Deputados dos Estados e em particular nas milhares Câmaras de Vereadores a situação é mais calamitosa ainda, com centenas de vereadores no País todo, anualmente sendo destituídos dos seus cargos (e até presos) por comportamento antiético e em especial, por ações que foram prejudiciais aos municípios e aos recursos públicos

"Como proceder para ter servidores públicos eficientes e eficazes? Uma das condições é que não queiram empurrar o seu trabalho com a barriga e a outra é que sejam leais ao serviço público."

(provenientes das taxas e impostos pagos pelos moradores das cidades).

Assim, os brasileiros **pessimistas** e **desmotivados** acham que se esperarmos por um Congresso perfeito, ou pela ação eficaz das Câmaras nos Estados e nos municípios, para a elaboração e aprovação de leis justas e adequadas, dificilmente veremos esses tempos chegarem...

Apesar desse estado de insatisfação e de desânimo, ele deve ser transitório e precisamos acreditar que é através da AP eficaz que conseguiremos vencer a luta pela melhor qualidade de vida dos brasileiros!!!

Vejamos algo espetacular que ocorreu há mais ou menos duas décadas no Brasil...

Oscar Wilde de uma forma sagaz disse: **"Único é aquele indivíduo que sabe o preço de tudo e não sabe o valor de nada!!!"**

Pois é, isso serviu durante muito tempo para os brasileiros – é verdade que ao contrário – que podiam até saber o valor de tudo, porém não sabiam direito o preço de nada!!!

Sim, é isto que ocorre nos países que vivem numa economia na qual existe inflação e o Brasil conviveu muito tempo com ela, e bem alta, quando proliferaram o **imediatismo**, o **oportunismo** e a **corrupção**.

A permanência da inflação, ou seja, a ausência de uma unidade de valor estável na sociedade é o pior inimigo para a **consolidação da democracia** e para o **crescimento econômico real** de um país.

A inflação atinge o **padrão ético** de toda a sociedade.

Um país onde as pessoas não sabem quanto vale realmente o dinheiro que possuem, acaba tendo **comprometidas as regras morais** mais fundamentais de convivência humana.

A confiabilidade, a verdade, a pontualidade, a honestidade e a integridade, acabam sendo minadas pela **falta de estabilidade da economia**.

Não há forma mais sutil e segura de destruir os alicerces de uma sociedade do que a **desmoralização da sua moeda**.

A honestidade pública e privada tendem a se deteriorar na atmosfera de cassino engendrado pela inflação alta.

A inflação, tal qual os brasileiros conheceram no período de 1970 a 1994 corrompeu muito e distorceu a base da sociedade, em especial com as empresas oferecendo serviços ao governo por preços exorbitantes (para escapar da perda de valor provocado pela inflação) e este pagando por eles com grande atraso, costume que provocou também a fixação de valores elevados demais, ou seja, um **círculo vicioso**, que de forma alguma privilegiou a eficiência, a eficácia e a qualidade.

A inflação vigente no Brasil nesse período, praticamente destruiu dois fatores essenciais da produção que são o **trabalho** e a **poupança**.

Além disso, a inflação corroeu a ética no seu **duplo papel** de fator de **coesão social** e de **produção**!!!

Hoje, graças ao Plano Real, não vivemos mais na alta inflação que já assolou o nosso País.

Imagine, porém, o leitor, o que aconteceria com a nossa sociedade atual se repentinamente as unidades básicas de medida, como a duração de tempo – uma hora –, a extensão medida com o metro ou ainda o volume com o litro, passassem a estar sujeitos à manipulação estatal e fossem variando aleatoriamente a cada mês.

Em pouco tempo, ninguém mais saberia quanto exatamente se gastou para fazer algo (tempo), nem quanto se construiu de uma estrada (extensão), ou ainda qual volume de água (litros ou metros cúbicos) se consumiu.

Claro que nessa situação, os conflitos e as oportunidades de um "**ganho esperto**" se multiplicariam significativamente...

É obvio que nesse estado de coisas todos passariam a se sentir logrados e fraudados, e por isso naturalmente se tornariam mais propensos a lograr e fraudar os demais.

Destacaria-se muito a arte de sofismar, ou seja, apareceria uma razão entre várias "não razões", mas a unidade básica da medida do trabalho e do seu valor que deveria ser o real (o cruzeiro no passado não tão longínquo) deixaria também de cumprir sua função...

Quando existe a **inflação**, rompe-se a regra moral básica sobre a qual se erguem as relações de mercado.

Numa economia de mercado, o critério de sucesso econômico é a capacidade de o indivíduo ou uma organização produzir bens e/ou serviços para os quais existem compradores dispostos a pagar, com seu próprio trabalho, pelo menos o que custa produzi-los.

O custo de produção inclui obviamente um lucro normal que é a remuneração do capital utilizado na produção de um bem.

As atividades econômicas são avaliadas, portanto, de acordo com um critério impessoal de reconhecimento social, por parte dos consumidores, do valor dos bens e serviços produzidos.

Quando um país vive na inflação, o poder de compra da sua moeda flutua de forma errática de um mês para outro (principalmente por causa do governo, que não podendo pagar as suas dívidas imprime cada vez mais dinheiro...) e no caso do Brasil, isso ocorreu em uma grande sucessão de planos de estabilização econômica fracassados.

Tivemos o cruzeiro, o cruzeiro novo, o cruzado, o cruzado novo etc., e em cada um deles foi preciso cortar muitos zeros para dar um novo *status* ao nosso dinheiro.

O resultado foi um verdadeiro hospício econômico com a escalada do império do ganho ilícito e a decomposição moral do Estado e da sociedade.

Nesse período foi muito difícil de pensar em ter uma AP voltada para a eficiência, eficácia e a qualidade.

Finalmente, em 1994, graças a uma iniciativa do presidente Itamar Franco, foi implantado o Plano Real.

Foi algo **inimaginável** que o País um dia teria uma **moeda estável** e que as pessoas se voltassem para ter lucros e ganhos com o seu trabalho, e não com a aplicação do seu dinheiro nos bancos, para viver dos altos juros que eles pagavam, ou então desapareceriam aqueles que se tornavam "ricos" por não pagar as suas dívidas nas datas corretas, protelando-as, e com isso prejudicando muito aqueles que tinham dinheiro a receber, pois quando este era pago estava sensivelmente desvalorizado.

Um resumo sobre o Plano Real

O Plano Real foi um programa brasileiro cujo objetivo era o de alcançar uma estabilização monetária e a prevenção de diversas reformas econômicas, que foi iniciado oficialmente em 27 de fevereiro de 1994, com a publicação da Medida Provisória nº 434 no *Diário Oficial da União* (DOU).

Tal Medida Provisória (MP) instituiu a Unidade Real de Valor (URV), estabeleceu regras de conversão e uso de valores monetários, iniciou a desindexação da economia e determinou o lançamento de uma nova moeda, o **real**.

O programa foi a **mais ampla medida econômica** já realizada no Brasil e tinha como **finalidade principal** o controle da hiperinflação que assolava o País.

Utilizaram-se, assim, diversos instrumentos econômicos e políticos para a redução da inflação que chegou a **46,58%** ao mês, em junho de 1994, época do lançamento da nova moeda.

A idealização do projeto, a elaboração das medidas do governo e a execução das reformas econômica e monetária

"**Antes do Plano Real o alto custo do dinheiro e a impressionante inflação afetava diariamente não só a AP como também todas as empresas nacionais.**"

contaram com a contribuição de vários economistas, como Edmar Bacha, André Lara Resende, Gustavo Franco, Clovis Carvalho, Pedro Malan, Persio Arida, Rubens Ricupero e Winston Fritsch, reunidos pelo então ministro da Fazenda, Fernando Henrique Cardoso.

O presidente do Brasil nessa época era Itamar Franco, que autorizou que os trabalhos se desenvolvessem de maneira irrestrita e na máxima extensão necessária para o pleno êxito do plano, o que tornou o ministro da Fazenda, Fernando Henrique Cardoso, no **homem mais forte** e **poderoso** do seu governo, vindo a ser o candidato natural à sucessão.

Em 30 de março de 1994, Rubens Ricupero assumiu o Ministério da Fazenda para substituir Fernando Henrique Cardoso que deixou o governo para se candidatar à Presidência da República.

Em 30 de junho de 1994, Rubens Ricupero encaminhou ao presidente Itamar Franco a exposição de motivos para a implantação do Plano Real.

E, assim, em 1º de julho de 1994, houve a culminância do **programa de estabilização**, com o lançamento da nova moeda, o **real** (R$).

Toda a base monetária brasileira foi trocada de acordo com a **paridade** legalmente estabelecida, o cruzeiro real CR$ 2.750,00 para cada R$ 1,00.

Desde 1942 foram feitas muitas reformas das quais nasceram seis novas moedas, a saber (Tabela 1.1):

ANO	MÊS	MOEDA	SÍMBOLO	EQUIVALÊNCIA
1942	Out	Cruzeiro	Cr$	Rs 1$000 (um mil réis)
1967	Fev	Cruzeiro novo	NCr$	Cr$ 1.000,00 (um mil cruzeiros)
1970	Mai	Cruzeiro	Cr$	NCr$ 1,0 (um cruzeiro novo)
1986	Fev	Cruzado	Cz$	Cr$ 1.000,00 (um mil cruzeiros)
1989	Jan	Cruzado novo	NCz$	Cz$ 1.000,00 (um mil cruzados)
1990	Mar	Cruzeiro	Cr$	NCz$ 1,00 (um cruzado novo)
1993	Ago	Cruzeiro real	CR$	Cr$ 1.000,00 (um mil cruzeiros)
1994	Jul	Real	R$	CR$ 2.750,00 (dois mil setecentos e cinquenta cruzeiros reais)

FONTE: Banco Central

Tabela 1.1 - Mudanças no padrão monetário brasileiro

A inflação acumulada de 1967 até 1994 foi de aproximadamente **1.142.332.741.811.850%**, ou seja, mais de 1,1 quatrilhão por cento!?!?

O Plano Real mostrou-se nos meses e anos seguintes o plano de estabilização econômica mais eficaz da história, reduzindo a inflação (objetivo principal), ampliando o poder de compra da população e remodelando os setores econômicos nacionais.

O Plano Real, para sobreviver, precisou enfrentar três grandes crises econômicas mundiais: a provocada pelo México (1995), a asiática (1997-1998) e a da Rússia (1998).

Em todas essas ocasiões, o Brasil foi afetado diretamente, pois estava em reformas e necessitava de recursos, investimentos e financiamentos estrangeiros.

Grandes somas de dinheiro deixaram o Brasil em cada um desses momentos devido ao medo que os grandes investidores tinham com os mercados emergentes.

Ao menor indício de crise em qualquer um desses países, uma massa de investidores corria para buscar refúgio nas moedas fortes, como o dólar norte-americano, a libra esterlina da Grã-Bretanha ou o euro de muitos países da Europa.

Outros aproveitavam esses movimentos para especular fortemente contra as moedas emergentes, na intenção de obter grandes lucros em um curto espaço de tempo, esvaziando as reservas em moeda estrangeira dessas nações. Isso contaminou negativamente as contas de diversos países, causando um **efeito cascata globalizado.**

Como essas crises deixaram o Brasil sem meios de financiar seu **plano de estabilização**, o governo, fragilizado, viu-se obrigado a aumentar a taxa básica de juros para remunerar melhor esses capitais, numa tentativa de impedi-los de abandonar o País.

Claro que o objetivo era evitar um *default* (inadimplência, ou seja, insolvência do devedor), isto é, uma quebra generalizada que empurrasse o Brasil a uma moratória externa.

Dessa maneira, a taxa de juros do Brasil chegou a **45% ao ano**, em março de 1999.

Como consequência, houve um maior endividamento público, mais cortes de gastos públicos, retração de alguns setores da economia e desemprego.

Naturalmente aconteceram outras crises menores, que apesar de não prejudicarem tanto o processo de controle da inflação do Brasil, que já estava consolidado, trouxeram efeitos negativos na taxa de crescimento econômico, como foi a crise na Argentina (2001); a crise nos EUA devido aos ataques terroristas de 11 de setembro de 2001; e a crise do "apagão" (falta de energia elétrica em 2001 no País), que ajudaram a derrubar a taxa anualizada de crescimento do PIB, pois também forçaram o aumento da taxa de juros interna. A crise do "apagão" teve causa ligada diretamente ao Plano Real, uma vez que o plano trouxe a ampliação do poder de compra da população, aumento da produção, dos empregos e do consumo (tudo isso gerou um maior consumo de energia), somados ao plano dos investimentos públicos nos setores estatais de energia (como parte do corte de gastos para executar eficazmente o programa de estabilização econômica).

Claro que depois vieram outras crises econômicas, principalmente a que abalou seriamente os EUA (a partir de agosto de 2008) e se espalhou pelo mundo todo, persistindo até agora em muitos países da União Europeia (UE), mas a nossa estabilidade monetária não foi abalada e a prosperidade do País continua, apesar das taxas de crescimento estarem relativamente baixas (em 2013 ela foi apenas de 2,3%...).

Entre 1994 e 2013, período em que o Brasil conseguiu manter o controle da inflação e garantir uma estabilidade econômica, muitos governantes e políticos se elegeram e se reelegeram por causa da eficácia do Plano Real.

Entretanto, ainda restam muitos obstáculos, considerados verdadeiros "entulhos", principalmente no momento em que o País está atravessando um dos períodos mais críticos dos últimos anos (necessidade de uma queda bem significativa dos juros, diminuição do Custo Brasil, redução de impostos etc.)

Infelizmente, parece que o governo federal não tem uma estratégia de longo prazo e suas ações são caracterizadas por medidas paliativas, tentando "apagar incêndios com mangueiras que não alcançam o fogo".

E as medidas que se percebem são aquelas voltadas para incrementar o PIB e aquelas para viabilizar a construção de estádios de futebol, aeroportos e infraestrutura para facilitar a mobilidade urbana, em especial nas cidades que sediarão os jogos da Copa do Mundo de Futebol de 2014.

Vinte anos depois da criação de uma moeda forte – o **real** – o Brasil **venceu a batalha da estabilização**, mas o crescimento ainda não decolou como deveria.

Com o descarte de 12 dígitos na moeda nacional em quatro reformas monetárias (três dígitos em cada uma delas), o País se tornou praticamente um caso único no mundo, ou seja, viveu num descalabro, desde a hiperinflação alemã nos anos 1920.

O saudoso jornalista Joelmir Beting (1936-2012), naquela manhã de sexta-feira, 1º de julho de 1994, a morte do cruzeiro real e a chegada da nova moeda real, assim se manifestou: "Aqui jaz a moeda que acumulou de julho de 1965 a junho de 1994, uma inflação de 1,1 quatrilhão por cento.

Sim, inflação de 16 dígitos, em três décadas."

Foi o primeiro passo de um País que quase sucumbiu na luta contra o dragão inflacionário.

Era o fim de um longo período de remarcação diária de preços, de corrida aos supermercados no primeiro dia de pagamento, de aplicações financeiras no *overnight* (da noite par ao dia).

A hiperinflação concentrava a riqueza no Brasil e roubava poder de compra da população, principalmente da mais carente.

Ela impedia que o Brasil se organizasse economicamente e fizesse um planejamento de longo prazo.

O real, naquele momento, representava um fio de esperança de um **futuro promissor**.

Luiza Helena Trajano, presidente do Magazine Luiza comentou: "Vinte anos depois, os progressos no País são evidentes.

Não dá para pensar como seria o Brasil se o Plano Real não tivesse sido implementado.

O Brasil se tornou a sétima maior economia do mundo (ou a oitava), dependendo da taxa de câmbio usada no cálculo e incorporou pelo menos 40 milhões de pessoas à classe média e ao consumo.

Temos hoje praticamente o pleno emprego, algo que nunca aconteceu no País."

Sem dúvida o Plano Real fez o País respirar e criar asas para voar numa velocidade ainda maior.

Gustavo Franco, que foi um dos pioneiros na criação do Plano Real, ele que entrou junto com Fernando Henrique Cardoso no Ministério da Fazenda, em 1993.

Ficou na posição de secretário-adjunto até outubro, quando passou para o Banco Central (BC) no cargo de diretor de assuntos internacionais.

Esse foi o momento em que o Pedro Malan assumiu a presidência do BC e mais ou menos nessa época o Pérsio Arida assumiu o BNDES e aí as conversas sobre o plano de estabilização da moeda brasileira esquentaram.

Explicou Gustavo Franco: "O Plano Real apresentou um grande diferencial de todos os outros planos de estabilização tentados antes.

Em primeiro lugar, atacou-se a **infecção** e não a **febre**.

O Plano Real tinha muitos dos truques de desindexação que os outros planos já tinham trabalhado, mas fizemos melhor que eles, aproveitando o conhecimento acumulado.

A diferença importante era a de que, pela primeira vez, se reconhecia que a **inflação brasileira não era inercial**, que nós tínhamos um problema e que iríamos atacá-lo.

Precisávamos fazer diversas reformas.

O caos fiscal em que o Brasil vivia requeria como solução que se avançasse em uma porção de reformas.

Arrumar a vida financeira dos Estados e da União, promover a privatização de empresas, implementar a **LRF**, todas essas coisas eram reformas de abrangência mais ampla, mas fundamentais para que se tivesse uma vida fiscal responsável.

Isso porque a moeda nada mais é que a expressão do **crédito público** e ele precisava ser reformado e reconstruído quase do zero.

O papel do câmbio foi muito importante, talvez mesmo essencial, porque os efeitos das reformas que afetariam o equilíbrio fiscal iam demorar.

Não iríamos resolver todos os problemas fiscais do Brasil em pouco tempo.

Tivemos a vantagem de ter uma situação externa muito favorável, de tal sorte que o câmbio flutuou no começo de 1994 e se valorizou, coisa que ninguém imaginava que poderia acontecer.

Mas foi o mercado que fez isso, não foi nenhum artificialismo."

O presidente Itamar Franco gostava de dizer que o embaixador Rubens Ricupero foi o **sacerdote** do Plano Real.

Sua breve passagem pelo ministério da Fazenda, em 1994, não o impediu de cumprir a missão que lhe foi incumbida: convencer a população e até setores do governo que resistiam colocar em prática a ideia de que o Plano Real seria agora eficaz.

A habilidade de comunicação, adquirida nos tempos em que foi diplomata do Itamaraty, ajudou-o a fazer a **opinião pública aceitar** que daquela vez, ao contrário do que ocorrera com o Cruzado e com o Plano Collor, **daria certo agora!!!**

O embaixador Rubens Ricupero, que atualmente é o diretor da Faculdade de Economia da FAAP, numa entrevista para a revista *Isto É Dinheiro* (1/1/2014) afirmou: "O êxito do Plano Real deve-se principalmente à decisão da equipe econômica do governo não ter agido na calada da noite e nem se procurou pegar a população desprevenida, como aconteceu com as fracassadas experiências anteriores.

No meu período, no Ministério da Fazenda, as principais realizações foram a **preparação** e o **lançamento da moeda**.

Algo muito importante foi a fixação da data do lançamento do Plano.

Quando assumi o Ministério, havia muita divisão na equipe sobre a data ideal.

Alguns queriam esperar mais um tempo, porque achavam que o País não estava preparado do ponto de vista orçamentário.

Fixei junto com o presidente Itamar Franco a data de **1º de julho de 1994**.

Muitas pessoas tinham medo desse novo plano. Havia um grupo que tinha vindo do Plano Cruzado, que achava que faltavam muitas condições básicas, sobretudo de equilíbrio financeiro.

Mas, naquele momento, nós tínhamos de levar em conta que o prazo estava apertado, pois haveria eleições em seguida.

As condições políticas existiam só naquele momento.

Na realidade o meu papel para a consolidação do Plano Real foi de um intermediário entre o presidente Itamar Franco e a equipe econômica.

Itamar Franco precisava da equipe e a equipe, do Itamar.

Mas eles não tinham muita afinidade.

O presidente tinha tendências mais nacionalistas, quase comunistas.

E a equipe achava que o plano poderia em vista disso se perder, transformar-se numa tendência populista.

O meu papel foi o de impedir que eles se chocassem.

Porém, a adesão psicológica da população foi enorme e isso foi de fundamental importância para o sucesso do Plano.

Essa foi a tarefa que mais me dediquei: melhorar ao máximo a comunicação do Plano junto à opinião pública.

Os aspectos técnicos ficaram com a própria equipe que concebeu o Plano Real.

Provavelmente por isso que o presidente Itamar Franco disse ser eu o '**sacerdote do Plano Real**'.

De fato fiz uma pregação pública intensa do que era o Plano Real e nesse sentido acredito que a afirmação dele foi correta.

Não quero dizer com isso que eu tenho sido, nem de longe, a pessoa mais importante.

Mas tive essa missão da comunicação com o público."

A escolha dos dirigentes e o processo democrático!!!

Os cargos de direção, mesmo quando com nomes indicados após as eleições, ou para cargo de confiança que são de livre escolha das autoridades superiores, são temporários, uma condição *sine qua non* (imprescindível) dos regimes democráticos, uma vez que os governantes também se renovam, ou seja, **substituem-se periodicamente**.

Isto, no entanto, não significa que as escolhas, as transmissões de cargos, o processo de democratização do poder constituído se faça sem dificuldades e montantes variados de decepção e sofrimento dos líderes e dos seus **seguidores** (*followers*).

O processo necessário na AP é oriundo de marchas e contramarchas, com flagrantes distâncias entre o **desejado** e o **real**, entre as intenções e as ações, no jogo de políticas que raramente se desenvolvem no nível de transparência que apregoam.

"Que competências você examina quando vota em um candidato para um cargo público (por exemplo, para prefeito)?"

No Brasil, ainda se continua confundindo a **administração transparente** com a **administração que traz parentes...**

Depois da chegada desses "**conhecidos**" consanguíneos, começa um terrível alpinismo administrativo, onde todo mundo está pendurado em todo mundo e quando um balança todos podem cair ou, pelo menos, quando um cai todos balançam de forma perigosa...

As "agendas ocultas" são mais intensas do que aquilo que transparece e há evidentes choques entre os que saem e os que entram, entre **antecessores** e **sucessores**.

Tudo isso, em geral, obedecendo a rituais de elegância e cortesia que mascaram sentimentos de perda, de frustração e, por contraste, de euforia, autopromoção e perspectivas esperançosas.

Os grupos que permanecem numa prefeitura (ou em algum órgão público), como um corpo estável de funcionários assistindo aos rituais de mudança, com seus discursos empolgados, têm um verdadeiro cansaço, uma desconfiança e descrença que decorrem da sensação do "**já vi este filme**" muitas vezes.

Não acreditam mais nas promessas dos novos dirigentes, criticam suas propostas inovadoras e ficam nostálgicos em relação a muitos projetos que serão interrompidos ou reformulados.

Eles sabem que detêm um "**saber**" institucional que os novos dirigentes terão que adquirir ou aprender em curto prazo (em especial os prefeitos novos, isto é, eleitos pela primeira vez).

As dissonâncias serão inevitáveis e de nada adianta rotulá-las de "resistências a mudanças".

Numa prefeitura, a cada quatro anos (ou até em intervalos de tempo menores), as pessoas que ocupam os cargos de confiança são mudadas drasticamente, e em muitos casos os que eram chefes viram subordinados e vice-versa, dependendo do partido ao qual pertencem ou apoiam!?!?

Na realidade, a gente devia usar cada vez menos a palavra **subordinado**, pois a mesma tem uma conotação de inferior, de dependência e submissão.

Naturalmente isso não vale para todos, pois existem aqueles que com variadas **artimanhas**, conseguem ficar nos mesmos postos, atravessando incólumes todas as mudanças de governo, sobranceiros em suas hegemonias de *status* e poder.

Realmente, no caso dos gerentes de cidade, que são especialistas em AP, isso deveria acontecer, desde que estivessem desenvolvendo um trabalho eficaz e se adequassem às diretrizes e projetos do novo prefeito, explicando-lhe corretamente todos os outros projetos e obras que estivessem em desenvolvimento na cidade que foram iniciados na gestão do prefeito antecessor.

Não se pode esquecer nunca do seguinte pensamento de um político "**anônimo**": "Há pessoas que pensam que são donos dos cargos. Não entendem que eles pertencem ao partido. Que se o partido sair vitorioso nas eleições e conquistar o poder, tem direito de dispor dos cargos, para aqueles que, por sua militância, o ajudaram a ganhar a eleição."

Nas prefeituras (e outros setores do governo) existem pessoas que se perpetuam nos cargos fazendo **o jogo do partido no poder**, mesmo quando os partidos que se sucedem são ideologicamente adversários (!?!?), mas há também aqueles que, tendo as condições de militância e adesão ao partido e sua ideologia, ainda assim, entram em "**rota de colisão**" incompatibilizando-se, para o exercício das funções de gestor, devido às posições tomadas.

Desse modo, em particular, as trocas dos secretários municipais em meio a um mandato de um prefeito são **frequentes**.

Embora elas sejam feitas visando sempre ao melhor ou, em última análise, à manutenção da probidade, essas modificações são geralmente traumáticas e defraudadoras de planos, projetos, propostas, estilo de trabalho e intenções de alcançar metas e objetivos.

São essas mudanças que produzem **descontinuidades** e **rupturas**, não só para o incumbente principal, mas também para outros tantos servidores que ocupam cargos de confiança e assessoria.

Aliás, em certos períodos, como foi no primeiro ano do mandato da presidenta Dilma Rousseff, isto é, em 2011, as cadeiras ministeriais pareciam **poltronas ejetáveis**, com vários ministros sendo trocados em poucos meses.

E o mesmo costuma ocorrer nos cargos de confiança nos governos estadual e municipal.

Nas prefeituras brasileiras, não apenas o prefeito, mas também o partido (ou a coligação de partidos) que o elegeu acabam estabelecendo as regras e critérios da sua equipe, ou seja, a escolha dos gestores nos escalões mais altos, além das novas contratações...

A condição necessária deveria ser o respaldo e legitimidade para ocupar o cargo, em função do renome profissional adquirido ao longo da prestação de serviços naquela área do conhecimento ou da sua prática profissional. Esta, no entanto, é condição **necessária, mas não suficiente**!!!

Claro que as características sociais (prestígio no grupo, ou em relação à pessoa que escolhe, posições ideológicas assumidas no passado etc.) e de personalidade (honestidade, habilidade no relacionamento humano e tolerância para posições divergentes) são comumente levadas em consideração.

Além das regras para a escolha, mais ou menos conhecidas, alardeia-se, na maioria das vezes, a competência profissional como o maior "trunfo" para legitimar sua escolha, principalmente frente à opinião pública.

É o que se quer denotar quando os políticos em posições executivas dizem: "O nosso partido tem quadros bem qualificados" ou "O primeiro critério para a escolha dos ocupantes dos postos-chave numa prefeitura é a sua competência profissional", além obviamente da sua filiação partidária...

A característica de um cargo de **confiança** (como o de gerente de cidade ou de um secretário municipal) é que a pessoa que ocupa o mesmo torna-se demissível no momento em que esta é quebrada.

Aliás, há aqueles servidores que ocupam cargos de confiança que renunciam ou se demitem dos mesmos, mesmo quando aparentemente estejam obtendo pleno sucesso!?!?

Mas o que realmente permite aos indicados para os cargos de confiança continuar neles é quando os servidores agem com eficiência, eficácia e produtividade na realização das tarefas que lhes foram confiadas.

Nenhum prefeito pode esquecer o dito popular: "**Quem não sabe escolher, não pode governar!**".

O engenheiro Jaime Rotstein cunhou há algumas décadas a expressão "**brasilesclerose**", que para ele seria uma doença caracterizada pela relutância e percepção incorreta no nosso País, da extensão das transformações que estão ocorrendo no mundo devido à globalização.

Realmente agora, na segunda década do século XXI, estamos na **era do jato** (desenvolvimento cada vez maior do transporte aéreo) e na **era da instantaneidade** (comunicação imediata com qualquer lugar do mundo, graças à Internet) e a "brasilesclerose" continua sendo notada claramente quando se verifica, por exemplo, que muitos prefeitos não percebem que as suas cidades devem ser digitais e possuírem um bom aeroporto (desde que tenham ao menos 200 mil habitantes...)

A conectividade (ou conexão) é essencial para toda a cidade que desejar estar de acordo com as tendências vigentes no mundo.

Além disso, os prefeitos deveriam adaptar na AP municipal todas as técnicas que estejam dando certo nas empresas privadas como, por exemplo, utilizar leilões eletrônicos para adquirir produtos ou serviços para a prefeitura, o que permite reduzir os custos, valer-se de serviços terceirizados e usar a TIC com a introdução do governo eletrônico (*e-government*), o que permite reduzir o número de cargos e funções, e isso **de cima para baixo**!!!

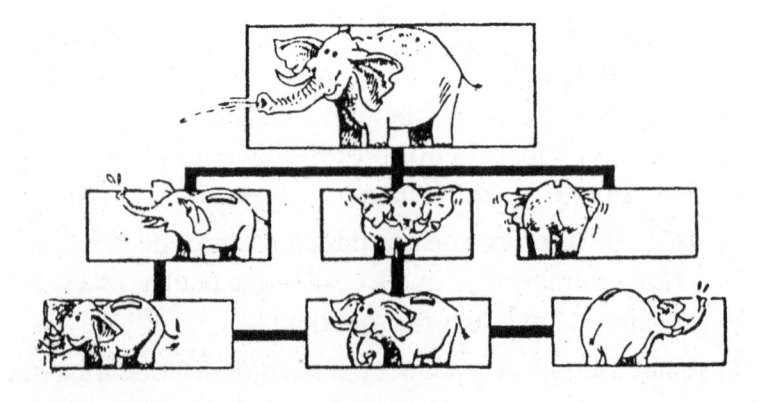

"**Como cantava o roqueiro Cazuza, Agenor de Miranda Araújo Neto: '*Brasil, mostra a sua cara! Qual é o teu negócio? O nome do teu sócio?*' O Brasil precisa de uma estrutura na AP menos burocrática e não tão pesada, não é?**"

A escolha do mandatário governamental (presidente, governador ou prefeito)

Muitas vezes, infelizmente, o mandatário governamental (presidente, governador ou prefeito) dos sonhos não foi escolhido de acordo com o que se mostra na Figura 1.1.

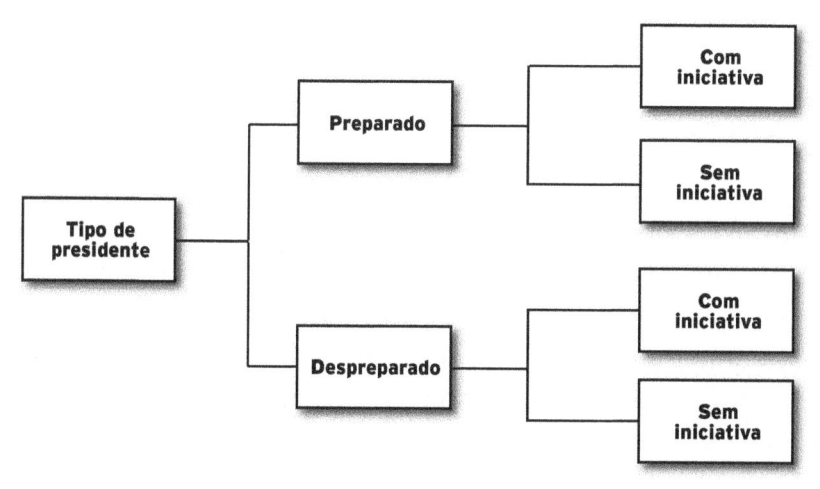

Figura 1.1 - Árvore de estratégia simplificada para a busca do mandatário governamental.

Em primeiro lugar, convém destacar, o que disse com muito humor, Millôr Fernandes (1923 - 2012): **"Um povo que precisa de um salvador não merece ser salvo!"**

Mas, de qualquer forma, baseando-se na Figura 1.1, temos a classificação dos quatro tipos do possível mandatário governamental, ou seja:

1º **Tipo** – Um mandatário preparado e com iniciativa, é o que **todos os cidadãos querem para ocupar** o posto governamental.

2º **Tipo** – Um mandatário preparado sem iniciativa, que **realiza quase nada** e dificilmente vai ser reeleito.

3º **Tipo** – Um mandatário despreparado sem iniciativa (este leva, sem dúvida, à **brasilesclerose**).

4º **Tipo** – Um mandatário despreparado com iniciativa (este comumente leva ao **desastre total**, pois vai conduzir-nos a algum lugar ao qual não deveríamos ter ido e sair dele vai ser difícil, a não ser que ocorra um milagre...).

Para complementar essa classificação, deve-se salientar que o mandatário governamental ideal nas três esferas deveria ter as seguintes qualidades ou atributos:

1ª) **honestidade**;

2ª) **integridade**;

3ª) **competência**;

4ª) **liderança**;

5ª) **aplicação**;

6ª) **saúde**.

Se faltar qualquer um dos atributos há pouco citados, já não se terá o **mandatário ideal** [baseando-se nisso, que avaliação (ou nota) você daria para o seu prefeito, governador e/ou para a nossa presidenta?]

Aqui vale a pena lembrar a icônica foto (Figura 1.2) do ex-presidente dos EUA, John F. Kennedy, *The Loneliest Job (O mais solitário dos empregos)*, na qual ele aparece sozinho, olhando pela janela sul do salão Oval da Casa Branca, em Washington (1961).

Essa imagem captou a presidência com tanta perfeição que outro ex-presidente dos EUA, Bill Clinton, a pendurou essa foto no seu escritório privado.

Ela representa uma verdade essencial: **esse emprego se apoia no corpo e na mente de um único homem!!!**

Em minutos um(a) presidente(a) precisa mudar de um sorriso ao lado de campeãs olímpicas de voleibol para a decisão de vetar artigos de algum projeto importante para a Nação que já foi votado no Congresso !?!?

Pouco importa o que estiver sentindo intimamente o(a) governante principal de um país, no desempenho de seu trabalho precisa parecer sempre confiante e otimista – quer para o público em geral ou para o seu próprio *staff* (quadro de colaboradores). E isso deve ocorrer sempre!!!

Um(a) presidente(a) tem de viver num mundo de **constante incerteza,** no qual uma inércia ou uma ação precipitada pode levar à catástrofe e à ruina política.

O jornalista John Dickerson, no artigo *Como avaliar um presidente* (publicado no jornal *O Estado de S.Paulo*, em 4/10/2012), claro pensando em especial no seu país, os EUA, escreveu: "O **temperamento** de um presidente é a sua qualidade mais importante e a mais difícil de medir (em especial nos candidatos que almejam esse posto...).

Ele está no cerne de todos os outros atributos principais.

Um presidente não pode ignorar seus críticos, a menos que seja autossuficiente.

Não pode tomar decisões duradouras, a menos que tenha razões sólidas nas quais possa embasá-las.

O jogo político requer paciência e a disposição de **ignorar as próprias emoções.**

Um presidente precisa manter aquele equilíbrio mental em um dos ambientes mais distorcidos, artificiais e limitadores do mundo.

Não foi por acaso que Bill Clinton chamou a Casa Branca de: **'A instalação mais agradável do sistema penitenciário federal.'** Seu tempo não é seu.

Você tem criados, mordomos, assessores e guarda-costas observando cada dedo que você levanta, mas as coisas que realmente deseja – ação rápida no Congresso, anuência de um líder estrangeiro, um sorvete numa noite de verão – estão absolutamente fora do seu alcance !?!?

Sob esse tipo de pressão o presidente não conta tampouco com as ferramentas normais de relaxamento.

Você não pode tomar um porre ou passar o domingo à tarde bebendo cerveja com um amigo assistindo a uma partida de basquete.

Se o presidente sai de férias no momento errado vai enfrentar um inferno com as críticas que os meios de comunicação irão espalhar, bem como as redes sociais.

Se você um dia gostou de manter um diário, os advogados do governo lhe dirão para parar de escrevê-lo. Diários podem ser requisitados judicialmente.

Se pegam o presidente em algum dia ruim se queixando da vida, isso o definirá de forma negativa, apesar de ele poder afirmar que teve uma centena de dias bons.

O ex-presidente dos EUA, Lyndon Johnson disse: 'Ser presidente é como ser um jumento numa tempestade de granizo. Não há nada a fazer exceto ficar ali e aguentar a intempérie.'

Não surpreende assim o fato que outro ex-presidente dos EUA, Richard Nixon, foi pego falando com os quadros que existem nos corredores da Casa Branca!?!?

Nada testa mais o temperamento de um presidente do que os assuntos externos.

Um exemplo típico é o do atual presidente Barack Obama, reeleito em novembro de 2012, que na noite anterior à operação que matou o terrorista líder da Al-Qaeda, Osama bin Laden, fez um pronunciamento durante o jantar da Associação de Correspondentes na Casa Branca, no qual contou piadas, pareceu estar se divertindo, ou seja, um homem à vontade num mundo ameno.

Mas ele estava à beira do momento possivelmente mais complexo e definidor de sua presidência.

E não foi apenas nessa noite que Barack Obama teve de agir assim!!!

Ele vinha fazendo isso havia semanas.

Durante o processo da tomada de decisão para o ataque ao complexo de Bin Laden, na cidade de Abbottabad, cerca de 50 km da capital paquistanesa, o presidente Barack Obama estivera às voltas com uma paralisação do governo, elaboração de um discurso importante sobre o orçamento do país, o início de sua campanha para a reeleição, as 'loucuras' divulgadas na mídia sobre seu certificado de nascimento e o bombardeio da Líbia.

Quem examinar sua agenda em um desses dias, verá que ele realizou um encontro de segurança nacional sobre a questão de Osama bin Laden entre uma viagem a uma escola de ensino médio e uma visita do primeiro-ministro da Dinamarca, Lars Lokke Rasmussen.

Você se lembra daquela cena do filme *Noivo Neurótico, Noiva Nervosa* em que Woody Allen desmascara um fanfarrão atrás dele na fila do cinema?

Um presidente poderia fazer isso quase todo dia com as informações privilegiadas e secretas de que dispõe.

Assim, um presidente precisa ser capaz de manejar uma montanha russa de boas e más notícias em tal sucessão que ele não pode chegar nem alto demais nem baixo demais...

A angústia privada que Lyndon Johnson sentiu ao perder a guerra do Vietnã, acabou com a sua presidência.

Os diários do chefe de gabinete de Richard Nixon, H. R. Haldeman, mostraram como as obsessões do presidente o levaram a beber e os acessos de insônia o privaram de usar adequadamente as faculdades de raciocínio."

Como escolher um presidente

"Os homens são como os rios.
Quanto mais profundos são, menos barulho fazem."
(Pensamento chinês)

Estatisticamente falando, a tarefa de achar um presidente parece bastante fácil!

Para tanto, no Brasil, o cidadão necessita ser eleitor, o que de início significa que ele pode ser encontrado entres os cerca de 138.544.348 eleitores de 5.568 municípios que depositaram seus votos nas 501.923 urnas das eleições de outubro de 2012. Mas na realidade cada ano que se avançar haverá mais eleitores.

Aí esse número se reduz, pois a nossa lei exige que o presidenciável tenha no mínimo 35 anos de idade, seja brasileiro nato e vamos supor que em 2014 essa quantidade seja de 65 milhões de pessoas no País.

Daí para frente, a escolha é livre e ele pode ser homem ou mulher (aliás, o Brasil está vendo que a presidenta está fazendo um bom trabalho...),

branco ou negro (e os EUA reelegeram o seu primeiro presidente negro),
com o mínimo de instrução formal ou
Ph.D. (do latim *Philosophiae Doctor*, ou
seja, doutor em filosofia, mas nos países
ocidentais alguém com conhecimento
avançado em alguma área para o qual
elaborou e defendeu uma tese)

Resolvido o aspecto legal, surgem
alguns critérios, mais subjetivos, porém
importantes.

Devido à complexidade de tarefas
que o cargo envolve, é recomendável
que o candidato tenha um **mínimo de
inteligência** que lhe permita exercer
suas funções de forma equilibrada.

"Como é que você acha que deve ser o
perfil para alguém ocupar cargos como
presidente, ministro ou governador?"

De acordo com os especialistas em
inteligência racional que se valem de testes de inteligência, ou seja, medin-
do o quociente de inteligência (QI) de Stanford-Binet , os idiotas, imbecis,
débeis, torpes e lentos (com QI entre 20 e 80), representam 16% da população e devem somar-se a estes os medíocres com o que chega-se próximo de
60% desse contingente de pessoas, ou seja, aquelas às quais não se recomenda exercícios mentais muito pesados.

Na realidade, recomenda-se também **remover**, por medida de cautela,
os chamados **gênios**, isto é, aqueles com QI de 150 ou mais, por serem extremamente arrogantes e egocêntricos. Porém, estes não ultrapassam 0,02%.

Portanto, o total dos excluídos de serem "presidenciáveis" sobe para
60,02%.

Ainda assim, nos restam cerca de 26 milhões de candidatos aos quais,
por medida de cautela, deveriam ser aplicados testes de personalidade (Rors-
chach) sempre úteis para detectar neuroses, psicoses, histeria e, um atributo
muito perigoso, carência afetiva – a qual produz líderes irascíveis, maníaco-
-depressivos e propensos a decisões passionais (há quem diga que alguns dos
nossos presidentes nos últimos setenta anos não passariam nesses testes...).

Com isso, o corte provável seria de aproximadamente 80%. Ainda so-
brariam muitos que estariam aptos ao cargo, ou seja, uns 5,2 milhões de
presidenciáveis.

Aí pareceria à primeira vista fácil encontrar um nome que sirva para o cargo.

Mas não é?

Infelizmente, as pessoas sensatas, inteligentes, talentosas, psicologicamente resolvidas e com invejável inteligência emocional não costumam demonstrar a menor aptidão para exercer o jogo bruto da política.

Ainda mais, quando percebem que, para vencer na carreira, virtudes como equilíbrio, competência, honestidade e coerência são de pouca ou nenhuma valia.

E isto não é de agora, basta nos lembrarmos do filme *Lincoln*, que foi exibido no Brasil no início de 2013, no qual se mostram claramente os artifícios aos quais Abraham Lincoln precisou recorrer para promover a abolição da escravatura e no final das contas foi assassinado por causa disso...

Dessa forma, os cidadãos brasileiros são incitados a escolher um presidente (e por extensão os seus governadores, prefeitos e integrantes do Poder Legislativo...) entre candidatos que provavelmente não passaram por essa triagem.

Em dezembro de 1989, o então jornalista João Mellão Neto (que depois foi parlamentar) escreveu alguns artigos para o jornal *O Estado de S.Paulo* exaltando a eleição do presidente Fernando Collor de Mello, destacando: "De uma forma ou de outra, o povo votou contra o *establishment* (ordem ideológica, econômica e política que constitui uma sociedade ou um Estado). Quer votando em Collor ou em Luiz Inácio Lula da Silva, oito em cada dez votos colocados nas urnas foram de **descontentamento.**

Os candidatos de alguma forma ligados à 'Nova República' não obtiveram, no primeiro turno, somados, mais de 5% dos votos, a despeito de comandarem as duas maiores legendas do País.

Votando em Collor ou em Lula, no segundo turno, os 80% de descontentes **sufragaram a mudança.**

A única divergência foi quanto ao tipo de mudança pretendida.

Ambos os candidatos repudiaram a miséria, a desigualdade social, os privilégios de poucos em detrimento da qualidade de vida da grande maioria da população.

Collor dirigiu seus canhões contra a máquina do Estado, gigantesca, incompetente, corrupta e inócua.

Lula encarregou-se de atirar em outro alvo: a iniciativa privada, os **'pa-trões'**, os **'ricos'**, enfim.

Ambos tinham razão, cada um a sua maneira.

Collor pretendia desestatizar e desregulamentar a economia, ao mesmo tempo em que apontava no sentido de romper a estrutura de privilégios que eiva a máquina tecnoburocrática do governo.

Lula, a partir de uma filosofia que foi sintetizada de forma excepcionalmente feliz por Roberto Freire, defendeu a tese, aparentemente contrária, de **'desprivatizar' o Estado**.

Ele, embora derrotado, também estaria certo.

O Estado é incompetente, preguiçoso e cronicamente deficitário, como afirmou Collor.

Mas muito dessa ineficácia estatal provém do fato de esse mesmo Estado, longe de cumprir suas funções, inerentes, ligadas à saúde, educação, segurança, transportes etc., se ter dedicado a uma atividade empresarial cujo principal objetivo foi servir a interesses inconfessáveis de grupos privados.

Quer através de subsídios e isenções fiscais, quer por meio de créditos a 'juros negativos', quer em razão dos inúmeros cartéis, reservas de mercado, monopólios e regras casuísticas, quer, finalmente, pelo fornecimento discricionário de matérias-primas e insumos industriais abaixo do preço de custo a grupos de empresários bem relacionados com o poder.

O fato é que, muito da alegada exaustão e ineficiência do Estado se deveu, justamente, por ter surgido a cada evidência de que ele veio servindo, através dos anos, aos interesses dos outros e não aos da imensa maioria da população brasileira.

Cerca de 80% dos brasileiros votaram contra tudo isso.

Collor, embora vencedor (com cerca de 35 milhões de votos), não deve fechar os ouvidos aos clamores das urnas, mas sim somar às suas bandeiras também aquelas que levaram o seu adversário a obter aproximadamente 31 milhões de votos.

A opinião pública é volátil – com a mesma mão que se afaga, mais tarde também se apedreja.

Os votos deram a Collor apenas a vitória, mas não lhe garantem um bom governo, nem sequer os instrumentos para desempenhá-lo.

Mas os votos de Lula... esses sim, são uma poderosa arma que o presidente Collor tem em suas mãos!

Para quê?

Para combater, por exemplo, a miséria que é imoral em qualquer sistema econômico, quer no liberal-capitalista, quer no social-democrata, quer no socialista.

O Estado deve ser reformado, de forma drástica, para que adquira eficiência administrativa e recupere o seu poder de investimento para combater as mazelas de nosso País.

É preciso, pois, investir pesada e eficazmente na área social.

É necessário libertar este povo dos grilhões que há séculos o mantém no **ciclo vicioso da miséria.**

Bem, presidente Collor, provavelmente nada sou para lhe dar conselhos.

Tivesse a sua **competência, estaria no seu lugar**!

Mas também sou jovem, acredito nesse País e, como outros tantos milhões, torço para que sua gestão dê certo.

Estou convencido de que seu governo tem tudo para ser, **talvez**, o melhor de nossa história.

O senhor representa hoje o último dique da livre iniciativa em nosso País.

Que se danem os *lobbies* (grupos organizados que visam exercer influência sobre políticos e poderes públicos ao seu alcance, mas sem buscar o controle formal do governo), os grupos de interesse, os 'amigos', enfim.

Mesmo relutantes, todos terão de aprender aquilo que as nações civilizadas já sabem há muito tempo: a única forma eficaz de combater o socialismo é **torna-lo desnecessário.**

O empresário brasileiro, se quiser se manter vivo, terá, necessariamente, de se sanear e adquirir **visão social.**

O **lucro**, para ser legítimo, só pode advir do risco, do trabalho e da eficiência.

O patrimônio, por sua vez, só se torna estável e seguro quando a sociedade, ao seu redor, possui condições mínimas de bem-estar e segurança.

Presidente, o senhor pode e deve convocar a livre iniciativa para o esforço coletivo de reconstrução nacional.

Aliás, as grandes empresas de construção civil brasileiras possuem quadros técnicos abalizados para desenvolver, se quiserem, habitações populares de menor custo e maior conforto que as atuais.

Não seria o caso de convocá-los agora para tal esforço?

A hora é agora, o toque de reunir cabe ao senhor!

Presidente Collor, o empresário nacional possui inegável talento.

E por isso venceu na vida.

Cabe-lhe, agora, emprestar um pouco de sua competência e engenhosidade para criar as condições necessárias para que cada um dos demais brasileiros possa, um dia, vir a ser, também, um vencedor."

Apesar desses presságios de João Mellão Neto, o governo do presidente Collor foi bastante tumultuado pelas diversas medidas drásticas que tomou e ele acabou sofrendo um *impeachment* (cassação).

Mas foi sem dúvida um governo que promoveu mudanças radicais, ruptura de paradigmas e introduziu o Brasil no mundo globalizado.

Pode até ser que Fernando Collor de Mello tenha se inspirado na *perestroika* (reconstrução) do presidente russo Mikhail Gorbachev.

Ele mesmo, numa série de artigos para o jornal *O Estado de S.Paulo* em janeiro de 1990, explicou: "A teoria marxista não exclui que, no decorrer da construção da nova sociedade, **seja preciso começar tudo de novo**!

A *perestroika* revolucionária foi iniciada pelo Partido Comunista (PC), pelos seus dirigentes.

Por esta razão, a nossa imprensa começou a interpretá-la, por vezes, como 'revolução a partir da cúpula' e a fazer diversas comparações históricas.

A *perestroika* é um processo revolucionário homogêneo aplicado por métodos democráticos, pelo povo e no interesse do povo, em relação ao qual o PC atua como vanguarda política.

O dinamismo e as iniciativas históricas do PC são a expressão natural do seu papel de vanguarda política.

O PC não monopoliza o direito à investigação.

A *perestroika* abre o caminho à realização dos princípios fundamentais da nossa revolução, que no passado eram em larga margem apenas proclamados formalmente.

Mas a realidade impõe claramente a necessidade de concretizar esses **princípios** e os **critérios** de socialismo neles baseados de acordo com a experiência acumulada pelo sistema socialista mundial e as tendências de desenvolvimento dos países capitalistas.

Primeiro, é necessário libertá-los de quaisquer elementos de confrontação e contraposição absoluta e metafísica entre os sistemas sociais modernos.

A própria realidade, a dialética de evolução e os problemas globais e perigos enfrentados pela humanidade exigem que a confrontação dê lugar à cooperação dos povos e Estados, independentemente do tipo de organização social.

A compreensão de que integramos a civilização humana e a consciência da nossa responsabilidade pela sua sobrevivência contribuem para a superação da **confrontação**.

Porém, mergulhados no nosso antagonismo frontal com o capitalismo, descuramos de vários aspectos importantes da experiência acumulada pela humanidade ao longo dos séculos.

Não tenho em vista apenas as normas elementares de moral e justiça, mas mesmo os princípios do direito formal como a igualdade de todos perante a lei, os direitos e as liberdades da personalidade, os princípios da produção mercantil e a troca, assentes na lei do valor.

O conceito de que a produção mercantil e os 'métodos econômicos de gestão' são condições imprescindíveis ao desenvolvimento do socialismo contemporâneo está se implantando progressivamente na consciência social de todos os nossos cidadãos.

⇒ **Assim, qual é a essência e o conteúdo do critério de socialismo e que valores preservamos e procuramos desenvolver?**

A nossa atual concepção do socialismo prende-se, antes de tudo, ao **conceito de liberdade**.

Os fundadores do **socialismo científico** relacionavam diretamente a **emancipação do operariado**, motivo principal da revolução social, com a emancipação de 'todo o gênero humano' e a liquidação de quaisquer formas de opressão e exploração.

Tinham em vista a liberdade baseada na razão humana, na concepção humanitária dos direitos do indivíduo vivendo na sociedade, liberdade que nada tem em comum com a anarquia e o livre-arbítrio interesseiro e destrutivo.

Eis porque a concepção socialista de liberdade se prende diretamente com os ideais de comunhão e coletivismo.

Mas não o coletivismo **militarizado, nivelador** e **despersonalizador**, mas do **efetivo,** no qual segundo Karl Marx e Ludwig Engels, 'os indivíduos alcançam a liberdade em associação e através desta'.

Infelizmente, esta faceta da concepção do socialismo foi objeto das deturpações mais graves.

A interpretação falsa do coletivismo justificou o desprezo pela individualidade humana e a contenção do desenvolvimento de personalidade.

A primazia do **geral** sobre o **individual** foi invocada para explicar a restrição drástica das liberdades, enfim para esterilizar a essência humanitária do socialismo.

Em outras palavras, do ideal socialista desapareceu a peça-chave, o **indivíduo,** as suas necessidades, os seus interesses, a sua vida real.

Logo depois da Revolução foi lançado na nossa pátria o lema: **'O socialismo é o livre trabalho de pessoas livremente associadas!'**

A prática devia concretizar essa fórmula.

Segundo Lênin, a construção do socialismo processar-se-ia mediante o **entusiasmo** gerado pela Revolução, mas 'não única e exclusivamente através do entusiasmo, e com base na motivação pessoal e autogestão econômica'.

Porém, esta ideia foi esquecida durante o regime burocrático autoritário.

A socialização da produção, um dos princípios fundamentais do socialismo, foi interpretada também da mesma forma primitiva e deturpada.

A socialização teve caráter formal, ostensivo e foi imposta pela força, tal como a **coletivização do campo.**

Hoje devemos definir a nossa posição em relação à propriedade social atendendo a toda experiência tanto positiva quanto negativa.

Há que lembrar a advertência de Lênin – ignorada depois da sua morte – **de que a socialização não deve resumir-se à estatização!?!?**

Não renunciamos, nem renunciaremos à socialização, à primazia da propriedade social como parte integrante do socialismo.

O trabalho emancipado e associado continua a ser um elemento fundamental do socialismo.

Mas rejeitamos a socialização formal, defendemos a pluralidade de formas de propriedade, considerando que sua diversificação encerra grandes potencialidades por revelar e poder contribuir sensivelmente para aumentar a eficácia da nossa economia.

A força do ideal socialista reside também no fato de os problemas de eficácia e produtividade serem considerados em relação direta com os de **humanismo** e **justiça social.**

É esta a essência do socialismo, a sua característica mais marcante e principal força, e não a sua fraqueza, como pretende quem confunde humanismo com encorajamento do parasitismo, justiça com igualitarismo total e supressão de quaisquer distinções.

A democracia socialista, tal como as relações de propriedade, não deve ser analisada de modo abstrato, mas sim sob a ótica dos fatores de realização dos seus princípios fundamentais destinados a garantir a autogestão socialista do povo e o funcionamento de um Estado de Direito.

A aplicação rigorosa desses princípios assegura o desenvolvimento democrático e verdadeiramente socialista de nosso sistema político.

Eis uma das lições a tirar do nosso passado e uma tarefa que nos é imposta pela realidade e evolução da *perestroika*."

Realmente, em 2014, a Rússia não atingiu ainda uma democracia plena, apesar dos esforços do presidente Vladimir Putin (já no seu terceiro mandato, tendo também ficado no cargo de primeiro-ministro, obedecendo as condições impostas pela nova Constituição russa para poder se candidatar de novo...) mas sem dúvida a *perestroika* e a *glasnost* (transparência) introduzidas por Mikhail Gorbachev foram vitais para que se tivesse um novo socialismo na Rússia, bem mais voltado para o capitalismo.

Isso, sem dúvida, gerou naqueles que perderam suas regalias do antigo regime, grande descontentamento, com o que, passaram a qualificar Mikhail Gorbachev como o responsável pelo declínio da Rússia entre as maiores potências do planeta.

De fato, eles têm uma certa razão, mas isso também ocorreu porque, entre outros motivos, a China começou a fazer a sua *perestroika* (até um pouco antes, em 1978) e ocupou rapidamente (em cerca de duas décadas) o papel de superpotência, modificando radicalmente o estilo do seu governo e entrando em competição com quase todas as empresas e países do mundo.

Não vamos, entretanto, desmerecer a eficaz "chacoalhada" que o ex--presidente Fernando Collor de Mello deu na estrutura do Brasil, apesar de que desde essa época tem sido difícil exorcizar os **"ismos"** do Brasil.

O notável intelectual Roberto Campos (17/4/1997 - 9/10/2001), que foi ministro de Planejamento e senador no ano em que Collor foi candidato (1989) escreveu o artigo O exorcismo dos "ismos" no qual destacou: "A América Latina e o Brasil em particular tem sido vítima dos **'ismos'**.

E isso é que está matando muitos países da região estagnados enquanto o mundo prospera.

O refrão dos bons tempos era: **'O Brasil não pode parar de crescer!'**, mas o chato é que pode...

Os 'ismos' que há tempos nos flagelam são: o **nacionalismo**, o **populismo**, o **estruturalismo**, o **estatismo** e o **protecionismo**.

O nacionalismo só é útil na fase de criação da nacionalidade e de consolidação territorial.

Transposta essa fase, torna-se uma barreira à absorção de capitais e tecnologia.

Passa a ser disfuncional.

O nacionalismo brasileiro **não integra; divide**.

Apenas rejeita, não mobiliza.

Satisfaz a necessidade primitiva de odiar.

Mas a essência do progresso não é amar nem odiar, **é compreender!**

A segunda doença é o **populismo**.

Foi entronizado em nossa nova Constituição, que é um **hino à preguiça**.

Decretam-se conquistas sociais e reduz-se a jornada de trabalho, feito tão improvável como querer aumentar a velocidade pela redução do combustível.

Com a licenciosidade grevista, o trabalho será dentro em pouco tempo um intervalo cada vez mais curto entre greves.

O terceiro dos 'ismos' é o **estruturalismo**, uma fórmula escapista para não se combater a inflação.

Segundo os estruturalistas, a inflação não é um fenômeno monetário.

Suas causas são estruturais ou refletem o conflito distributivo.

O quarto 'ismo', ou seja, o **estatismo**, no qual o Estado **não faz o que deve fazer e faz o que não sabe fazer!**

Assim, o Estado deve cuidar mais do social, e não meter o bedelho no econômico.

Está falido e pensa que conhece a receita.

O quinto 'ismo', o **protecionismo**, com o exemplo mais despudorado são as 'reservas de mercado'.

Estas não são mais que o direito dado a alguns de produzir o que os outros não querem consumir.

O excesso de proteção contra a concorrência do produto importado reflete a estranha noção de que o melhor caminho para o atletismo industrial é andar de muletas!"

Passaram-se 25 anos desde que Roberto Campos escreveu sobre esses "ismos" e alguns deles persistem.

O nacionalismo continua exacerbado, não permitindo que o Brasil evolua no campo da educação, possibilitando que seus jovens dominem o idioma internacional que é o **inglês**, para dessa forma poderem se integrar ao mercado de trabalho global.

É dada pouca ênfase ao seu ensino no nosso sistema educacional público, ao mesmo tempo em que não se exige que se cante, por todos os presentes, em diversas cerimônias e eventos da sociedade, o Hino Nacional. **Será que isso não é um impatriotismo?**

Com a implantação do Plano Real no Brasil conseguiu-se uma grande vitória contra a inflação, mas a nossa infraestrutura está cada vez mais esquecida, e talvez melhore um pouco agora com o País pressionando para executar obras obrigatoriamente para satisfazer as condições impostas pelos organizadores da Copa do Mundo de Futebol em 2014 e dos Jogos Olímpicos em 2016.

O estatismo de certa forma diminuiu muito com as grandes privatizações iniciadas no governo de Fernando Henrique Cardoso e que continuaram nos governos dos presidentes Luiz Inácio Lula da Silva e Dilma Rousseff, porém as carências no campo social continuam enormes, em especial nos setores da saúde e da educação.

É verdade que alguns programas recentes como o Bolsa Família, Minha Casa Minha Vida etc. têm ajudado muito os brasileiros com menos recursos a sair da extrema pobreza e de viver em locais impróprios.

Finalmente, o protecionismo continua, com altos tributos pagos por muitos artigos importados. Mas de uma "forma criativa", países como a

China conseguem burlar as barreiras e entrar aqui com os seus produtos, vendendo-os por preços mais baratos e com isso levando à falência fábricas brasileiras dos mais variados setores.

Não se deve esquecer também a enorme quantidade de empresas brasileiras que nessa última década foram adquiridas por multinacionais, transformando-se dessa maneira em "filiais", com o que está ocorrendo uma real "desnacionalização".

Além disso, é notável e notória a contínua "invasão dos investidores europeus e asiáticos instalando aqui as suas fábricas como é o caso do Estado de São Paulo, em que a partir de 2012 surgiu uma nova fábrica de automóveis da Toyota em Sorocaba, uma da Hyundai em Piracicaba e uma da Chery em Jacareí e em breve vamos ter uma nova da Honda em Itirapina e uma outra da Mercedes-Benz em Iracemópolis.

Assim, japoneses, coreanos, chineses e alemães, acham que podem vender muitos veículos no Brasil e exportar outros tantos para vários países, em particular os da América do Sul.

Talvez nosso País realmente precise em todos os níveis de gestores públicos não só mais competentes, mas que também tenham um pouco de conhecimento da perspicaz análise psicológica do comportamento humano.

Para tanto, talvez devam recorrer a algumas das recomendações feitas há mais de 500 anos pelo funcionário público florentino Niccoló Machiavelli (Maquiavel) no seu livro *O Príncipe*, no qual ele analisa o comportamento de príncipes, cortesãos, aliados, funcionários, sócios, fornecedores, clientes etc.

Maquiavel escreveu: "Quando um conquistador assume o controle de um Estado (em tempos modernos, pode-se pensar em algum cargo no Poder Executivo, inclusive no de presidente...) deve executar as tarefas mais difíceis de imediato.

O novo soberano deve determinar que injúrias precisa levar a efeito, e executá-las todas de uma só vez, para não ter de renová-las dia a dia.

Desse modo, poderá incutir confiança nos homens e conquistar-lhes o apoio quando lhes confere benefícios.

Desde o começo, o novo líder deve estudar persistentemente seu território e planejar para contingências no caso de ataque.

Acima de tudo, nunca deve desviar sua mente da guerra, mesmo quando está na paz!

Ele jamais deve esquecer que as coisas mudam com o tempo e dessa maneira as diretrizes devem mudar com elas.

Alguns príncipes veem hoje o sucesso e amanhã a sua ruína, sem ter havido mudança na sua natureza de nenhuma maneira...

Acredito que quem adapta sua política aos novos tempos prospera; ao contrário daquele cuja política se choca com as necessidades de sua época. Isso se explica porque a prosperidade é efêmera; porque se um homem se comporta com paciência e circunspecção e os tempos e as circunstâncias favorecem esse método ele prospera; mas, se os tempos e as circunstâncias mudam, ele se arruína porque não modificou sua política.

Dessa maneira a **adaptabilidade** é de fundamental importância.

Um imperador ou um príncipe, entretanto, não pode agir de tal forma que tudo o que faz num dia é desfeito no outro.

Assim o que ele quer ou planeja fazer nunca fica claro, de forma que não se pode confiar nas suas deliberações.

Além disso, a ousadia é vital para o sucesso já que metade dos atos dos homens é norteada por sua própria **capacidade** e **agressividade** e metade pela **fortuna.**

E a fortuna é como uma mulher, que deve ser surrada para que dê o máximo de si."

Mais chocante ainda é que Maquiavel aconselhava o principiante em negócios ou no governo a aprender de sua experiência florentina do mundo perverso, duas coisas ruins: que **medidas brutais** são frequentemente exigidas para o sucesso e que estas devem ser adotadas tendo em vista as metas finais de uma pessoa; e que **poucas** pessoas são **dignas de confiança.**

Ressaltava Maquiavel: "Pode-se fazer esta generalização sobre os homens: são ingratos, volúveis, mentirosos e simuladores; enquanto lhes tratar bem todos estão do seu lado... mas quando você corre perigo eles se voltam para o outro lado... o laço de amor é o que os homens, criaturas pérfidas que são, rompem sempre que virem vantagem nisso; mas o temor é fortalecido pela ameaça de castigo , que é sempre eficaz."

Até agora certamente milhões de palavras foram escritas para discutir se Maquiavel era imoral ou amoral em seus conselhos, como frequentemente parece ser.

Mas é indiscutível que as suas máximas políticas são explosivas e seus conselhos podem ser entendidos como sensatos e práticos (não só para quem ocupa os cargos principais no Executivo) para poder evitar bajuladores e depender dos seus próprios recursos para tomar boas decisões.

Lendo com atenção *O Príncipe*, certamente a pessoa aguçará o seu raciocínio.

Bem obedecido, ele ajudará muito a governar com sucesso e tudo indica que são poucos dos nossos gestores que têm ciência plena dos "conselhos" de Maquiavel, ou seja, as "maldades" que praticam geralmente são por pura incompetência!!!

Caro leitor, você acha que no Brasil já tivemos presidentes que se valeram com eficiência dos conselhos de Maquiavel?

Bem, fica claro que na lista dos atributos especiais que precisa ter um mandatário governamental, deve também estar incluído o **temperamento**, que não só o presidente, mas também os governadores e prefeitos necessitam ter, pois o dia a dia deles é repleto de momentos tensos, descontraídos, tristes, alegres etc. e eles precisam saber controlar o seu comportamento não se irritando, não mostrando jamais uma sensibilidade excessiva e não reagindo sob o efeito de impulsos!!!

É natural que nos tempos turbulentos em que vivemos com tantos casos de corrupção sendo divulgados, a honestidade vem em primeiro lugar.

Isso no Brasil não tem sido muito fácil de ocorrer com quem trabalha no governo e parece que o culpado original é Pero Vaz de Caminha, pois após ter chegado ao Brasil, em 1º de maio de 1500, escreveu a história da sua viagem a dom Manuel, rei de Portugal e no final dele solicitou: "Vossa Alteza há de ser de mim muito bem servida.

A Ela peço que por me fazer singular mercê, mande vir da ilha de São Thomé a Jorge de Osório meu genro – o que d'Ela receberei em muita mercê."

Pois é, no primeiro documento da história do Brasil, **um pedido de nomeação de um parente.**

Que terrível chute nas partes baixas, não é?

E de lá para cá, deu no que deu e, se não lutarmos contra isso, ou seja, o **nepotismo exacerbado**, certamente a situação na gestão pública vai piorar.

De preferência um mandatário governamental deve sempre enxergar as coisas do geral para o particular e não o contrário!!!

Além disso, deve, fundamentalmente, conhecer as limitações das políticas do governo e as restrições culturais da cidade, Estado ou País.

Dessa maneira, para ser um mandatário governamental eficaz, ele precisa estar ciente que:

⇛ A esperança é que o governo não (des)governe tanto e que a economia (sobre)viva.

⇛ Os cidadãos brasileiros devem ter condições claras de não confundir Robin Hood com Ali-Babá.

⇛ Civilização é o processo de libertar cada ser humano da opressão dos outros.

⇛ Como um servidor público e líder obriga-se a saber lidar e escolher bem entre o desagradável e o desastroso.

⇛ Futuro não é o que se teme, mas sim o que se ousa.

⇛ Há três maneiras de fazer as coisas!
O modo certo, o modo errado e o modo japonês!?!?

Para entender a última premissa é importante que, entre outras coisas, compreenda o que Robert Heller, o festejado autor do *best-seller Super Manager* (publicado há mais de duas décadas), quis dizer ao mencionar um *haiku* – poema japonês de três versos.

O poema diz:

> "*Se o cuco não cantar, mate-o.*
>
> *Se o cuco não cantar, faça-o cantar.*
>
> *Se o cuco não cantar, vamos esperar até que cante.*"

No primeiro: "*Se o cuco não cantar, mate-o*", temos os governos (as organizações) que não querem perder tempo com o treinamento ou a qualificação dos seus servidores (empregados).

Querem ter pessoas que de imediato saíam fazendo tudo e sem erros.

Como essas pessoas não existem ainda (pelo menos na quantidade necessária...) o que se constata nesses governos (organizações) é um permanente e inconsequente troca-troca (ou sai e entra) de funcionários quando isso é possível.

Aí surgem verdadeiros recordes de *turnovers* (rotatividade) o que realmente impede a continuidade eficaz de muitos projetos.

Na segunda estrofe, tem-se uma atitude que caracteriza parcela substancial dos governos (organizações) ocidentais, ou seja, "*Se o cuco não cantar, faça-o cantar.*", não é uma recomendação tão radical quanto à primeira, e implica objetivamente, forçar as pessoas na busca do desempenho desejável.

Mas será que, no lugar de exigir, seria melhor que elas próprias se motivassem para aprender mais e assim terem um desempenho melhor?

Sem dúvida!!!

Finalmente, no terceiro verso: "*Se o cuco não cantar, vamos esperar até que cante.*", está aí o segredo do sucesso da administração japonesa em especial nas décadas de 1980 e 1990, que o mundo todo procurou assimilar e implementar nos seus países tanto em empresas privadas como na AP.

Robert Heller explicou: "Os japoneses ensinaram ao mundo que não se deve matar os cucos e nem forçá-los a cantar, pois assim, livres dessa ansiedade e felizes no seu ambiente de trabalho, acabarão gorjeando como loucos."

Além de ser **honesto**, o mandatário principal do Poder Executivo precisa ser também íntegro e **competente**.

Infelizmente isso só não é suficiente, pois é preciso ter mais atributos.

Um mandatário governamental deve ter a capacidade de liderança, o espírito de **comando** (que não deve ser confundido com **mando**...)

Liderar também é saber **delegar**!!!

Nenhuma pessoa, por mais genial que seja, consegue governar bem uma cidade, Estado ou País (e em cada situação, as coisas são cada vez mais complexas) sem um batalhão de auxiliares igualmente honestos, íntegros, competentes e líderes.

O mandatário governamental no Brasil, ou seja, a figura principal do Poder Executivo, como o executivo principal de qualquer outro tipo de organização, infelizmente torna-se vítima em diversas situações, pois está preso aos **dilemas do dirigente**, ou seja:

Se é amigável, é **demagogo**.

Se é retraído, é **mascarado**.

Se adota decisões rápidas, é **arbitrário**.

Se demora nas decisões, é **incapaz**.

Se planeja a longo prazo, é **visionário**.

Se planeja a curto prazo, é **quadrado**.

Se cerca-se de documentos e dados, é **reacionário**.

Se atem-se às instruções, é **burocrata**.

Se chega cedo, é **ambicioso**.

Se chega tarde, é **aproveitador**.

Se tudo anda mal, **não funciona**.

Se tudo anda bem, **ele não faz falta**.

Se procura trabalhar em equipe, **não tem ideias próprias**.

Se não procura trabalhar em equipe, **não confia em ninguém**.

Se delega poderes, não quer nada com o trabalho.

Se centraliza tudo em si, não quer dar chance a ninguém.

Se rodeia-se de muitos auxiliares, **quer se fazer de importante**.

Se recorre a muitos colaboradores, **quer explorar o próximo**.

Torna-se evidente se alguém da oposição quer crucificar um prefeito, o seu gerente de cidade ou algum dos seus secretários, com o que foi dito há pouco, dá para incluí-lo certamente um uma das "reprimendas" ou deficiências de desempenho, não é?

Claro que sim!!!

Para resolver os grandes problemas que existem no Brasil, que ainda tem um excesso de burocracia, o mandatário principal do Poder Executivo deve levar muito a sério três palavras: **urgente, confidencial** e **reforma**, e assim, em especial, o(a) presidente(a) dos sonhos deve ter uma enorme vocação para o batente pesado, ou seja, deve ser *workaholic* ("viciado em trabalho"), como é o caso da presidenta Dilma Rousseff.

Quem não consegue fazer jornada de 14h por dia no gabinete ou fora dele, terá muita dificuldade para liderar e, além disso, quem encostar o corpo no comando (do País, do Estado ou da sua cidade) não poderá ser competente, honesto, aplicado etc.

Há algum tempo (cerca de duas décadas atrás), a famosa revista inglesa *The Economist* classificou o Brasil não como um **"país doente"** e sim como um **"país bêbado"**, sugerindo que o presidente brasileiro não precisava se preparar especificamente para entrar na luta contra o alcoolismo, mas sim ter saúde física e mental para aguentar a carga emocional do poder exercido e o desgaste biológico de um longo dia de trabalho no cargo.

Realmente, quem não tem saúde plena não aguenta o rojão e não pode ser um **presidente nota 10**. Para a nossa satisfação (e talvez uma certa decepção da revista *The Economist*), nessas duas últimas décadas tivemos dois presidentes – Fernando Henrique Cardoso e Luiz Inácio Lula da Silva (cada um com dois mandatos consecutivos) e a presidenta Dilma Rousseff, que preencheram todos os requisitos que deve ter um presidente, com muito trabalho e excelente temperança, e levaram o nosso País a uma situação que lhe permitiu tornar-se a sétima maior economia do mundo e podemos subir nesse *ranking* (classificação)...

A dificuldade do líder do Poder Executivo ter uma AP de qualidade

Infelizmente, na atualidade, o futuro líder do Poder Executivo assume o cargo no meio das situações conflituosas (cassação do mandatário anterior, vitória nas eleições por reduzida margem de votos, a oposição é extremamente estruturada na Câmara dos Vereadores ou outras instâncias do Poder Legislativo etc.).

Em particular, digamos o prefeito vitorioso, vai se envolvendo e de certo modo tornando-se cúmplice, seja em função das coligações que firmou com outros partidos para poder ganhar as eleições, seja em função da forte ingerência do seu próprio partido, seja ainda por **"solidariedade"** com um chefe superior, o que o coloca em evidente dificuldade para desenvolver o projeto que almejou implementar!!!

São essas crises ou ingerências que colocam o mandatário máximo do Executivo municipal em sérias dificuldades para executar bem o seu trabalho na prefeitura.

Além disso, continua sendo norma quando cada partido chega ao governo, estabelecer regras, e critérios para a escolha da sua equipe, formada por gestores de primeiro e segundo escalões, como já foi comentado anteriormente.

Mas no Brasil temos visto muitos casos que devem ser seguidos na forma como procedem os prefeitos que chegam ao poder pela primeira vez, não abandonando os bons programas e projetos que estavam sendo desenvolvidos pelos seus antecessores.

É o caso, por exemplo, do governo estadual de Minas Gerais que envolveu-se seriamente com o **conceito de qualidade**, nos dois mandatos do governador Aécio Neves (2003-2006/2007-2010) e que está sendo seguido pelo governador Antonio Anastasia, que assumiu o cargo em 2011.

Muitas cidades mineiras também passaram a aplicar o programa de qualidade na AP implementado pelo governo estadual.

Na AP, o governo de Minas Gerais entende que é preciso impor muita austeridade nos gastos, para que a aplicação de recursos possa ser maximizada com essa ação paralela à reorganização financeira.

Este esforço no ajuste administrativo foi colocado em prática pelo Estado de Minas Gerais, em conjunto com um intenso esforço no sentido de se recompor o crédito público e o controle dos custeios.

Estes ajustes têm permitido que se tenha na gestão pública a utilização de diversas ferramentas que possibilitem beneficiar os **segmentos mais vulneráveis da sociedade**, promovendo-se a melhoria da qualidade de vida por meio de melhores programas de habitação, saúde, meio ambiente, segurança pública, transporte etc.

Além de ampliar a oferta de serviços básicos, é preciso garantir a melhoria do acesso a eles, através da descentralização administrativa e do processo decisório das políticas sociais que visem à elevação da qualidade de vida dos munícipes.

Ao lado da descentralização, o governo do Estado de Minas Gerais, nas duas últimas décadas, conseguiu alinhar as articulações das políticas estaduais com as iniciativas do poder público municipal, capitalizando os potenciais do associativismo, ou seja, das **parcerias**.

Desta forma, conseguiu promover muitas políticas sociais na concepção de que elas existem como um **direito dos cidadãos** e **não** como uma **concessão especial** do Estado!!!

Ao lado da melhoria da qualidade de vida dos munícipes, num choque de gestão eficaz, buscou-se articular cada vez mais eficiência nas ações dos governos estadual e municipais.

De fato, no solo mineiro, nestes últimos anos, em especial no desempenho do seu governo estadual, conseguiu-se diminuir significativamente a distância entre **o que se disse e o que se fez**, de tal forma que os cidadãos passaram a acreditar mais nas promessas dos governantes.

Atualmente, quem está intimamente ligado com o desafio da melhoria da gestão pública no Brasil é o empresário Jorge Gerdau Johannpeter que ajudou a construir um dos maiores grupos empresariais do Brasil, ligado à área siderúrgica que hoje está espalhado por 14 países, com 45 mil funcionários e um faturamento em 2012 de R$ 37 bilhões.

Ele sempre foi uma figura ministeriável, porém, só aceitou da presidenta Dilma Rousseff o encargo de presidir a Câmara de Políticas de Gestão, Desempenho e Competitividade (constituída no final de 2011) do qual fazem parte quatro ministros, presidentes de importantes empresas privadas e executivos de competência comprovada.

Jorge Gerdau começou a colecionar bons resultados na melhoria da gestão pública em meados dos anos 2000 e que se intensificaram a partir de 2007 quando transferiu o comando da sua empresa para o seu filho André Johannpeter e passou a buscar mais intensamente recursos e apoio de outros empresários para sustentar projetos de aumento de eficiência da máquina estatal.

Ele conseguiu envolver nessa sua cruzada o empresário Carlos Aberto Sicupira, sócio da AB InBev e, em seguida, o consultor e especialista em gestão da qualidade Vicente Falconi.

Esse trio convenceu o então governador do Estado de Minas Gerais, Aécio Neves e também o então governador do Estado de Pernambuco, Eduardo Campos, que ambos deveriam aplicar um **choque de gestão**.

Ambos concordaram e obtiveram excelentes resultados.

Outros nove Estados (Pará, Mato Grosso, Alagoas, Sergipe, Bahia, Rio de Janeiro, São Paulo, Rio Grande do Sul e Distrito Federal) adotaram programas para a melhoria da gestão pública e o mesmo ocorreu em diversos municípios, estimando-se que eles obtiveram no total cerca de R$ 14 bilhões em ganhos com aumento de receitas e corte de despesas em muitos dos seus processos.

Numa entrevista para a revista *Exame* (30/11/2011), Jorge Gerdau declarou: "Depois de mais de uma década de experiência, levando **conceitos de gestão** à esfera pública dos Estados e municípios, tenho plena convicção que os mesmos poderão ter um efeito tremendamente maior se forem levados a alguns ministérios como os de Transporte, Saúde e Educação e empresas estatais (como é o caso dos Correios e da Infraero).

Metade do custo da carga tributária do País está no governo federal – e não tem como aumentá-la, pois já passou do ponto. Como então o governo conseguirá expandir os seus investimentos?

Só existe um caminho: **melhorar a gestão!!!**

Com a melhoria da gestão, estimo que seja possível alcançar um ganho (economia) entre 10% a 15% do orçamento federal, o que representaria várias dezenas de bilhões de reais, claro que num trabalho que vai durar alguns anos.

Infelizmente os conceitos de **austeridade** e de **eficiência** não estão ainda dentro da cultura histórica do governo federal. Por isso, existem oportunidades enormes para se promover grandes economias na esfera federal.

Estamos já desenvolvendo um escritório de projetos dentro da Casa Civil, com o apoio da ministra Gleisi Helena Hoffman, para aprimorar o acompanhamento de medidas prioritárias do governo, à semelhança da *delivery unit* ('unidade de entrega', criado pelo ex-primeiro-ministro britânico Tony Blair).

Teoricamente, a Câmara que presido é perpétua, mas ainda estamos num estágio inicial.

Se a cultura da boa governança pegar, acredito que ela vai ter continuidade com os futuros presidentes!!!"

Torcemos todos pelo sucesso da Câmara de Políticas de Gestão, Desempenho e Competitividade, não é?

Sem dúvida, é necessária uma reforma administrativa, como, aliás, se observa que está em andamento nos Estados como São Paulo, Pernambuco, Rio Grande do Sul etc., e deve-se deixar de lado o mito de que o problema de ineficiência da AP se deve ao excessivo número de servidores!?!?

O universo do funcionalismo em nosso País abrange 10% da **população economicamente ativa** (PEA), o que nos dá um percentual bem menor que em muitos países desenvolvidos e em outros emergentes.

Além disso, não se deve prender a ideia de que existem no mundo dois tipos de trabalhadores.

Um **eficiente e dinâmico**, que trabalha nas empresas privadas e o outro **indolente e incapaz**, que atua no serviço público.

Se existe alguma diferença entre eles, não é porque Deus os fez assim!?!?

Parece mais lógico supor que essas pessoas são diferentes no que se refere ao desempenho porque o sistema organizacional em que trabalham **os induz a serem assim.**

Uma interessante diferença entre um administrador que atua no setor privado e um gestor público é a seguinte: **ao primeiro é permitido fazer tudo aquilo que a lei não proíbe, já para o gestor público, só é lícito aquilo que a lei expressamente permite!!!**

Existe naturalmente uma grande diferença entre os dois conceitos que, em grande parte, explica a pouca **flexibilidade**, **criatividade** e **produtividade** de um servidor público.

Muitos governos já procuraram fazer a sua "reforma administrativa".

Entretanto, pelo menos no Brasil, o que se tem observado é um repetitivo jogo de "recorta e cola", ou seja, divide-se um ministério, uma secretaria ou órgão em dois ou mais (apostando que a descentralização vai aumentar a eficiência...) ou então, faz-se exatamente o contrário (reivindicando que isso levará a uma redução de custos e maior eficácia).

O que se vive hoje é uma clara demonstração que temos em muitas cidades, Estados e inclusive no governo federal, **secretarias e ministérios demais**, a tal ponto que muitos dos seus principais ocupantes têm grande dificuldade para ter uma reunião técnica respectivamente, com o prefeito, governador ou o presidente.

Vivemos em vista disso muitos traumas na AP, em termos de **desempenho**, que em diversos setores é **pífio** (como é o caso da educação, saúde, segurança, transporte etc.).

Dessa maneira, é vital injetar diversos vírus do mundo capitalista que move os seus trabalhadores em busca contínua de lucro, para que se tenha mais agilidade, na lenta e muitas vezes desmotivada "máquina estatal".

Afinal de contas, o servidor público é um ser humano igual aos outros que trabalham no setor privado.

É imprescindível desencadear em todos aqueles vinculados à AP, ou seja, nos funcionários públicos (concursados ou não) um intenso entusiasmo, para que eles se sintam importantes pelas tarefas que executam ou nas funções que exercem.

O excelente exemplo dos gansos selvagens

É necessário também que no serviço público se consiga formar **equipes de trabalho** em que os servidores públicos se comportem, na sua luta pela qualidade, como os **gansos selvagens**.

Quando os **gansos selvagens** voam em formação "**V**", como se constituíssem partes de uma grande asa, não é por simples capricho estético da natureza. Eles assim se dispõem porque conseguem ser **70% mais velozes** do que quando voam isolados.

Além disso, eles lidam muito bem com a questão da liderança. Quando o ganso que estiver na ponta do "V" se cansar, ele passa para trás da formação e outro se adianta para o comando.

O mais surpreendente (e gostoso de saber) é que quando um deles, por doença ou fraqueza, sai da formação, logo terá outro ao lado para tentar ajudá-lo ou protegê-lo.

Os hábitos de vida desses fascinantes animais deixam belas lições de vida aos homens. A mais evidente é o sentido comunitário da existência. Isoladamente, os gansos teriam menos chances de sobrevivência, principalmente nas suas grandes viagens migratórias. Nós, animais racionais às vezes escolhemos o caminho inverso – do **individualismo** –, sem saber o quanto perdemos.

Se fazemos parte de uma equipe e temos consciência disso, também podemos produzir mais e melhor, além de obter a satisfação do partilhar, da troca pessoal – que os gansos não têm. **Ou será que têm?** Simples palavras de apoio e encorajamento (como os gansos que grasnam lá de trás) inspiram e estimulam os companheiros, ajudando-os nas suas tarefas, a vencer os desafios do dia a dia.

É obvio que o apoio mútuo dessas aves em momentos difíceis se traduz como um sentimento de afeto que faz muito bem aos humanos, integrantes da mais importante espécie habitante deste pequeno planeta.

"Você acha que o exemplo dos gansos deveria servir de modelo para estabelecer um bom trabalho em equipe na AP?"

Com a permissão dos gansos, vamos indo adiante em nossas deduções. Em nossa vida profissional, qualquer atividade escolhida implica o relacionamento com pessoas: chefes, subordinados, colegas, clientes (munícipes). O nível dessas relações tem muita influência no bem-estar de quem trabalha, visando a qualidade, na satisfação dos clientes (munícipes).

Para a conquista de um bom relacionamento no trabalho, ou fora dele, é preciso saber que todo ser humano tem motivos sociais, desejos e necessidades que precisam ser satisfeitos.

A **luta pela qualidade** tem muitas frentes onde se deve atuar, e buscando um governo municipal mais eficiente, precisamos, por exemplo, ter o **verdadeiro vereador!!!**

➠ **Mas qual é o verdadeiro vereador e o que ele deve fazer?**

Ele foi eleito para legislar a favor do município em nome dos munícipes e:

⇒ estabelecer as leis sobre assuntos de interesse local, suplementar a legislação federal e estadual no que couber;

⇒ legislar sobre os impostos e tributos pagos pelo contribuinte e estabelecer como o dinheiro deve ser gasto;

⇒ autorizar a concessão de serviços públicos;

⇒ aprovar a aquisição e a alienação de bens municipais e imóveis;

⇒ criar, organizar e extinguir cargos públicos e fixar os ganhos de toda a administração pública municipal;

⇒ aprovar as diretrizes gerais de desenvolvimento urbano, delimitar o perímetro e a expansão urbana;

⇒ dispor e autorizar convênios com entidades públicas, particulares e com outros municípios;

⇒ determinar a denominação de vias e logradouros públicos;

"Você jamais subirá na carreira como um bom gestor público se para tanto for solapando as oportunidades de seus colaboradores. Sem uma boa equipe não dará para você ter uma AP de qualidade."

⇒ eleger e destituir sua Mesa na Câmara;

⇒ elaborar o Regimento Interno da Câmara, conhecê-lo, obedecê-lo e seguir a Lei Orgânica.

Lembre-se de que ele, sem seu voto, nem vereador seria e que **não é vereador** quem se **tornar**:

⇒ intermediador de interesses particulares;

⇒ despachante de bairro;

⇒ receptor de queixas individuais;

⇒ um todo-poderoso fora ou dentro de sua área;

⇒ um corretor de imóveis;

⇒ um agenciador de empregos;

⇒ um provocador de conflitos;

⇒ o dono da Câmara Municipal;

⇒ alguém que conseguiu chegar ao poder sozinho.

É verdade que, se de um lado não podemos ter, por exemplo, de imedia-to, um **vereador ideal**, isto não quer dizer que não devamos ter o bom senso de lutar por isso, se bem que até agora o efetivo resultado que tem alcançado o **homem sensato** é aquele de saber qual é o seu lugar, ou seja, de **ser passado para trás**!!!

Os "espertos" acham que é isso que merecem os sensatos...

Mesmo assim, ninguém deve deixar morrer a chama!!!

As maiores qualidades dos governantes, já se dizia desde os tempos de Confúcio, são a **temperança** e a **humildade**.

Aliás, no epitáfio de Andrew Carnegie (1835-1919), escocês, empresá-rio, filantropo norte-americano e ateu, considerado o segundo homem mais rico da história dos EUA, está escrito: "Aqui jaz um homem cujo grande e único mérito foi saber cercar-se de homens com mais méritos que ele."

Esta também deve ser a crença principal daqueles que labutam na AP e a sua filosofia de vida, se desejarem ter bons resultados na sua luta pela qualidade na gestão pública.

Não devemos pedir a Deus para que nos dê tarefas iguais às nossas for-ças, porém, isto sim, rezar para que nos dê força suficiente que possibilite executar as tarefas que surgirem.

Só dessa forma não estaremos achando que o **resultado** de nosso **trabalho** é um **milagre**.

Seremos nós mesmos e, como consequência, o nosso Brasil, o milagre de Deus...

Esperança com um pouco de sarcasmo...

Para fechar esse capítulo vamos recordar algumas medidas jrídicas que foram tomadas recentemente no País que nos animem a ter esperança que o Brasil caminha para a retidão, honestidade e especialmente eficiência, eficácia e qualidade na AP.

Assim, o mestre em Sociologia e doutor em História, Marcos Antonio Villa escreveu o livro *Mensalão*, no qual destacou: "O processo do 'mensalão' permitiu também lançar novas luzes sobre o funcionamento do Estado brasileiro.

As dezenas de depoimentos e as negociatas exemplificaram de forma cristalina como o interesse privado se sobrepôs ao interesse público.

Mostraram ainda que é possível, com relativa facilidade, aprisionar o cérebro do Estado em proveito de um projeto de poder criminoso. Em outras palavras, revelou a fragilidade das instituições democráticas.

Não faltam Constituição, códigos, leis, decretos, um emaranhado legal caótico. Mas nada consegue regular o bom funcionamento da democracia brasileira.

"A luta pela qualidade na AP não é fácil mas deve ser travada e será vencida!!!"

Ética, moralidade, competência, eficiência e compromisso público simplesmente desapareceram.

Temos agora um amontoado de políticos vorazes, saqueadores do erário.

Vivemos uma época de vale-tudo.

Desapareceram os homens públicos. Foram substituídos pelos políticos profissionais, muitos sem escrúpulos... Todos querem enriquecer a qualquer preço e **rapidamente**. Não importam os meios. São anos marcados pela hipocrisia.

Não há mais ideologia. Longe disso. A disputa política é pelo poder, que tudo pode e nada é proibido.

Os poderosos exercem o controle do Estado – controle no sentido mais amplo e autocrático possível.

Feio não é violar a lei, mas perder uma eleição, estar distante do governo.

Nesse universo sombrio, somente os áulicos – e são tantos – podem estar satisfeitos. São os modernos bobos da corte. Devem sempre alegrar e divertir os poderosos, ser servis, educados e gentis.

E não é de bom-tom dizer que o rei está nu!

Sobrevivem sempre elogiando e encontrando qualidades onde só há o vazio."

As decisões finais do STF deram entretanto um alento, uma esperança de que é possível imaginar uma República onde os valores predominantes não sejam o da malandragem e o da corrupção, na qual o desrespeito à coisa pública receba a devida punição, como de fato ocorreu com a condenação dos implicados no caso do "mensalão".

Mas para aqueles que ainda estão muito insatisfeitos com a propagação da corrupção no País, o convite é entrarem num movimento de **combate a ela**. E um interessante material de divulgação para as redes sociais está no livro *Como Enlouquecer um Político*, escrito por Edvan Antunes, no qual o autor dá diversas sugestões para aborrecer um político, seja ele do Executivo ou do Legislativo.

Aí vão dez delas:

1ª) Presenteie o seu prefeito com uma geladeira explicando-lhe que assim ele vai ter um lugar especial para guardar todas as **notas frias** que tiver.

2ª) Vestido de **serralheiro**, vá até a casa de um político e convença-o a colocar portões mais seguros e mais altos.

Diga-lhe que a população ficará mais tranquila com ele **atrás das grades**!

3ª) Disfarce-se de agente sanitário e sempre que tiver a oportunidade procure borrifar o prefeito.

Antes que ele reaja, diga que você está apenas fazendo o seu trabalho e tentando **acabar com as pragas**.

4ª) Publique num jornal um anúncio de **abandono de emprego**.

Escreva que há mais de um mês o vereador Fulano não aparece para trabalhar!

5ª) Na época do Carnaval convença um político a desfilar na comissão de frente de uma escola de samba.

Se ele não quiser, insista, dizendo que a comissão é de 20%.

6ª) Faça uma daquelas correntes via Internet pedindo ao vereador que recebeu a comunicação que a retransmita para mais oito vereadores.

O teor da mensagem é: "Pessoal, descobriram tudo, é melhor fugirmos para o Paraguai!"

7ª) Envie para um deputado (estadual ou federal) uma dieta radical para ver se ele perde um pouco o apetite por verbas públicas.

8ª) Usando um turbante hindu vá até o gabinete de um certo senador e fale que há muito não visita a Índia e que estava com muita saudade de ver um marajá.

9ª) Quando um político estiver em pé, comece a andar em volta dele com um olhar investigativo.

Ao ser interrogado sobre por que está fazendo isso, responda que está apenas procurando a etiqueta com o preço dele!

10ª) Envie um conjunto de frases que podem ser usadas por um político em sua lápide tumular, como por exemplo:

⇒ Todo homem tem seu preço, mas eu dividi o meu em três vezes.

⇒ Pelo menos 10% da minha vida foi muito boa.

⇒ Nunca me vendi, foram eles que me compraram.

⇒ O combinado não é caro.

⇒ Aqui jaz um vereador que fez parte de todas as comissões de 10% da Câmara.

⇒ Eu fui um homem (mulher) ou fui um rato (rata)?

⇒ Durante minha vida paguei por todos os meus votos.

⇒ Fui o vereador mais vivo da cidade.

⇒ Não vendi minha alma por falta de ofertas.

⇒ O dinheiro não é tudo, o importante são os cargos.

⇒ Quem nunca errou que atire a primeira pedra preciosa.

⇒ Obrigado a todos que depositaram em mim sua confiança e seu dinheiro.

⇒ Eu não morri, só fechei para balanço.

⇒ Minha vida foi uma obra inacabada.

Que tal caro(a) leitor(a) eleitor(a), já tem com o que começar para azucrinar os políticos que acredita que sejam corruptos. Não esqueça que agora você pode mandar mensagens para quem quiser ou espalhar muitas coisas no Twitter, Facebook etc.

E a ideia é começar a se movimentar para ajudar no movimento pela qualidade nos serviços municipais.

⇒ O que é afinal qualidade?

Pode-se responder essa questão da seguinte forma mais ampla:

⇒ qualidade não é a embalagem, é o **produto**;

⇒ qualidade não é o produto, é o **atendimento**;

⇒ qualidade não é o atendimento, é o **serviço**;

⇒ qualidade não é o serviço, mas tudo o que faz a **prefeitura**, pois é ela que no seu todo deve procurar **satisfazer** os seus **munícipes**.

Portanto, a qualidade que se deve ter na AP municipal em particular é a que se deve chamar de **qualidade humana**, ou seja, aquela que demonstram os seus funcionários no seu trabalho comportando-se como verdadeiros servidores para atender as necessidades dos moradores da cidade.

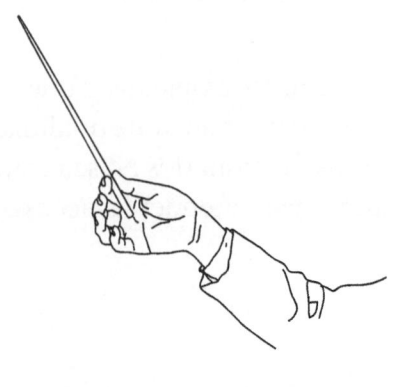

"

"Corrompo, logo existo!
Irmão, cuidado com a audácia de
tuas opiniões fraternas.
A corda arrebenta sempre do lado
mais fraco – o teu.
Te arma amigo – pacifista é quem
leva mais porrada!!!"

"

Millôr Fernandes (1923 - 2012).

CAPÍTULO 2

Os líderes, os seguidores e os opositores

O exercício da liderança

Em nenhum momento as teorias de aprendizagem são mais nítidas em sua funcionalidade do que quando se trata de apreciar o **dinamismo** que se estabelece, pelas mútuas influências, no processo de interação das **lideranças** com os seus **seguidores** e com os **opositores** que ele suscita. Estas são de fundamental importância para, mantendo as tensões e dando espaço para os reequilíbrios, legitimar as **mudanças**.

O exercício da liderança equaciona-se com as disputas de poder e com a participação mais ou menos intensa dos diversos estamentos da tessitura organizacional. O poder pode se fazer presente em influências colaterais, tanto quanto em suas configurações verticalizadas – tanto de cima para baixo, como de baixo para cima. De qualquer modo, o poder de influenciar é de dupla via – **o que influencia também é influenciado**.

A consciência social e política, bem como as concepções de outras pessoa e da sociedade, juntamente com a visão de mundo dos **líderes**, dos **seguidores** e dos **opositores**, situam-se no âmago das possibilidades de mudança. Esta, por sua vez, correlaciona-se com necessidades que levam a problematizar e questionar o *status quo*, propiciando rupturas e reestruturações.

A **cultura organizacional**, com seus ingredientes de concepções,

"Para ser um líder eficaz é preciso aprender a tomar decisões difíceis. O que não é fácil..."

valores, crenças e ideologias, tem um dinamismo próprio que se movimenta entre os polos da desconstrução e da integração de novos valores e contextos. É preciso desmanchar conceitos antigos, muitas vezes arraigados ao nível de atitudes preconceituosas, e descontruir a hierarquia de valores a fim de, criando novo espaço, conquistar a liberdade de repensar tanto a realidade externa quanto as vivências internalizadas, com seus significados emocionais.

O ato de administrar traz em seu âmago uma imensa potencialidade de aprendizagem e modificação de comportamentos e atitudes. O aproveitamento desta potencialidade, porém, só se torna rentável quando tanto os gestores como as suas equipes de trabalho têm uma clara intenção de **transformar** suas atividades e suas experiências em lições vivas de aprendizagem. E por meio dessas lições, por avaliações progressivas, com *feedbacks* (realimentações) contínuos, extrair das situações as forças latentes passíveis de ser aproveitadas para o crescimento humano e para o aperfeiçoamento institucional.

A intenção de aprender e aperfeiçoar-se é **condição indispensável** para o avanço do conhecimento, bem como para a melhoria das técnicas instrumentais e articulação racional e lúcida de uma filosofia de ação na AP. Tal intencionalidade deverá estar na consciência de todos os participantes. O gerente de cidade, em especial, deverá ser um líder formal por excelência, um facilitador no sentido de que tais processos se tornem visíveis e apreciados em suas singularidades e em suas contribuições passíveis de generalizações.

Na Figura 2.1 temos uma ilustração das interligações dos conhecimentos necessários do comportamento e, principalmente, da posição no dinâmico ato de gerenciar e de continuamente aprender.

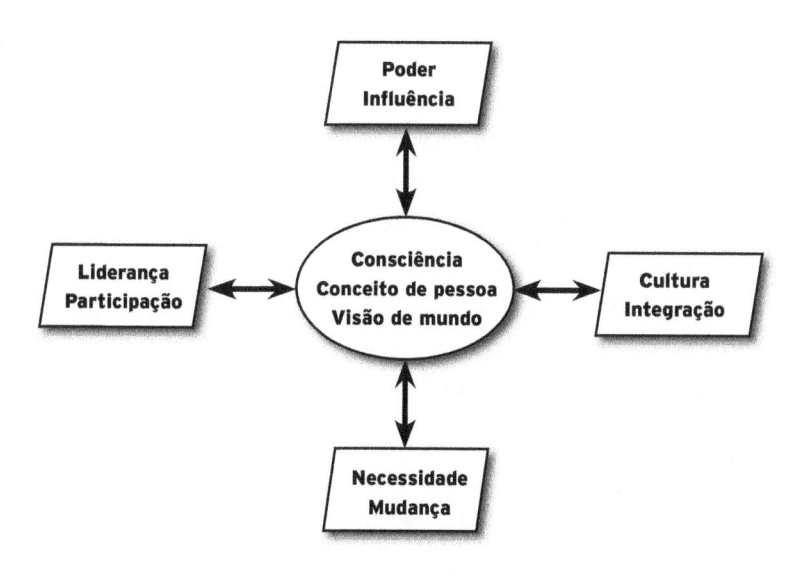

Figura 2.1 - Interligações necessárias para poder gerenciar.

Num treinamento para dirigentes do setor público foi perguntado: **o que era influência**?

As respostas nitidamente apontaram tanto aspectos positivos emancipatórios de pessoa, de sua liberdade e de seu crescimento e afirmação social, quanto elementos negativos de marginalidade, manipulação e domínio de vontade de uns sobre outros.

O **poder** limita, cerceia, reduz, submete, enquanto a **influência** pode estimular e potencializar comportamentos criativos.

A influência é poder, é ascendência sobre o rumo dos acontecimentos ou sobre as vontades alheias. Tem caráter manipulativo com concentração de força para liderar e decidir.

Esta dicotomia, entre positivo e negativo, em relação ao conceito de poder e sua superposição com o conceito de influência desenvolvido por Jürgen Habermas e dissecado num estudo sobre poder por Hannah Arendt.

Segundo este estudo, o **poder** só é legítimo quando resulta de um consenso ao qual se chega por ações interativas livres de coerções e violências.

Hannah Arendt concebe o poder como "aquela capacidade humana não somente de agir ou de fazer algo, como de unir-se a outros e atuar em concordância com eles".

Paul-Michel Foucault, em sua *Microfísica do Poder* diz:

"Unir-se ao outro e atuar em concordância com ele aponta para um poder que não é possuído, mas sim construído no dinamismo das interações, e isto significa, em última análise, liderança na consecução de objetivos compartilhados. Nesse dinamismo do poder, somos condenados a encontrar a verdade, ainda que parcial e relativa.

Vamos nos descobrindo e sobrepujando, abandonando posições e edificando os alicerces para uma visão mais inserida no contexto relacional. Trata-se, portanto, de captar o poder em suas extremidades, em suas últimas ramificações.

Lá onde ele se torna capilar... penetra nas instituições, corporifica-se em técnicas e se mune de instrumentos de intervenção material..."

Para a pergunta: **"O que é ser líder?",** a resposta de Paul-Michel Foucault é a seguinte: "Ser líder é **mandar**. Ser líder é fazer com que sua ideia ou proposta seja **aceita** pelos demais. Ser líder é **auscultar** as necessidades e interesses do grupo dando uma resposta que satisfaça a maioria. Ser líder é **exercer uma ação** que empolgue o grupo como um todo."

Embora a resposta tenha certas discrepâncias em muitos aspectos, ela aponta para o significado de liderança e para os desejos de que "alguém" **facilite, monitore** e **ajude o grupo em suas realizações**!!!

Há quem diga que o governo, principalmente o federal, não consegue fazer, ou seja, estar à frente e muitas vezes fica **na frente**, sendo um obstáculo.

O governo federal brasileiro tem uma grande dificuldade para executar as obras que planeja devido aos entraves relacionados com as licenças ambientais, suspeitas de irregularidades e as greves. Mas talvez o seu maior problema seja a burocracia.

➠ **O que é burocracia?**

A burocracia não foi elaborada para mudar as coisas, mas ao contrário presta-se de forma adequada para manter o que existe e **conservar tudo como sempre esteve!!!** Lamentavelmente não se consegue eliminar a "cultura da burocracia".

Dessa maneira, a burocracia principalmente quando está repleta de influencias políticas espúrias, se acomoda nas engrenagens da história como uma ferrugem, promovendo uma inércia funcional que complica quaisquer novas iniciativas que ministros ou os secretários (estaduais ou municipais) queiram tomar.

Portanto, a burocracia tem um objetivo em si, pois é um animal que se alimenta das próprias entranhas (!?!?), sendo que a única mudança que admite, com significativa desconfiança, é a sua **própria expansão**.

Assim, o ente burocrático é praticamente indestrutível e é quase impossível que o **burocrata bem-sucedido** faça algum **ato criativo** para **minimizar a burocracia**.

Percebe-se, nitidamente, a burocracia toda vez que dois órgãos públicos precisarem examinar o mesmo processo em separado e nenhuma decisão emerge. E aí, quando se torna imperativa uma decisão consensual e negociada, ela terá o condão de manter tudo exatamente como sempre foi.

Dessa maneira em 2012 vários projetos do Programa de Aceleração do Crescimento (PAC) estabelecidos alguns anos atrás, como as rodovias BR-101 (em Pernambuco), BR-163 (no Pará e em Mato Grosso), BR-365 (em Minas Gerais), bem como o Arco Rodoviário do Rio de Janeiro, não obtiveram o "sinal verde" para serem iniciadas.

Em todos esses casos, os contratos foram rescindidos (ou estão em processo de rescisão) pelas construtoras responsáveis.

E os motivos são diversos, desde problemas ambientais até discordâncias em relação aos novos preços estabelecidos pelo TCU.

Também há problemas no que se refere a desapropriação e revisão do orçamento de obras, como é o caso de um trecho de duplicação do trevão Uberlândia, na BR-365.

No setor elétrico em 2012, 57% dos empreendimentos de novas linhas de transmissão estavam com significativo atraso no cronograma.

Eram 238 linhas e subestações com problemas ambientais e outros questionamentos impeditivos.

Entre esses projetos estão, por exemplo, as linhas de transmissão da estatal Chesf (Companhia Hidro Elétrica do São Francisco) que deveria ser entregue até o final de 2012 para início de operação dos parques eólicos no Nordeste, mas isso não acontecerá e ninguém sabe ao certo quando de fato acorrerá...

A empresa argumenta que não conseguiu licença ambiental para iniciar as obras, embora não se pode deixar de citar que ela também demorou para solicitar o licenciamento. Quanta falta de **integração** no seu planejamento, não é?

O presidente da Associação Paulista de Empresários de Obras Públicas (APEOP), Luciano Amadio Filho explicou: "As construtoras até que estão com bastante serviço, mas todas estão bem atrapalhadas, com projetos errados, entraves no licenciamento, problemas de preços.

Tudo isso faz com que as obras não andem.

Aliás o que andou em investimento em infraestrutura em 2012 foi ínfimo.

Por exemplo, a transposição do rio São Francisco está pela metade, faltou planejamento; nos aeroportos, o governo fez um leilão e está demorando para fazer outros leilões, nos portos os avanços também são insignificantes ainda.

Acho que o governo federal até tem boas intenções, mas a máquina governamental não anda na velocidade necessária.

Por exemplo, os dados da ONG, Contas Abertas mostraram que em 2012 o governo liberou apenas R$ 579 milhões para a transposição do rio São Francisco, o pior resultado desde 2009."

Em 2012, além de tudo isso o País teve de contar com um ingrediente a mais para travar os investimentos.

Foi iniciada em 2011, uma faxina no Departamento Nacional de Infraestrutura de Transportes (Dnit), que teve reflexos pesados nos projetos de manutenção de rodovias e assim o Ministério de Transportes pagou em 2012 apenas 20% de um orçamento de R$ 19,1 bilhão, pois precisou fazer verificações meticulosas sobre a autenticidade dos pagamentos...

O presidente da Câmara Brasileira da Indústria da Construção (CBIC), Paulo Safady Simão comentou: "O governo federal teve problemas durante todo 2012 e assim a maioria dos projetos ficou emperrada e só no último trimestre é que algumas questões foram totalmente solucionadas e as obras voltaram a ser tocadas.

O resultado de tudo isso é que a indústria da construção vai crescer em 2012 apenas 3%, bem abaixo dos níveis dos anos anteriores que foram com crescimento acima de dois dígitos.

Mas assim mesmo, será um crescimento maior que o PIB brasileiro!!!"

Uma outra ideia é a de que todo chefe deve ser líder, substituindo-se o conceito de chefia pelo de liderança. Também o conceito de supervisão se amplia quando a mesma é vista como liderança (veja a Figura 2.1). Observa--se na resposta sobre: "**O que é ser líder?**" que ela vai num crescendo da atitude mais primitiva que é "mandar", à mais elaborada: "empolgar o grupo por meio da ação". Quando a chefia ou a supervisão é exercida por meio da liderança, torna-se imprescindível que o grupo tenha objetivos comuns e que todos, por assim dizer, olhem para o mesmo horizonte. Isto supõe expectativas compartilhadas que emergem da cotidiana construção de experiências que se entretecem pelas múltiplas formas de **participação**. Entre elas, há duas que ocupam uma posição privilegiada: o **diálogo criativo** e a **discussão em grupo**.

A liderança que se exerce por meio do **diálogo criativo** é aquela em que a **força argumentativa** dos interlocutores é capaz de alterar concepções propiciando um novo modo de compreensão. Uns aprendem com os outros, independentemente da posição hierárquica ou do *status* que ocupem na organização. Deve-se ainda a Paul-Michel Foucault, do seu livro *Microfísica do Poder*, o diálogo parecido ao seguinte:

Pergunta o gestor público para o seu subordinado: "Quem são os seus clientes?"

Servidor público: "Os meus clientes são minha mulher, meus filhos, o senhor mesmo, meus colegas de departamento, as pessoas (munícipes) que atendo no balcão...".

Gestor público: "Esses são os entes concretos de seus relacionamentos diários, mas quem mais você tem em mente em suas atividades aqui na prefeitura?"

Servidor público: "Já sei... o cidadão, aquele que não estando aqui 'em carne e osso' está sempre presente em minhas preocupações."

Que servidor público, engajado, não é?

Este mesmo diálogo criativo transposto para a outra modalidade privilegiada de participação, que é a **discussão em grupo**, assumiria outras tonalidades, num nível maior de complexidade e talvez até de **dissonância**. É conveniente, no entanto, ressaltar que a discussão em grupo pode também ser criativa, dependendo de quanto o coordenador das discussões exerce suas habilidades de liderança no sentido de manter o foco e aproveitar todas as contribuições, acolhendo e recanalizando aquelas que, por ventura, se apresentem como contraditórias ou dissonantes.

Quando a liderança é forte e amplamente legitimada pelo grupo, o número de seguidores é significativamente maior do que o de opositores. Todavia, o **"seguidor"** não quer dizer **obediência cega** e, portanto, uma ausência de crítica ou questionamento. Tem a ver muito mais com **lealdade** e **aliança**, tendo em vista a consonância de propósitos e a afinidade de interesses. Por outro lado, o conceito de seguidor, como o de líder, é altamente dinâmico, quer dizer, em certas situações X lidera Y que o segue, para logo depois, em outra circunstância, Y lidere X.

O que se verifica é que num relacionamento de apoio e solidariedade, os papéis se invertem e se complementam, porque na base está um pressuposto de apoio, respeito, confiança e admiração entre ambas as partes. Isto se constitui num permanente exercício de tomada de decisões que continuamente se encaminham para os mesmos objetivos ideais. Com isto, há um reforço das metas a serem alcançadas em função de finalidades claramente assumidas e compartilhadas na AP. As vontades e as motivações se sintonizam alargando as possibilidades de conquistas que ambos desejam e lutam para conseguir.

Aí vai um exemplo: "Tratava-se de uma viagem para obtenção de recursos para um projeto na cidade. O assessor queria convencer o gestor de que ele deveria abandonar todos os seus compromissos e viajar para uma reunião num órgão federal na capital do País, na próxima semana. Foram examinados os prós e os contras, mas não se chegou a uma decisão. Mais tarde voltaram ao assunto, solicitaram mais informações: o gestor público teria 50 min para apresentar sua proposta e mais 20 min para discuti-la com os participantes daquela reunião. Poderia tal esforço e gasto de tempo redundar na conquista da verba necessária e, portanto, no progresso na cidade. Mais 15 min de análises e discussão e o assessor providenciou as reservas de hotel e passagens para seu chefe."

Tem-se aí tanto o processo de liderança se desdobrando numa atividade do cotidiano quanto a tomada de decisões que envolve um certo montante de desconhecimento e, portanto, de risco quanto ao retorno do investimento. Tem-se, também, a inversão de papéis, pois, embora o gestor público naturalmente seja o líder, acaba **seguindo** o que lhe **aconselha** o **assessor**. E isto não é infrequente, encaixando-se perfeitamente na dinâmica de uma liderança harmoniosa.

Todavia, os relacionamentos nem sempre se dão nesse nível de sintonia e confiabilidade. Se existem os **seguidores**, existem, ao mesmo tempo, os **opositores**. Em geral, são pessoas que não concordam plenamente com as perspectivas e as visões de mundo do líder ou do dirigente maior, que estão insatisfeitos com o rumo das ações e, principalmente, com o espaço que lhes é destinado para construir as situações de acordo com seus interesses ou ideais. De algum modo, sentem-se como perdendo terreno na conquista das posições e dos avanços que poderiam propiciar a realização de suas propostas ou das soluções que apresentam, desde que acreditam que a sua **opinião** é a **mais acertada**. Nos opositores reside um modo de ver os problemas e as soluções, a partir de um outro ângulo de análise, que obviamente é contrário aos encaminhamentos que estão sendo trabalhados naquele momento.

No entanto, a oposição pode ser extremamente útil e fecunda se ela for incorporada com flexibilidade, embora sem se desviar dos propósitos, no dinamismo das discussões e das buscas de compreensão dos problemas que estão sendo enfrentados. São os opositores (os que não são irracionais) que mantêm a tensão com o sistema vigente, obrigando a continuamente repensar as atitudes e ações no sentido de perseguir a melhoria constante.

Este **tensionamento** evita o comodismo e a falsa impressão de que tudo está em perfeita ordem. Obriga a rever posicionamentos e decisões e alarga o horizonte de possibilidades pelo exame de alternativas de solução que de outra forma não seriam contempladas.

Há um problema, contudo, na aceitação do opositor como alguém que decididamente contribui para o fortalecimento do grupo dando maior consistência às suas decisões. Ninguém ama o seu opositor. Pode-se até reconhecer o importante papel que ele exerce para introduzir divergências e reequilíbrios, mas o sentimento natural e a emoção dominante é a de **evitação** e **rejeição**.

Estabelece-se um jogo infantilizado e primitivo de quem domina quem, ou seja, de ganhar ou perder. Para reverter tal situação num fato positivo e enriquecedor é preciso não só maturidade, mas o desenvolvimento de habilidades que requerem **modéstia, simplicidade** e o **genuíno desejo de crescimento** por autossuperação, tendo em vista objetivos maiores e a mais longo prazo.

São as virtudes da **paciência**, da **tolerância** e, em certo sentido, a **crença da generosidade humana** que podem ajudar o gestor público a ultrapassar tais impasses e distorções do processo na cotidiana convivência com os desafios na esfera do trabalho, com os opositores.

Aí vão três importantes conselhos para os gestores públicos:

⇒ "É preciso aceitar as **mudanças** como regra, mas não se deixar governar por elas"

⇒ "É necessário aprender com os erros já cometidos, mas não descansar sobre os louros do passado."

⇒ "É fundamental continuar a adquirir novas habilidades técnicas continuamente, mas evitar a pensar daí para frente com um especialista!!!"

Infelizmente, quando há **troca de governo**, ocorrem muitas **mudanças,** em particular nos cargos de confiança, justamente procurando "limpar a área" para não se ter opositores e, com isso, perdem-se muitos gestores públicos competentes que já estavam desenvolvendo um trabalho de forma eficaz e desintegram-se equipes eficazes...

A liderança e a ética

Quem quer exercer a liderança não pode consegui-la e principalmente mantê-la se não comportar-se de **forma ética**.

Atualmente, entendemos por ética um conjunto de valores subjetivos, organizados na medida e na hierarquia que cada um julgue relevante para uma vida digna.

➠ Mas não haveria uma **ética comum**, com independência do que cada um pensa?

Deve haver, pois não é razoável, por exemplo, que alguém considere que **mentir** seja ético.

Será possível entender como atitudes éticas, a covardia, a ingratidão e a arrogância?

A dignidade humana parece exigir sempre algumas qualidades morais, com independência das idiossincrasias ideológicas e culturais de cada um.

Esse fato – que poderia parecer um limite para nossa liberdade – é o que lhe confere sentido. As nossas escolhas são relevantes.

É comum ouvirmos reclamações sobre a falta de ética dos homens públicos ou da sociedade em geral.

Pode-se contemplar a ética pela face da estética, concluindo que a falta de ética é **algo bem feio!?!?**

Assim, não vale mais de forma alguma a justificativa do prefeito sobre o qual dizem: **"Ele rouba, mas faz."**

Também é insuficiente não ser assassino ou ladrão.

Naturalmente os munícipes querem muito mais dos seus representantes no Executivo e no Legislativo.

Esse aspecto também joga algumas luzes sobre o conceito de ética kantiana – **configurada essencialmente por deveres** – que no fundo é uma ética de mínimos.

Dessa maneira seria ético, todo aquele que não infringisse as normas éticas, quem vivesse de acordo com o código de ética da sua profissão.

Nesse sentido o raciocínio: "Não matei, nem roubei, logo, sou uma pessoa justa", está muito longe da percepção aristotélica da ética, que aponta para a perfeição do comportamento humano.

Portanto, não basta abdicar do mal, é preciso ser **bom de verdade.**

Apesar de todos concordarem sobre a necessidade de pessoas éticas na AP, ainda é muito complicado os seres humanos perceberem que enfrentam problemas éticos.

As regras vigentes no mercado e o pluralismo da nossa sociedade apresentam oportunidades e necessidades de ação que, a princípio, não parecem dar motivo para dúvidas morais pessoais, porém, quando examinadas a fundo, representam problemas morais importantes para o indivíduo.

A **ética** está presente em todas as partes, e no final de 2012 o Brasil todo acompanhou o julgamento dos envolvidos no "mensalão" um grande grupo de pessoas, com integrantes do setor privado, dos bancos e servidores públicos, que não se comportaram de forma ética no trato dos recursos públicos.

Muitas situações desencadeiam o não comportamento ético e entre elas não se pode deixar de citar as seguintes:

1ª) Encobrimento e deturpação de relatórios e procedimentos de controle.

2ª) Ganância.

3ª) Justificativas duvidosas sobre a compra de produtos ou serviços para a prefeitura ou outros órgãos públicos.

4ª) Inadimplência ou fraude de termos negociados.

5ª) Deslealdade com o órgão público, assim que os tempos fiquem difíceis.

6ª) Má qualidade no trabalho executado.

7ª) Estabelecimento de políticas que estimulem os funcionários de algum setor da prefeitura a mentir, para poder cumpri-las.

8ª) Humilhação das pessoas, no trabalho ou por meio de estereótipos na sua comunicação (nas redes sociais).

9ª) Obediência cega à autoridade, não importando se ela é antiética ou injusta.

10ª) Favoritismo para certas facções ou entidades.

11ª) Acordo de preços nas licitações.

12ª) Sacrifício do inocente (ingênuo) e do mais fraco para que as coisas sejam feitas (ou encobertas...).

13ª) Suspensão dos direitos básicos: liberdade de expressão, de escolha e de manutenção de bons relacionamentos pessoais.

14ª) Falha em denunciar a ocorrência de práticas antiéticas.

15ª) Não repor aquilo que se tirou do meio ambiente, dos servidores e/ou dos bens de um órgão público.

16ª) Não atacar prováveis áreas de fanatismo, preconceito de sexo ou racismo.

17ª) Bajular a hierarquia da prefeitura no lugar de fazer de fato o trabalho bem-feito.

18ª) Não cooperar com outras secretarias da prefeitura – a mentalidade do inimigo, ou seja, ela está sob o comando de algum indivíduo do outro partido.

19ª) Não assumir a responsabilidade por práticas danosas – intencionais ou não.

20ª) Abusar ou simplesmente concordar com fantasias da AP, que desperdiçam dinheiro e tempo.

21ª) Corromper o processo político por "meios legais".

22ª) Exagerar conscientemente as vantagens de um plano, programa ou projeto para obter o apoio necessário.

23ª) Subir na escada da AP utilizando os outros como degraus.

24ª) Mentir, por omissão, para os munícipes pelo bem da sua secretaria (órgão).

25ª) Fazer aliança com um partido questionável, mesmo que para uma boa causa.

Seguramente o(a) estimado(a) leitor(a) pode ampliar esta lista com outras questões morais de honestidade, justiça, respeito pelos outros ou cumprimento de compromissos. Na realidade, o que deve espantar a cada um de nós não é o fato de a lista estar completa (ou não), porém, a extensão da mesma. O pior é que ela contém problemas que não são isolados e que ocorrem com muita frequência no dia a dia de cada servidor público.

O que é também muito curiosa e impressionante é a natureza evasiva de cada um dos problemas. Na lista há pouco detalhada, há 25 situações que parecem obviamente erradas a distância, porém elas estão tão misturadas a outras questões e circunstâncias ambientais que a demarcação entre o **certo** e o **errado** não é muito clara!?!?

A **principal questão** para a ética na AP e para o gestor público preocupado em manter altos padrões de comportamento na prefeitura, não é detectar todos os homens e mulheres metidos em negócios antiéticos.

"Ter ética na AP depende muito do exemplo que é dado por aqueles que comandam, ou seja, que estão no topo e se comportam, demonstrando claramente o seu empenho para que tudo seja feito com qualidade"

A supervisão do cumprimento das regras é necessária, porém não assegura uma conduta ética no desempenho do seu trabalho.

A tarefa **urgente** de todo **líder** que milita no setor governamental, na sua luta pela qualidade é concentrar-se **não** apenas naquilo que não deve ser feito, mas também naquilo que o gerente ético **deve** pensar em termos morais e econômicos.

É neste ponto que a liderança moral verdadeira vai acontecer nas prefeituras. A conduta moral em todas as atividades na prefeitura merece a mesma atenção sistemática que qualquer outro aspecto da AP.

Até aqui, porém, tem havido pouca ajuda nessa área. Esta falha não é de todo surpreendente!?!?

A *Bíblia* adverte sobre servir aos bens materiais.

Quanto às nossas respostas instintivas, a ideia de uma **vida de integridade no trabalho** simplesmente não faz sentido para a maioria das pessoas!?!?

Em nossa cultura brasileira não é fácil imaginar um doutor heroico arriscando sua própria saúde para tratar dos doentes. Ou um destemido prefeito que defendendo, às custas de sua própria carreira, luta para conquistar mais recursos para a sua cidade e, assim, participa de **movimentos de protesto contra o governo federal**...

Pouco se exalta a imagem de um professor de uma escola pública conduzindo sua busca da verdade, mas arriscando-se a ser ridicularizado.

Parece até que na segunda década do século XXI, o professor "adequado" é aquele que **falta um pouco, deixa colar discretamente, corrige as provas de forma superficial** e **não reprova ninguém**!!!

É muito mais difícil idealizar um gestor público estereotipado vivendo nobremente apenas de sua remuneração mensal. E quando médicos ou professores que atuam no serviço público começam a revelar suas motivações (e frustrações) financeiras, eles são firmemente submetidos ao mesmo cinismo social. Há até uma pecha desagradável ou então uma visão definitivamente suspeita da moralidade sobre quem ocupa cargos de confiança na prefeitura, quando alguém diz: **"Ah! Você aceitou trabalhar nessa secretaria municipal, então automaticamente é ganancioso e desonesto!?!?"**

O que não dizer de um vereador que para se reeleger na

"É uma experiência bastante interessante a sua, prof. E. Ticco, porém, como isto está relacionado com o assunto de hoje, – beligerância – não se pode dizer que o ser humano é pacífico e bom?"

cidade de São Paulo gastou R$ 10 milhões na sua campanha e vai poder receber apenas um décimo disso nos seus quatro anos de mandato. O restante do dinheiro que ele gastou para se eleger, ele vai retirar de onde?

E aí vai um exemplo do desfecho inesperado de uma apuração que não puniu ninguém.

Comissão Parlamentar de Inquérito (CPI) é uma prerrogativa da minoria no Estado Democrático de Direito para evitar que a maioria imponha permanentemente e discricionariamente sua vontade política nas decisões parlamentares.

Por meio dela o Parlamento exerce seu poder de fiscalizar atos do Executivo garantindo a **impessoalidade** e a **probidade** da gestão dos recursos públicos.

Infelizmente, na política nacional, a prática anda bem distante da teoria e dessa maneira as muitas CPIs instaladas têm servido, sem exceções notáveis, de mero **instrumento de propaganda** de partidos e políticos que ganham destaque no noticiário dos meios de comunicação, sem que haja resultados práticos nas investigações ou em eventuais punições (cassações).

O caso específico da CPI, reunida a pretexto de devassar as atividades criminosas do bicheiro goiano Carlinhos Cachoeira (Carlos Augusto de Almeida Ramos) e suas relações espúrias com uma empreiteira de notório favorecimento em licitações federais, estaduais e municipais, pelo País afora e também com destacados membros da elite dirigente nacional (o texto final do relatório sobre essas atividades todas alcançou **cerca de 5 mil páginas**) foi de longe uma **sórdida** exibição de desprezo dos **representantes do povo** pelo devido respeito que deveriam ter aos interesses e valores públicos.

Pois é, como disseram os mais calejados nos resultados das diversas CPIs: "Até os patos que nadam no espelho de água da praça dos Três Poderes estavam informados de que nunca houve interesse algum em investigar e punir os eventuais malfeitos."

E deu no que deu: a CPI do Cachoeira que se instalou em abril de 2012 terminou no dia 18 de dezembro de 2012, quando numa manobra da oposição junto com pequenas bancadas insatisfeitas, fez com que se aprovasse por 18 a 16 votos, um relatório bem resumido que acabou substituindo um outro (também curto), de apenas **uma página e meia**, da lavra do deputado Luiz Pitman, que **cancelou** os 40 pedidos de indiciamento e, sem **apontar nenhum responsável pelos delitos** que deveriam ter sido investigados, se limitou a sugerir o envio dos dados em poder da CPI ao Ministério Público Federal!?!?

Obviamente essa CPI deixou uma vítima oculta: a reputação do Poder Legislativo ficou mais em baixa ainda, quando se constatou de novo uma "manobra mágica" que tornou possível após se ter ciência de uma série de escândalos descritos em 5 mil páginas, reduzir tudo isso a um relato de uma página e meia (!?!?), sem que os verdadeiros culpados pelas lambanças sequer tenham sido indiciados...

Caro(a) leitor(a), você acha que a **ética** ficou **bem arranhada nesse caso?**

A grande maioria dos brasileiros considera que a prestação dos serviços públicos federais, estaduais e municipais é de **baixa qualidade.**

E agora no governo da presidenta Dilma Rousseff se faz propagandas na televisão que os hospitais do Sistema Único de Saúde (SUS) **oferecem um excelente atendimento!!!**

Obviamente, não será uma campanha publicitária, que vai mudar repentinamente a opinião pública, pelo menos é o que acham os **contribuintes racionais**, não é?

Mas também não se deve condenar um órgão do Executivo ou uma empresa estatal pelo fato de fazer propaganda, até porque com isso ela gera renda e movimenta o mercado publicitário do País, um grande empregador de pessoas.

Mas aí o diretor-geral do ICONE (Instituto de Estudos do Comércio e Negociações Internacionais), André Meloni Nassar fez a seguinte reflexão no seu artigo *Defendendo o indefensável* (publicado no jornal *O Estado de S. Paulo* em 19/12/2012): "O governo Dilma Rousseff por alguma razão sobre a qual posso apenas especular, decidiu por fazer propagandas de órgãos do governo federal que prestam serviços à população.

É uma estratégia, imagino de **grande risco**, do ponto de vista de **popularidade**, por um lado, mas, mais importante, de **credibilidade**, por outro.

Será que é uma boa prática, do ponto de vista moral, um governo seja ele qual for, tentar convencer através de uma campanha publicitária sobre uma **excelência inexistente** de um serviço público?

Do jeito que as coisas vão, amanhã poderemos assistir a uma propaganda do Ministério da Defesa **falando maravilhas** sobre a sua atuação no controle de fronteiras; do Ministério da Educação **bradando** a qualidade da nossa educação pública no ensino fundamental; da Infraero (Empresa Brasileira de Infraestrutura Aeroportuária), **exaltando** a grande qualidade dos nossos aeroportos; das Polícias Militar e Civil dos Estados, **difundindo** os elevados níveis de segurança coletiva; da Receita Federal **descrevendo** o Brasil como um País sem burocracia e de grande simplicidade tributária e do Ministério de Minas e Energia, **garantindo** que a política de antecipação das concessões das empresas de energia elétricas, não vai ter impacto na geração de energia no longo prazo.

Numa situação como essa, embora um tanto caricaturada, um alienígena que descesse no Brasil e optasse por conhecer o nosso País por intermédio da televisão, enxergaria outra Nação...

Provavelmente, iria querer mudar para cá, porque aqui ele não precisaria pagar para ter acesso à rede privada de saúde, uma vez que o sistema público oferece um serviço de excelente qualidade!?!?

Pobre alienígena!!!

Até onde eu saiba, as empresas privadas estão sujeitas a várias restrições no uso de publicidade, sobretudo porque elas sabem que serão punidas, que pagarão caro pelas inverdades que divulgarem, seja pela marcação da sociedade civil ou por rigorosa investigação de organismos como o Ministério Público.

E quanto ao Estado brasileiro, isso não deveria se aplicar também?

Quando um governo começa a utilizar campanhas publicitárias para exaltar as qualidades da prestação de um serviço público que são notoriamente inexistentes, parece-me que está criando um sério problema para si.

Tenho a impressão de que o governo brasileiro está fazendo experimentações muito arriscadas, soltando balões de ensaio em ações específicas, que visam a transformar em **certo** o que é **errado**!?!?

Pois bem, essa campanha publicitária do SUS parece ser um caso desses, em que a tênue separação entre certo e errado foi rompida."

O pior, é se essa moda pegar e difundir-se para os governos estaduais e os municipais, não é?

Aí os governos estarão gastando os seus escassos recursos em publicidade enganosa, no lugar de alocá-los para ter alguma melhoria sensível nos serviços públicos oferecidos de maneira inadequada...

Concluindo, pergunta-se: **é ético** fazer esse tipo de comunicação sobre os hospitais do SUS?

Por sua vez, o julgamento da Ação Penal 470 (que ficou conhecida como o "mensalão") pelo Supremo Tribunal Federal (STF) constituiu-se num marco histórico, pois assim que foi encerrado em 18/12/2012 abriu para o Brasil a perspectiva de um significativo avanço institucional, representado pela consolidação do Estado de Direito, muito particularmente no que diz respeito ao princípio de **que todos são iguais perante a lei**. Quem é um gestor ético sem dúvida ficou muito feliz com o seu desfecho.

Foi de fato uma importante quebra de paradigma na Justiça brasileira no julgamento dos crimes de colarinho branco.

Nesse julgamento reconheceu-se a **responsabilidade**, em algumas das acusações, de quem não executou os atos ilícitos diretamente, mas deu as diretrizes ou a retaguarda necessária para permitir que tais atos ilícitos fossem efetivamente praticados.

Mesmo levando em conta que do ponto de vista processual existe ainda um caminho a percorrer antes da publicação do acórdão que produzirá os efeitos penais do julgamento, todos nós brasileiros podemos nos sentir orgulhosos, pois foi dado um passo importante para resgatar o Brasil do **histórico atraso institucional** representado pelo estigma da **impunidade dos poderosos**!!!

A construção de uma grande democracia é um processo permanente, complexo e tortuoso porque deve perseguir a **unidade** do bem comum na diversidade dos interesses conflitantes que caracterizam qualquer corpo social.

A evolução desse processo, no modelo preconizado por Montesquieu (18/1/1689 – 10/2/1755) e adotado pela maioria dos Estados ocidentais modernos, está condicionada à observância de fundamentos como o da separação dos poderes (Executivo, Legislativo e Judiciário) e o de que **todos são iguais perante a lei**!!!

No Brasil, é triste, mas deve-se concordar, tais fundamentos nunca foram levados muito a sério!?!?

E as consequências disso são particularmente graves no que diz respeito à igualdade perante a lei - o que tem tudo a ver com o desempenho do Judiciário, mas também, quando se trata de uma investigação criminal, as instituições subordinadas ao Executivo, como a polícia e o Ministério Público.

Se de um lado a investigação criminal do mensalão, que envolveu inicialmente 37 acusados, mereceu elogios gerais pela **eficiência**, por outro indicou que essa qualidade nunca foi exatamente a regra.

O próprio julgamento da Ação Penal 470 (que mobilizou a opinião pública durante quase quatro meses e meio) demonstrou que a legislação brasileira, em particular a processual penal, abre brechas que permitem a procrastinação quase indefinida dos feitos.

Tudo isso tem contribuído para que a opinião que a sociedade brasileira tem da Justiça seja impregnada por uma **alta dose de desconfiança**, no sentido de que essa mesma Justiça tenderia a proteger os interesses dos poderosos, aqueles que se colocam no **topo da pirâmide**, deixando a *dura lex sed lex* (**"a lei é dura, porém é a lei"**) para ser aplicada aos cidadãos comuns que estão na sua base.

Em certa medida, é uma verdade que não deve explicar-se ou ser perturbada pela eventual má-fé dos legisladores, investigadores e juízes, mas pela complexidade do nosso ordenamento jurídico penal, cujos meandros são geralmente acessíveis somente a bancas advocatícias muito bem remuneradas.

Foi, portanto, o compreensível sentimento de desconfiança na ação da Justiça que o histórico julgamento do mensalão conseguiu abalar, provocando assim o despertar de uma **consciência cívica** que nos últimos anos vinha sendo mantida em estado ciclotímico graças a uma hábil e deliberada manipulação do sentimento popular - ora **excitado** com as conquistas econômicas do País, ora **passivo** ante as transgressões aos princípios republicanos -, tudo ao sabor dos interesses dos detentores do poder.

O que se deve comemorar com a (quase) conclusão do mensalão é o sentido da moralização dos costumes políticos que os ministros do STF balizaram com o julgamento da Ação Penal 470.

Aliás, provar nesse caso não significa exatamente demonstrar se algo aconteceu ou não, mas sim indicou o **convencimento** quanto à **correção do que se afirma ter acontecido**!!!

A frequente alegação de desconhecimento de uma atividade ilícita e criminosa ou a alegação de que não se queria prejudicar ninguém, por parte do presidente de uma organização ou de alguém do quadro de direção de um partido político, ganhou um novo capítulo no julgamento da Ação Penal 470.

E tudo isso menos pelo sentimento de indignação que as práticas criminosas geraram, mas mais pela qualidade do raciocínio lógico e argumentativo desenvolvido pelos ministros do STF.

O **dirigente** de uma instituição financeira ou de uma grande empresa, ao mesmo tempo em que não lhe é obrigatoriamente exigível o conhecimento sobre absolutamente tudo que se passa internamente de forma detalhada, tem por sua posição e natureza da função, a possibilidade de um **conhecimento qualificado**.

Isso ocorre por exigência da própria natureza do negócio e principalmente pelas diferentes responsabilidades que tal dirigente assume perante outros interessados, como os clientes, os seus investidores, os órgãos de controle e regulação.

O STF ao condenar os dirigentes de uma instituição financeira na Ação Penal 470 revelou esse novo olhar sobre a própria prova, a legitimar a ideia ou a verdade sobre um fato não como um mecanismo estático e matemático, mas dinâmico e proporcional a cada realidade que se julga.

Naturalmente o STF **não buscou pregar** a responsabilidade direta do dirigente de uma organização pela atividade criminosa em razão da sua posição, mas sim **tratou de reconhecer** que a sua posição o colocou em uma situação diferenciada por força da qualidade e nível de conhecimento em relação ao seu negócio.

Assim, naquelas situações apuradas que colocam em risco o próprio negócio, o seu agir, a sua adesão à atividade criminosa, se faz não somente por meio de uma ação, mas também pela omissão, no sentido de não coibir e, dessa maneira, **validar o que poderia ter sido evitado**.

Infelizmente, em fevereiro de 2014, houve um novo desfecho nos recursos quanto a formação de quadrilha de oito réus do mensalão e por 6 a 5 o STF os absolveu!?!?! Claro que isso ocorreu porque votaram dois ministros novos e isso irritou muito o presidente do STF, ministro Joaquim Barbosa que desabafou dizendo: "Uma maioria sob medida foi formada e, com votos pífios eles criaram um dia de deliberação muito triste para a casa."

Ética e valores

No seu excelente livro *Ética nas Empresas – Boas Intenções à Parte*, a autora Laura L. Nash mostrou que existem determinados valores que movem o idealismo das pessoas com uma constância inesgotável.

Eles ficam evidentes ao se responder às seguintes perguntas:

➡ "O que o impulsiona a dedicar-se cotidianamente ao seu trabalho?"

➡ "O que é indispensável na sua vida para que você ainda seja capaz de se olhar no espelho e ficar orgulhoso de si?"

➠ "O que lhe dá tanta energia na luta pela qualidade e pela excelência com o qual procura executar suas tarefas?"

Com pouca variação, quem for responder a essas perguntas recorrerá a algum **valor** do conjunto abaixo:

⇒ Honestidade.

⇒ Amor.

⇒ Integridade.

⇒ Credibilidade.

⇒ Consideração pelos outros.

⇒ Respeito próprio.

⇒ Religião.

⇒ Trabalho duro.

⇒ Família.

⇒ Realização.

⇒ Confiabilidade.

⇒ Justiça.

⇒ Lealdade.

"Se você não sabe o que vem a ser virtual, pense no que está vendo no espelho plano colocado na frente do outro. Não esqueça, que ver o próprio rosto é uma manifestação da sua consciência!!!"

Com exceção, talvez de ser **limpo** e **alegre**, a lista acima se parece muito com a lei dos escoteiros ou com o teste quádruplo de Herbert L. Taylor adotado pelo Rotary Club, que diz:

1º) Isso é a **verdade**?

2º) Isso é **justo** para todos os envolvidos?

3º) Isso vai construir a **boa vontade** e **melhores amizades**?

4º) Isso será **benéfico** para todos os envolvidos?

É aí que está o **ponto focal.**

Não são conceitos místicos, mas parte de nossas descrições de conduta diárias e de bom senso do que constitui a **integridade pessoal.**

Sentir-se íntegro, em paz consigo mesmo, pela consistência das ações empreendidas em sua íntima coerência com a própria consciência é o critério mais decisivo de um **comportamento ético** de um gestor público.

Foi assim que um funcionário de um órgão público, quando perguntado por seus colegas por que "abriu o jogo" para o gestor sobre as suas más intenções de promover a greve, ele respondeu: "Não me sentiria bem comigo mesmo se fosse mentir numa hora dessas!!!"

O **sentir-se bem consigo mesmo** dá a dimensão da ética internalizada – que torna a pessoa íntegra – e não depende de normas e prescrições externas.

Por outro lado, a concordância ou a coerência interna sobre ideais e ideias não significa concordância sobre a sua aplicação.

Assim, o aborto, por exemplo, pode ou não, ser considerado um ato de justiça, amor ou respeito pelos outros, dependendo da perspectiva de julgamento em que a pessoa se coloca.

O trabalho duro, **quando em excesso**, pode ser considerado prejudicial à família, embora sua intenção seja a expressão de um compromisso. A honestidade à custa de carreira pode ou não ser vista como uma barganha aceitável.

"Será que vamos nos sentir bem na nossa relação, depois dessa luta?"

➡ **No que consta então o desafio para se chegar a uma liderança ética na luta pela qualidade?**

Em perseguir continuamente a melhor aproximação com os seguintes quatro traços essenciais de caráter de uma pessoa:

1ª) **Qualidade** – Habilidade para reconhecer e articular a ética de um problema.

2ª) **Qualidade** – Coragem pessoal para não racionalizar a má ética.

3ª) **Qualidade** – Respeito inato pelos outros.

4ª) **Qualidade** – Valor pessoal derivado do comportamento ético.

Solução ética dos problemas

Neste ponto, a pergunta que se deve responder é:

➠ **Quais são as condições para se ter uma solução ética dos problemas?**

Essas condições são três:

1ª) Integrar as normas éticas quando se busca o sucesso na AP.

Sob essa convenção, o bom desempenho é reconhecido com um componente essencial da AP, porém, o alcance de bons resultados está absolutamente condicionado à criação e à entrega de valor para os cidadãos.

2ª) Uma atitude orientada para os outros (os munícipes).

Uma **ética convencionada** não apenas respeita as necessidades das outras pessoas, porém, considera-as como o primeiro propósito de todo o trabalho da prefeitura.

Ao fazer isso, a **ética convencionada** possibilita um conjunto de atitudes psicológicas ou de traços de caráter diferentes das premissas do interesse próprio. O **conceito de serviço** tem fundamentos fortes nos valores judaico--cristãos.

As passagens do Novo Testamento, em Mateus, sobre "Ame seu próximo" e "Faça aos outros..." são bons exemplos.

3ª) Uma ética no trabalho deve ser capaz de motivar o comportamento pragmático e competitivo.

O gestor público que luta pela qualidade e que deseja ter um comportamento ético no seu trabalho, sempre que tiver dilema ético – tanto o agudo onde o **certo** e o **errado** são sempre **ambíguos**, bem como a própria racionalização aguda, quando se sabe o que é certo e errado, porém, **deixa-se** de **fazer a coisa certa** – deve refletir bastante antes de tomar uma decisão e aumentar a sua sensibilidade moral, respondendo a si mesmo às seguintes perguntas:

⇒ Isso é certo?

⇒ Isso é justo?

⇒ Estou prejudicando alguém?

⇒ Eu poderia divulgar isso para o público ou para alguém respeitado?

⇒ Eu diria a meu filho para fazer isso?

⇒ Isso passa pelo teste do "mau cheiro"?

⇒ Posso ser punido por essa atitude?

A sugestão para um gestor público eficaz é que faça sempre o uso do **bom senso**: quanto maior for a qualidade exigida, mais fácil é fazer o trabalho de forma ética.

"Só existe um meio de atingir a felicidade, nesta bola terrestre. Esse meio, é ter uma consciência limpa!"

Quanto maior for a ética, mais fácil é implementar uma estratégia de qualidade.

Quem quer produzir qualidade na prefeitura deve conhecer as respostas para as seguintes perguntas:

1ª) Quanto custará fazer direito da primeira vez?

2ª) Quanto estamos perdendo por não fazer corretamente da primeira vez?

3ª) Qual é a diferença entre a primeira e segunda perguntas, ou seja, qual é o custo da não eficácia?

4ª) Estamos exigindo qualidade de nossos servidores e dos nossos fornecedores?

5ª) Estamos disfarçando e escondendo os produtos e serviços ruins com providências de efeito cosmético e superficial?

6ª) Todos na prefeitura estão comprometidos com a qualidade?

7ª) Estamos preparados para investir tempo e dinheiro na obtenção da qualidade?

8ª) Como definimos qualidade?

9ª) Como medimos qualidade?

10ª) O que podemos fazer para assegurar que a qualidade seja do interesse de cada servidor público?

Para se chegar a ter respostas precisas para as perguntas anteriores, a prefeitura deve ter um conjunto de princípios que leve à melhoria da qualidade. Um elenco adequado de princípios é o seguinte:

1º) A qualidade é definida como a **realização das expectativas** da AP, que estabelece objetivos de valor.

2º) Os programas de melhoria da qualidade não devem começar com a coleta de dados e sim com a melhoria dos **processos de trabalho**.

3º) A visão de desempenho numa prefeitura de alta qualidade deve ser **100% livre de erros**.

4º) Os seres humanos, ao contrário do que se proclama tanto, **não estão destinados a cometer erros**.

5º) A pergunta mais importante sobre qualidade é: **"Qual é o custo de não fazer direito logo na primeira vez?"**

6º) A segunda pergunta mais importante sobre qualidade é: **"Que investimento deve ser feito para garantir que o trabalho seja feito corretamente na primeira vez?"**

7º) Os programas bem-sucedidos de melhoria da qualidade **não se concentram só nos funcionários** que fazem os trabalhos operacionais.

8º) Os programas bem-sucedidos de melhoria da qualidade concentram-se muito nos **gestores públicos**.

A ética e a qualidade

Na sua luta pela qualidade existem áreas-chave nas quais o gestor público deve se empenhar cada vez mais, para alcançar a almejada **qualidade excelente**.

São elas:

1ª) Serviço ao cidadão (munícipe).

2ª) Serviço para a sociedade.

3ª) Inovação e criatividade.

4ª) Produtividade.

5ª) Desempenho da AP.

"Consigo ser ético pois sigo os princípios morais e me apoio em boas crenças e valores."

6ª)   Desempenho dos servidores municipais.

7ª)   Utilização de recursos públicos.

8ª)   Planejamento.

9ª)   Responsabilidade social.

10ª) Obtenção de bons resultados em todos os setores a prefeitura.

É claro que muitas vezes trata-se mais de lutar por princípios do que em cumpri-los.

Outras vezes, parece que estamos usando dois "**chapéus**": o chapéu particular (ou pessoal) e o chapéu do gestor público.

Em questões de consciência, eles sempre estão **"dizendo"** para fazer coisas muito diferentes...

Cada uma das áreas-chave apontadas há pouco conduz a contínuos questionamentos e desafios a serem vencidos.

Assim, por exemplo, ao se preocupar com o desempenho de algum setor da prefeitura, as perguntas que devem ser feitas, quando se luta com os obstáculos criados para se obter os resultados almejados, são as seguintes:

1ª)   Quem seria prejudicado além de nós mesmos?

2ª)   Estamos perpetuando um relacionamento desonesto e fraudulento com os munícipes?

3ª)   Na definição do problema, a prefeitura (eu, como gestor) está (estou) considerando as necessidades de quem?

4ª)   Verificaram-se diretamente as necessidades dos cidadãos (dos munícipes)?

5ª)   Esta decisão é coerente com os valores que a prefeitura quer veicular?

6ª)   Qual é a linguagem que está se utilizando para estabelecer as metas que devem ser cumpridas pelos servidores municipais?

7ª)   Se as consequências mais almejadas não podem ser definidas, a prefeitura está segura de que as questões de procedimento da tomada de decisão e de implementação, são éticas?

8ª)   Como a questão ética influenciará a reputação do prefeito?

9ª)   Qual é o valor que a prefeitura está criando?

10ª) Quais outros motivos estão guiando a mim (gestor público) e aos que colaboram comigo na prefeitura, além da oferta de algo que melhora a qualidade de vida do munícipe?

O fato é que para a maioria das pessoas, para não dizer todas, o propósito da prefeitura não deveria ser apenas conseguir dar um grande benefício para os munícipes, mas também **criar valor** e **obter o respeito** de todos os cidadãos pelo trabalho realizado.

Tal propósito não pode depender e ser instrumento exclusivo do desejo do prefeito em se reeleger ou fazer o seu sucessor.

Deve ser independente dessa vontade (!?!?) e, com isso, servir de motivação especial para os servidores no seu trabalho.

Os seres humanos precisam ser encorajados, acarinhados e, acima de tudo, sentirem-se importantes, se é desejado que eles deem o melhor de si.

Poucas coisas ajudam e estimulam mais um indivíduo do que pôr **responsabilidade** em seus ombros e fazê-lo saber que você **confia** nele.

Os obstáculos para os planos, programas e projetos

É, ainda, predominantemente, em torno de pessoas e de suas capacidades, que se pode divisar os obstáculos para o desenvolvimento, a implantação e a implementação de **planos, projetos** e **programas** na AP.

São ásperas ainda as críticas relativamente aos vários tipos de profissionais que as universidades e as IESs, bem como as escolas de 2º grau, em particular as técnicas, lançam no mer-

"Não se preocupem em evitar a tentação – à medida que vocês envelhecem ela começa a evitá-los..."

cado, semestral e anualmente, sendo que em muitas áreas, nessa 2ª década do século XXI, em número insuficiente, como é o caso dos engenheiros ou dos professores para o ensino fundamental e médio, particularmente nas disciplinas como Física, Química, Matemática e Biologia.

Assim, as empresas públicas (como por exemplo, a Petrobras) e também as privadas encontram sérias dificuldades para recrutar o seu pessoal, conforme os perfis de desempenho que definem em função de suas necessidades.

Os próprios egressos, quando buscam emprego e nele logram ingressar, dão-se conta da precariedade de sua formação, em especial quando se tornam funcionários de uma prefeitura, pois são escassos os cursos superiores voltados para a AP.

Descobre, assim, o egresso, mais cedo do que sua ingenuidade suporia, que é na dura luta do cotidiano que ele/ela vai aprender a ser profissional, pouco podendo apoiar-se em sua formação **pré-emprego**.

É muito triste quando um estudante faz o seguinte comentário: "Os estágios foram a única parte válida dos meus anos de faculdade. Deram-me alguma experiência e mostraram-me o quanto as aulas 'voavam' por teorias sem a menor relação com a realidade. Até parece que os professores estavam ensinando algo utópico e que eles nunca trabalharam em alguma organização privada ou num órgão público."

Claro que esse déficit de aprendizagem torna o concluinte de um curso bem inseguro, quando ele entra no mercado de trabalho.

O que numa escola deve se proporcionar é um **saber** que venha mesclado com diversos ingredientes que o tornem útil no contexto específico do desempenho que se deverá ter no trabalho.

Assim, além de conhecimentos técnicos específicos, é vital no processo de ensino e aprendizagem, desenvolver no aprendiz: qualidades morais, atitudes éticas, equilíbrio, moderação e humildade no trato das questões que envolvem a vida dos cidadãos; ter uma certa sabedoria de quanto se deve avançar ou recuar, ou seja, possuir a sensibilidade para captar o momento ótimo e possuir um acurado senso de oportunidade, isto é, de um empreendedor para promover os novos programas e desenvolver os planos e projetos que são adequados e necessários.

Obviamente, tanto na vida particular como na atuação no setor público (ou privado), o modo de trabalhar e empenhar-se resulta numa ação fecunda, levando a bons resultados a médio e longo prazos.

Deste modo, o **comprometimento** com aquilo que se faz, **persistência** em meio a dificuldades, **seriedade** no fazer, **leveza de espírito** no julgar, **consciência** da importância do tempo na execução das tarefas, **cumprimento de horários** e **pontualidade**, **iniciativa** e **criatividade** na solução de problemas, **senso da qualidade** (tudo que merece ser feito deve ser bem feito), **receptividade**, ou seja, **abertura para aprender** e **captar** continuamente novos significados, bem como o **sentido** de **aceitar ajuda** e **apoio** de colaboradores bem escolhidos, são os componentes indispensáveis para quem quer encaminhar-se na trilha do sucesso profissional na AP.

Se não tivermos em profusão gerentes de cidade espalhados por todos os municípios brasileiros, dificilmente os seus prefeitos realizarão com eficácia e eficiência as tarefas que o mundo cada vez mais urbanizado lhes impõe.

É vital ter nas nossas prefeituras, sob o comando e liderança de seus prefeitos, gestores competentes que possam transpor todos os obstáculos que sempre surgem para atrapalhar os planos, programas e projetos dos prefeitos.

Por **"obstáculo"** deve-se entender o conjunto de dificuldades operacionais que aparecem da macro ou microestrutura e que se impingem no processo administrativo como fatores impeditivos na consecução daquilo que se quer realizar (por exemplo, falta de recursos econômicos, proibições ambientais, restrições de equipamentos e capital humano, dificuldades logísticas ou geográficas etc.).

O **"plano"** refere-se a uma proposta de trabalho ampla e abrangente, ao mesmo tempo inspiradora e ordenadora das ações que se sucedem num determinado período de tempo, para o atingimento de metas.

"Muitos planos falham no Brasil pois parece que se apoiam no mote: 'Se não se sabe para onde ir, qualquer caminho serve!!!'"

Muitos são os planos que devem ser desenvolvidos continuamente por alguém que lide com a AP, como por exemplo, um plano para romper a inércia econômica num município, um plano para melhor gestão do ensino fundamental, um plano de gestão ambiental, um plano urbanístico (que implica na organização do espaço urbano, com a definição de normas de ocupação e uso do solo, além de outras fixações, ou seja, o plano diretor) etc.

Por seu turno, "**programa**" é uma linha de ação, de abrangência intermediária entre um plano e um projeto.

Um programa tem como arcabouço básico: objetivos, modos de funcionamento, atividades específicas, fontes de financiamento, atores e agentes
de implementação e missão a ser ampliada.

Existem muitos programas no governo federal, como por exemplo, o Programa do Controle da Poluição do Ar por Veículos Automotores (Proconve), que é um programa de gestão ambiental, instituído pela Resolução nº
18, de 6/5/1986, do Conselho Nacional do Meio Ambiente (Conama), com
o objetivo de reduzir os níveis de emissão de poluentes por veículos automotores, com vistas ao atendimento dos padrões de qualidade do ar, promover
o desenvolvimento tecnológico e melhorar as características técnicas dos
combustíveis.

Há o Programa Nacional da Qualidade do Ar (Pronar) que é também
um programa de gestão ambiental, de âmbito nacional, gerenciado pelo Instituto Brasileiro do Meio Ambiente e dos Recursos Naturais Renováveis
(Ibama) e instituído pela Resolução nº 5, de 15/6/1989, do Conama, com o
objetivo de regulamentar o controle de poluição do ar mediante a fixação
de padrões de qualidade do ar, inventariar fontes de emissão e incentivar o
desenvolvimento tecnológico sobre o assunto.

Um programa que teve muito sucesso foi o Bolsa Família, lançado em
20/10/2003 pelo então presidente Luiz Inácio Lula da Silva, sob a expectati-
va de garantir que todos os brasileiros passassem a ter **três refeições ao dia**.

A ministra do Desenvolvimento Social e Combate à Fome, Tereza Campello, em artigo no jornal *Folha de S.Paulo* (23/10/2012) intitulado: *Bolsa Família, nove anos depois*, escreveu: "Ao priorizar as mulheres como titulares dos
benefícios, mais que assegurar recursos para alimentação, remédios, material
escolar e higiene às crianças e a família, conquistamos avanços com aumento
do poder decisório da mulher e do exercício de seus direitos reprodutivos.

Optamos por soluções simples e modernas, com o pagamento via cartão
magnético – instrumento que não só **facilita** o controle como também torna
as relações impessoais e reduz interferências políticas.

O cartão colocou o benefício diretamente na mão da família, fortale-
cendo sua autonomia, desburocratizando o programa e injetando dinheiro
diretamente na economia.

Fomos submetidos a todo tipo de pesquisa, estudo e questionamento. Muitos preconceitos, mitos e dúvidas sobre o Bolsa Família foram paulatinamente sendo sepultados.

Não houve estímulo à natalidade ou o chamado 'efeito preguiça' entre os beneficiários.

Pesquisas mostram impactos positivos do Bolsa Família na progressão e frequência escolar das crianças e adolescentes, na realização do exame pré-natal, na vacinação e na amamentação.

Pela primeira vez, crianças e jovens pobres apresentam resultados melhores que a média do País em indicadores como taxa de aprovação e evasão escolar.

Nove anos depois do seu lançamento, temos um programa que chega aos quatro cantos do País, beneficiando 50 milhões de pessoas a um custo de 0,46% do PIB, ou seja, um gasto aproximado de R$ 20 bilhões em 2012.

Abrangente, eficiente e bem focado nos mais pobres, o Bolsa Família viabilizou a construção de um cadastro socioeconômico das famílias mais pobres do Brasil, integrando a maioria dos programas sociais e transformando o Brasil em exportador de tecnologia social.

Tornou-se um modelo de programa de transferência de renda no mundo e atualmente está entre os mais recomendados pela Organização das Nações Unidas (ONU).

O sucesso do Bolsa Família só foi obtido graças à dedicação de dezenas de milhares de profissionais das áreas de assistência social, educação e saúde no nível federal, nos Estados e em todos os municípios.

Juntos, construímos mais que um programa: **a mais ampla articulação federativa em políticas públicas, colocando o Estado a serviço de quem mais precisa.**

Essas conquistas permitiram à presidenta Dilma Rousseff propor o desafio de buscar a superação da extrema pobreza por meio do programa Brasil sem Miséria.

Utilizando o mapa da pobreza desenhado a partir do Bolsa Família, estamos expandindo a oferta de vagas de qualificação profissional pelo Programa Nacional de Acesso ao Ensino Técnico e Emprego (Pronatec), de escola em tempo integral pelo programa Mais Educação e também de vagas em creches.

Com o programa Brasil Carinhoso – ancorado no Bolsa Família e com ênfase na saúde e na educação de crianças extremamente pobres com menos de seis anos – demos mais um passo decisivo: **reduzimos em 40% a extrema pobreza no Brasil.**"

Certamente, uma das mais importantes ações do governo federal tem sido a destinação de recursos para a melhoria da infraestrutura através do PAC que nasceu com a premissa de que o setor público tinha de ficar à frente da retomada da economia, "puxando" o setor privado. E isso possibilitou o surgimento de milhares de **projetos**...

Finalmente, um "**projeto**" é o planejamento detalhado de uma ação a ser desenvolvida em um **determinado período de tempo** – em geral não muito longo – com o objetivo de alcançar certo resultado.

Um projeto se compõe de partes intimamente ligadas para consubstanciar a proposta: justificativa, equipe de trabalho, objetivo, definições conceituais, procedimentos metodológicos, cronograma de execução e fontes de financiamento (previsão de despesas ou orçamento).

Os projetos são fundamentalmente diferentes de processos.

Os processos são sistemáticos e em geral são repetitivos, residindo aí grande parte de seu poder.

Já os projetos não são rotineiros e normalmente apresentam um razoável (ou até bem grande) grau de incerteza.

Por sua própria natureza, os projetos apresentam uma grande variedade de desafios peculiares.

Os resultados dos projetos são avaliados com base em três dimensões de desempenho: **qualidade, tempo** e **custo.**

Diz-se que um projeto foi **concluído com sucesso**, quando terminou conforme o cronograma, dentro do orçamento e de acordo com as especificações.

⇒ **E qual das três dimensões básicas de desempenho de um projeto é a fundamental?**

O especialista em gerenciamento de projetos Clinton M. Padgett, no seu livro *Método de Sucesso em Projetos*, diz: "Para mim, não há dúvida, a dimensão fundamental é o **tempo**!!!

Alguns podem não concordar, achando que é a **qualidade**!?!?

Não quero dizer que o tempo seja mais importante do que a qualidade, mas o que pretendo enfatizar é que aquele que conseguir gerenciar bem a dimensão tempo de seu projeto, maximizará a probabilidade de sucesso nas dimensões qualidade e custo.

Se o tempo não for gerenciado corretamente, o projeto pode facilmente entrar no **estágio de pânico**, com isso certamente se sacrificará a qualidade e se elevarão demasiadamente os custos quando a equipe que trabalha no mesmo começar a correr **desesperadamente** contra o tempo para concluí-lo."

"Nos projetos no Brasil parece que nunca se acerta nos custos que os mesmos vão consumir. Por que será?"

Por exemplo, um projeto que vive em contínuo festival de complicações é o da transposição do rio São Francisco.

A promessa do ex-presidente Luiz Inácio Lula da Silva era de entregar as obras até o fim de 2010, beneficiando 12 milhões de pessoas no Nordeste, mas uma sucessão de dificuldades foi jogando o prazo cada vez mais para frente (e os custos da obra em andamento...).

Até a parte dos serviços executados pelo Exército foi alvo de irregularidades apontadas pelo TCU.

Aliás, em agosto de 2012, o Ministério da Integração Nacional rescindiu o contrato de um trecho tocado por um consórcio que incluiu a Delta Construção, pivô do escândalo que resultou na CPI do empresário Carlinhos Cachoeira e muitas outras pessoas envolvidas (políticos de destaque no cenário nacional e empresários de diversas organizações privadas).

Orçada em R$ 8,2 bilhões, no início de 2013 ainda não se tinha uma projeção definitiva dos custos, pois nem todas as licitações complementares estavam concluídas...

A previsão otimista de entrega da obra passou para o final de 2015.

Deu para perceber o estrago feito pela falta de controle sobre a dimensão **tempo** nos **custos** e eventualmente na **qualidade**.

Feitas essas pequenas definições preliminares com alguns exemplos, pode-se agora examinar alguns dos obstáculos que impedem (ou atrapalham muito...) os planos, programas e projetos de cumprirem as suas finalidades.

Essa análise será feita à luz das **estratégias organizacionais**, passíveis de serem utilizadas no dinamismo das interações e inter-relações que comprazem à realidade do fazer administrativo do setor público.

Estratégias organizacionais são procedimentos que visam alcançar metas e objetivos, de cunho amplo ou mais restrito, que favoreçam as atividades necessárias, mantendo, ao mesmo tempo, a motivação e o compromisso das pessoas ou dos grupos envolvidos.

Uma vez **atingida** uma **meta** ou um **objetivo** (ainda que parcialmente), estes são avaliados estrategicamente, tendo em vista futuros desdobramentos e consequências, introduzindo-se, ao mesmo tempo, modificações no plano, programa ou projeto, **sempre que for necessário**!!!

Tais alterações visam superar dificuldades não previstas ou contemplar variáveis importantes de conjuntura ou contexto que surgiram depois.

Assim, o **planejamento estratégico** continua sendo relevante, pois permite fundir suas preocupações do presente àquelas de longo prazo, dando perspectivas de ação que vão repercutir em resultados futuros.

Nessas últimas duas décadas, apesar da China não representar exatamente uma democracia, como são aquelas da maior parte dos países ocidentais, o seu governo central tem desenvolvido planos, programas e projetos com grande eficiência e eficácia.

Dificilmente se nota na China a **descontinuidade** ou a **interrupção** daquilo que se planeja.

"Os planos, projetos e programas do governo falham porque existe uma grande ineficiência na gestão dos mesmos, que inclui comunicação falha e falta de boas informações e dados confiáveis."

Antes se justificava no Brasil que a inflação atrapalhava muito a execução de programas e projetos, mas desde a implementação do Plano Real, o nosso País vive dentro de uma "invejável" estabilidade econômica, porém, agora entre as coisas que faltam na AP, são **gerentes competentes** para que os projetos sejam concluídos e os programas cumpridos.

É obvio que para planejar, ou simplesmente fazer bons planos, programas e projetos, é necessário ter **boas informações** e **dados confiáveis**.

Sem essas informações e esses dados será bem complicado tentar se posicionar frente a eventuais dificuldades e também aproveitar melhor as oportunidades.

Não dá para planejar sem informações oportunas e corretas e certamente aí está a justificativa para os erros cometidos nos planos elaborados pela AP.

Para que fique clara a importância de um planejamento, vale a pena **refletir** sobre a seguinte mensagem:

Um tempo para ser feliz!!!
Dê um tempo para trabalhar,
este é o preço do sucesso.
Dê um tempo para pensar,
esta é a fonte do poder.
Dê um tempo para brincar,
este é o segredo da juventude.
Dê um tempo para ler,
esta é a base do conhecimento.
Dê um tempo para desfrutar com seus
entes queridos,
esta é a fonte da felicidade.
Dê um tempo para amar,
este é o segredo da vida.
Dê um tempo para sonhar,
permitindo à alma estar perto das
estrelas.
Dê um tempo para rir,
assim os problemas serão mais leves.
Dê um tempo para rezar,
e encontrará paz em seu coração.
Dê um tempo para planejar,
porque o **planejamento** *é o segredo*
para conseguir todo o tempo
para tudo o que foi dito antes!!!

"Os planos no Brasil, principalmente aqueles desenvolvidos nas cidades, precisam ter continuidade das diversas administrações para não serem interrompidos..."

Realçando novamente, a matéria-prima da AP eficaz são as informações e os dados obtidos de fontes fidedignas, como o Instituto Brasileiro de Geografia e Estatística (IBGE) e organizações similares que habilitam os gestores públicos para planejar eficazmente e tomar decisões vitais, instituindo programas e projetos úteis para os cidadãos.

Obviamente, dentro da enorme quantidade de informações que podem ser obtidas quase que instantaneamente através da Internet, é imprescindível que os gestores públicos tenham competência e conhecimentos prévios para selecionar aquelas que lhes serão úteis.

Apesar de estarmos vivendo na **era digital**, que nos possibilita a obtenção praticamente instantânea de muitas informações e todas via Internet, mesmo assim, continuamos, devido a muita corrupção, tendo grande dificuldade de executar os projetos com eficácia, e um excelente exemplo é o custo das obras de infraestrutura e a construção dos estádios nas cidades que foram escolhidas para sediar a Copa do Mundo de Futebol de 2014, em que praticamente todos os orçamentos iniciais foram estourados e em muito!!!

Para desenvolver e executar com qualidade os planos, programas e projetos, é essencial que se estabeleçam bem as metas ou objetivos, custos de se cuidar dos processos que vão conduzir aos mesmos.

Assim, é vital primeiramente responder à pergunta: **"Por quê?"** antes de se levantar a questão: **"Como isso pode ser executado?"**

Infelizmente, as pessoas propensas ao ativismo tendem a ficar impacientes com a teoria...

Isto é um grande erro porque quando algumas condições eventualmente se modificarem, aqueles que deixaram de entender o "porquê" das suas ações, não serão capazes de adaptá-las às novas circunstâncias.

Consequentemente, todos os gestores públicos vinculados à formulação de políticas públicas, planos, programas e projetos devem dedicar bastante tempo para a **reflexão**, dando grande importância a perguntas como:

➠ **Para onde queremos ir (ou o que queremos realizar?)?**

➠ **Por que queremos chegar lá?**

➠ **Escolhemos o melhor caminho para alcançar a nossa meta ou objetivo?**

Naturalmente todo aquele que quer caracterizar o seu trabalho pela **excelente qualidade**, sabe que para obter esse *status* (condição) **deve dar o melhor de si** (apesar de que isso nem sempre é o suficiente...).

Uma pessoa bem-sucedida, geralmente, é aquela que é orientada para metas (objetivos).

Ela acaba transformando num hábito corriqueiro o estabelecimento de metas (objetivos) que sejam **mensuráveis** e **atingíveis**, ainda que bem **desafiadores**.

As metas que cada gestor público deve ter, precisam estar obrigatoriamente vinculadas ao tempo (além do custo e qualidade...) e serem consistentes e participativas.

Todos aqueles envolvidos com a AP não podem esquecer nunca que **sem tempo** ninguém conseguirá realizar as suas metas. Dessa forma é fundamental que coloquem como sua preocupação principal o **controle efetivo do tempo**, visto que com o estabelecimento de metas oportunas e necessárias e tendo tempo para realizá-las, sem dúvida a sua gestão acabará sendo classificada como **muito bem-sucedida** pelos munícipes.

Alguns dos corolários da famosa lei de Murphy: **"Se alguma coisa pode dar errado, com certeza dará"**, são considerados pela maioria das pessoas como meras anedotas ou piadas de mau gosto, porém, na verdade, elas têm uma aplicação real na gestão de crises, bem comum na AP.

"Como foi mal ensaiado, não é?"

Elas devem ser consideradas com seriedade e têm muito a ver com cada situação **desagradável** que se vivencia na AP.

O corolário que diz: **"Nada é tão simples quanto parece!"**, significa que temos a tendência de subestimar a dificuldade da tarefa que temos pela frente.

Imagine quantas batalhas teriam sido perdidas por comandantes que subestimam as forças adversárias e as condições, como fez Napoleão Bonaparte, que descobriu tarde demais a força devastadora do inverno russo.

Assim, um prefeito que quer se reeleger, nunca deve subestimar a força da oposição, ou um gestor público não pode deixar de criar os diversos cenários que podem prejudicar o andamento de uma política pública ou da realização de um programa de melhoria da infraestrutura municipal.

Esse corolário leva imediatamente a um segundo: "**Tudo leva mais tempo do que se pensa.**"

Não entender as dificuldades na realização dos projetos (ou até das tarefas mais corriqueiras) para uma cidade, significa, no final das contas, em subestimar o tempo necessário para concluí-los.

Com isso, limites de tempo irrealistas acabam sendo estabelecidos.

Portanto, é vital que um gestor público que quer ser eficaz, saiba ser realista em suas estimativas de tempo e que esteja prevenido contra os eventos inesperados!!!

E aí vem a necessidade de estar alerta para a terceira consequência: "**Se nada pode dar errado, algo tem de dar errado?**"

Por isso, o gestor público eficaz é aquele que continuamente faz para si mesmo a pergunta: "**O que pode dar errado!**"

Para ter uma resposta, no mínimo razoável, é preciso saber enumerar todos os possíveis problemas (ou riscos) e priorizá-los por ordem de gravidade e probabilidade de ocorrência.

Ao planejar e procurar antever as contingências, o gestor certamente eliminará muitas crises e estará mais bem preparado para controlar efetivamente outras que não puderem ser evitadas.

Existem corolários interessantes da lei de Murphy. Aí vão onze deles:

⇛ Se uma coisa pode dar errado, dará. E mais, dará errado **da pior maneira**, no **pior momento** e de **modo que cause o maior dano possível.**

⇛ A informação mais necessária é sempre a **menos disponível.**

⇛ O pessimista se queixa do vento, o otimista espera que ele mude, o realista ajusta as velas e quem conhece **Murphy, não faz nada.**

⇛ A **fila do lado** sempre anda mais rápido.

⇛ Se você está se sentindo bem, não se preocupe, **isso passa.**

⇛ Se a experiência funcionou na primeira tentativa, **tem algo errado.**

⇛ Você sempre acha algo no último lugar em que procura.

"Que azar, o equilíbrio será alterado..."

⇒ Toda partícula que voa sempre encontra um **olho** (pode ser o seu...).

⇒ Se está escrito **tamanho único**, é porque não serve em ninguém.

⇒ Não é possível sanar um defeito antes das 17h30min da sexta-feira. O defeito será **facilmente sanado** às 9h1min da segunda-feira.

⇒ A probabilidade de o pão cair com o lado da manteiga virado para **baixo** é proporcional ao **valor do carpete**.

Caro(a) leitor(a), você já se viu em algumas dessas situações?

Que bom! Bem-vindo(a) ao "clube dos murphianos"!!!

Para fugir o mais possível da lei de Murphy e dos seus corolários, o modo mais eficaz, em se tratando de gestão de planos, programas e projetos, é o de medir regularmente o progresso (evolução) dos mesmos através de relatórios periódicos, para se ter um tempo hábil para tomar as atitudes corretivas. Dessa maneira, auditorias devem ser programadas para que avaliações sejam feitas sobre o avanço dos mesmos.

O gestor público que busca a eficiência no seu trabalho deve acostumar-se a não protelar (procrastinar) as tarefas difíceis ou desagradáveis até que elas se transformem em crises!?!?

Ele deve ter o senso de oportunidade bem desenvolvido, assim como saber lidar com as suas restrições de tempo, programando, entretanto, a conclusão dos projetos (tarefas importantes), antes que ocorram as eclosões das crises.

Naturalmente, e insistindo novamente, para que um gestor público não seja pego com as calças na mão (ou sem elas...) ele precisa ter as melhores informações e dados.

Lamentavelmente, em muitas situações na AP, os gestores com frequência, têm que supor (ou tentar advinhar) o que os munícipes de fato precisam e valorizam, e o que é mais triste ainda, devem esperar pelas informações que necessitam vindas de outras fontes (órgãos), ficando muito tempo inertes, como se estivessem com as mãos atadas.

Um gestor público, na sua luta pela qualidade na AP, não pode mais conviver com essa situação de não ter as informações que precisa, ou elas serem incorretas ou ainda chegarem a ele em época errada, pois isso o impede para fazer planejamentos adequados e corretos.

Evidentemente, o que mais se deve evitar ao se elaborar um plano, programa ou projeto é o **desperdício**...

Aliás, o País já viveu uma época em que no exterior era caracterizado como tendo uma economia com muito desperdício...

Essa concepção nasceu a partir da análise do material desperdiçado na construção civil, principalmente por se utilizar mão de obra não qualificada e nem os equipamentos mais eficientes; a constatação das perdas de safra com o transporte inadequado e a armazenagem falha; a verificação de falhas na assistência médica devido às consultas desnecessárias ou cirurgias e internações que poderiam ter sido evitadas; pelos custos elevados devido a infraestrutura deficiente [estradas em péssimo estado de conservação, falta de ferrovias, portos com carência de equipamentos mais sofisticados para carregar (e descarregar) os navios etc.].

A AP é bem mais onerosa que a privada (acreditam alguns especialistas que poderia haver uma redução de 30% dos funcionários, aproximadamente) e ao absenteísmo nas instituições do governo chega a ser **oito vezes superior** em comparação ao do setor privado.

Os nossos gestores públicos precisam ter consciência que os **recursos são escassos**, que as verbas são insuficientes e as necessidades públicas e sociais **urgentes**, sempre em competição para, chamando a atenção do poder público, poderem se tornar **prioritários**, com isso postergando outras reivindicações, que embora urgentes, não poderão ser atendidas...

Dessa forma, qualquer **desperdício** é muito oneroso, implicando em gastos que, se evitadas, resultariam em recursos que poderiam ser destinados a obras urgentes, que não estão sendo realizadas.

A falta de zelo, de uma fiscalização mais cuidadosa e honesta, tem redundado em perdas muitas vezes irrecuperáveis.

Na AP brasileira existe um evidente conflito entre o **centralismo** e a **autonomia administrativa** na implantação de planos, programas e projetos, não sendo, ainda, convenientemente aplicadas as modernas teorias de administração que permitiram um grande salto de eficiência nas organizações privadas, que buscaram intensamente a redução de custos, o aumento de produtividade e fazer cada funcionário sentir-se responsável pela qualidade do que executa, ou seja, ter um sério comprometimento com a sua tarefa.

A autonomia administrativa, no entanto, apesar das liberdades conquistadas no País, corre o risco de provocar um deslocamento do autoritarismo da cúpula para as bases. O abuso do poder pessoal, o personalismo arbitrário, a visão unilateral da verdade e de suas aplicações ficam encarnados em alguns "ditadores de regras" que se arvoram o direito de saber e prescrever o que é bom para a instituição.

Como disse Norberto Bobbio: "A democracia é o Estado no qual a luta contra o abuso de poder é travada paralelamente em duas linhas: contra o abuso do poder por parte do alto, em nome do poder que vem de baixo, e contra o poder concentrado, em nome do poder distribuído."

Portanto, o **binômio autonomia-democracia** tem de ser resolvido em todas as instâncias e, em especial, no nível das práticas do cotidiano da vida das organizações públicas.

O que se quer, essencialmente, é desenvolver nelas a autodeterminação responsável, com plena consciência de significados e consequências, em todos os níveis hierárquicos, deixando de ser isto considerado um privilégio apenas das cúpulas.

O gerenciamento perde sua hierarquia verticalizada ao se horizontalizar as relações, mas as pessoas e os grupos no exercício das suas funções dentro de uma certa autonomia são contingenciados pela visão global, integrada, gerada pela aderência a valores comuns, em que as chefias intermediárias assumem papéis de liderança e de agentes de desenvolvimento, assegurando a liberdade de autodeterminação que se busca.

Em síntese, os **obstáculos** perante planos, programas e projetos a serem enfrentados pelos dirigentes em seu "que fazer" diário podem, com muita persistência e determinação, ser contra-atacados por estratégias organizacionais que, ainda que não os eliminem, pelo menos diminuam seus efeitos corrosivos e deletérios.

O enorme contingente de funcionários públicos no Brasil

Antes de se falar diretamente da atração de alguém se tornar um funcionário público (em especial o municipal) vale a pena registrar quantas pessoas almejaram em 2012 receber uma remuneração do governo,

Assim, no último pleito municipal que ocorreu em outubro de 2012, houve cerca de 478.846 pessoas que se candidataram para ter salário de uma prefeitura, ou seja 31.088 como prefeitos ou vice (nessa época tínhamos 5.565 municípios) e 447.758 como vereadores.

E todos eles nas suas campanhas valeram-se de um discurso que se eleitos iriam melhorar a qualidade de vida dos munícipes o que realmente não é nada fácil quando faltam recursos e as cidades recebem um pouco mais que os 15% do bolo tributário brasileiro.

Bem, em 28 de outubro, comemora-se o **Dia do Servidor Público** e nele, em 2012, os servidores eram cerca de 10,5 milhões no País, correspondendo a **5,5%** de toda a população brasileira, nos três níveis da administração municipal, estadual e federal, segundo o Ipea, vinculado à presidência da República. Eles estão em todo tipo de profissão, da medicina à economia, da docência à advocacia, da administração à segurança. Mais de 50% deles têm formação superior. Funcionário público é para tudo.

Do total de 10,5 milhões de funcionários, cerca de **2 milhões** prestam serviços ao governo federal, sem dúvida o maior empregador do País. E, no governo da União, o maior é o Executivo, com 1,9 milhão de servidores. O Judiciário emprega mais 147 mil, e o Legislativo, 35 mil, pelos números do Ministério do Planejamento. Mais de **5,5 milhões** (52,6%) estão nas prefeituras. Eram 39% em 1995, mas o número teve de aumentar, porque o governo federal repassou a responsabilidade de mais serviços aos municípios.

➠ **Qual é o número ideal de funcionários públicos? É difícil responder.**

Em junho de 2012, o primeiro-ministro da Itália, Mario Monti, disse que pretendia baixar de 5% para 3,3% da população, o total de servidores da quarta economia europeia. Se a Itália, que tem um bom serviço público, acha que 5% é um índice acima do necessário, o número de servidores no Brasil não está exagerado? Tomados esses 5% como base, o Brasil está no índice ideal. Este total corresponde, a grosso modo, a 10% da População Economicamente Ativa (PEA), de cerca de 100 milhões de pessoas.

O FUNCIONALISMO EM ALGUNS PAÍSES DO MUNDO
(em porcentagem da população economicamente ativa - PEA)

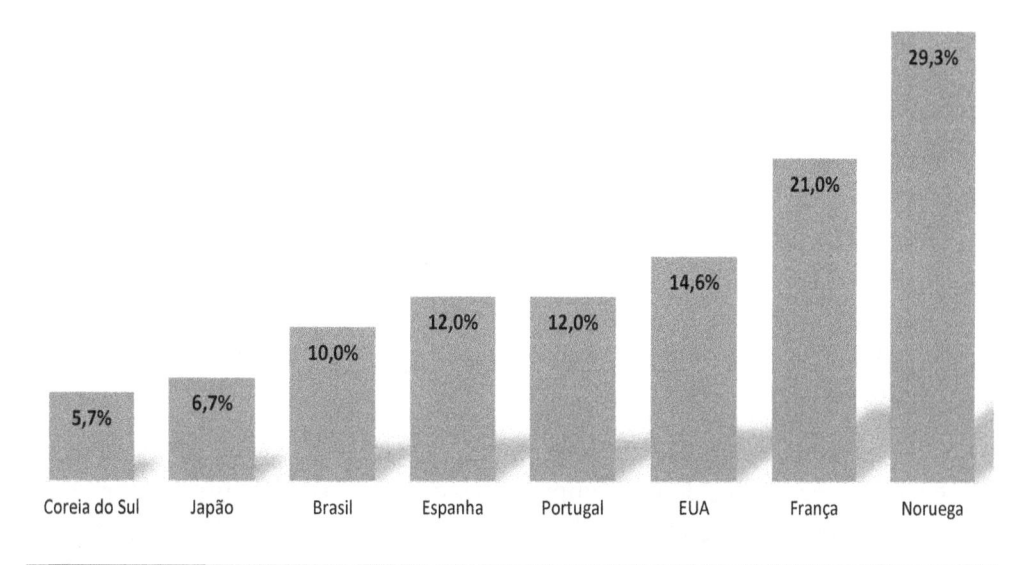

Figura 2.2 - O funcionalismo em alguns países do mundo (em porcentagem da População Economicamente Ativa (PEA).

Como se mostra na Figura 2.2 nos EUA, a proporção é de 14,6% da PEA. Na Espanha e em Portugal, em torno de 12%. Outros países europeus têm proporções bem maiores, caso da França, 21,9% e da campeã mundial, a Noruega, cujo Estado emprega 29,3% da sua força de trabalho. No outro lado da lista, o Japão está entre os que menos empregam no serviço público, não mais do que 6,7%. E a Coreia do Sul emprega ainda menos, 5,7%.

É **bom ser funcionário público?** Sim, se não por mais nada, pelo salário. Dados do Ministério do Trabalho e Emprego e do IBGE, divulgados no final de agosto de 2012, apontaram que a média salarial dos trabalhadores no País, de acordo com a última Relação Anual de Informações Sociais (Rais), de 2010, é de R$ 1.742 por mês. Trabalhando para o governo, o valor do salário sobe para aproximadamente R$ 3.458, o que representa **41,1%** a mais.

Nos grupamentos de atividades, conforme o IBGE, os serviços da AP aparecem como os mais bem remunerados. Funcionários das áreas da saúde, da educação, de serviços sociais, da defesa e segurança social, tiveram rendimento médio de R$ 2.391 em maio de 2012. Os serviços domésticos e o comércio, por outro lado, são os setores que registraram os rendimentos mais baixos, R$ 701 e R$ 1,3 mil, respectivamente.

Não há cidade no Brasil, por menor que seja, que não abrigue ao menos algumas dezenas (ou muitas centenas) de servidores públicos!!!

Mas, os professores do ensino público ainda têm um dos salários mais baixos, o que desestimula quem está e quem entra na profissão.

Professores, ou não, entre as unidades da Federação, o Distrito Federal registra o salário médio mais alto, R$ 3.713, alavancado pela quantidade de servidores públicos, segundo a Rais. O Estado com o rendimento médio mais baixo é Alagoas (R$ 1.285), seguido pela Paraíba (R$ 1.304) e pelo Piauí (R$ 1.311).

Há os exageros, claro. Em alguns casos, a média salarial dos servidores chega a dez vezes mais do que empregados da rede privada: uma enfermeira--chefe da prefeitura de São Paulo chega a receber R$ 18.300 por mês – 12 vezes mais do que no mesmo cargo em empresas.

Há 86 mil cargos de confiança no governo federal, em geral postos de chefia. Ou seja, há pelo menos um chefe para cada sete servidores federais. O número de servidores ativos da União (menos os militares) cresceu 21,2% nos últimos dez anos. Mas **não há um plano de capacitação**, uma das maiores queixas do funcionalismo, o que cria certo desânimo e desalento.

Desde 2004, houve 133% de aumento na folha de pagamento dos servidores federais, de acordo com o Boletim Estatístico de Pessoal do Ministério do Planejamento, Orçamento e Gestão. De R$ 64,7 bilhões em 2003, os gastos com salários subiram para R$ 151 bilhões no final de 2011, só no Executivo (são mais de R$ 28 bilhões no Judiciário e R$ 7,3 bilhões no Legislativo).

Parte deste aumento deve-se à admissão de trabalhadores. E outra parte refere-se aos reajustes: o salário real (corrigido pela inflação) dos funcionários públicos aumentou 28,2% de 2003 até 2012. Os salários das pessoas que trabalham na iniciativa privada subiram apenas 6,9% no mesmo período, de acordo com a Pesquisa Mensal de Empregos do IBGE.

Mesmo assim, os funcionários públicos não estão satisfeitos com o que ganham. Em 2012, mais de 30 setores do funcionalismo federal paralisaram o trabalho, em busca de melhores salários. A soma de todos os movimentos configurou a maior greve de servidores dos últimos anos no País. As greves começaram nas universidades, em 17 de maio de 2012. A última das paralisações, da Polícia Federal, estendeu-se por 70 dias.

Os servidores só aceitaram voltar ao trabalho depois de ganhar do governo federal a promessa de um aumento salarial de 15,8% ao longo de três anos e de uma reestruturação das carreiras.

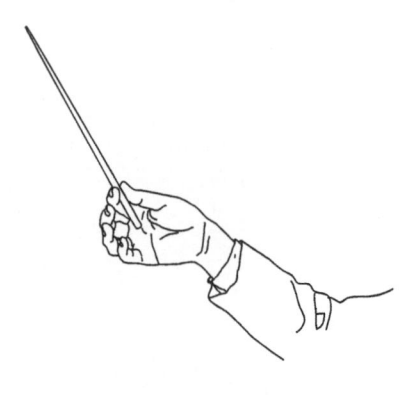

"A legitimação da AP contemporânea passa pela ampliação da transparência pública. Por meio da divulgação das ações governamentais, de forma clara e acessível, é que se efetivará a cidadania e o fortalecimento da democracia no Brasil."

José Matias-Pereira

"A AP é a ocupação de todos aqueles que atuam em nome do povo – em nome da sociedade, que delega de forma legal – e cujas ações têm consequências para os indivíduos e grupos sociais."

M. M. Harmon e R. T. Mayer.

CAPÍTULO 3

A busca da qualidade através da melhoria constante

Dissecando a qualidade

O segredo do sucesso econômico japonês de algumas décadas atrás se fundamentou entre os muitos fatores, num que lhe é primordial: a **contínua busca da qualidade**. Por qualidade entende-se fazer tudo bem feito, não só no nível macro das relações do negócio com os seus mercados (e com a sociedade), mas também nas minúcias, nas inúmeras ações que levam ao produto final. Para isto, é essencial ter em mente o cliente (o munícipe) e saber bem defini-lo. Compreender claramente a missão e saber desdobrá--la em suas etapas e em seus modos peculiares de constituição do processo. Portanto,

"A qualidade total se apoia em gestores que sabem medir e controlar os resultados dos seus projetos e processos."

são cruciais três conceitos fundamentais: **qualidade, missão** e **cliente**, e para nós, na AP, o munícipe.

Trabalhar com qualidade significa ter zelo e cuidado naquilo que se faz, sabendo com clareza para que serve, a quem se destina e quais os níveis de controle são indispensáveis para que se alcance o máximo de **resultados com menor esforço**, atingindo metas, objetivos e finalidades.

Qualidade, não obstante, não **depende** somente do **esforço** e do trabalho de cada um. É impossível obter qualidade com equipamentos precários e obsoletos quando se trata da produção de bens ou serviços que deles dependem. É pouco provável que se obtenha qualidade num clima organizacional em que ninguém se entende, e os conflitos consomem o melhor das energias dos gestores e coordenadores. Em ambientes de trabalho onde os propósitos não são bem definidos e muito menos operacionalizados, a qualidade fica por conta de cada um. Em tais cenários, é comum que se atribua a culpa ao funcionário (servidor municipal), taxando-o de incompetente, ignorante ou preguiçoso. Na maior parte das vezes, porém, tais disfunções residem muito mais na administração do que propriamente nos recursos humanos com os quais se conta.

Como dizia o guru da qualidade William Edwards Deming: "**85%** das falhas nos processos de produção podem ser debitadas à **má administração (causas comuns)** e apenas **15%** são de responsabilidade direta dos funcionários **(causas especiais)**."

A administração **negligente** ou **omissa**, ou aquela que se esconde na delegação de poderes e funções, não **só não cumpre seu papel**, como também introduz um fator preponderante de falta da qualidade em toda a organização. Não basta apenas a consciência da responsabilidade, torna-se imprescindível que tal conscientização se desdobre em ações efetivas e se traduza numa **liderança eficaz**. E liderança depende de presença, diálogo, comunicação e de esquemas eficientes de controle, monitorando constantemente os processos de direção dos objetivos colimados. Para tanto, é imprescindível a virtude da **persistência**, do **aperfeiçoamento em serviço**, do **treinamento** e **retreinamento** para aquisição de novas habilidades e novos conhecimentos.

Talvez a maior dificuldade na obtenção da qualidade seja o **mal da dispersão**, tanto no sentido de fazer muitas coisas ao mesmo tempo, quanto no de não se demorar numa atividade o bastante para que ela atinja o nível de excelência que se deseja. Pulando de uma atividade para outra, nem os indivíduos chegam a compreender as complexidades do *métier* (área de trabalho, de atuação) em que trabalham, nem o serviço executado atinge o nível de perfeição que poderia alcançar.

"Quem quiser enveredar pelo caminho da qualidade não pode ter dúvida sobre as regras que deve seguir.", William Edwards Deming.

No próprio livro de W. E. Deming, *Qualidade, A Revolução da Administração*, tem-se o seguinte conceito:

"Um critério útil para identificação de um desempenho excelente é a demonstração inquestionável de um contínuo aperfeiçoamento ano após ano, num período de sete anos ou mais, da habilidade, do conhecimento e da capacidade de liderar. O critério oposto, a saber, deterioração persistente num período de sete anos, pode indicar que pessoas estão precisando de ajuda."

Claro que no século XXI não dá **para esperar tanto tempo**, até que alguém adquira essas habilidades e conhecimentos para poder desenvolver a AP de forma eficaz.

Entretanto, não só para conseguir o autoaperfeiçoamento, mas para que o estudo, o treinamento e as aprendizagens produzam seus frutos, é necessário persistência ao longo de um tempo razoavelmente prolongado em que o estímulo, a confiança e o encorajamento sejam instituídos bem como o clima natural da boa convivência.

A filosofia da qualidade de Deming destaca que o **autoaperfeiçoamento** depende de que o indivíduo esteja continuamente se modificando pela análise de seu desempenho. Ele não acreditava em avaliação de desempenho como comparação de uns com os outros, introduzindo **competição** e **rivalidade** no ambiente de trabalho. O desempenho de uma pessoa deve ser avaliado em quanto o de hoje é melhor do que o de ontem e nas reflexões pelo próprio indivíduo de quanto ainda o seu desempenho poderia ser melhor. Obviamente, o mesmo pode ser aplicado às equipes de trabalho como um todo, quando, então todo o grupo analisa e compara o seu desempenho de hoje com o de ontem e delineia metas e objetivos para sua melhor produtividade no amanhã, tanto a curto como a longo prazo. É evidente que tanto num como em outro, o horizonte de expectativas situa-se em quão ampla e nítida é a **consciência da missão**.

Como disse com propriedade Mary Walton, no seu livro *O Método Deming de Administração*: "Nossa missão é o **desenvolvimento de recursos humanos** para o setor público. Nossa meta é que todos os servidores tenham pelo menos 250 h de treinamento nos próximos cinco anos. Nosso objetivo, além da renovação dos quadros por concursos públicos a cada ano, é instituir uma mentalidade de educação em serviço, conscientizando as chefias de sua função de ensino, apoiada em uma biblioteca informatizada e dinâmica, com pleno acesso para todos os servidores."

A clareza quanto à missão e à fidelidade a ela é condição *sine qua non* para nossa maior produtividade na AP.

A **missão** de um servidor municipal deve ser sempre o **bom atendimento** do munícipe. Portanto, o munícipe é o cliente e seu atendimento e satisfação, tanto do ponto de vista de necessidades quanto de aspirações é que decide sobre os critérios que legitimam ou não a validade não só daquilo que se faz, nos diversos órgãos ou unidades da prefeitura, mas também da relevância socioeconômica de todos os planos, programas e projetos autorizados e liderados pelo prefeito.

Consequentemente, ter o munícipe constantemente em mira, contribui decisivamente não só para a consistência das ações mas para o nível de qualidade que se possa alcançar com os serviços oferecidos pela prefeitura.

Entretanto, o conceito de **qualidade** tem conotações mais amplas, não se restringindo ao serviço bem realizado. Ele também diz respeito às aspirações de contínuo aperfeiçoamento, de realização humana no trabalho, por parte daquele que o faz, sob a ótica de seus inter-relacionamentos, seja através dos produtos de suas atividades, seja por intermédio de seus contatos humanos e sociais com os cidadãos.

O **conceito de qualidade total** (QT) extrapola em muito o do produto bem-feito. É um conceito dinâmico, em constante mutação e desenvolvimento com qual se busca sempre satisfazer às necessidades dos munícipes, das comunidades em que vivem e de toda a sociedade.

Portanto, a busca da qualidade ou a própria qualidade equaciona-se com a **melhoria constante**. Para tanto, no plano individual significa aprendizagem e mudança de comportamento em seu sentido amplo: reavaliação constante das ações em suas implicações com valores, princípios, habilidades, níveis de informação e projetos de realização.

Se a **melhoria constante** se aplica aos indivíduos como corresponsáveis e conjuntamente autores das atividades que se desenvolvem, ela também diz respeito, e com preocupação dominante, por parte do administrador líder com todo sistema. **Como melhorar o sistema, ou seja, a ação da prefeitura no seu todo?**

No "sistema" existem dimensões de realidade que são determinadas por esferas do ambiente externo que estão além das possibilidades de melhoria pela ação direta da prefeitura. Por exemplo, as desigualdades sociais, a má distribuição de renda, a legislação falha ou obsoleta, o atraso cultural são os determinantes sócio-políticos e econômicos com os quais se tem de lidar e só indiretamente se pode contribuir para a sua melhoria, a mais longo prazo, por meio do exercício da cidadania consciente. Todavia, o sistema de AP dentro das prefeituras, e que só depende de decisões internas, deixa ainda um vasto campo de intervenções possíveis que dependem da lucidez do seu corpo administrativo e de sua vontade de assumir tais decisões. Os **determinantes** – aquilo que não se tem força para mudar – não podem se constituir em desculpa para uma gestão municipal faltosa quanto à sua responsabilidade de constante melhoria em suas estruturas, e em seu funcionamento no cotidiano de suas atividades e realizações.

Numa época de vertiginosas mudanças, tanto das ideologias como das condições de vida, de passagem da era do industrialismo para a era dos serviços, economia criativa e da comunicação instantânea, independentemente das distâncias, definindo isso diferentes modos de produção, distribuição etc., manter-se **atualizado**, incorporando e buscando as **inovações**, já se constitui num **caminho promissor** para a melhoria do sistema de trabalho numa prefeitura.

No seu famoso livro *A Terceira Onda: A Morte do Industrialismo e o Nascimento de uma Nova Civilização*, Alvin Toffler disse:

"Cada civilização tem um código oculto: uma série de regras ou princípios que permeiam todas as suas atividades como um desenho repetido. Enquanto o industrialismo avançava através do planeta, tornou-se visível o seu singular desenho oculto. Consistia numa série de seis princípios inter-relacionados que programavam o procedimento de milhões de pessoas e ações: **padronização, especialização, sincronização, concentração, maximização** e **centralização**."

"A qualidade precisa ser planejada e construída por meio de processos de trabalho."

Mas agora, nessa segunda década do século XXI, quando está em andamento a Terceira Revolução Industrial, puxada pelas impressoras a três dimensões (3D), pelo desejo de se ter uma economia verde, e principalmente com a globalização mudando o poder das nações, os prefeitos das cidades **saudáveis** e **educadoras** (como é o *slogan* da cidade de Sorocaba no Estado de São Paulo), são aqueles que estão conectados com todos os novos e bons exemplos de desenvolvimento das cidades, não fundamentados apenas no industrialismo, pensando inclusive em se tornarem mais criativas para obterem benefícios da economia criativa e se destacaram em serviços, em especial os voltados para a saúde e educação.

"Não esqueça, qualidade não é apenas 'adequação ao uso'. Isso é insuficiente no século XXI..."

Liberação do sistema administrativo

Libertar o sistema de AP das amarras dos princípios do industrialismo é um esforço válido de melhoria dentro de uma prefeitura que, certamente, terá repercussões tanto na qualidade como na produtividade.

⇒ Por exemplo: como **descentralizar** mantendo o controle e a otimização de ações que contribuam para o todo e para os objetivos maiores, sem prejuízo da qualidade?

Toda a atividade é um **processo** e, como tal, pode ser continuamente melhorada. Aquilo que se constrói, pode-se **desconstruir, modificando, corrigindo, aportando** variáveis novas, **excluindo** outras e **reajustando** os mecanismos constituintes de tal fenômeno ou parcela da realidade.

Na maior parte das vezes, isto demanda inter-relacionamentos entre pessoas e destas com os fatos e as situações que desejam mudar. Negociações nem sempre fáceis, mas sempre passíveis de serem entabuladas, chegando a acordos que possibilitam outros avanços, tornam-se necessárias, como por exemplo, romper com os **horários tradicionais de trabalho na prefeitura!!!**

É obvio que tais manifestações demandam tempo e constância de propósitos, de tal sorte que as melhorias vão sendo alcançadas por aproximações sucessivas que se consolidam e se alteram conforme as circunstâncias e as opções que vão sendo criadas.

Tudo isso aponta para o perigo de desestabilização e perda dos avanços quanto à descentralização das decisões e consequente democratização.

Uma das características que vivemos nessa passagem do industrialismo para a era **digital**, da **instantaneidade** (com forte apoio da eletrônica) e de **avião a jato**, é a **democratização das instituições**. Isto implica na descentralização, transparência dos processos decisórios e forte participação das bases na formação de políticas, planos, programas e projetos.

As pessoas são solicitadas a tomarem conhecimento, a discutirem as medidas que provêm das instâncias superiores do governo, a posicionarem-se, a se organizarem em grupos de interesse que possam influenciar no estabelecimento de regras sociais e de políticas públicas, que afetam a vida dos munícipes.

Neste processo, é inevitável um certo montante de choque de interesses, de conflitos subjacentes que vêm à tona, de batalhas travadas entre ideologias, valores e visões de mundo que acabam constituindo as oposições.

No entanto, porque os grupos de trabalho, ou as categorias profissionais, têm profundos interesses em comum, o benefício de toda a sociedade acaba por encontrar seus **pontos de convergência**, superando as diferenças e somando no final das contas os esforços para conseguir criar as condições para se exercer uma AP eficaz.

Para que isso ocorra, não há como fugir da **gestão participativa**, da liderança e das aprendizagens ensejadas pela solução dos problemas, maximizando o potencial que eles apresentam para superação de dificuldades, resistências e obstáculos, existentes num município na **era de intensa urbanização**, uma era que pode ser chamada também de **raplexa**, ou seja, na qual se exige muita **ra**pidez nas decisões, ao mesmo tempo em que o mundo vai ficando cada vez mais com**plexo**.

Fraude, corrupção e desonestidade

Iniciando esse tópico, convém lembrar que o Brasil é um País que figurou, em 2013, na posição 72º num *ranking* de corrupção elaborado para 177 países, conforme pesquisa feita pela Transparência Internacional, e não deveria ser surpresa essa colocação não muito meritória.

Claro que onde existe o **agente passivo** de corrupção, também há o **agente ativo**, que é aquele que corrompe ou aceita corromper. Mas o que pode deixar algumas pessoas espantadas foi um levantamento "inédito" feito em fevereiro de 2014 pela empresa de consultoria KPMG.

Para uma plateia com presença de cerca de 500 altos executivos de grandes empresas do País, foi feita a seguinte pergunta: **sua organização poderia participar de atos de corrupção?** Pois bem, entre os presentes, que se manifestaram de forma anônima, através de um controle remoto, **62%** admitiram que **sim**, enquanto apenas **21%** negaram a possibilidade e 17% não souberam responder!?!?

"Muitos, infelizmente, acham que podem se equilibrar na 'roda da propina'"

Quando a pergunta foi sobre os concorrentes, a crença de que eles se valeriam de práticas ilegais para obter vantagens em contratos com o setor público foi aumentando significativamente.

Para **85%** dos respondentes, seus competidores corrompem agentes públicos, sendo que **60%** consideram que eles fazem isso **frequentemente** e **25%** de forma rara ou eventual.

Richard Girgenti, líder da área forense da KPMG no mundo, explicou: "Há três fatores que estão colocando o tema da **corrupção** em evidência. Um deles é a **globalização**, por aumentar os riscos de relacionamento de empresas com integrantes de governo de diversos países. Um segundo é o **surgimento de leis** como a brasileira, que entrou em vigor em janeiro de 2014, em diversas jurisdições, com o intuito de evitar práticas ilegais que vêm acompanhadas do crescimento da cooperação global na investigação de casos de corrupção. O terceiro é a existência de **bases de dados informatizados** que aumentaram muito nas últimas décadas, facilitando a prevenção e a detecção de atividades ilegais.

Temos, hoje, diversas rotinas e algoritmos que permitem identificar transações fora do padrão ou operações de alto risco de suborno."

Por outro lado, a empresa PwC (PricewaterhouseCoopers) divulgou a sua pesquisa (fevereiro de 2014) sobre fraudes, fundamentada na máxima: **"A ocasião faz o ladrão"**, quando se trata de crimes empresariais. E foi isso que se divulgou, ou seja, é a **oportunidade** o fator que mais determina a ocorrência dos eventos fraudulentos dentro das organizações, explicando 74% dos casos.

Já a **pressão** e as **justificativas racionais** completam o que os especialistas da PwC chamam de **"triângulo da fraude"**, aparecendo empatados com **13%** cada.

A sétima edição da pesquisa bianual global da PwC sobre crimes econômicos, feita com **5.128** representantes de mais de **95** países, apontou que **37%** das companhias foram vítimas de algum tipo de crime nos últimos 24 meses, índice que supera os 34% do levantamento anterior, que foi feito em 2011, e também os 30% de 2009!?!?

No Brasil, onde foram ouvidas 132 empresas para a pesquisa, 27% delas relataram algum crime no período, o que reflete uma queda ante o dado anterior, de 33% em 2011, depois de o índice ter ficado em 24% em 2009.

O sócio da área forense da PwC no Brasil, Martin Whitehead, explicou: "Não dá para saber exatamente se a frequência de crimes econômicos caiu no País por causa de prevenção ou por não terem sido identificados. Mas, em linha com o dado o global, praticamente uma em cada três empresas teve pelo menos um incidente nos últimos 24 meses. Nessa pesquisa, criou-se uma nova categoria específica para indicar **fraudes na área de compras**.

"**Se você tem alguma relação com um órgão público, siga estritamente os regulamentos que direcionam essa ação e não esqueça que corruptos gostam de pagar caro pelo que deveria custar menos.**"

Enquanto globalmente os crimes nessa área representam 29% dos casos, no Brasil, o índice é de 44%, sendo o **segundo tipo mais comum de ato ilícito** na área corporativa, logo atrás de **desvio de ativos**, categoria que engloba tanto roubo de bens e mercadorias, como também desvio de caixa, com 72% de frequência.

Na terceira posição, e ganhando espaço, aparecem os casos de **suborno** e **corrupção.** Em 2007, eles representaram apenas 8% dos eventos, chegando a 18% em 2011 e saltando para 28% em 2013.

Os crimes econômicos vêm ficando cada vez mais caros para empresas brasileiras. Conforme a pesquisa que se está divulgando (feita em 2013), 70% deles geraram um prejuízo maior do que US$ 100 mil para as empresas, enquanto em 2011, apenas 53% dos casos superaram esse valor. Mas além da perda financeira, as empresas estão preocupadas, principalmente, com o **impacto das fraudes sobre a reputação delas.**

Esse efeito apareceu como mais citado, com 46%, como a principal consequência de eventos dessa natureza, à frente do prejuízo financeiro, com 27%."

Bem, certamente o grande cliente das empresas privadas de diversos setores é o **governo**, e mesmo você sem acreditar totalmente nos números há pouco apontados sobre corrupção e fraudes, pode notar que a situação está mesmo calamitosa, não é?

Adiante, falaremos um pouco sobre a **administração participativa**, e ela sem dúvida pressupõe a ausência de **fraude**, pois, em caso contrário, ficar-se-á como naquela história do porco e da galinha, quando esta última lhe sugeriu uma participação num negócio muito lucrativo, ou seja, vender o prato de ovos com presunto!?!?

Enquanto ela **participava**, o coitado do suíno **perdia a vida** ou, pelo menos, ficava manco e comprometido pelo resto da vida...

"É impossível eliminar a atração pelo vil metal – o ouro – e daí a continuidade de corrupção e das fraudes."

Apesar de a maior parte dos livros de administração não enfocar de forma mais concreta nos temas da **fraude**, da **corrupção** e da **desonestidade** na AP e de as modernas teorias presumirem que eficiência, motivação, grande desempenho, estado de espírito voltado para a missão de servir etc., podem **surgir ou desenvolver-se** em um total vácuo da honestidade, não é o que se fará neste...

O fato é que tudo isto é uma grande mentira!!!

Quer o(a) leitor(a) goste ou não, na AP muitas ações são eivadas de desonestidade, fraude, tapeação e corrupção, as quais, com muita frequência, costumam pegar de surpresa os gestores públicos que lutam pela qualidade.

Costuma-se dizer que cada vazio de **credibilidade** é preenchido pela **credulidade** de alguém, e esta é uma **verdade inquestionável**.

As pessoas simplesmente não fazem as perguntas importantes que deveriam fazer, muitas vezes porque acreditam que isso seria deselegante.

"Mas o que você está dizendo é luminoso! Vou participar desse negócio!!!"

Cabe bem aqui a real historinha contada em todos os cantos de Brasília sobre a freirinha e os tapetes persas.

É uma história verdadeira e ilustra bem os desatinos a que uma abertura desordenada das importações pode levar.

Bem, uma freirinha, aparentemente muito bem-intencionada, humilde e ingênua, tentava liberar um pedido, já recusado, de importação de produtos usados que seriam vendidos aqui, numa feira beneficente.

A instituição de caridade da freira, com dificuldades financeiras para cuidar de velhinhos doentes e abandonados, teria uma boa receita nessas vendas.

Para as diversas autoridades ela explicou que o dinheiro que seria angariado, era muito importante: **daria até para aumentar o número de pessoas atendidas**.

Determinada portaria governamental permitia que instituições de caridade pudessem importar produtos usados para seu uso próprio, sem pagar as taxas e impostos normais.

Por isso, a freirinha não entendia por que o governo proibira a importação.

Ela recebeu as explicações: seriam importadas algumas centenas de tapetes persas "muito usados" (no caso, leia-se tapetes persas antigos), que valiam várias, mas várias vezes mais que os tapetes novos!!!

O grupo que tentava a importação usava a freirinha como "laranja", ou como inocente útil, e faria uma fortuna com a venda dos tapetes "usados".

A instituição, é claro, receberia as migalhas!?!?

Deve-se ter muita "compreensão" com as vítimas de fraudes, chantagens ou corrupção!?!?

Os estudantes recém-formados, principalmente nas faculdades de Administração, ainda têm a crença de que o mundo é todo florido, com deliciosos aromas e lindas borboletas esvoa-

"Sr. P. I. Kareth, chegaram os senhores que encomendaram os contêineres com os tapetes usados que importamos de Teerã."

çantes passando de flor em flor, como em um filme da Disney e, dessa forma, não é surpreendente que eles deem pouca importância ou evitem o lixo e os maus odores, ficando aturdidos, definitivamente na lona, ao receberem o golpe inevitável da corrupção...

Mesmo que alguém não seja um psiquiatra qualificado, nem um juiz togado, porém, após algumas décadas da vida no setor público acaba adquirindo uma experiência prática no trato com mentirosos de todos os tipos, tamanhos, sexos e nacionalidades.

"Certamente, é indelicado apontar a safadeza, mesmo assim, o Senhor nos ensinou a não desistir nunca!!!"

É verdade que também vai ter a felicidade de cruzar e conviver com milhares de pessoas boas e honestas, mas elas frequentemente são as **vítimas** e as **perdedoras**, não as vencedoras.

A intenção deste livro é ajudar a corrigir este desequilíbrio. A regra que se deve seguir nesse caso é: **quando em dúvida, expresse-se clara e repetidamente que não convive com mentirosos!!!**

A administração participativa permite diminuir o desperdício e incrementar o ambiente democrático

A democratização das organizações implica forte participação de todos os membros daquele grupo social que se institui para dar conta de uma missão e para realizar um trabalho que tenha, ao mesmo tempo, **relevância social** e **valor econômico**.

Se a própria sociedade incorpora os valores democráticos, a organização, ou no nosso caso especial – a **prefeitura** –, não tem como continuar a exercer suas funções sociais alicerçada em princípios ultrapassados: **autoritarismo, paternalismo, dominação** e **poder feudal**.

Os cidadãos, agora são mais educados e ilustrados do que na metade do século XX, e exigem ter vez e voz nos rumos do seu destino e no progresso dos municípios em que vivem.

Não mais aceitam que uns poucos (ou alguém todo-poderoso) os manipulem para, por meio da exploração de sua ingenuidade e ignorância, construindo situações de privilégio para uns poucos afortunados ligados por razões diversas ao grupo no poder.

Os meios de comunicação de massa – as redes sociais em particular – têm contribuído para a **democratização da informação**, dando acesso ao conhecimento das realidades sociais e políticas, anteriormente reservadas aos que orbitavam nas esferas do poder. O próprio governo se municia de muitos desses meios para evidenciar a transparência de suas ações.

A maior consciência da realidade como ela se apresenta ao homem / mulher moderno obriga as instituições (as prefeituras) a se repensarem e se reformularem.

Algumas delas, por sua vocação inovadora, têm assumido posições de vanguarda nessas transformações, deste modo contribuindo para que a própria sociedade se conscientize das mudanças que estão ocorrendo, muitas vezes sem que elas tenham qualquer participação.

Em face disso, muitos órgãos públicos e prefeituras vêm optando por diferentes modalidades de **gestão participativa** como eixo central na democratização institucional. Em consequência, tratam de teorizar – estabelecer os pressupostos – de sua prática e de suas lutas em prol das transformações.

Os elementos básicos de uma administração participativa

1º) A **qualidade** e a **capacidade de inovar** das pessoas é que fazem a diferença na qualidade dos recursos humanos.

2º) Todo líder (prefeito) deve aprender a **treinar** e **inspirar** as pessoas (seus subordinados), obter seu comprometimento e estabelecer um exemplo pessoal de excelência.

"Não é discutindo desse jeito que se chegará à lealdade, a uma conduta ética e a implantação da administração participativa."

3º) Orientar as ações e tarefas para o **autodesenvolvimento**, valorizando a independência, a responsabilidade e o equilíbrio do trabalho com outras prioridades (família, lazer, educação continuada etc.).

4º) O gestor-líder eficaz irradia **motivação** e **senso ético:** é aberto e entusiasta, delegando funções e reforçando as conquistas de seus colaboradores (seguidores) no trabalho.

5º) Para atrair e manter pessoas, ou seja, servidores municipais motivados e talentosos, torna-se indispensável que a **flexibilidade** (!?!?) seja o ponto crítico dos julgamentos e decisões.

6º) A responsabilidade maior de todos e de cada um é com o seu **próprio aperfeiçoamento**, com seu projeto profissional, construindo um currículo ou folha de serviço que, mais cedo ou mais tarde, redunde em contribuição substantiva para a sociedade, através do seu trabalho na gestão pública. Veja como é importante ser um gerente de cidade!!!

7º) Cada indivíduo é **responsável** por tudo o que faz. E em conjunto, somos todos responsáveis pelo atingimento de metas, dos objetivos e ideais que compartilhamos e definimos como o horizonte de nossa ação solidária.

8º) A energia individual tem grande importância, ela é capaz de transformar a convivência em contínuas lições de vida, reafirmando os **valores da existência**, do **amor** e do **trabalho.**

9º) Um gestor público é alguém que, pelo seu exemplo, leva as pessoas a seguirem-no por meio de sua **conduta ética, lealdade** e disposição para criar ambientes nos quais o potencial único de cada um possa desabrochar.

10º) A atitude **investigativa** – curiosidade, busca, inquietação – é fundamental. Ler, pensar, escrever (são ações indispensáveis, para inclusive se ter um bom trabalho em equipe); questionar, dialogar, refletir e debater. Sem isso, a obsolescência é inevitável.

O mundo das ideias, dos valores e dos princípios tem mais força para modificar o ambiente com o qual se trabalha do que propriamente os recursos materiais, traduzidos em verbas disponíveis ou no acervo patrimonial. Uma AP eficaz não é nem o prédio, nem o equipamento, nem o orçamento.

Os bens materiais não se revigoram se não houver, a animá-los, princípios, valores e uma missão bem definida.

Na realidade, uma forma compacta de se apresentar a administração participativa é através de sete princípios, a saber:

Primeiro princípio – As organizações públicas (ou privadas) se constituem em comunidades de aprendizagem e, quando inspiradas por ideais e valores, podem se constituir em espaços privilegiados de realização humana e social.

A ideia subjacente é que existe uma educação pré-serviço, mas que a **educação em serviço é o elemento mais forte**, promissor e decisivo na vida das pessoas. Ela é feita muito mais pela convivência, pelo intercâmbio de ideias, informações e percepções com os pares, do que por lições que possam vir de cima. Criar uma **comunidade de aprendizagem** nos ambientes de trabalho é uma meta das gerências a ser constantemente realimentada e perseguida.

Segundo princípio – Todo líder (prefeito ou gestor público) deve, sempre, aprender a **treinar** e **inspirar** pessoas, obter seu comprometimento com os objetivos maiores, e estabelecer, por sua ação, um exemplo de aperfeiçoamento constante.

Aqui não importa nem o discurso, nem o comportamento como aspectos isolados. Importa, sim, o quanto a pessoa se **cultiva**, se **produz**, se **elabora**, no sentido de uma atitude de **autodesenvolvimento**. No intuito de promover contínuas modificações, em sintonia com as mudanças que ocorrem nas micro ou nas macroestruturas com as quais se relaciona. Nosso valor provém de nossos ideais, do projeto de vida que temos, da trajetória que traçamos a fim de nos tornarmos cada dia melhores, por mínimo que seja e, com esta busca, demonstrar aos outros e a nós mesmos que é possível ao ser humano manter-se flexível e aberto a novas aprendizagens.

Terceiro princípio – Num ambiente sadio e participativo, as ações e as tarefas são orientadas para o **crescimento pessoal** e **profissional**. Aí se valoriza a independência, a responsabilidade e o equilíbrio do trabalho com as outras esferas do mundo da vida.

Uma pessoa sadia tem muitos e variados interesses, convive em diversos ambientes, compartilha diferentes áreas das atividades humanas e sociais. Por esta diversidade de enfoques ela se enriquece e pode dar uma contribuição mais arejada e mais relevante dentro de uma instituição. O equilíbrio entre os variados interesses, além da aspiração estritamente profissional, é fundamental para que a pessoa se desenvolva e se enriqueça apresentando, assim, um rendimento que **faça a diferença**.

Quarto princípio – A responsabilidade maior de cada um é para com a sua **competência** como pessoa comprometida com seu grupo social e com seu projeto profissional. A construção de seu currículo, ou folha

"Numa administração participativa, que procura ser a mais horizontal possível, evita-se esse tipo de manifestação grosseira em diferentes níveis."

de serviço, mais cedo ou mais tarde, redunda em contribuição substantiva para a sociedade, pois o seu desempenho melhora muito.

Aqui, há um resgate da importância do indivíduo que não se dilui na impessoalidade do coletivo ou das equipes de trabalho. Pode ser uma ideia controversa, mas é vital fixar-se na perspectiva de que o indivíduo tem um papel marcante para que se tenha uma AP eficaz.

Quando estamos num grupo de trabalho e um servidor público que participa daquele grupo é de alto nível, tanto profissional como do ponto de vista humano, esse indivíduo puxa o grupo para cima. Se é assim, os indivíduos precisam ser estimulados a desenvolverem-se e a desabrocharem suas potencialidades, a não viverem como se o setor público onde trabalham os estivesse sufocando e reprimindo, sem permitir que alcem o voo para a sua autorrealização.

Quinto princípio – Um líder (prefeito ou gestor público) é alguém que, pelo seu exemplo, leva as pessoas a seguirem-no, por intermédio, sobretudo, de sua **conduta ética** e de sua habilidade para criar ambientes propícios ao pleno desenvolvimento de cada um.

É preciso, pois, construir ambientes e situações que favoreçam a consecução das legítimas aspirações de crescimento, mudança e desenvolvimento humano. Isto supõe enfrentar os problemas da discriminação, dos preconceitos e estereótipos.

Isto também diz respeito à **imagem**. É indispensável que a credibilidade, a confiança e a positividade sejam preservadas nos ambientes – ou grupos sociais – aos quais a nossa própria imagem se associa.

Tome-se como exemplo a imagem do servidor público. O **estigma** que se criou, ao longo do tempo, é uma imagem negativa desta **atividade nobre** que, se não for combatido e reconstruído de modo intersubjetivo, continuará impedindo o funcionário público a **ter orgulho de seu trabalho**.

Estes prejuízos se estendem à comunidade, à sociedade e, principalmente, às novas gerações.

Sexto princípio – Uma **atitude questionadora** e **investigativa**, apoiada na reflexão e na crítica, é indispensável para a conquista de transformações no ambiente de trabalho.

E ainda ir mais longe, ou seja, para uma contestação de ideias numa oposição construtiva que reconfigura situações, descobre novas relações e desvela significados. Isto tudo permeado por um equilíbrio emocional e uma maturidade de sentimentos, com um desejo exigente de vir a ser o que não se é, **ainda**. Sem essas **intermediações**, a obsolescência e a desatualização são inevitáveis!!!

Sétimo princípio – A **energia individual** – elã, entusiasmo, otimismo, fortaleza de propósitos – é um fator catalisador de realizações e experiências gratificantes.

Esta energia individual – a vitalidade de cada um – é capaz de transformar os contatos humanos em encontros fecundos. É uma energia que mobiliza as lições de vida e a reafirmação dos valores da existência. Aponta para os benefícios que se pode tirar do trabalho da vida profissional, enfim da missão de vida de um funcionário público: **servir os cidadãos (os munícipes)**.

Não se deve encarar o trabalho no setor público como uma vantagem puramente econômica, mas como **felicidade** e **satisfação pessoal** e poder colaborar na construção de uma sociedade cada vez melhor. Por isso, o gestor líder eficaz é aquele que irradia motivação e a sensibilidade para os diversos valores, sendo, ao mesmo tempo, **aberto, flexível** e **tolerante**.

Bem, estes princípios estão imersos numa nova mentalidade que pouco ou nada tem a ver com o pensamento cartesiano e fragmentado da era do industrialismo. Menos ainda com uma visão mecanicista do comportamento humano que o interpreta apenas em termos de causalidade e determinismo.

Os sete princípios estão impregnados na aceitação do **imponderável** e do **intangível**, da consciência de que **vale a pena** o risco de acreditar na **condição humana** e em suas **possibilidades de mudança**. Na convicção de que é nos autoaperfeiçoando que poderemos contribuir na construção de uma nova época, mais livre das amarras do passado, que escravizavam a pessoa ao trabalho.

"Como é que eu sozinho, vou conseguir fazer esse trabalho?"

Tomemos como exemplo a declaração: "A ciência e a tecnologia não nos dizem o que a vida significa. Chega-se a ela por meio da literatura, das artes e da espiritualidade."

Nela, deve-se entender que a pessoa, além de suas atividades profissionais, tenha uma gama de outros interesses capaz de proporcionar-lhe **qualidade de vida**. É evidente que esta riqueza da vida individual contribui decisivamente para a qualidade de vida no trabalho no setor público e, por extensão, para a realização do próprio conceito de qualidade total.

A literatura e as artes – talvez em especial a música – desenvolvem a sensibilidade e permitem um importante espaço de realização individual, onde o que mais importa é instrumentar-se para desempenhos satisfatórios. O desenvolvimento do indivíduo faz com que ele estabeleça um permanente tensionamento com as estruturas sociais alçando-se para o direito e o dever de criticá-las, de não aceitar simplesmente o que lhe é dado, mas aspirar com todas as forças de seu ser a uma realidade mais de acordo com suas utopias

"Mas como é que você não entendeu essa demonstração?"

e sonhos impossíveis. É assim que as pessoas tornam-se **homens** e **mulheres incomuns**, capazes de implementar transformações, que de outro modo não seriam desencadeadas.

É, também, muito útil refletir sobre a mensagem: "A nova responsabilidade da sociedade é recompensar a iniciativa do indivíduo. (...) O indivíduo pode influenciar a realidade identificando para onde a sociedade se encaminha. Conhecimento é poder. Mesmo que não apoie a direção de uma tendência, você adquire poder por meio de seu conhecimento sobre ela! Você pode desafiar as tendências, mas precisa antes saber para onde elas apontam."

Ainda que extremamente rica, esta visão é destacadamente contraditória, visto que, ao mesmo tempo, reclama engajamento, participação e envolvimento do indivíduo em seu grupo social e dele exige uma vida própria, singular, apoiada no desenvolvimento de suas potencialidades e no cultivo de suas forças e talentos, com iniciativa para conhecer e se opor às tendências da realidade social em que está inserido.

Tal concepção de pessoa se coaduna plenamente com as teorias de administração que propõem a "**qualidade total**" como pressuposto central da responsabilidade dos dirigentes que militam no setor público. E isto numa visão que, supondo a espiritualidade e a sensibilidade intuitiva, pode também se materializar em preocupações bem tangíveis, como a **diminuição de custos**.

O fato é que à medida que vamos melhorando a qualidade, os custos vão baixando. Os administradores de um modo geral estão mais interessados em finanças, em recursos, em diminuição de despesas, em contabilidade criativa. Tudo isso está muito bem. Mas quando se trata de ignorar os fundamentos da melhoria, não está certo. É vital entender que quando se melhora a qualidade (digamos dos processos), os seus custos baixarão. Pois haverá menos erros e menos estragos.

Com plena participação dos servidores públicos e com o desenvolvimento individual ao máximo de sua potencialidade, a **padronização** vai cedendo lugar para a não uniformização e a variabilidade. As diferenças individuais serão mais e mais uma realidade a ser administrada, potencializando a contribuição de cada um e de todos para a construção das situações e dos resultados desejados, tendo como perspectiva as características dos grupos e da organização (a prefeitura admirada...).

É aí que entra a forte importância da Estatística – hoje podendo contar com uma quantidade enorme de dados pois vivemos a era do *big data* – como forma de controle e acompanhamento das realidades que se criam e se desdobram nos processos de realização de serviços e elaboração de produtos. Um dos pontos fortes da filosofia Deming de administração, é justamente o **controle estatístico** em todas as fases do processo. Cabe à administração, pelo uso da Estatística, monitorar os processos tendo como horizonte de expectativas todos os pressupostos da qualidade, ou seja:

⇛ A variação faz parte de qualquer processo.

⇛ O planejamento requer a previsão de como as pessoas e as coisas se comportarão.

⇛ Os servidores públicos trabalham dentro de um sistema que, por mais que eles tentem, está fora de seu controle.

⇛ Só a gestão superior pode mudar o sistema.

⇛ Alguns funcionários públicos terão sempre um desempenho acima da média e outros abaixo.

Outro corolário desta visão administrativa é o **trabalho em equipe**. Embora acatando e valorizando a iniciativa e o talento individuais, por meio dos processos da ação comunicativa, é o grupo como um todo que assume a harmonização e a compatibilização das tarefas, estabelecendo objetivos comuns, somando esforços na busca da solução de problemas, bem como nos direcionamentos definidos pelos detentores do poder no Executivo.

É um desastre quando as diferentes secretarias (ou setores) da prefeitura têm **objetivos diferentes** no que se refere à qualidades e não trabalham em equipe para resolver os problemas comuns, estabelecer as políticas públicas ou abrir os novos caminhos.

As dissociações entre os diferentes setores de uma prefeitura, em geral decorrentes de uma visão fragmentada dos significados da missão institucional e, não raro, alimentadas por falsos egoísmos partidários e atitudes corporativistas, corroem a força do grupo como um todo. Na maior parte das vezes, as pessoas envolvidas não têm consciência clara dos malefícios que estão causando para a prefeitura como um todo e, consequentemente, para si próprias, como partes integrantes dessa mesma instituição.

No enfoque de **controle da qualidade total (CQT)**, que enfatiza modos inovadores de prestar atendimento às necessidades dos munícipes, destacam-se os valores da **participação, influência** e **controle** do servidor municipal sobre suas próprias atividades.

Para tanto, dentro das prefeituras devem instituir-se comunidades de aprendizagem. As formas mais comuns de que se revestem tais comunidades, são grupos-tarefa para a solução de problemas específicos e grupos de estudos no contexto das equipes de trabalho.

Ambos são propiciadores de educação em serviço ("**aprender fazendo**") que instaura participação e liderança. São aspectos intangíveis, mas decisivos para a produtividade.

Nenhuma prefeitura irá melhorar seu desempenho sem um rígido compromisso do prefeito, dos seus secretários, do gerente da cidade e dos outros gestores com poder, com a **qualidade**, por meio de um sistema de gestão eficaz dela, alicerçado em um plano de longo prazo de aperfeiçoamento contínuo, educação para todos os servidores municipais e uma decidida orientação de estar sempre focado nas necessidades dos munícipes.

"Em todos os países e principalmente nas administrações municipais, os prefeitos e os gestores públicos sentem uma grande pressão por parte dos munícipes para que eles tornem todos os processos mais eficientes e se diminuam os desperdícios e as ações improdutivas".

Eliminação do desperdício – caminho para atingir a excelência

Sem a introdução de uma gestão participativa e dos seus pressupostos na AP, vai ser muito difícil vencer a **luta pela qualidade** numa **prefeitura** e principalmente eliminar ou minimizar o enorme **desperdício** que há hoje no Brasil.

As únicas coisas que evoluem sozinhas em uma organização são a **desordem**, o **atrito** e o **desempenho ruim**.

A luta pela qualidade, na qual todos devemos estar envolvidos mostra que é preciso mudar a AP e ter bastante coragem para assumir os novos rumos.

Num raciocínio primário sobre a condição até agora de relação Estado *versus* sociedade, há muita coisa em comum com o passado.

No início, eram as sesmarias e as capitanias hereditárias que loteavam as sociedades existentes, entre seus mandatários, que governavam por vontade própria, bem aos moldes do regime de escravidão instituído.

Hoje, muita coisa difere pouco do que havia na época das capitanias hereditárias. Continuam existindo os "capitães", e a diferença está em que a senzala não é apenas aquela construção marginal para recolher os escravos, e os escravos não são somente de raça negra.

Uma grande parte da sociedade tornou-se escrava da **má distribuição de renda**, da perda do poder aquisitivo dos seus salários, de uma excessiva carga tributária, dos atrasos tecnológicos e, sobretudo, da grande inércia na tomada de decisões que atravanca a constituição de um Estado mais dinâmico, moderno e justo.

Ninguém é iluminado o suficiente para governar impondo a sua feição, mas deve ser iluminado o suficiente para bem governar com a feição que o momento e as instituições exigem.

Os que estão no poder devem conhecer bem a diferença entre **administrar o bem comum por vontade própria** e a **vontade própria para administrar o bem comum.**

O momento atual é uma nova oportunidade de superar a inércia em que vivemos até hoje e sepultar definitivamente a chave da senzala, forjando a chave da jaula para soltar de uma vez por todas a onça brasileira...

"Ninguém precisa respeitar ou concordar de forma absoluta com a minha opinião, mas no Brasil o problema é que metade dos seres humanos que trabalham na prefeitura são capazes de tudo e a outra metade não é capaz de nada..."

Exemplos de desperdício no Brasil

Vamos agora analisar alguns casos específicos de desperdício no País, que refletem nossa falta de qualidade.

1º CASO – A QUE SE DEVE A FALTA DE ÁGUA?

Ao desperdício e ao vazamentos naturalmente!!!

A perda média de água no abastecimento das cidades no Brasil é da ordem de quase **40%**.

Não raras vezes, a causa é a deficiência ou a falta de adequada manutenção, principalmente nas tubulações enterradas.

"Apesar do Brasil ser o País mais agraciado do mundo com reservas de água potável, isso não significa que ela já não está escassa em muitas regiões do País."

A corrosão se inicia com o desgaste do revestimento interno e/ou externo que provoca uma pequena perda.

Com o tempo, ela tende a aumentar, o que repercute desfavoravelmente na segurança e no bem-estar da população.

Outro fator que contribui para o desgaste da tubulação é o próprio aumento da velocidade da água e a consequente pressão ao longo do escoamento nas redes.

Tal fenômeno ocorre devido à mudança do regime de fluxo (de laminar para turbulento), quando a água se depara com impurezas, pequenas trincas, entre outros obstáculos.

A parede interna sofre desgastes que podem causar a permeabilidade, reduzindo ou distorcendo a espessura adequada da tubulação.

Não devem também ser desprezados os problemas de curvatura e declividade de um sistema hidráulico.

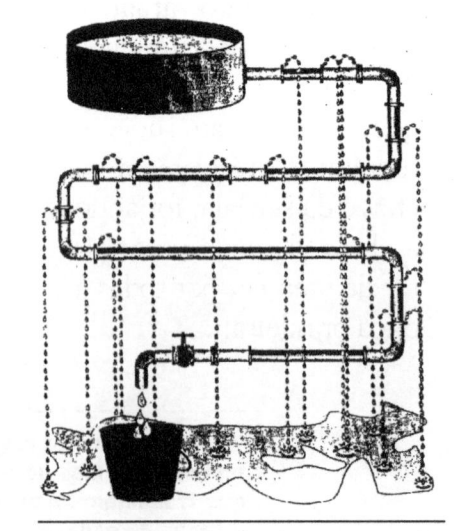

"Toda dificuldade cria a capacidade para resolvê-la."

Outras variáveis são a erosão e as águas subterrâneas. Quando se infiltra no solo, a água estão sujeita à força gravitacional ou à tensão superficial fazendo com que ocupe todos os vazios.

Ela acaba interferindo na espessura da textura e na granulometria do terreno que pode ceder e, assim, danificar, sob certas condições, o revestimento da parede externa da adutora ou até causar a sua ruptura.

Isto, em geral, resulta em catástrofes como desabamentos, soterramentos e deslizamentos.

Todo projeto de duto subterrâneo, seja de tubulação hidráulica, gasoduto, oleoduto, rede de escoamento ou vazão de esgotos e outros líquidos, exige manutenção sistemática e periódica.

Em muitos países na Europa, a legislação obriga à manutenção a cada cinco anos, tempo entendido como adequado para a prevenção de eventual transtorno ou desvio no sistema.

No Brasil, infelizmente, não estamos seguindo esse tipo de procedimento...

Aí vai um pequeno relato do desperdício da Companhia de Saneamento Básico do Estado de São Paulo (Sabesp) no início de 2014, quando ocorreu uma seca atípica de verão que abalou seriamente o nível dos reservatórios que abastecem a Grande São Paulo e houve insistentes pedidos da empresa supridora para que os cidadãos fizessem economia, que isso levaria ao pagamento de uma tarifa menor. E talvez esse apelo não fosse necessário se a empresa não estivesse convivendo com um elevado índice de perdas.

Assim, a Agência Reguladora de Saneamento e Energia de São Paulo (Arsesp), que fiscaliza a Sabesp, divulgou, em fevereiro de 2014, um documento no qual relatou que o volume anual de água perdida (no trajeto entre a empresa e a caixa de água dos consumidores) aumentou em 85,7 bilhões de litros entre 2011 e 2012, atingindo 32,1% da produção. Parece que esse desperdício caiu um pouco em 2013 e foi de 31,2%.

Essa quantidade desperdiçada é suficiente para abastecer, durante um ano, uma cidade com mais de 1,1 milhão de habitantes, como Campinas, que só não entrou em racionamento em fevereiro de 2014, devido à medida excepcional tomada pelos governos federal e estadual.

O pior é que "parece" que o índice de perda de água do resto do nosso País está em torno de 38,8%, enquanto, por exemplo, no Japão é próximo de **5%.**

Não se pode esquecer também que, em 2014, temos ainda no Brasil cerca de 7% da população (mais de 15 milhões de pessoas) que não recebem água tratada em casa e 44% (cerca de 91 milhões) das que aqui vivem não têm suas residências ligadas às redes de esgotos.

2º CASO – POR QUE TEMOS TANTO DESPERDÍCIO NA CONSTRUÇÃO CIVIL?

Falar de desperdício na construção civil sem falarmos do fator "cultura" é o mesmo que fazer um risco na água!!!

O desperdício, de modo geral, está intensamente impregnado na cultura de todos nós, brasileiros, e pode-se identificar tal fato com facilidade quando observamos o despropositado volume de lixo que é recolhido todos os dias em nossas cidades. No Brasil, a contribuição de um conjunto de fatores adversos na construção civil leva a absurda cifra de **30%** a **35%** de **desperdício**!?!?

Isto significa que para cada metro quadrado de área construída estaremos gastando cerca de 1,35 m^2 ou, ainda, para cada três unidades residenciais, comerciais ou industriais, estaremos jogando fora a quarta. Se considerarmos que o nosso atual déficit habitacional (início de 2013) gira em torno de 8,5 milhões de moradias, precisamos de muitos recursos financeiros para eliminá-lo e seria vital diminuir o desperdício na construção civil. Porém, como não temos recursos nem mesmo para atender à demanda anual atual, vamos ficar com um débito maior ainda no futuro, principalmente se o desperdício na construção civil continuar.

Este desperdício é um vício de muitos anos devido à falta de concorrência em qualidade, de contratos de preço de custo nem sempre bem realizados, falta de controle na compra, na entrega e na execução e, até mesmo, nas quantidades de materiais utilizados.

A Lei 8.078 (Código do Consumidor), a Lei 7.347, de 24/7/1985, de agressão ao meio ambiente, a Lei 8.137, de 27/9/1990, que define os crimes contra as relações de consumo, fizeram com que houvesse um maior controle da qualidade da construção civil e focou-se na diminuição das perdas por desperdício, com a aplicação, pelos responsáveis pela construção civil, das técnicas de CQT, recomendadas por gurus como Kaoru Ishikawa, W. E. Deming, Joseph M. Juran, entre outros. Os nossos "construtores" perceberam a importância, a extensão, a complexidade, o conteúdo polêmico e, sobretudo, a empolgante questão do aperfeiçoamento do processo de construção das mais variadas obras, e hoje no Brasil temos muitas empresas que estão construindo de acordo com as mais rígidas **normas de sustentabilidade**, que incluem, reaproveitamento de todos os resíduos provenientes dessas obras.

Além disso, estão agora a todo momento pensando nos **cinco Ms** da qualidade: **mão de obra**, **metodologia**, **máquinas**, **material** e **meio ambiente**.

"O ser humano é um projeto que só dará certo se for educado e treinado."

⇒ Mão de obra

Enquanto não entendermos que é nossa obrigação dar à mão de obra da construção civil condições mínimas de higiene, segurança, alimentação e salubridade para podermos exigir produtividade, estaremos andando em círculos, sem sair do lugar, e convivendo com o desperdício.

É preciso, pois, assumirmos a responsabilidade social, econômica e cristã, de que é responsabilidade da indústria da construção civil preparar, treinar, alimentar e tornar saudáveis os funcionários que trabalham nas obras.

⇒ Metodologia

Merece uma abordagem ampla, com a criteriosa análise de cada etapa, o ciclo da construção civil no qual se tem: o empreendedor, os projetos, o planejamento, o canteiro de obras (higiene e segurança), os fabricantes de materiais, a execução das obras, os controles tecnológicos, o controle da qualidade, o usuário final e, finalmente, a manutenção do empreendimento.

"Com tanta tecnologia que o ser humano desenvolveu, não podemos ainda exterminar tanto desperdício!!!"

É necessário seguir de maneira rigorosa as normas e técnicas nacionais [por exemplo, da Associação Brasileira de Normas Técnicas (ABNT)] na aquisição e no emprego de materiais, na contratação de serviços e na construção civil em geral. Além disso, é fundamental aplicar os mais eficientes métodos de construção.

⇒ Máquinas

Por quanto tempo, ainda, no Brasil continuaremos usando o serrote manual, não afiado, movido à energia muscular, consumindo como combustível o feijão tão caro e de baixo rendimento, enquanto pequenas serras manuais custam poucos meses de salário de um carpinteiro e produzem 20 vezes mais? É obvio que muitas empresas não fazem mais isso...

"Usar água de forma consciente deve ser hoje tema de todas as aulas do ensino fundamental!"

Será que continuaremos a assentar tijolos fazendo 25 movimentos por peça, quando há mais de um século, Taylor e Fayol, já nos ensinaram que é possível fazê-lo com cinco movimentos? É claro que existem hoje outras formas de assentar tijolos...

Será que a caixa de argamassa não poderia estar à altura de 0,8 m ergonometricamente colocada?

A "máquina humana" deve, sem dúvida nenhuma, ser utilizada de forma mais inteligente. Mas o que é mais importante, é que no século XXI temos máquinas cada vez mais sofisticadas, que têm uma produtividade e qualidade muito superior ao do ser humano.

⇒ Material

A aquisição dos materiais de construção civil deve ser precedida de tomada de preços, estando os mesmos de acordo com o Código de Defesa do Consumidor. Da mesma maneira, o pedido de compra e a recepção na obra.

"Infelizmente tem gente especialista em estragar as coisas quando elas nem estão terminadas..."

Enquanto o mais barato – no que se refere ao preço do material – for confundido com o mais econômico e de melhor qualidade, estaremos andando no caminho errado dentro da busca da maior eficiência e eficácia da construção civil.

⮕ Meio ambiente

Inicialmente, deve-se salientar que o **lixo** das cidades não pode constituir-se do lixo de uma obra, em uma proporção tão grande.

Melhor dizendo, esse desperdício cria, junto com o lixo orgânico, esconderijo, alimentação, ambiente propício para a criação de roedores, de insetos e de agentes transmissores de doenças infectocontagiosas e assim por diante.

Moer os resíduos de tijolos e argamassa, embora custe apenas 20% do custo da areia, terá de ser **obrigatório** por lei, ou em prisão e multa dos responsáveis pelo lixo de obra que não procederem dessa forma.

Não deveria isto ser assumido conscientemente pelos construtores!?!?

Se nós não tivéssemos tanto desperdício na construção civil, certamente, seria mais fácil e menos custoso executar o programa Minha Casa, Minha Vida (lançado em 2009) com o objetivo de entregar até o final de 2014, 2 milhões de moradias para famílias que recebem até 10 salários mínimos por mês.

Porém, mesmo com todo o empenho dos governos federal, estaduais e municipais, essas ações estão sendo insuficientes e, em 2014, o cenário criado era de um déficit de quase 8,5 milhões de moradias, principalmente para famílias com renda inferior a dois salário mínimos.

A situação, inclusive, fica muito preocupante, pois as projeções do IBGE para 2050 é que o Brasil chegará a ter um déficit de 30 milhões de moradias.

Para zerar esse déficit habitacional, seriam necessários investimentos de R$ 160 bilhões e de onde é que vai se tirar esse dinheiro?

Felizmente já existem promotores e juízes que, agora, questionam se o desperdício de 30% do material comprado para uma construção não pode ser interpretado como um processo para encarecer obra e gerar maior ganho para o construtor.

Bem, enquanto não valorizarmos um bom projeto com especificações claras e corretas; enquanto não prestigiarmos o planejamento compatibilizando com prazos, custos e tecnologias adequadas; enquanto (repetindo) não entendermos que é uma obrigação dar à mão de obra da construção civil condições mínimas de higiene, segurança, alimentação e salubridade, para que se possa exigir a produtividade, estaremos caminhando em círculos, sem sair muito do mesmo lugar e convivendo com o desperdício.

Pearl Buck, renomada escritora norte-americana, disse: "O entusiasmo é o

"Na sua cidade existe uma campanha para se recolher o lixo de forma seletiva e em seguida, depois de limpo e seco ele poder ser reciclado?"

pão diário da juventude. O ceticismo é o vinho cotidiano da velhice."

Para nós, o Brasil que é um País emergente, temos tudo nele para vencer a **luta pela qualidade!!!**

É claro que a diminuição de todos os tipos de desperdício será um importante indício de que estamos obtendo vitórias nessa guerra.

Isto já será conseguido se empresários e os gestores públicos passarem a considerar cada funcionário como patrimônio da empresa de construção civil, a ser preservado e aprimorado, estabelecendo uma visão de prazo mais longo.

E o investimento em educação e treinamento poderá, então, mostrar seus frutos e que a premissa da qualidade é verdadeira em sua essência.

Esta é uma constatação milenar. Afinal, o ser humano iniciou sua jornada sobre o planeta munido do conceito intuitivo da qualidade, materializado no arco e flecha que fabricava.

A qualidade nos legou obras e objetos de rara perfeição como fruto do trabalho do artesão da Renascença.

No entanto, este vínculo foi quebrado com o advento da Primeira Revolução Industrial e a emergência da administração científica de Taylor.

Quebrou-se o elo!?!?

O trabalhador deixou de ver o fruto final do seu trabalho: a "remota" inspeção final apareceu no seu lugar.

A participação do funcionário público na solução do problema no seu local de trabalho, bem como a noção de que o processo seguinte consiste em clientes internos a serem eficazmente atendidos, veio para resgatar a satisfação de trabalhar e lutar pela qualidade.

A grande tarefa do administrador contemporâneo e do gestor público municipal em especial, é, pois, proporcionar os instrumentos para que todos os funcionários recuperem essa satisfação, cuja contribuição permitirá ter a qualidade e a produtividade almejada na prefeitura.

3º CASO – O QUE PROVOCA O DESPERDÍCIO DE ALIMENTOS?

O governo, em todos os seus níveis, está ainda cego ao enorme desperdício de **alimentos** que ocorre atualmente no Brasil. Por exemplo, no mercado atacadista da Companhia de Entrepostos e Armazéns Gerais de São Paulo (Ceagesp), diariamente, dez caminhões retiram de 90 a 100 toneladas de lixo, dos quais 90% são de produtos hortifrutigranjeiros não aproveitados após um dia de comercialização.

Em 2014, a Ceagesp completou 45 anos, sendo a maior central de abastecimento da América Latina e a terceira do mundo. Só na unidade paulistana trabalham 2.751 pequenos empresários, todos em situação irregular, pois não enfrentaram nenhum tipo de concorrência para ter direito um espaço público nesse entreposto como manda a lei. O problema é que, quando boa parte deles chegou, tal lei não existia...

A Ceagesp ocupa uma área de 750 mil m², à margem do rio Pinheiros, na Vila Leopoldina, vendendo mais de 3 milhões de toneladas anuais de frutas, legumes, verduras, pescados e flores, num giro superior a R$ 6 bilhões.

Em 2013, a maior receita saiu da venda de tomates, R$ 724 milhões, um montante de fazer inveja às maçãs e às batatas, segunda e terceira colocadas. Em peso, o produto mais vendido foi a laranja, com 340 mil toneladas, bem a frente da sardinha, que vendeu 10,5 mil toneladas.

Tudo isso seria extremamente impressionante se estivesse acompanhado de eficiência, ou seja, não ocorresse dentro da própria Ceagesp uma grande perda, seja pelas inundações que ocorrem nessa central de abastecimento, seja durante o processo de comercialização, gerando, em média, uma perda geral de 20%, principalmente no mercado de flores.

Vendem-se, diariamente, na Ceagesp cerca de 9 mil toneladas de frutas, verduras, pescados etc., com um movimento diário de R$ 17 milhões.

Por causa dos alimentos desperdiçados, um contingente de até 3 mil pessoas, na maioria moradores das favelas situadas nas redondezas, invade diariamente o local na busca dos restos da comercialização.

Os feirantes que compram na Ceagesp também têm as suas perdas.

Constata-se, também, que se o feirante (ou o pequeno comerciante) for negociar os produtos que adquiriu na Ceagesp, digamos em Cajamar, a 40 km da Ceagesp, tem o seu desperdício, pois perde no decorrer do trajeto, de três a quatro melancias das 40 que comprou, de cada caixa com 25 kg de tomate, cinco a seis quilos ficam "machucados" e acabam perdendo valor comercial, o mesmo acontecendo com as mangas, pois de cada 60, 12 acabam sendo "descartadas"!?!?

Nas feiras (e nos supermercados), ocorre o fenômeno da escolha com "leves apertões" que geram mais uns 15% de perda média nos diversos produtos.

Depois, o que se compra vai para a casa do consumidor e fica guardado de forma inadequada, ocorrendo uma perda mínima média de 10%.

É por isso que se estima que dos 25 milhões de toneladas de frutas que o Brasil produz anualmente, não menos que **40%** são perdidas.

Se a quantidade perdida (digamos 40%) fosse exportada, poder-se-ia produzir uma receita extra de até US$ 6 bilhões por ano.

Transporte inadequado, mau acondicionamento, embalagens impróprias, erros na adubação e fertilização e colheitas fora de época certa, são as principais razões para a acentuada perda dos hortifrutigranjeiros.

É por isso que em cada processo completo de comercialização, perde-se cerca de 40% dos abacates, 30% dos abacaxis, 20% das uvas, 20% das cebolas e 20% dos tomates produzidos no Brasil.

A população mundial de 2014 está estimada em 7,16 bilhões de pessoas e mais de 1 bilhão poderia comer bem com os atuais recursos, ou seja, com o que é produzido hoje, se os desperdícios fossem **cortados pela metade**.

Aliás, esse é mais ou menos o número de pessoas ainda passando fome no mundo!!!

Estatísticas recentes indicam que no país mais desenvolvido e rico do mundo, os EUA, o desperdício de alimentos gerou em 2013 um prejuízo próximo de US$ 187 bilhões!!!

Os norte-americanos desperdiçam até 40% da sua comida a cada ano.

No Brasil a perda de alimentos existe e obviamente com isso amplia o Custo Brasil.

Há quem estime que os alimentos não aproveitados ao longo da cadeia produtiva representam 1,5% do PIB brasileiro, que em 2013 foi de R$ 4,838 bilhões.

Órgãos governamentais e pesquisadores de entidades públicas e privadas se debruçam sobre o problema diariamente, com o intuito de encontrar soluções para os diversos gargalos que o circuito de alimentos enfrenta no Brasil. E o esforço para vencê-los deverá ser grande, pois no momento acredita-se que cerca de 35% de toda a produção agrícola vai para o lixo!?!?

Isso significa que muitos milhões de toneladas de alimentos poderiam estar nas mesas de outros tantos milhões de brasileiros sem recursos, gratuitamente.

Do total de desperdício no País, 10% ocorrem durante a colheita, 50% no manuseio e no transporte de alimentos, 30% nas centrais de abastecimento e os últimos 10% ficam diluídos entre os consumidores e os supermercados. As perdas no transporte ocorrem, pois cerca de 70% do mesmo é feito com o modal menos vantajoso para longas distâncias: **o rodoviário.**

A indignação contra o desperdício

Como se vê, a luta pela qualidade por meio, inclusive, da diminuição de desperdício tem um campo vastíssimo...

Em muitos setores, o Brasil é uma copiosa e flagrante mistura, ainda mal definida entre a mata virgem e os arranha-céus, entre a favela e a mansão, entre o "jeitinho" (a propina) e a lei, entre um país subdesenvolvido e um país emergente, ombreando-se com as nações mais desenvolvidas.

Talvez estejamos, mais do que nunca, novamente na antiga encruzilhada: **viramos ou não viramos, finalmente, uma potência econômica?**

Seguramente que viramos, pois já ocupamos a posição de sétima maior economia do planeta...

Talvez sirva para resposta do que já percebeu e enunciou há muitos anos o especialista em matéria de macacos e de primatas em geral – o naturalista e teólogo inglês Charles Darwin, conhecido como o criador da doutrina da "**sobrevivência do mais apto**", hoje, com ampla aceitação e transformada em uma espécie de lugar comum ou panaceia universal.

Para Charles Darwin, a honestidade de um chefe de família e a firmeza dos seus princípios morais nem sempre garantem aos seus descendentes riqueza e bem-estar material. No caso das nações e sociedades humanas, entretanto, não há dúvida de que as mais prósperas e bem-sucedidas são as que se fundamentam sobre **normas morais firmes** e **bem-estruturadas**.

Aliás, a comprovação é dada pelas nações mais bem-sucedidas do norte da Europa, da América e da Ásia, pois estes países têm todos os princípios éticos e religiosos (protestantes, puritanos ou budistas) e regras de comportamento que subordinam (e frequentemente sacrificam) os impulsos individuais ao bem comum e aos ideais da comunidade.

Charles Darwin foi um gênio extraordinário. Mesmo nós, com inteligência modesta, podemos, com simplicidade, notar que os princípios éticos e normas de comportamento existem, não para beneficiar indivíduos ou grupos familiares, tomados isoladamente, porém, para assegurar o adequado funcionamento (e o sucesso) da sociedade como um todo e do país como uma óbvia consequência. Sem respeito a esses princípios e sua firme aplicação, não há esperança de sucesso, e a bem da verdade, não existe um país: **de fato não há nada!!!**

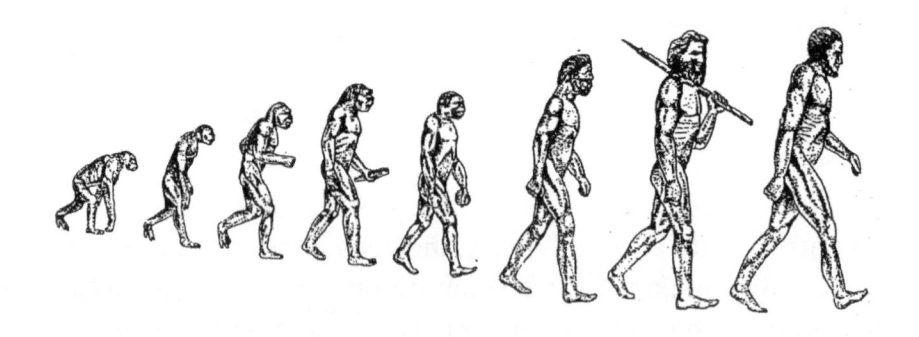

"**Se você quer criar algo, precisa ser um alguém com conhecimento e sabedoria!!!**"

No Brasil, precisamos tanto de uma **evolução** como uma intensa **revolução na qualidade da AP**, e para chegar a isto não se pode esquecer o que dizia Abraham Lincoln: "Nenhum homem é bom o bastante para governar os outros sem o seu consentimento."

Hoje, estamos correndo o risco, no Brasil, de somar a **malandrice** ("lei de Gerson") à **maca-quice** (sem ofender as boas teorias do cientista C. Darwin...) e de imitar os melhores (japoneses, norte-americanos, europeus, chineses etc.), no que eles têm de pior!?!?

O nosso País, não pode continuar sendo uma caverna de Ali Babá na qual ninguém quer fazer o papel de Robin Hood.

É preciso, pois, indignar-se com a **falta de indignação**, por exemplo, contra a **corrupção.**

Precisamos deixar de ser um País (o Brasil) que substitui **previsões** por **palpites.**

O pior é que os palpites se transformam muitas vezes em opiniões, quando na realidade são simples "achismos".

Que tipos de exemplos e de lições estaremos dando a sociedade, aos nossos filhos e a nós mesmos, se os desmandos, comportamentos antiéticos e fraudulentos não forem publicamente saneados e todos os culpados por eles não forem exemplarmente castigados?

O fato é que não existem causas indefensáveis. O que há, são certas pessoas com versões insustentáveis.

Chega de sem-vergonhice, chega de malandrice e de vigaristas. **Gestores públicos, engajem-se na luta pela qualidade!!!**

"A luta pela qualidade tem que ser vencida cotidianamente, mas com todo mundo depositando a sua cota de apoio ao fim do desperdício, que assim se poderá encher o pote bem depressa..."

O setor elétrico brasileiro está doente!!!

Aí vai um exemplo de uma política pública que busca a eficiência, mas feita de cima para baixo.

A presidenta Dilma Rousseff decidiu em 11 de setembro de 2012, que uma das suas prioridades era de reduzir o custo da energia elétrica.

É claro que isso é **importante**, só que não pode ser feito sem impor perdas econômicas significativas aos atores envolvidos no setor.

Como diz a máxima popular: **"Dinheiro não nasce em árvore!!!"**

Dessa maneira quando o governo federal anunciou o plano de reduzir em 20% a tarifa média de eletricidade cobrada dos consumidores, precisou também impor uma perda equivalente a outros atores envolvidos na cadeia energética.

Além da própria União, que assumiu uma redução de seus tributos sobre eletricidade, empresas geradoras, companhias transmissoras e governos estaduais, foram convidados a pagar a conta!?!?

O governo federal ofereceu prorrogar as licenças de geração e transmissão, as quais estão para vencer ou já expiraram, e indenizar as concessionárias por investimentos mais recentes, que ainda não foram pagos, ou seja, amortizados.

Aos Estados caberia uma perda indireta de receita, pois o ICMS sobre a energia mais barata levará a uma **arrecadação menor**.

Além disso, alguns governos são controladores de empresas estatais de geração, transmissão e distribuição.

Tinham, dessa maneira, que decidir se a adesão ao plano do governo federal seria benéfica ou prejudicial para essas empresas.

No setor de transmissão não houve recusa.

Todas as companhias envolvidas – inclusive as controladas pelos governos mineiro e paranaense – aceitaram a proposta federal.

No campo da geração, entretanto, as estatais de São Paulo (Cesp), Minas Gerais (Cemig), Paraná (Copel) e Santa Catarina (Celesc), **não endossaram o acordo**.

Alegaram, com base em sólidos argumentos e números, que a adesão seria letal para seu equilíbrio financeiro.

E aí o que vinha sendo uma negociação técnica das mais espinhosas, tornou-se então matéria de muita politicagem.

Por sinal, num discurso um tanto quanto inócuo, a presidenta da República acusou os governadores, cujas estatais não aderiram a seu plano, de demonstrarem uma "imensa insensibilidade".

Evidentemente, diminuir o custo da energia elétrica, decerto é uma medida correta e importante para devolver um pouco da competitividade que foi perdida pelo setor privado brasileiro e também para reduzir os gastos particulares dos cidadãos.

Mas, não se pode fazer isso, à custa da insolvência das empresas ou do aumento de subsídios e do endividamento dos governos.

Assim, seria apenas mudar o problema de lugar, **sem resolvê-lo**.

As usinas elétricas e companhias transmissoras de energia elétrica deveriam compensar uma parte da redução de tarifas com ganhos de produtividade e eficiência. Porém, esse é o limite sustentável de sua contribuição.

A outra parte deve caber aos próprios governos federal e estaduais.

Trata-se, também, de melhorar a eficiência dessas máquinas governamentais.

Dessa forma, para cada R$ 1 de tributo abatido da energia, é preciso garantir R$ 1 de corte na despesa pública.

Pode-se concluir que qualquer plano para baixar as contas de luz que vai contra tais princípios basilares da responsabilidade fiscal, acabará sendo apenas mais um lance de populismo...

Talvez até seja novamente no Brasil a junção da insegurança jurídica, nacionalismo exacerbado e mal disfarçada ojeriza à livre iniciativa, além de demagogia tarifária no tratamento regulatório da energia elétrica.

Bem, em 2014, havia um sério risco de racionamento de energia elétrica, as contas de luz mais caras e o perigo de falta de água.

Em São Paulo, o Sistema Cantareira atingiu a super preocupante marca de 12% dos reservatórios, sem que fossem introduzidas medidas paliativas adequadas o que poderia inclusive influenciar a reeleição do governador Geraldo Alckmin.

No plano nacional os insatisfeitos com a presidenta Dilma Rousseff, divulgaram diversas reclamações sobre a sua capacidade de gestora e especialista em sistema elétrico, apesar do governo federal estar afirmando que de forma alguma ocorrerá um apagão energético, como aquele que castigou a população em 2001.

Mas o cenário é bem preocupante e pode também ter influencia na sua reeleição.

O Plano Decenal de Energia afirma que, para evitar o apagão no Brasil, seria necessário investir R$ 21 bilhões por ano até 2022.

Mas o governo federal, entretanto, vem gastando menos da metade desse valor.

E as consequências ficaram evidentes.

Os reservatórios das usinas hidrelétricas – responsáveis por quase 80% da geração energética do País – alcançaram níveis muito baixos e ficaram operando em sistema de alerta.

Assim, em abril de 2014 o governo federal começou a sentir os efeitos negativos da sua decisão de reduzir a conta de luz dos consumidores em 20% (medida tomada em 2012) que vem sangrando os cofres públicos.

O maior problema é que o efeito para os consumidores será em breve o inverso (provavelmente bem depois das eleições presidenciais de outubro de 2014...) visto que o aumento na conta de energia elétrica é **inevitável** !?!?

A decisão tomada em 2012, já contabilizou um prejuízo superior a R$ 22 bilhões só em 2013 [por exemplo, os prejuízos das Centrais Elétricas Brasileiras S.A. (Eletrobrás) em 2012 e 2013 foram respectivamente R$ 6,8 bilhões e R$ 6,3 bilhões] e o governo federal vai precisar gastar outros bilhões de reais para socorrer as empresas distribuidoras de energia elétrica que estão em crise.

O senador e presidenciável Aécio Neves comentou: "O setor elétrico foi desestruturado pelo intervencionismo do governo e decisões populistas.

Estamos vivendo um racionamento sim.

A previsão de aumentar a conta de luz nada mais é do que uma medida para inibir o consumo e adiar o apagão."

O outro pré-candidato a presidente, o governador do Estado de Pernambuco, Eduardo Campos, questionou também a capacidade gerencial de Dilma Rousseff dizendo: "O racionamento de energia elétrica é um problema que poderia ser evitado meses atrás, quando o próprio setor começou a demonstrar preocupação com a questão do fornecimento de energia e a falta de chuvas.

Isso tudo é falta de competência e planejamento."

Pois é, no momento, o País cresce menos que o necessário, o governo investe de forma irregular e os projetos desandam por não haver, no setor público, administradores capazes o bastante.

Governos tem papel fundamental para criar um ambiente de normas, que, por exemplo, conduzam e incentivem o bom uso da água e a difusão dos serviços de esgoto.

Isso inclui obviamente fazer campanhas educacionais contra o desperdício de água e definição de tarifas que desincentivem os perdulários e premiem os poupadores.

Cabe aos governos fiscalizar e punir rigorosamente poluidores, desmatadores, ocupantes irregulares de margens de mananciais e ladrões de água e energia elétrica.

Os governos também deveriam manter e cobrar padrões mais rigorosos na construção civil.

A expansão imobiliária dos últimos anos foi mais uma enorme oportunidade desperdiçada para a introdução de novas regras na construção civil.

Por todo o País, admitiu-se a construção de edifícios com tecnologia e concepções ultrapassadas, devoradores de água e energia, que em pouco ou nada contribuíram para levar, ao seu entorno, mais verde e mais terreno permeável.

Pois é, e assim continuamos convivendo com desperdícios, desmandos e excessos em muitos setores, não é?

A transitoriedade – como proceder para seguir adiante

Propositadamente faz-se aqui uma ruptura, deixa-se de estabelecer um encadeamento textual com o capítulo que aqui está terminando e o que lhe segue. Esta é uma maneira de chamar atenção para uma situação de "perda de mandato" (ou simplesmente perda de cargo) do dirigente, quando ele é, embora em situações clara e esperadas, destituído (termina o seu mandato) de suas funções. É sempre uma perda, pois a partir daquele momento – da passagem de cargo – a pessoa não tem mais qualquer elo funcional com aquela prefeitura (**um órgão público**). Isto produz uma interrupção, uma quebra de rotina, uma desconti-

"A alteração fugaz do seu modo de vida lhe traz apenas uma felicidade momentânea? Procure ter mais momentos de alegria e bom humor que isso o ajudará a ser um bom gestor."

nuidade. Um corte de pensamentos e sentimentos, obrigando o administrador destituído a redimensionar seu projeto profissional em outras paragens, com outros ingredientes, refazendo ligações, amizades e relacionamentos.

É duro quando se ouve de alguém que foi prefeito mas que já saiu de uma prefeitura o seguinte lamentação: "Voltei ao prédio alguns anos depois, ainda encontrei antigos funcionários, mas os seus rostos já não me sorriam do mesmo modo. Havia entre nós um estranhamento e a corrente de simpatia tinha agora outros significados. Nada daquela empatia típica de nosso passado em comum."

Sabe-se que as mudanças são vertiginosas, que nada permanece e que tudo naturalmente tende a transformar-se, evoluindo para outras formas e aparências. Os indivíduos de um modo geral estão despreparados para a introdução das mudanças, uma vez que elas se processam sem que as pessoas tenham condições psicológicas para absorver as novas variáveis em suas inter-relações. Isto se deve não apenas aos avanços tecnológicos, mas às mudanças nas formas de convivência, nos conceitos de família, de casamento etc. Deve-se, também, e em não pequena medida, às conquistas da mulher quanto ao seu *status* e papéis na sociedade (o século XXI é o século da real emancipação da mulher...).

A desestabilização das formas e das condições do viver cotidiano, pela introdução de deslocamentos e reinvenção de papéis, bem como em função do alargamento de perspectivas numa visão mais global, gera um sentimento de **"não estar em casa"** – ou de **"estar em casa"** em qualquer parte. Mas, o que se desfaz tende a reconstituir-se, embora sob outros parâmetros de significação. Tal constatação, entretanto, não alivia a angústia, o sofrimento das perdas, a nostalgia de um mundo que ficou para trás.

Ser moderno significa experimentar a existência pessoal e social como um torvelinho, ver o mundo e a si próprio em perpétua desintegração e renovação, agitação e angústia, ambiguidade e contradição. É ser parte de um universo em que tudo o que é sólido desmancha no ar. Ser modernista é sentir-se de alguma forma em casa, em meio ao redemoinho, fazer seu o ritmo dele, movimentar-se entre suas correntes em busca de novas formas de realidade, beleza, liberdade, justiça, permitidas pelo seu fluxo ardoroso e arriscado.

Assim, quando o gestor público (um prefeito) deixa o seu cargo, essa mudança brusca é uma "pílula" difícil de engolir. De repente, todas as preocupações, as responsabilidades, as tarefas e os compromissos de curto prazo cessam. Toda a convivência cotidiana com os assessores e auxiliares, com os colegas e com os superiores se evapora, recolhendo-se em lembranças fragmentadas como registros episódicos de um tempo que foi e já não é.

Os planos, programas e projetos são cuidadosamente passados para o sucessor, mas sabendo-se de antemão que sofrerão ou descontinuidade ou modificações tão profundas que já não serão os mesmos. É uma dispersão, pois funcionários de confiança também serão deslocados e transferidos para outros postos. Sem poder desligar-se de repente, o gestor público (em especial o prefeito, o secretário municipal ou o gerente de cidade) ainda se preocupa fortemente com o destino daqueles que o seguiram com lealdade, coragem e dedicação. Informa-se, discretamente, pois não mais tem o direito de se importar com seus projetos de crescimento e desenvolvimento pessoal. Acompanha-os, de longe, torcendo (!?!?) para que continuem a alcançar o melhor de suas potencialidades e desejando que possam encontrar os espaços para a afirmação de seus talentos. Como se depreende, as relações afetivas subsistem e num devir próximo, revelar-se-ão, como amizades que, apesar dos percalços da vida, permanecerão com as marcas de uma convivência gratificante e sempre inspiradora para as partes envolvidas.

Num primeiro momento, o gestor público que termina seu mandato tem uma sensação de alívio, de libertação, de poder agora dedicar-se a si mesmo e a seus interesses particulares. Depois de algum tempo é que vem o hiato, o vazio, uma ausência que atormenta a pessoa, que se estende por todas as horas, como se ela tivesse de fazer urgentemente alguma coisa, só que não se sabe o quê!!!

Depois, bem depois, começa a reflexão, a análise da experiência como algo profundamente válido e entranhado, como uma lembrança que não se esquece. Novos significados e valores emergem. Começam a surgir compreensões mais amplas, fortemente interligadas aos aspectos afetivo e emocional. E esta reflexão enseja, agora, novas aprendizagens de decisiva importância para corrigir desvios de percepção e falsas interpretações da realidade vivida.

O que sucede quando o gestor público se afasta de um cargo que exerceu por um tempo razoável (em geral quatro anos) é o despertar de uma aguda consciência de que colaborou com um poder abstrato, sem força, nem antes, nem agora, de afrontar suas íntimas contradições. Aprende, assim, o gestor público, talvez tarde demais, que o poder não consiste em ordenar, em tomar decisões, mas em delimitar o campo, estruturar o espaço no qual as decisões são tomadas.

Observa, a distância, seu sucessor, seguindo o mesmo caminho por ele trilhado, cheio de confiança e entusiasmo, acreditando em sua competência e habilidade para resolver todos os problemas que "o outro" foi incapaz de resolver. Dá-se conta de que, sob muitos aspectos, as grandes questões e os problemas maiores residem mais além, na esfera das macroestruturas, em regiões que vislumbra, mas que a rigor desconhece.

A **transitoriedade do dirigente** do setor público permite entretanto que ele volte para rever sua experiência, para refletir sobre o que não conseguiu fazer. Tomando distância, pode verificar o que de fato se mostrou importante, distinguindo o **supérfluo** do **essencial**. Esta reflexão ajuda-o a desprender-se, a apagar todos os traços de possessividade, a humildemente reconhecer que foi um, entre muitos, na corrente do processo sucessório governamental. E, como os outros que o antecederam, foi cúmplice das circunstâncias e, ao mesmo tempo, arauto de um futuro na construção da realidade possível e de uma melhor AP.

Paradoxalmente, é ao retroceder que nos libertamos das amarras do passado, para assim seguir adiante, limpando o horizonte de falsas expectativas. É possível então, com essa intermediação, compreender de maneira mais autêntica o que significa a esfera do trabalho na AP em nossas vidas. Se pudermos chegar a essa **emancipação**, criaremos novas perspectivas para nos ver, e às nossas organizações públicas, com olhos mais lúcidos e prevenidos.

Possivelmente, concluiremos que há mais riqueza em nossas vidas do que supúnhamos. Veremos a imensa comunidade das pessoas, com as mesmas necessidades e aspirações e com dilemas semelhantes aos nossos. E voltaremos a nos (re)ligar com a nossa cultura e seus valores com uma vasta reserva de energia e vitalidade. Este **ato de lembrar** nos ajudará a recuperar a coragem e a visão, dando renovado alento para novos desafios e enfrentamentos. Este lembrar reflexivo produzirá não apenas *insights* (lampejos) sobre nós mesmos e o nosso mundo, mas também nos nutrirá para **resgatar a esperança**, tornando-nos aptos a enfrentar as aventuras e os perigos que estão por vir. Isto pode redundar num ato de fé no ser humano e em suas imensas possibilidades de transformar-se ao modificar o mundo, legando uma vida melhor para os homens e mulheres do amanhã.

E após pensar assim, por que não **candidatar-se para ser reeleito** e continuar a servir com dedicação os munícipes, não cometendo agora nenhum dos erros do passado?

"Este foi o anúncio de agradecimento que o governo federal fez para os prefeitos que se empenharam em cadastras famílias para formar Conselhos Municipais e implantar a Bolsa Escola federal em sua cidade."

Bem, como uma mensagem final para todos aqueles que trabalham com a AP e no sentido de se tornarem cada vez mais eficientes, vale a pena orientar-se por este texto que é dedicado ao **ser excelente,** que pode ser aquele prefeito (secretário municipal) que deseja voltar ao cargo:

Ser excelente é fazer com que as coisas sejam feitas e não buscar motivos para demonstrar que elas não podem ser feitas.

Ser excelente é compreender que a vida não é algo que nos é dada já feita, mas que precisamos lutar pelas oportunidades para conquistar o sucesso.

Ser excelente é compreender que só fundamentando-se em uma disciplina férrea que se torna possível forjar um caráter triunfador.

Ser excelente é traçar um plano e alcançar os resultados desejados apesar de todas as circunstâncias adversas.

Ser excelente é saber dizer quando isso for necessário: "Equivoquei-me e tenho certeza que não farei mais o mesmo erro !!!"

Ser excelente é conseguir levantar-se toda vez que fracassar, com uma mentalidade de aprendizagem e de superação.

Ser excelente é reclamar de si mesmo a necessidade de um desenvolvimento pleno das próprias potencialidades buscando incansavelmente a realização das metas e objetivos traçados.

Ser excelente é compreender que é através do privilégio cotidiano do nosso trabalho é que podemos atingir a realização dos nossos desejos.

Ser excelente é ser criador de algo; de uma empresa, de um lar feliz, de uma cidade com boa qualidade de vida para os seus moradores, de processos de trabalhos eficazes, de uma vida harmônica e com propósito.

Ser excelente é valer-se integralmente da nossa liberdade e ser responsável por cada uma das ações tomadas e atitudes assumidas.

Ser excelente é sentir-se ofendido e lançar-se a ação para lutar contra as injustiças, as calúnias, a corrupção e a pobreza.

Ser excelente é levantar os seus olhos da superfície da Terra, elevar o seu espírito e sonhar em realizar o que os outros dizem que é impossível.

Ser excelente é transcender o seu próprio tempo deixando uma obra que beneficiará as futuras gerações, vivendo em um mundo melhor.

Ser um **líder de excelência** significa que você faz parte do contingente de pessoas que todos precisam para que conduza os seus colaboradores para vencerem a luta pela qualidade na AP.

Isto é o que todos os cidadãos necessitam e desejam, que haja à frente das nossas prefeituras e em outros setores governamentais verdadeiros líderes de excelência!!!

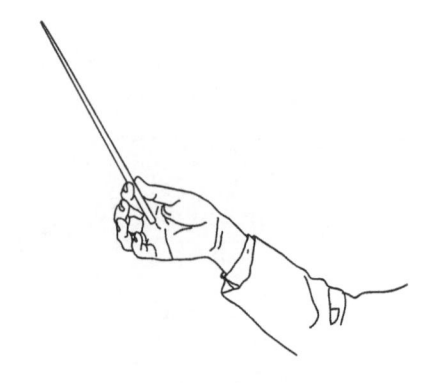

" Administração pública (AP), num sentido amplo, é um sistema complexo, composto de instituições e órgãos do Estado, normas, recursos humanos, infraestrutura, tecnologia, cultura, entre outras, encarregado de exercer de forma adequada a autoridade política e as suas demais funções constitucionais, visando o bem comum, principalmente ter uma melhor educação no Brasil. "

José Matias-Pereira

CAPÍTULO 4

Aprender a aprender na escola de Deming

Mudanças situacionais e culturais

Na economia global, é necessário agora entender as duas culturas (**oriental** e **ocidental**) para que elas possam se complementar, ainda mais com o *boom* (explosão) que está vivendo agora a China e com a importância que alcançaram Japão, Índia e Coreia do Sul no contexto global.

Um gerente ou gestor público ocidental (brasileiro de preferência...) conhecendo a filosofia oriental, terá maior possibilidade de compreender seus parceiros do outro lado do mundo.

E a diferença começa na própria necessidade de encarar constantemente o trabalho.

"Acima de tudo goste de você!!!"

Para os ocidentais, ele é sinônimo de **obrigação** e **castigo**, desde que Adão e Eva, expulsos do Paraíso, tiveram de começar a trabalhar como **punição**.

Para muitos ocidentais (não dos países desenvolvidos...), parece que o trabalho é realmente algo **muito deprimente**.

No Brasil, temos ainda o componente religioso com o agravante escravagista e extrativista.

Utilizar a experiência do pensamento oriental nas atitudes do dia a dia permite que sejam tomadas decisões mais abrangentes.

Cada ato de um executivo ou um gestor público em uma empresa (prefeitura) afeta pessoas e, por isso, tem de haver um conhecimento das ciências humanas.

"Com Adão e Eva começou a primeira lição de amor no Paraíso, seguido da necessidade de trabalhar..."

O Brasil tem uma força de trabalho numerosa, equivalente a **44%** da população, porém os recursos humanos no Brasil carecem de diversos requisitos básicos para atender às necessidades de uma economia competitiva.

O **analfabetismo** ainda é elevado, é reduzido o conhecimento em TICs e vive-se na segunda década do século XXI uma carência de muitos profissionais talentosos, em particular de engenheiros, médicos, professores etc.

A aula, na maioria das escolas públicas, remonta à Idade Média, quando o docente era o único "**informador**" disponível, visto que tampouco existiam livros.

Parece até que o nosso professor se assemelha ao famoso cão de Pavlov que, condicionado ao toque de uma campainha, começa a salivar.

O **livro** foi a grande sedução tecnológica do sistema escolar.

Entretanto, nossa escola contemporânea não absorveu ainda totalmente a tecnologia do

"No século XXI não é mais tempo para se manipular os alunos e sim fazer com que eles gostem de estudar e aprendam a aprender."

livro e não são poucas as escolas que sequer possuem uma boa biblioteca. Na verdade, no mundo agora está difundido o ensino *on-line*, o uso de *e-books* (livros eletrônicos), bibliotecas virtuais, às quais se têm acesso imediato graças à Internet e em muitos municípios brasileiros as escolas são ainda do século XX ou até do anterior...

Educar, atualmente, entre outras coisas, não é mais somente a provisão de necessidades sociais num currículo adequado, mas sim deve-se preparar os jovens para o **imponderável** e o **imprevisível**, principalmente para as turbulências internacionais que provocam desemprego, crises econômicas, desaparecimento de indústrias etc.

Na era digital, o "**professor-informador**" e o "**aluno-ouvinte**" devem ser substituídos pelo "**professor-animador**" (o mais comunicativo possível) e o "**aluno-pesquisador**", mutação que está ocorrendo no Brasil, mas muito lentamente.

As recentes pesquisas têm demonstrado que o "**abominável ser discordante de tudo**", ou seja, o problematizador de soluções está sendo, em alguns casos, substituído pelo "**detestável procrastinador**", ou seja, aquele que só adia.

O detestável procrastinador vive dizendo "tudo no devido tempo", vai demorando e não toma nenhuma decisão, atrasa tudo o que pode.

O atraso é a forma mais mortal de ineficiência e negativismo.

Aliás, C. N. Parkinson, no seu livro *A Lei de Atraso* definia atraso da seguinte forma.

"Será que o professor não vai usar todos os recursos disponíveis para introduzir a TIC no processo de ensino e aprendizado ou ele vai continuar monótono e repetitivo, mantendo a ineficiente situação escolar tradicional?"

$$t = \frac{(p + n)^{\tau}}{3i}$$

Onde:

⇒ **p** é o período de insistência (vida útil) da pessoa que propõe alguma reforma;

⇒ **τ** é o tempo decorrido entre a entrada da proposição e a sua solução final;

⇒ **n** é o número de questões estranhas abordadas durante a discussão;

⇒ **i** é a idade do "detestável procrastinador" e,

⇒ **t** é o tempo de demora ou atraso da implantação da ideia, reforma ou novidade, que equivale a negar a sua introdução.

No caso do computador de uma forma geral, pode-se dizer que o período **p**, ou seja, a velocidade com que entram hoje os novos dispositivos eletrônicos (*laptops*, *tablets*, *smartphones*, lousas eletrônicas etc.), apresentando soluções inéditas e tornando "últimos novos" obsoletos, é **curtíssimo**; o número de questões estranhas ou "refratárias" (**n**) ao fato de precisarmos de uma nova ferramenta eletrônica é mínimo, assim não há necessidade de perder muito tempo (**τ**) para que se aceite a nova solução, excluída a reação natural daqueles que acham que perderão o emprego ou, às vezes, a "boquinha".

O jovem, geralmente, não entra na categoria do detestável procrastinador, porém, mesmo que o **i** de alguns seja elevado [e este *i* não é o **i** do Q.I. (quociente de inteligência e sim **i** da idade), o *t* está ficando cada vez **menor**.

No que se refere à educação, o jovem não é contra a sua melhor qualidade, porém é o **sistema que não se consegue mudar**, e a entropia (deterioração inevitável e ininterrupta de uma sistema, organização ou sociedade), mais uma vez, começa a fazer novas vítimas.

Além disso, parece que temos entre os professores aqueles que tendem a agir como o detestável procrastinador.

Mas a despeito de todas as dificuldades com que operam, as redes públicas de ensino ainda são as principais responsáveis pela elevação dos índices de escolaridade da população brasileira como um todo.

Consequentemente, é nelas que se verificam os principais índices negativos ligados à reprovação e à desistência precoce.

É imperativo melhorar a escola pública!!!

Escola de boa qualidade é aquela a que todos têm acesso, ali permanecem e aprendem a ler, a escrever e a quantificar, e, principalmente, serem capazes de expressar as suas ideias e de entender os pensamentos dos outros.

Saibam também situar-se histórica, geográfica e culturalmente no mundo em que vivem.

Desenvolvam sua inteligência no preparo para a descoberta, a invenção, a inovação e a criatividade.

Sejam capazes de analisar e fazer sínteses pessoais de suas aprendizagens e saibam utilizar esses conhecimentos básicos em sua vida cotidiana. Aprendam outras línguas (em especial em inglês) para se comunicar melhor com pessoas de outros países, pois estamos cada vez mais **internacionalizados**.

Não vamos também esquecer que no século XXI não podemos mais deixar de dar importância ao **aprendizado do inglês** e isso, se possível, já antes do ensino médio. Para, realmente, quando o aluno chegar ao ensino superior ele seja proficiente no domínio desse idioma e possa participar de quaisquer programas de internacionalização e dessa maneira tornar-se um profissional apto a candidatar-se a um emprego praticamente em quase todas as partes do mundo.

Tanto as universidades como todas as outras IESs brasileiras deveriam considerar seriamente a possibilidade de oferecer nos seus cursos matérias lecionadas em inglês – inclusive até uma habilitação completa.

Na Idade Média, quando as universidades foram criadas, as pessoas cultas se comunicavam em **latim**.

Graças ao latim, um estudioso de Oxford ou de Bolonha no século XII poderia trocar ideias com alguém de Salamanca ou da Sorbonne.

Com o passar do tempo, o latim (e o grego também) caiu em desuso e agora o inglês é que tomou conta do universo universitário.

Atualmente não existe nenhuma conferência internacional importante que não adote o inglês como o idioma de comunicação.

O domínio do inglês é fundamental para o avanço do conhecimento, para que os pesquisadores possam divulgar e se fazerem entender diretamente.

Infelizmente, nós brasileiros, historicamente temos resistido para introduzir o inglês como língua de instrução nas nossas IESs.

Há quem afirme que ensinar em inglês seria renunciar à soberania nacional, como se a nossa soberania nacional estivesse estritamente associada a falar português.

Não se tem notícia de que algum país não anglófono, no qual há ensino superior em inglês (excelentes exemplos são a França, Alemanha, o Chile e a Itália) tenha renunciado a sua nacionalidade por isso.

Outra posição recorrente é a do esforço: alguém realmente interessado em estudar no Brasil deveria aprender a nossa língua!

Em tese, isso está correto!

Na prática, o que se verifica é que os estudantes de outros países preferem ampliar seus conhecimentos e sua cultura dirigindo-se para as nações onde as aulas são dadas em inglês.

É que assim eles sentem-se muito mais seguros com a garantia de que a língua não será um problema para o aproveitamento pleno de seu estudo em alguma IES.

Na verdade, se ensinássemos regularmente em inglês, estaríamos fazendo muito mais pela divulgação da cultura brasileira e da própria língua portuguesa, pois receberíamos mais universitários visitantes.

Uma outra objeção ao ensino do inglês é que isso elitizaria ainda mais as já elitizadas universidades brasileiras e diversas IESs, em especial as particulares.

Isso talvez fosse correto pensar se deixássemos de ensinar em português.

No entanto, a coexistência de cursos em inglês e português ofereceria oportunidades para estudantes brasileiros conviverem com os alunos estrangeiros e aperfeiçoarem sua proficiência em inglês.

No final de 2012 foi divulgado que no programa Ciência sem Fronteiras – uma iniciativa da presidenta Dilma Rousseff de enviar, em alguns anos, cerca de 100 mil estudantes para concluírem cursos de graduação e pós-graduação nas melhores universidades e IESs do exterior – foram concedidas duas vezes mais bolsas para Portugal e Espanha do que para o Canadá, Reino Unido, Austrália e os EUA, onde por sinal se concentram as melhores IESs.

E isso só pode ser explicado pela deficiência na formação dos estudantes em inglês.

Portanto é urgente reverter essa situação, não é?

Dessa maneira, as **escolas de qualidade (EQs)** são os instrumentos para a melhoria de vida de cada brasileiro e de toda a coletividade.

É urgente a reorganização da escola brasileira, o desenvolvimento de uma alfabetização de melhor qualidade, a formação e atualização de professores (melhores remunerações) e especialistas em educação, bem como a valorização dos professores e a melhoria das suas condições de trabalho.

E esse não é apenas o dever do governo, mas também da família e de toda a sociedade!!!

Mais importante do que tudo isso, porém, é transformar o modelo de ensino vigente no País.

Hoje, a metodologia empregada na maioria de nossas escolas, mesmo que amparada por roupagens e equipamentos modernos, é voltada para a dependência do aluno em relação ao professor, ao livro, ao sistema.

Formam-se, assim, cidadãos – e, no todo, uma sociedade – **mal preparados** para reproduzir o saber vigente!

Não causa, dessa maneira, muito espanto, o estado de dependência em que se encontra o País em vários setores e, especificamente, no desenvolvimento científico-tecnológico.

Contra essa escola concentrada no ensino no qual o professor dá a informação e cobra a resposta de acordo com o figurino, a proposta é a de uma escola centrada na aprendizagem dentro do ambiente de qualidade estruturado nos 14 pontos de Deming, explicados adiante.

Nesse ponto convém recorrer a uma estória, ou seja, dizer que a **parábola** por um descuido dos deuses, escapou da vigilância e foi se esconder numa floresta...

Logo, encontrou a **felicidade**, o **amor** e a **amizade** conversando.

Estavam todos tristes; queixavam-se da **cultura**.

Diziam que esta, por ser muito volúvel e influenciável, nem sempre cercava-se de boas companhias, tendo como presença constante o **poder** que, é sabido, não sabe selecionar bem suas preferências.

Com o **poder**, dizia a **felicidade**, apoiada no seu raciocínio pelo **amor** e pela **amizade**, vem comumente a **ambição**, a **vaidade** e, o que é pior, a **corrupção**.

E foi, lamentavelmente, o que ocorreu: a **corrupção** tomou conta do **poder** e fez da **cultura** o que quis.

A **felicidade** disse: "As coisas atingiram um grau insuportável de desagregação e acho que a **cultura** está irremediavelmente perdida!!!"

Aí a **parábola** perguntou: "E onde está a ética que não influi em mais nada?"

Aí a **felicidade** resmungou: "A ética, fez de tudo o que lhe foi possível, mas frustrada com seus fracassos, entrou em profunda depressão."

Parábola ficou bem envergonhada, calou-se, ficou bastante tempo pensativa e, de repente veio com a seguinte ideia luminosa: "Tenho a solução definitiva para restaurar a **cultura**... Assim surgiu a **educação!**"

Mas não basta ter uma educação qualquer. Ela deve ser de qualidade.

E uma forma para se chegar a isso é implantar na escola o ambiente preconizado pelo guru da qualidade, **William Edwards Deming (1900-1993).**

Precisamos ter no Brasil não apenas a escola que **forma**.

Aliás, quem forma também pode **deformar**.

Isso acontece nas escolas que estão imersas dentro da **"pedagogia do não"**: "não pode", "não é possível", "não é aconselhável", "não...".

Provavelmente, é por isso que temos tanto negativismo na sociedade brasileira.

A escola não é uma forma, mas sim uma **alavanca**.

É na escola que se pode e deve desenvolver o potencial de liderança e de criatividade que existe em todo o ser humano.

Portanto, faz parte de uma boa escola habilitar o aprendiz para a **vida** e para a **profissão**, ou seja, para o trabalho, a convivência e a solidariedade.

Mas dentro da missão da escola deve estar também a tarefa de **desenvolver talentos**, instrumentando-os com o conhecimento e as habilidades que os tornam competentes, mas acima de tudo que sejam cidadãos apoiados em bons princípios e valores e com sabedoria para transformar seus pensamentos em realidade.

E aí, aos poucos, deve-se procurar que toda escola se aproxime daquele ideal, que aquele que consegue cumprir as quatro funções fundamentais:

⇒ desenvolve **pensadores** com compreensão da visão crítica do mundo e da realidade próxima;

⇒ incute o **amor**, mostrando que a solidariedade deve ser a base do relacionamento e da convivência entre as pessoas;

⇒ estimula a **busca da felicidade**, isto é, valoriza o sentido de realização pessoal e social, destacando que ninguém consegue ser feliz ficando sozinho;

⇒ forma o indivíduo **estrategista/renovador**, ou seja, um **líder**.

O potencial de liderança existe em todo o ser humano.

Essa escola ideal é a escola transformadora!

Aprender a aprender

Contra o atual ensino que se satisfaz em cumprir um currículo – as matérias foram dadas, se o aluno não aprendeu é porque é malnutrido, não presta atenção às aulas, é pouco inteligente –, deve-se implementar uma metodologia comprometida com os resultados, nos quais o aluno seja preparado para enfrentar e vencer situações e desafios esperados e os não esperados.

Deve-se buscar, no Brasil, uma nova escola na qual se procure desenvolver mais a **criatividade** e os dois lados do cérebro para que todos tenham tanto o **pensamento divergente** como o **convergente** e, com

"Tchau! Use mais o seu cérebro do que as mãos, Tonico!!!"

isso, terminem com a dominância da "esquerda" ou da "direita" (não tem nada a ver com política...).

Você esqueceu que estamos na era digital, na qual se vai usar menos o papel e talvez em breve as crianças deixem de aprender a escrever com letra cursiva!?!?

Uma das grandes mudanças na educação que precisa ser analisada está na questão: **vale a pena preservar a escrita à mão?**

Pois é, a resposta não é tão óbvia como se pode pensar de maneira rápida.

Naturalmente, qualquer adulto continua ainda rabiscando uma pequena lista de coisas que vai fazer no dia, ou as compras que vai efetuar no supermercado, ou ainda os pequenos bilhetes que envia a algum funcionário, ou um familiar.

Talvez ainda faça anotações à mão nas reuniões.

Mas, quando foi a última vez que você preencheu várias páginas de papel com frases ininterruptas tentando expressar um argumento ou para defender algum ponto de vista escrevendo com uma caneta (ou um lápis...)?

Pois bem, no livro The Missing Ink (A Tinta Desaparecida, em uma tradução literal) do britânico Philip Hensher faz uma defesa – que provavelmente demorou demais para sair – incrível de que devemos continuar **a escrever à mão.**

Aliás, no capítulo cujo título é *A Arte Perdida da Caligrafia*, o texto é claramente parte de um lamento, parte de um grito de guerra e parte de um obituário, de uma forma de escrita que vem definhando.

Numa era em que os textos e as notas são digitados em *tablets*, *foblets* e *ultrabooks*, estamos perdendo a habilidade necessária para escrever à mão e com rapidez, uma frase que seja ao mesmo **tempo inteligível e atraente**.

Aliás, o tempo dedicado ao ensino da caligrafia no ensino fundamental, praticamente desapareceu.

É por isso que Philip Hensher começa o seu livro com a pergunta: "Devemos nos preocupar? Devemos aceitar que a escrita à mão é uma habilidade do passado? Ou ela tem um valor que nunca será substituído pelo mundo digitalizado?"

O incrível é que Philip Hensher levantou todas essas questões e escreve à mão com uma letra muito elegante, usa muito papel para escrever e tem uma marca preferida de caneta-tinteiro!

Em outras palavras, ele é bem diferente de muitos dos modernos homens adultos...

Entretanto, deve-se compartilhar da preocupação de Philip Hensher quando se começa a deparar com frequência cada vez maior com rabiscos indecifráveis, que não têm nada a ver com uma caligrafia bem definida.

O interessante é notar que a nossa letra cursiva também mudou muito com o tempo (basta ver como escrevíamos à mão há dez anos ou era a nossa assinatura nos cheques) e com a pressa, o que realmente torna a letra de forma que surge nos computadores muito mais eficiente...

Portanto, a única defesa que aos poucos vai ficando para a escrita cursiva (à mão) é nostálgica.

Ainda hoje é maravilhoso receber uma carta que foi fisicamente tocada e trabalhada pelo remetente!?!?

Os mais idosos certamente vão continuar escrevendo bilhetes, mas é preciso admitir (e aceitar) que cultivar a caligrafia será cada vez mais um *hobby* (passatempo), como é o caso, digamos, do tricô para as mulheres.

Dessa maneira, os nossos filhos e netos precisam aprender a escrever na escola, mas provavelmente vão precisar escrever à mão cada vez menos!!!

Aí Philip Hensher no seu livro *The Missing Ink* faz o lamento, ou seja, o seu apelo para mantermos viva a escrita à mão: "Continuar diminuindo o espaço da escrita à mão nas nossas vidas é diminuir, de maneira limitada, mas real, a nossa humanidade."

De fato, num mundo em que a digitação predomina, talvez nossa humanidade fique mais aparente: seremos assim julgados não pela habilidade manual com uma caneta, mas pelo que dizemos!

Em tempo, os *tablets* mais modernos, como o *iPad* da Apple ou o *Galaxy S* da Samsung, permitem escrever nas suas telas com o próprio dedo ou com canetas especiais e assim é possível entrar na comunicação digital sem exatamente valer-se da digitação, aliás como também podemos enviar comandos sonoros...

O fato é que a grande maioria das pessoas (mais de 90%) usa mais (e muito bem) o lado direito do seu corpo (braço, pé, olho etc.), do que o esquerdo.

O que se deve buscar é o aluno centroavante, que no futuro poderá executar ("chutar" bem no seu trabalho as tarefas tanto com o pé esquerdo como com o pé direito) e que usará na solução dos problemas, tanto a **razão** como a **emoção**, tanto a **lógica** como a **intuição** e que tanto sabe a importância das causas (faz a pergunta "**Por quê?**"), como procura novos efeitos (faz a pergunta "**Por que não?**").

O aluno de uma escola pode ser considerado como um produto que deverá ser útil para realizar um bom trabalho em qualquer organização (em especial numa prefeitura, ou seja, no serviço público).

A escola deve suprir o aluno com informações, dados, conhecimentos e cultura, preocupando-se com a sua formação, mas procurando torná-lo, também, competente em alguma habilidade específica (ver Figura 4.1).

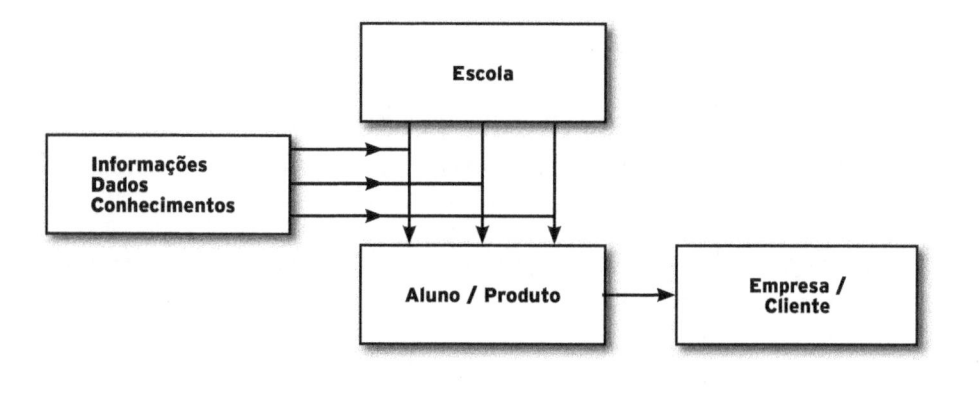

Figura 4.1 - O aluno como um produto passivo.

A nova escola tem de entender que não pode ser como um elefante de circo que, sem conhecer sua força (e sua importância), **fica preso por uma corda em um toquinho**!!!

Essa escola nova tem de quebrar essas amarras!!!

Na visão sistêmica e, consequentemente, de plena corresponsabilidade, a escola nova, constituída de recursos materiais (instalações físicas, equipamentos eletrônicos, biblioteca, áreas para a prática de esportes, locais para convivência etc. e pessoal qualificado (professores, gestores educacionais e funcionários), deverá desenvolver o seu papel ao longo do processo de formação de maneira irrepreensível.

A escola deve atuar de maneira integrada com as empresas (organizações privadas e outras instituições públicas). Dentro desse enfoque, o aluno (cliente) terá uma função muito importante no aperfeiçoamento da qualidade do ensino.

Por meio da ação combinada entre os diversos agentes será possível transformar e ampliar o contorno da fronteira do conhecimento em busca do bem-estar social, ou seja, da melhoria da qualidade de vida (Figura 4.2).

O dr. William Glasser, médico e psiquiatra norte-americano, que dedicou a sua vida para a melhoria do ensino e da aprendizagem nas escolas, sendo dele o termo **"escola de qualidade"** **(EQ)**, propôs os seguintes pontos para se chegar à almejada perfeição do processo ensino e aprendizagem:

⇛ Gestão democrática da escola e das salas de aula.

⇛ O diretor deve ser o líder da comunidade escolar.

⇛ O professor deve ser o líder dos alunos.

⇛ A escola é o ambiente de satisfação das necessidades dos seus membros.

⇛ O ensino precisa basear-se na aprendizagem cooperativa.

⇛ O aluno deve participar da avaliação do seu próprio trabalho.

⇛ O trabalho escolar de alta qualidade representa o produto de uma EQ.

Numa EQ, ao aluno devem-se dar condições para estar sempre na fronteira do conhecimento.

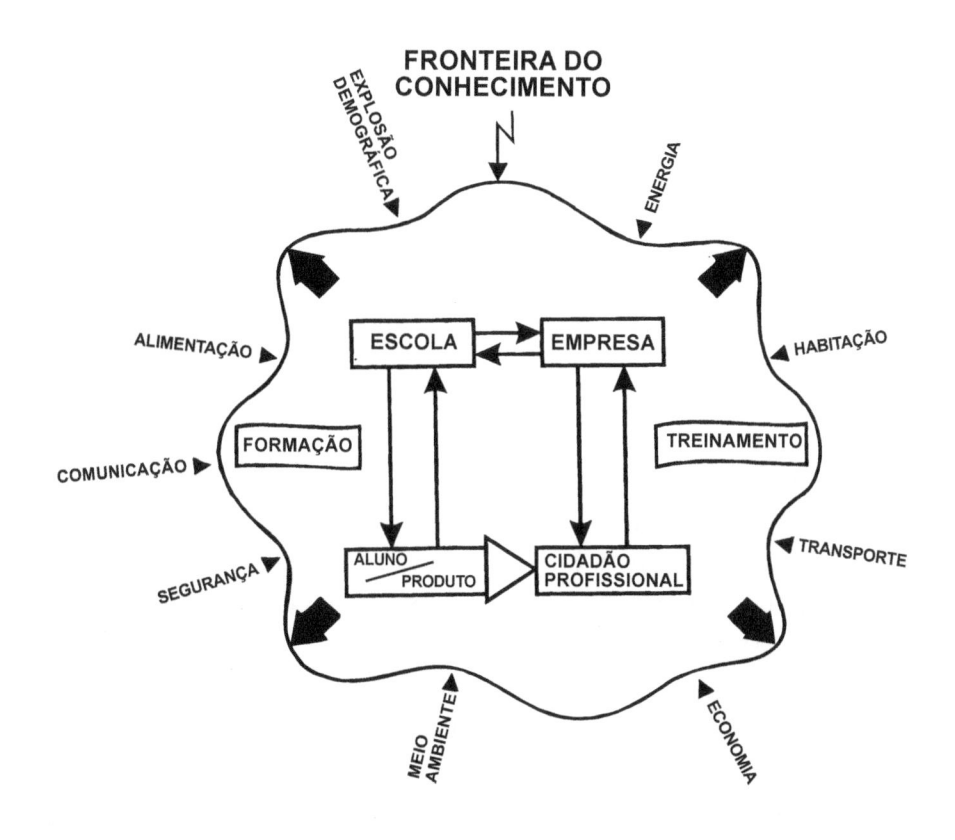

Figura 4.2 - Resultado de um processo educativo / participativo no qual se privilegia a qualidade!!!

O professor e o ciclo PDSA

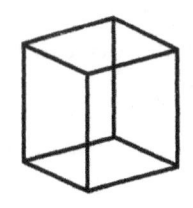

O ciclo PDSA – *plan* (planejar), *do* (fazer), *study* (estudar ou analisar) e *act* (agir) – é chamado também de ciclo de Deming ou ciclo de Shewhart, que foi, numa forma embrionária, introduzido no Japão em 1950 pelo próprio Deming.

Deming, enquanto em vida, sempre deu crédito do dr. W. Shewhart pelo ciclo, porém o processo de melhoria da qualidade em quatro etapas é, atualmente, uma adaptação que ele fez do ciclo de produção de Shewhart, que tinha três etapas.

O ciclo PDSA é um processo interativo de estudo e ação, que pode ser aplicado as melhorias de sistema (inclusive o educacional) ou de experimentos.

O **planejar** *(plan)* refere-se a definir o problema, identificar os processos que influenciam ou são afetados pelo mesmo, e perceber ou vislumbrar um processo de mudança que possibilite o "solucionar" eliminando-se o "desvio".

Infelizmente, na escola essa é, com frequência, a etapa mais negligenciada, por mais que falem os professores, coordenadores pedagógicos, chefes do departamento e os diretores que ela existe, pois até programam-se, no início dos semestres letivos, as famosas semanas de planejamento, que são, entretanto, inócuas com muita frequência.

O fato é que, quanto mais cuidadoso for o planejamento, tanto melhor será o resultado obtido no processo de aprendizado.

Fazer *(do)* ou desenvolver, envolve a implementação da mudança ou a execução de teste, de preferência em pequena escala, e coletando-se rapidamente os dados dos resultados.

É o caso, por exemplo, da experiência de se fazer provas em grupos de três, porém sem a possibilidade de conversarem entre si!?!?

Estudar *(study)* é o terceiro passo, que consiste na análise dos dados e na sua melhor avaliação. Nessa etapa percebe-se e aprende-se tanto em termos de resultados como de problemas (dificuldades) encontrados.

Em uma boa parte dos livros que abordam o método de Deming, essa etapa é também denominada como *check* (verificar) e assim chama-se o ciclo de PDCA, mas nesse texto a denominação será PDSA.

A última etapa é a **ação** *(action)*, que é feita em uma das seguintes formas:

1ª) Pela implementação da mudança (ou aceitando os resultados do teste).

2ª) Abandonando a mudança.

3ª) Fazendo novamente o ciclo, isto é, passando outra vez por todos os três estágios depois de mudar algum (ou alguns) parâmetro(s).

Esse ciclo força, de qualquer maneira, a voltar ao planejamento, em que se busca sempre conseguir melhor desempenho no processo de aprendizado existente ou então o desenvolvimento de um novo, com isto se estabelecendo o **ciclo de melhoria sem fim** (Figura 4.3).

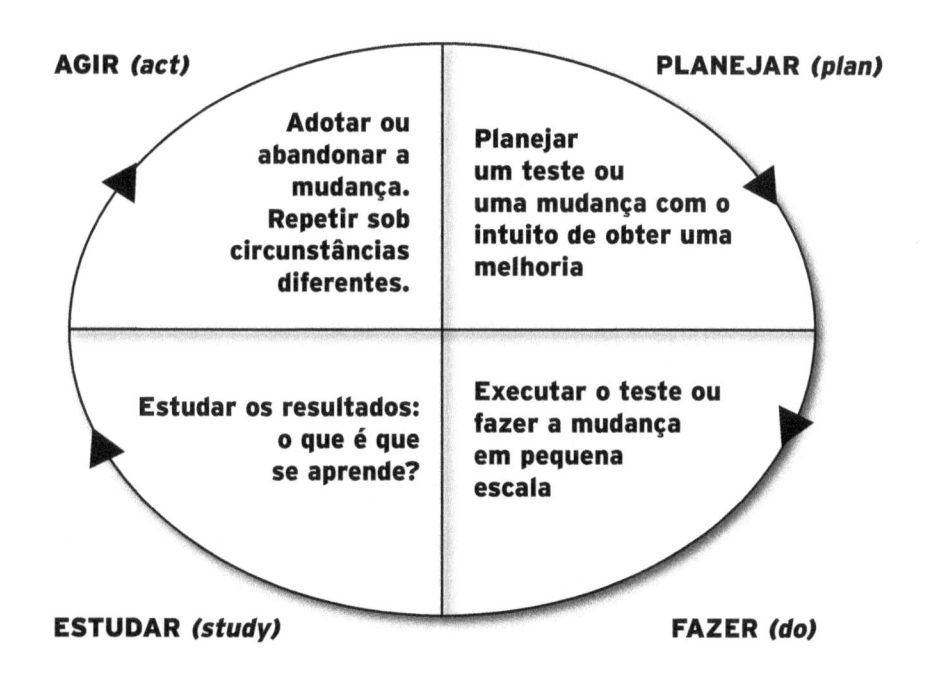

Figura 4.3 - Ciclo do PDSA

Para se chegar à EQ não se pode deixar de ter o professor como adepto do método do Deming, ou seja, ele deve tornar-se um **"professor demingiano"**.

Então a pergunta extremamente importante que deve ser respondida é: **como uma instituição de ensino (IE) pode se transformar em uma escola de qualidade total (EQT) com auxilio dos seus professores?**

Ao terminar a leitura desse livro você terá a resposta...

Deming tornou-se mundialmente famoso devido aos seus 14 pontos para se chegar a TQM, ou seja, GQT. A sugestão para o(a) leitor(a) é a de ler, digamos, o livro *O Método do Dr. Deming – A Vez do Brasil*, de Victor Mirshawka.

Vamos enunciar, de forma sucinta, cada um dos 14 pontos de Deming para GQT.

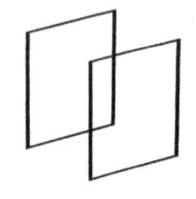

Os 14 pontos de Deming

Adaptação dos 14 pontos do dr. W. E. Deming a uma organização de serviço: a escola.

Os chamados "filósofos" da **qualidade total (QT)**, comumente conceituam qualidade como o atendimento dos interesses, desejos e necessidades do cliente (que no caso de uma prefeitura é o munícipe).

Para que isto ocorra, é fundamental que exista um **ambiente impregnado** com os 14 princípios de Deming.

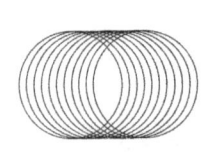

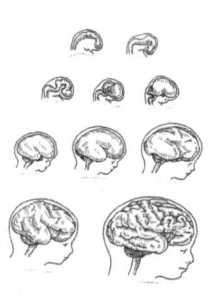

1º Ponto

Estabeleça constância de propósito de melhoria no serviço (do processo de ensino e aprendizagem)

Isso significa que se deve pensar e planejar a longo prazo e buscar estabelecer o comprometimento com a qualidade em todas as ações e políticas da escola.

O processo educacional deve começar no aluno e para ele ser direcionado sempre!!!

O aluno é o elemento mais importante da escola, de forma que o ensino precisa ser o resultado de um planejamento de longo prazo.

Por exemplo, no Colégio FAAP de São Paulo, que funciona em tempo integral, o propósito fundamental é: **qualidade de ensino** é **um compromisso de todos os professores e funcionários**!!!

Uma informação muito importante é o crescimento de vagas de tempo integral – em que os alunos passam mais de sete horas na escola – no ensino fundamental no Brasil. Entre 2010 e 2013, passou de 1, 3 milhão de alunos para 3,1 milhões, com um aumento de 139%.

Desse total, 2,17 milhões estão na rede pública e 930 mil das vagas restantes estão na rede privada.

Entretanto, não se pode esquecer que os alunos nas escolas de tempo integral no início de 2014 representavam apenas 11% do alcançado do ensino fundamental.

A qualidade de ensino é obtida numa IE quando ela:

1º) Resolve investir decisivamente na capacitação de seus recursos humanos, treinando também funcionários em modernas técnicas administrativas e estimulando professores a um contínuo processo de aperfeiçoamento.

2º) Investe em cursos e novas técnicas pedagógicas, ressaltando que cabe ao professor conhecer profundamente sua disciplina e, também, dominar as melhores técnicas e processos para apresentá-la.

3º) Não cede às tentações de um elevado número de alunos por classe.

4º) Utiliza a TIC como uma ferramenta de ensino e suporte às demais atividades.

5º) É aberta para o mundo, desenvolve um programa de convênios internacionais absorvendo as mais modernas experiências, adaptando-as à realidade brasileira.

6º) Investe nas instalações físicas para que sejam adequadas ao ensino.

7º) Realiza continuamente um vigoroso programa de reestruturação administrativa de forma a tornar a estrutura física flexível, enxuta, profissionalizada e adequadamente remunerada.

8º) Entende que o aluno é a razão de ser da IE.

No caso de uma IES, para se criar um ambiente estruturado nos 14 pontos de Deming é vital fazer um diagnóstico que permita ter respostas para perguntas do tipo:

⇒ O processo ensino-aprendizagem está implantado de maneira a atender às exigências atuais do mercado de trabalho?

⇒ Qual é o método que a IES utiliza para determinar às necessidades de médio e longo prazo do mercado de trabalho?

⇒ Os currículos apresentam disciplinas fortemente dirigidas para os modismos da época?

⇒ Em particular, quais são os produtos e serviços associados com ensino acadêmico, pesquisa, gestão, apoio e outras facilidades?

⇒ Como pode o pensamento estatístico ajudar na identificação das variáveis de planejamento e dos dados necessários, de tal forma que se possa determinar onde a medição é apropriada e realmente efetiva?

As melhorias na educação precisam estar sempre direcionadas mais para as competências futuras que são provocadas pela economia global, pelas restrições ambientais, pelas necessidades de conhecimentos de línguas estrangeiras (como é o caso da chinesa que está na moda) etc.

As previsões das tendências futuras precisam estar à disposição dos gestores educacionais e dos professores educadores, caso eles queiram de fato preparar a si mesmos e ao sistema escolar para o futuro.

A escola precisa ter uma visão do que pode ocorrer e do que ela quer ser e precisa ter **constância de propósito para atingir essa visão.** Quando todos na escola buscam esse propósito – o aprendizado acelerado e efetivo – acabam realizando esse objetivo.

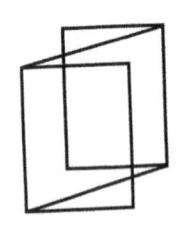

2º Ponto

Adote a nova filosofia

Isso significa que se deve melhorar a qualidade do sistema educacional radicalmente, no lugar de apenas ficar tentando atenuar o comportamento inadequado de pessoas que fazem parte do mesmo.

Nós estamos numa nova era da economia e da educação. Não podemos mais viver com os níveis de erro que foram aceitos no passado, utilizar materiais não adequados ao trabalho escolar, ter um corpo docente que não tem a ideia correta sobre como promover a educação dos jovens – **nativos digitais** – e tem medo de se **reeducar.**

É tarefa do gestor de uma escola (seu diretor) remover os obstáculos que não permitem ao professor e ao aluno conviverem, colaborarem e aprenderem da forma correta.

A falta de aperfeiçoamento dos professores nas novas técnicas de ensino e aprendizagem e no manuseio dos novos equipamentos eletrônicos está entre as causas principais dos erros cometidos por profissionais de ensino, funcionários das secretarias municipais de Educação, bem como de todo o pessoal de apoio.

Os problemas frequentemente não são levados à direção da escola em tempo hábil para que se possam tomar medidas preventivas.

➠ **E por que estes problemas ocorrem no campo da educação?**

Parece que a resposta mais adequada é que, na maior parte das vezes, a causa do problema reside no fato de que, embora o método de ensino não seja o melhor ou o equipamento não esteja em bom estado, é possível ainda fazer o serviço com algum esforço!?!?

Os funcionários (professores) hesitam em relatar ao gestor (diretor da escola) que um certo equipamento ou método é pouco satisfatório, pois acham que dessa maneira iriam parecer "criadores de caso" e sofrer algum tipo de retaliação...

No que se refere ao corpo docente, se os seus integrantes não dominam adequadamente as ferramentas para lidar com a nova geração de alunos – praticamente todos **nativos digitais**, ou seja, nascidos no século XXI – e que são muito inquietos, conseguem ter informações e conhecimentos antes dos próprios professores, criando-lhes situações bem embaraçosas quando os professores não sabem responder a muitas questões para as quais os alunos já têm as respostas corretas.

O que, realmente, Deming quis dizer com "adote a nova filosofia, pois estamos numa nova época econômica" em termos da escola?

Ele procurou destacar, inequivocamente que é da competência da escola (dos seus professores) formar e comunicar todos os alunos sobre as novas realidades.

Por outro lado, ele enfatizou que a "aceitação do desperdício", ou seja, ter alunos reprovados ou que abandonam a escola deve ser **eliminada**.

O aluno não é o principal responsável pela sua reprovação, mas sim o **professor!!!**

A escola que adotar a filosofia da qualidade é porque quer ser excelente. Para tanto, ela deve ter sempre respostas para perguntas do tipo:

⇒ O baixo rendimento escolar se deve ao aluno que não estuda ou ao professor que não ensina?

⇒ Já foi realizado algum diagnóstico valendo-se de métodos estatísticos, para identificar as **causas comuns** (que provocam problemas em todos os alunos na escola) e as **causas especiais** (que geram problemas em alguns alunos ou em algumas salas apenas) do fracasso escolar?

⇒ É hora de reestudar e reexaminar os "velhos métodos" e as "antigas estruturas organizacionais" agora utilizadas dentro da escola e possivelmente melhorar a qualidade dos serviços da IE?

A EQ deve estar sempre atenta a fatos novos como a influência do uso de *videogames* (que tem efeitos positivos e negativos...) na melhoria do seu processo de ensino e aprendizagem.

Lamentavelmente, muitos professores da rede pública são daquela geração que ser formou na época em que a "noção de uma máquina inteligente era considerada ameaçadora!!!"

Bem, a melhoria na educação deve ser entendida como um processo interminável, ou seja, um ciclo PDSA sem fim!!!

Porém, a ênfase na qualidade precisa, contudo, estar firmemente assentada na realidade!!!

A qualidade é algo relativo, principalmente na escola, pois é muito baseada em percepções, e por isso precisa ser melhorada continuamente.

A excelência, caso seja olhada como um estado de existência a ser alcançado, pode tornar-se autolimitante, desde que alguém possa achar sempre áreas novas para melhorar e aí concluir que não se pode chegar a excelência.

Porém, de fato o que se deve fazer é pensar que a qualidade e excelência são metas que serão **perseguidas pelo resto da vida!!!**

"**Já disse há algum tempo a educadora Ruth Noller: 'As mentes são como os paraquedas, só funcionam quando abertas e parece que as crianças estão saltando mais frequentemente que os adultos...'**"

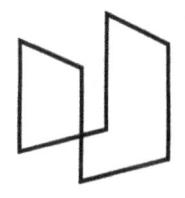

3º Ponto

Termine a dependência com a inspeção em massa. Exija evidências estatísticas da qualidade do serviço prestado.

Deming e muitos outros "gurus" da qualidade, como Walter Andrew Shewhart, Philip Crosby, Joseph M. Juran, Armand Feigenbaum, entre outros, já mostraram claramente que a **inspeção não melhora a qualidade**!!!

O aluno, ao longo do processo educacional, é "avaliado" por meio de provas. A partir desse resultado, ele é rotulado de **bom** ou **mau aluno** (com alguma categoria intermediária). Poucas escolas já se autoquestionaram e responderam a perguntas do tipo:

⇒ Qual é o papel adequado para esse tipo de avaliação e dos testes em massa?

⇒ O que se pode obter com a inspeção de maneira efetiva e no que ela falha no contexto educacional?

⇒ Quais são as medidas que podem ser tomadas, possivelmente incluindo o uso de métodos estatísticos, para encorajar a busca contínua da melhoria da qualidade no ensino e na gestão escolar?

⇒ Todos nós realmente compreendemos os efeitos no processo educacional, ao se utilizar nos atuais cursos os questionáveis procedimentos de inspeção (aplicação de testes e provas iguais para todos) para auxiliar a educar os estudantes, avaliá-los sobre o seu estado de conhecimento e promovê-los?

Infelizmente, nas escolas poucos sabem que a inspeção em massa tem contra si o fato de que a mesma **não é confiável** em mais do que 80%, e ninguém hoje gosta de entrar em um negócio cujo risco é de 20% ou mais!?!?

O problema com a inspeção em massa é que nela se procura controlar o **produto** (o aluno) no lugar de controlar o **processo** (a aprendizagem). Até que o **processo** não esteja **sob controle, nenhuma melhoria efetiva** pode ser obtida!!!

Só a escola que acompanha e avalia passo a passo a aprendizagem, que detecta na origem os problemas de aprendizagem, que usa práticas didáticas variadas, adequadas e inovadoras e que emprega procedimentos educacionais de efetividade comprovada (como o oferecimento de cursos de recuperação), com alunos-monitores, equipes de aprendizagem e professores em tempo integral (ou ao menos, tempo parcial) para atender os estudantes, está andando na estrada que a conduzirá à EQ.

Bem, o que se recomenda nesse ponto é que cabe ao professor ensinar a cada aluno a avaliar o seu próprio progresso segundo o enfoque da qualidade, à medida que o processo de aprendizagem vai evoluindo.

Isso não quer dizer que se deve interromper ou não fazer mais avaliações. Claro que os estudantes precisam ainda ser avaliados para se saber o nível do seu aprendizado e, dessa forma, se eles já estão prontos para o próximo assunto ou conceitos, estando aí a oportunidade para o professor perceber suas deficiências.

Mas o que não se pode deixar de fazer é todos os dias os alunos terem "lições" para serem feitas e que no dia seguinte devem ser corrigidas e as "falhas" comentadas com eles pelos professores.

Para ilustrar esse ponto e fixar a sua reflexão, caro(a) leitor(a), nada melhor que uma **piada**.

Um estudante-estagiário foi ao médico da organização onde estava trabalhando e queixou-se de uma violenta tensão, ou seja, de um estresse ocupacional.

"Fale-me do que está fazendo", disse o médico.

"Sou um classificador de goiabas", disse o aluno-estagiário. "Fico sentado o dia inteiro no fim de uma linha e separo as goiabas de primeira e de segunda qualidade, e os refugos".

"E o que tem isto de tão fatigante?", perguntou o médico.

"Bem, é decidir, decidir, decidir o tempo todo", disse o jovem tristemente.

Moral da história – Será que o professor da rede pública, depois de um certo tempo, não está estressado, ou será que ele recorre a alguma gambiarra típica do brasileiro – **faço de qualquer jeito** (no que se refere à correção de provas e outras avaliações dos estudantes)?

4º Ponto

*Termine com a prática de tocar o seu
serviço na base única do preço e comece
a avaliar as suas transações com base
na qualidade.*

Inicialmente, esse ponto ressalta que se a escola está fazendo certas aquisições bem baratas, se ela está consciente que o "barato pode sair muito caro".

Deming recomendava que não se avaliassem as transações com base apenas nos preços. Na realidade, ele estava propugnando que se valorizassem outros ingredientes que entram sempre nessas operações; sejam elas as transações específicas referentes aos processos de ensino e aprendizagem, ou aquelas voltadas para as trocas humanas de valores simbólicos.

➠ Quem é que mede os custos de utilização de materiais inadequados ou sem qualidade numa escola?

Todo aquele que luta pela qualidade deve examinar todas as compras genéricas que tem preço baixo!!!

É obrigatório ter uma posição bem clara sobre o fato de que o **preço** de um **serviço** (ou **produto**) não tem qualquer significado se não forem incorporadas informações e medidas sobre a sua qualidade.

Sem uma tal posição, no que concerne a rigorosos cuidados visando à qualidade, os negócios tendem ao ofertante com o mais baixo preço, também geralmente com a mais baixa qualidade e tendo como resultado futuro **altos custos**.

No Brasil, lamentavelmente, isto pode ainda ser observado de forma bem nítida em diversas esferas e órgãos de governo que privilegiam aquisições do ofertante de preço mais baixo, nas várias concorrências (licitações) promovidas.

"Não se pode esquecer dos custos, mas comprar sempre o mais barato não é a melhor estratégia."

A escola, por sua vez, estabelece ligações com muitos fornecedores, entre eles os editores que oferecem livros ou materiais didáticos, as firmas especializadas que vendem material de laboratório, equipamentos específicos, computadores e *softwares*, material de uso nas aulas e nas provas, equipamentos audiovisuais (lousas eletrônicas, *datashows*, televisões etc.) e em especial os produtos para constituir a merenda escolar.

Ao mesmo tempo em que uma escola dificilmente consegue bons materiais sem estabelecer com o fornecedor uma sólida relação a favor da qualidade, cabe ao gestor escolar aceitar a tarefa de buscar transações de longo prazo, para garantir que a IE possa conseguir materiais e serviços à altura do seu compromisso com a qualidade.

Uma EQT é aquela que fixa critérios para adquirir seus materiais instrucionais, que mantém os seus equipamentos, que escolhe com cuidado os seus fornecedores e que luta pela qualidade de todos os seus outros insumos.

Já uma IES (universidade) de qualidade é aquela que se questiona sem parar e busca respostas objetivas para perguntas do tipo:

⇒ Quais são os atributos de qualidade importantes na aquisição dos recursos materiais destinados a atividades de ensino-pesquisa-extensão?

⇒ Além dos produtos físicos e equipamentos que a IES (universidade) adquire, onde mais se pode aplicar o 4º ponto de Deming, ou seja, buscar e empenhar-se muito mais na qualidade do que conseguir o menor preço?

⇒ O que significa isto em termos de recrutamento de pessoal para trabalhar na IES (universidade) e/ou a aceitação de estudantes?

⇒ No caso dos estudantes, o problema de uma faculdade pode ser resolvido por meio do exame vestibular? A melhor solução é o Exame Nacional do Ensino Médio (Enem)?

Finalizando a rápida análise desse princípio de Deming aplicado à escola, o que não se deve ter na EQ é o tratamento dos alunos como se estes fossem estoque de prateleira, esquecendo-se de tratá-los como pessoas, com toda a sua diversidade, variedade e criatividade!!!

O investimento direto em educação de prefeituras, governos estaduais e da União alcançou 5,3% do PIB em 2011, ante marca de 5,1% em 2010.

Mas o País precisa pisar fundo no acelerador se quiser cumprir a principal meta do PNE, que **exige** elevação dessa despesa para 10% do PIB em dez anos!!!

Entretanto, se for mantida atual toada os gastos públicos com educação verificados em 2012, eles chegarão a 8% do PIB em 2022.

E aí essa constatação coloca em risco todas as outras metas do PNE, que preveem aumento de matrículas da creche à pós-graduação, pagamento de melhores salários para professores e uma série de outros aperfeiçoamentos no campo pedagógico.

Para cumprir pois essa meta, o País precisa encontrar logo uma nova fonte de receita para acelerar o financiamento educacional.

A primeira possibilidade talvez seja aquela do Congresso aprovar medidas na lei do petróleo que vinculem futuras receitas dos *royalties* do petróleo à educação.

Esses gastos de 5,3% do PIB com educação em 2011 significam um custo médio por aluno de R$ 4.916 (da creche ao ensino superior), considerando um valor corrigido pelo IPCA.

O **maior crescimento dos gastos** individuais foi observado no **ensino médio**, que é o nível mais problemático do País com uma alta de 33,5%, passando de um gasto médio de R$ 3.153 em 2010, para R$ 4.212 em 2011.

O investimento individual na creche cresceu 20% no mesmo período, passando de R$ 3.134 para R$ 3778.

No ensino superior a elevação ficou na casa de 8%, tendo o aluno universitário custado R$ 20.690 em 2011, um valor que pode parecer até alto, mas não é suficiente para se ter uma boa formação superior como se comprova nas avaliações do desempenho das universidades federais em diversos Estados...

A proporção de gastos com o ensino superior em relação ao total investido na educação básica, um indicador bastante usado no setor, mostra que o Brasil está seguindo o movimento que se verifica nos países desenvolvidos.

Assim, o investimento feito em universidades representou **4,8%** do total investido em educação básica, que atendeu a mais de 50 milhões de estudantes, enquanto a quantidade de universitários em IESs públicas não chegou a 2 milhões, cabendo as IESs privadas atender a quase 80% da demanda para o curso superior.

Em 2002, essa relação entre os gastos com o ensino superior e a educação básica era de 11%.

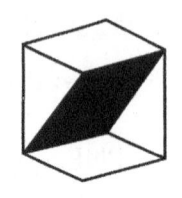

5º Ponto

*Melhore constantemente seu sistema
de comunicação de conhecimentos e os
outros serviços prestados aos estudantes*

É função principalmente do diretor da escola (faculdade) e dos seus auxiliares diretos, procurar sempre melhorar o processo de ensino e aprendizagem, apesar de que o existente já está sendo aplicado com regular eficácia.

Aqui se deve partir do seguinte dito popular: **"O erro médico, a terra cobre. O erro do aluno, o professor descobre!!!".**

Além disso, é necessário também refletir sobre a seguinte citação: "Uma comissão é um beco sem saída para o qual as ideias são atraídas e depois estranguladas silenciosamente."

É claro que, se um aluno não souber estudar, todo seu esforço com essa finalidade acabará sendo ineficiente.

Por isso, é necessário que o professor auxilie o aluno a se disciplinar mais, a dominar os seus maus hábitos no que se refere ao estudo, como procrastinação, não fazer os seus trabalhos cotidianamente, não estudar os tópicos de forma regular e não assumir um sério compromisso com a vida, ou seja, que vai **estudar para vencer depois na vida!!!**

Todos nós vamos amadurecendo (e envelhecendo) enquanto estamos na busca da nossa felicidade e isto sem exceção.

A maneira como o fazemos, nos leva a destinos diversos, com menores ou maiores possibilidades de atingirmos nossos objetivos.

A nossa mente é a grande responsável pelas decisões importantes que tomamos na vida, e nos capacitarmos sempre é a finalidade principal de cada um de nós, pois entrar no processo de educação com qualidade não é algo que se instala, estabelece ou institui de uma única vez.

Trata-se, pois, de uma conquista ou construção ao longo do tempo, por meio de uma melhoria contínua.

⟶ E como se pode aumentar o poder da nossa mente com o tempo?

Aprendendo sempre e cada vez mais, visto que é muito mais vergonhoso não saber lutar com os outros por meio de argumentos e ter de recorrer à força física, que adquirimos com o nosso desenvolvimento.

E para aprender muito é preciso estudar de maneira eficaz, que com isso o conhecimento virá com toda a certeza. Muitos estudam porque gostam. Porém, gostam porque aprenderam a estudar e passaram a colher os frutos da sabedoria.

E assim, cada vez mais, os obstáculos vão sendo ultrapassados pela disposição de aprender. E as pessoas aprendem a vencer as dificuldades que enfrentam.

É um ciclo virtuoso, dá para perceber, não é?

O início desse ciclo está na escola, nos seus laboratórios, nas publicações, nos materiais didáticos, nas lições dos professores, na *Web*, acessando muitas informações com seu *tablet* etc., e depende basicamente de você.

Colocar em prática a arte de aprender corretamente significa fazer uso de autocontrole e autossugestão nos momentos de estudo.

A melhoria de um sistema ou processo educacional exige que inicialmente **o mesmo esteja sob controle**.

Numa IES (ou universidade), surgem as seguintes questões ligadas à qualidade de desempenho:

⇒ O que indica que um sistema educacional está funcionando?

⇒ Como se pode decidir que existe um "problema", ou seja, que os objetivos não estão sendo alcançados de forma adequada?

⇒ Quem são os gestores responsáveis por fazer com que o sistema educacional funcione corretamente?

⇒ Os procedimentos de revisão de programas e currículos são convenientes?

⇒ Quais são os incentivos naturais para que os principais participantes (professores das faculdades, administração acadêmica e alunos) busquem a melhoria?

⇒ Quais são os outros tipos de dados que deveriam ser fornecidos aos estudantes (e a outros interessados) para ajudá-los a entender como se pode melhorar a qualidade do processo de ensino e aprendizagem?

⇒ O processo educacional se encerra quando o aluno sai da IES?

⇒ Existe integração de conteúdos horizontal e vertical? Há transversalidade entre as disciplinas?

⇒ O professor adota um método de autoavaliação por meio de técnicas, como por exemplo, o ciclo PDSA (*plan, do, study, action*)?

O que se deve praticar é a espiral da melhoria contínua, com o intuito de ampliar o **"saber profundo"** que exige continuamente a passagem pelas quatro etapas básicas (Figura 4.4):

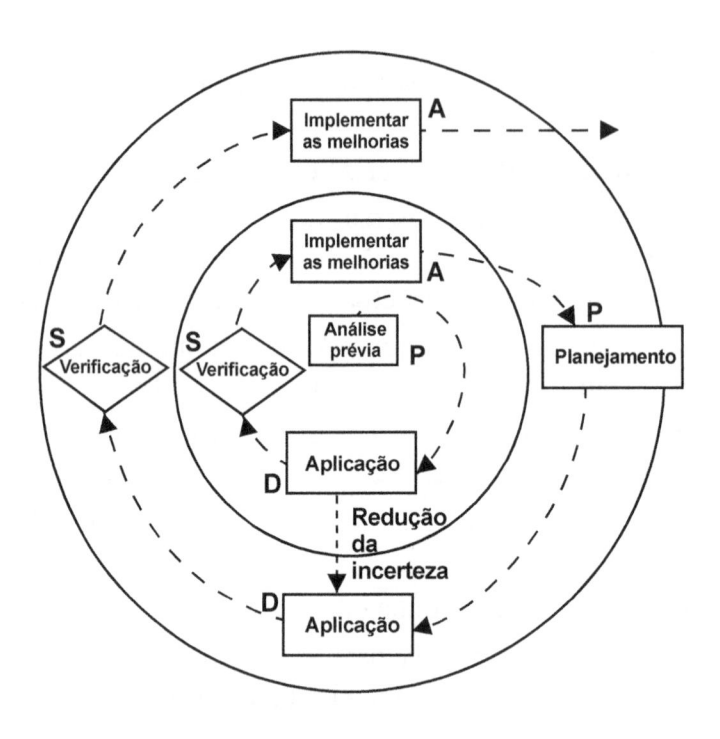

Figura 4.4 - A espiral do aprimoramento da qualidade do processo de ensino e aprendizagem.

1ª) Partir de um estudo prévio sobre os aspectos relacionados à educação e a elaboração de um diagnóstico de acordo com os "14 pontos de Deming". Só assim é que se pode dizer que se fez um efetivo **planejamento** (*plan*).

2ª) **Aplicar** os princípios em uma atividade de ensino-aprendizagem (*do*).

3ª) **Estudar**, analisar ou verificar, os resultados do processo educacional, tendo como referência as propostas (*study*).

4ª) **Implementar** as ações visando ao aperfeiçoamento do processo educacional, no caso específico de cada curso, do desenvolvimento do corpo docente e de outras aplicações na IE ou na IES (*act*).

Para dizer que está seguindo o ponto nº 5, a escola precisa se questionar continuamente, consultar, ou melhor, ouvir os estudantes (que realmente são os seus clientes especiais...) para conhecer seus desejos e suas opiniões, equacionar e obter os recursos de que se precisa para promover as mudanças, buscar a melhoria contínua, reciclando-se, renovando-se, atualizando-se.

A doutora em Educação, Cosete Ramos, no seu livro *Excelência na Educação*, destacou que as quatro dimensões de um programa da qualidade na escola constituem um todo dinâmico e inter-relacionado (ver Figura 4.5). Elas formam um ciclo, com fases distintas (**mudar, atuar, transformar e melhorar**) e continuadas, repetindo-se sempre em novas "voltas" no intuito de conduzir a EQ a atingir níveis cada vez mais expressivos de **excelência**.

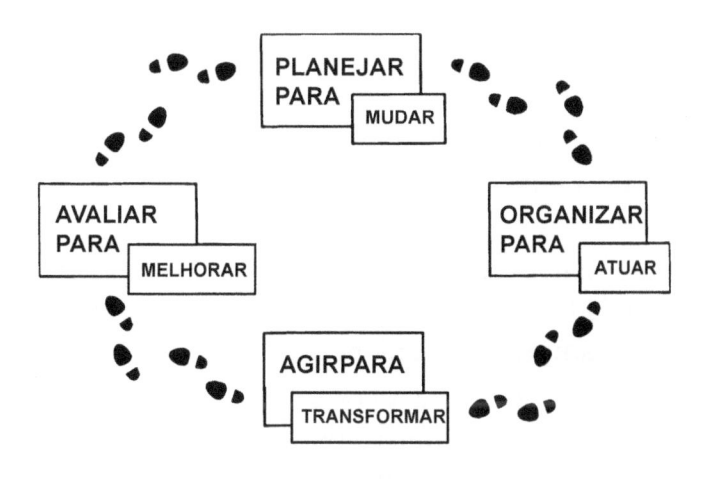

Figura 4.5 – O ciclo do programa de qualidade numa escola.

A qualidade da educação, como a qualidade de qualquer coisa, precisa ser formada desde o início. Ela deve e precisa ser o **próprio produto**!!!

Equipes de gestores educacionais juntamente com os professores devem estar constantemente atentos para as melhores formas de aperfeiçoar a qualidade dos seus serviços para os estudantes, pais e comunidades.

Ter qualidade desde o início significa que o corpo docente pecisará estar sempre apto para fazer bem o seu trabalho e querer promover as transformações necessárias.

O professor de forma alguma pode ser um obstrutor das mudanças e das novas tentativas para se alcançar maior eficácia no processo de ensino e aprendizagem.

Isso implica não apenas na otimização dos sistemas que já existem, mas também a contínua pesquisa e inovação com a introdução de novas técnicas e novas tecnologias.

Esse é o caso por exemplo de saber o que sugeriu recentemente o educador Doug Lemov, como serão os livros em breve (!?!?), o que fazer com a falta de vocabulário dos nossos alunos, as "recomendações" de Gustavo Ioschpe, o método de ensino desenvolvido por Salman Khan e assim por diante.

Aula Nota 10

Doug Lemov é o diretor-executivo da ONG Uncommon Schools, para a qual supervisiona uma rede de escolas públicas no Estado de Nova York nos EUA.

Ele é o autor do livro *Aula Nota 10*, que foi o mais vendido sobre educação nos EUA em 2010, no qual apresenta 49 técnicas que possibilitam a um professor ser um **campeão de audiência**.

Todas as técnicas apresentadas por Doug Lemov foram obtidas após uma observação empírica, ou seja, numa constatação *in loco* (no local de ensino) do que dá certo em uma sala de aula.

Desse jeito, Doug Lemov muitas vezes vai na contramão da teoria e choca-se com alguns mitos educacionais, como é o caso de salientar que é contra o comportamento do professor **achar que deve deixar o aluno livre para aprender** por conta própria, evitando conduzi-lo.

Para Doug Lemov, o professor eficaz é exatamente aquele que faz o contrário.

As operações mentais que favorecem a apropriação ativa do conhecimento dependem de uma intervenção intencional e planejada do professor.

Ou seja, o caminho para a construção autônoma do conhecimento precisa ser estruturado e guiado pelo professor.

Ressalta Doug Lemov: "Eles (os professores) conseguem mudar o mundo a partir de suas salas de aula não porque nasceram com poderes especiais, mas porque dominam os detalhes da arte.

Estavam determinados a se tornarem **artesãos** e, com o tempo e a prática, transformaram-se em **artistas**.

Realmente o bom ensino é uma **arte**.

Em outras artes – pintura, escultura, literatura, música etc., – grandes mestres alavancam seu talento com ferramentas básicas para transformar o material mais cru (pedra, papel, tinta etc.) no patrimônio mais valioso da sociedade.

Mas, embora muita gente possa ter excelentes ideias para produzir obras de arte, só a habilidade do artesão pode tornar em realidade essas ideias.

Durante toda minha carreira em escolas públicas, como professor, consultor e gestor, tive o privilégio de observar muitos **professores excelentes**, verdadeiros artesãos na arte de ensinar.

Esses professores extraordinários faziam rotineiramente o que muitos programas sociais considerariam ser impossível de realizar, ou seja: eliminar a desvantagem escolar dos estudantes pobres, transformar os alunos em risco de fracassar em bons alunos, que acreditam no estudo, reescrevendo, dessa forma, a equação da oportunidade na vida para eles.

Embora cada um desses professores seja único, sua maneira de ensinar **tem certos elementos em comum**.

Uma das obrigações de um professor é ensinar e insistir para que seus alunos adquiram a habilidade de **ler**.

Ensinar os alunos a compreender o sentido dos textos que leem é o resultado mais poderoso **que um professor pode obter**!

Se os alunos de um professor souberem **ler bem**, eles estarão aptos a fazer qualquer coisa.

Somos o que lemos e como lemos!!!

Não há outra atividade capaz de gerar tanto valor educacional.

Mesmo assim, em muitas escolas, os alunos **passam muito pouco tempo lendo!**

Provavelmente, leem por menos de meia hora por dia. Mesmo nas aulas de literatura ou voltadas para a leitura, é mais provável que falem sobre leitura ou que respondam a perguntas sobre o que leram (ou não leram) do que efetivamente leiam.

A **compreensão** – o entendimento da relevância e do sentido completo de um texto – é o **objetivo supremo** da leitura, mas é muito difícil de ensinar isso diretamente, porque depende do domínio de diferentes habilidades.

Na verdade, os alunos muitas vezes não conseguem responder às perguntas sobre o sentido completo e o significado de um texto porque realmente não entenderam completamente o que leram e tentam dar saltos cognitivos sem ter os conhecimentos prévios necessários – e fazem isso não porque não sabem pensar de maneira abrangente ou abstrata.

Nos EUA, os melhores professores de leitura sempre começam o processo de leitura trabalhando anteriormente com os alunos o contexto e alguns fatos básicos, informações que eles precisarão para entender o que estão lendo e, assim, dar um sentido ao texto que vão ter que compreender.

Para tanto, eles aplicam a metodologia KWL, na qual cada uma das letras dessa sigla gera uma lista do que os alunos já sabem (K, de *know*, que significa saber), o que os estudantes querem saber (W, de *want*, que significa querer) e, no final, o que os alunos aprenderam (L, de *learn*, que significa aprender).

Bem, artistas, atletas, músicos, arquitetos, cirurgiões e profissionais de mil outras áreas só atingem a grandeza por meio de sua atenção aos detalhes da técnica que utilizam.

Seu refinamento constante na técnica que utilizam, renova continuamente a paixão pela própria profissão e lhes permite buscar o ápice do bom desempenho, com o que aumentam sua aptidão de fazer a maior diferença possível.

Esse foco na técnica e seu constante refinamento também é o que leva os professores à excelência.

Dessa maneira, o caminho para o sucesso é encarar o ensino como arte, ou seja, uma atividade difícil, que requer refinamento e discernimento em sua prática, uma dedicação artesanal e um cuidadoso desenvolvimento da técnica para dominá-la.

Claro que esse caminho é diferente para cada professor!

Mas as técnicas já desenvolvidas por professores exemplares podem (e devem) pertencer ao portfólio de qualquer docente, que inclusive pode refinar o conceito de forma constante e cuidadosa."

Livros eletrônicos

Em muitos países desenvolvidos, como é o caso, por exemplo, dos EUA, Reino Unido, Japão etc., está crescendo cada vez mais o número de leitores de textos apresentados de forma digital.

Nos EUA, por exemplo, em 2013, a parcela dos adultos que leem livros digitais já está chegando a 28%, e dos que ainda leem livros impressos caiu para 62%, tudo indicando que vai ser menor ainda nos próximos anos...

A rápida e dramática mudança de hábitos de leitura foi produzida pelo aumento da popularidade dos *tablets* (como o *iPad* da Apple) e dos outros aparelhos para a leitura (*e-readers*), que já estão na mão de mais de **um terço** da população norte-americana.

Aliás, os *tablets*, uma categoria criada pela Apple em 2010, superaram em vendas os leitores eletrônicos, como o *Nook*, da Barnes & Noble, ou o *Kindle*, da Amazon, se bem que essa empresa não desistiu de aperfeiçoar o seu equipamento.

Tudo indica, que a experiência com os livros num futuro próximo, em especial para as crianças nas escolas, será radicalmente diferente do que acontece ainda em 2013, no mundo todo e em particular no Brasil.

A evolução para os livros eletrônicos (*e-books*) já começou a afetar seriamente as editoras de livros modernos e um exemplo real foi a falência da Borders em 2011, uma gigante das livrarias nos EUA, que não conseguiu manter o custo de suas lojas físicas.

Assim, a Barnes & Noble luta para permanecer no negócio, mas já está concorrendo no mercado com o seu *e-reader Nook*.

As editoras estão se beneficiando das vendas de livros eletrônicos, pois elas conseguem margens de lucros maiores com os **livros digitais** porque eles não precisam ser impressos nem distribuídos.

Uma vez baixados, muitos títulos podem ser compartilhados e guardados de forma permanente no *e-reader*, que passa a ser uma biblioteca ambulante com um peso pequeno para ser carregado.

Tudo faz crer que os livros eletrônicos acabarão em breve se tornando a forma mais comum de ler livros, particularmente porque as escolas estão começando a usar cada vez mais os *tablets*.

Nos EUA (e o Brasil está caminhando na mesma direção...), um grande número de escolas públicas e privadas adotou programas que colocaram *tablets* nas mãos de crianças que, inclusive, estão em idade pré-escolar.

As editoras de livros de texto têm feito parcerias com a Apple e outras empresas que produzem *tablets* para colocar mapas, livros de história, geografia, matemática etc., e revistas de palavras cruzadas nos aplicativos.

Cresce, também, o número de bibliotecas que oferecem títulos digitais que podem ser "emprestados".

Com tudo isso, o dado que entusiasma é que as pessoas a partir de 16 anos estão lendo mais – nos EUA, em média, em 2013, as pessoas leram cerca de **oito livros** – e a leitura eletrônica está com uma taxa de crescimento significativa.

É verdade que existem **especialistas que não acreditam** que os livros digitais superarão aqueles com páginas impressas.

Dizem que os livros físicos se prestam mais para serem dados de presente, e fotografias e imagens ficam melhor no papel que na tinta digital.

Mas isso é **pouco** para garantir a sobrevivência do livro impresso, não é?

Vale a pena repetir aqui uma análise feita pelo articulista do jornal *Folha de S.Paulo*, Marcelo Coelho, no seu artigo *Tempo de Kindle* (23/1/2013): "Ando meio cansado dos tradicionais elogios ao livro impresso. Aquela conversa de '**adoro cheiro de livro**' não me convence muito.

São raros, aliás, os livros que têm cheiro de fato, a não ser que você afunde o nariz dentro deles, atividade dificilmente compatível com a leitura propriamente dita.

Tudo bem, alguns livros da infância trazem esse tipo de memória guardada nas páginas.

Mas a encadernação ou a cola podem até produzir um odor próximo do amargo e enjoativo; algumas edições de arte, com papel brilhante e pesado, estão nessa categoria.

Além de apresentar o defeito de refletir a luz, se a lâmpada for forte demais.

Quanto ao contato da pele do dedo com o papel, não sei que prazer se tira disso.

Já me cortei com as bordas de edições muito perfeitas.

O papel mais macio, por sua vez, pode exigir uma lambida nos dedos de vez em quando.

Quanto à praticidade, tenho também minhas dúvidas.

Não é fácil segurar nas mãos uma boa edição de *Guerra e Paz*, pois a versão encadernada pesa muito.

Em formato de bolso, é raramente resistente aos meses de investida até se terminar a leitura...

E em dois volumes? Aí não vale.

Tenho livros baratos que se despedaçaram antes de eu chegar no final.

Livros mais caros, de capa dura, resistem obtusamente à informalidade e ao conforto de um uso cotidiano.

O papel antigo fica amarelo e guarda manchas. O papel de luxo 'tipo Bíblia', cria orelhinhas e se rasga facilmente.

Um dicionário grande, editado em volume único (penso no *Houaiss*) é objeto de alto risco.

E se fosse em vários volumes?

Bem, aí seria sujeito a constantes erros ao se pegar o volume com a ordem alfabética inadequada...

Resultado de toda essa anarquia é que comprei um *Kindle*, numa das minhas viagens, produto que também está disponível no Brasil.

Fica aqui um testemunho: praticamente nunca usei a geringonça e ausência de cheiro é o de menos!

Os problemas são outros.

Em primeiro lugar, é muito chato ler qualquer livro em que o texto tem a invariável aparência de um documento do *Word*.

Será incompetência minha ou toda a arte da tipografia desaparece com o *Kindle*? E as capas? Não existem mais?

A abstração do *Kindle* tem outra consequência, mais grave do que a questão do cheiro do papel.

É que, com toda a tecnologia contemporânea, o **espaço** entra em vias de desaparecimento, sendo substituído pelo **tempo**.

Não ficam mais evidentes a página de trás, a página da frente, a página par, a página impar, a grossura do livro que estamos lendo ou o seu lugar na prateleira!

Tudo passa a se situar numa névoa temporal, entre o **'agora'** e o **'não ainda'**, sem o **'para trás'** ou **'mais adiante'**.

Por isso se fala na 'memória' de computador e não no seu 'armário' ou no seu 'depósito'.

A última vitória do tempo, o sistema de arquivos em nuvem, eliminou o problema do 'espaço em disco'.

Com o *Kindle*, você nem precisa de marcador de livro: ele liga sozinho na página em que você interrompeu a leitura.

Só que, assim, você também deixa de folhear o livro e reler por acaso alguma passagem.

Claro que vão inventar, um dia desses, a 'função folhear', e um comando de produção de odores, assim como os computadores imitam o barulho de páginas sendo viradas.

Mas aí eu já não estarei, provavelmente, lendo mais coisa nenhuma.

Mais uma vitória do tempo, aliás!"

Bem caro (a) leitor (a), em particular professor (a), o que você acha dessa posição de Marcelo Coelho sobre um *e-reader*?

O livro impresso desaparecerá ou haverá espaço para os dois formatos de apresentação de conteúdos?

Dificuldade de entender um texto mais elaborado

Infelizmente, pouquíssimos são os alunos que terminam o ensino médio numa escola pública (e isso também inclui muitos daqueles que concluem esse estágio da educação no ensino privado) que têm condições de compreender um texto escrito ou a forma de se expressar de Rui Barbosa, que foi incluído em 1907 como um dos sete sábios de Haia.

Um dia, Rui Barbosa, ao chegar em casa, ouviu um barulho estranho vindo do seu quintal.

Chegando lá, constatou haver um ladrão tentando levar seus patos de criação.

Aproximou-se vagarosamente do indivíduo e, surpreendendo-o ao tentar pular o muro com seus amados patos, disse-lhe: "Oh, bucéfalo anácrono!

Não o interpelo pelo valor intrínseco dos bípedes palmípedes, mas sim pelo ato vil e sorrateiro de profanares o recôndito da minha habitação, levando meus ovíparos à sorrelfa e à socapa.

Se fazes isso por necessidade, transijo; mas se é para zombares da minha elevada prosopopeia de cidadão digno e honrado, dar-te-ei com minha bengala fosfórica bem no alto da tua sinagoga, e o farei com tal ímpeto que te reduzirei à quinquagésima potência que o vulgo denomina como **nada**."

E o ladrão, completamente confuso, diz:

"Dotô, eu levo ou deixo os patos?"

É uma incrível descrição que nos deixará mais confusos ainda se os professores não souberem "destrinchá-la" para os seus alunos, não é?

E com alguns, lamentavelmente, essa dificuldade, ou seja, essa limitação, aparece de forma evidente...

Numa escola, o aluno precisa também aprender a fazer conexões entre as diversas disciplinas, desenvolver seu senso crítico e ter condições de entender melhor a realidade. É claro que isso fica difícil se não tiver um bom vocabulário.

Talvez uma forma humorística para entender isso seja refletindo sobre a exagerada curiosidade de um jovem aprendiz, que recorreu ao progenitor para um esclarecimento!!!

O filho falou para o pai: "Devo fazer um trabalho para a escola e preciso que me esclareça algo. **Pai, o que é política?**"

Responde o pai: "Vou usar como exemplo a nossa casa.

Sou eu quem traz dinheiro para casa, então sou o '**capitalismo**'.

Sua mãe administra o dinheiro, então ela é o '**governo**'.

Como nós cuidamos das suas necessidades e do seu irmãzinho, vocês constituem o '**povo**'.

A nossa empregada é a '**classe trabalhadora**' e pode-se dizer mais especificamente que o seu irmão nenê é o '**futuro**'. Entendeu tudo?"

"Mais ou menos, pai: Vou pensar...", respondeu o menino.

Naquela noite, acordou de madrugada pelo choro do bebê e foi ver o que estava acontecendo na casa.

Notou que o nenê tinha sujado a fralda e o berço. Foi ao quarto dos pais e notou que só estava sua mãe, num sono muito pesado...

Em seguida, espiou o quarto da empregada, e viu através da fechadura, o seu pai na cama com ela...

Os dois nem perceberam as batidas que ele deu na porta e assim voltou para o seu quarto e dormiu!!!

Na manhã seguinte, na hora do café ele falou para o pai: "Agora acho que entendi completamente o que é política!!!"

"Muito bem meu filho. Entao explique-me o que é **política** com suas palavras", disse o pai.

E aí o garoto afirmou: "Enquanto o capitalismo ferra a classe trabalhadora, o governo dorme profundamente. O povo é totalmente ignorado e o futuro está na lama."

Problemas da educação brasileira

O escritor Gustavo Ioschpe, no seu livro *O Que o Brasil Quer Ser Quando Crescer?*, apresenta as suas ideias sobre a questão educacional brasileira, que podem ser reunidas em sete "categorias", a saber:

1ª) Existe uma **crise profunda** no sistema educacional brasileiro, tanto público quanto privado, e sua solução rápida é indispensável para que o País progrida.

2ª) A criação de **políticas públicas** para a resolução dos problemas no campo educacional precisa vir amparada pelo conhecimento formal e existem décadas de pesquisa empírica sobre o que funciona e o que é irrelevante.

3ª) A literatura empírica sugere que fatores quantitativos – salários, investimentos, gastos em tecnologia – são irrelevantes ou bem menos importantes do que o foco em áreas como **capacitação de professores e gestores** e a ênfase em práticas de sala de aula eficazes.

4ª) Professores **não são vítimas!!!**

São agentes lógicos que tomam decisões racionais sobre suas vidas.

Precisam ser responsabilizados por seu desempenho, como quaisquer outros profissionais.

5ª) Ainda que um **entorno social de pobreza** e **baixa instrução** dificulte o processo de ensino/aprendizagem, ele não o impossibilita, nem pode ser usado como desculpa para o fracasso educacional.

A escola precisa se adaptar à realidade de seu alunado (não vice--versa) e entregar educação de qualidade a alunos de todas as classes, credos e raças.

6ª) A **ideologização da vida escolar** é uma praga que precisa ser combatida.

Não apenas porque a escola brasileira não está preparada para dar lições de moral a seus alunos como porque a existência de ambições totalmente subjetivas – como "a formação do cidadão crítico e consciente" – camufla o fracasso escolar nas tarefas mais comuns.

Precisamos que a Nação chegue a um consenso e garanta ao alunado um ensino ideologicamente neutro e de qualidade pelo menos nas etapas basilares da vida educacional, ou seja, o estudante sair alfabetizado e com boa compreensão das noções elementares de matemática.

7ª) Os **fracassos da educação** não devem ser entendidos como parte de um complô de políticas e classes dominantes em prol da ignorância do povo.

Tais fracassos resultam de um cálculo racional dos custos e benefícios envolvidos em uma iniciativa de reforma educacional.

Atualmente, com o grosso da população brasileira acreditando **erroneamente** que a qualidade da instrução recebida pelos seus filhos é **excelente** e, de outro lado, estão os sindicatos de professores e funcionários que tendo um enorme poder, por conta dos seus mais de 5 milhões de integrantes, estão minando qualquer iniciativa mais corajosa de "reforma do ensino".

O político que também a propuser, infelizmente, sente que sairá com a popularidade diminuída...

Para melhorarmos a **qualidade da educação** oferecida em nossas escolas, inicialmente precisamos alterar a conversa na sala de estar do brasileiro médio.

Para incrementarmos a oferta, é vital que se gere a demanda real por **educação de qualidade**!

Os fatores mais importantes para a **qualidade da educação** são – e serão pelo futuro previsível – seus atores principais: **professores** e **alunos**.

E o perfil do alunado e do magistério nessa 2ª década do século XXI e das próximas décadas é bastante diferente daquele que povoava nossas escolas, digamos, na metade do século XX. Nessa época, a escola pública brasileira era de boa qualidade e não pode mais ser reproduzida atualmente. Em 1950, havia cerca de 5 milhões de alunos no atual ensino fundamental, contra os 32 milhões que existem em 2013. Naquela época, a taxa de matrícula era de aproximadamente **48%** e agora é de praticamente **100%**.

Talvez nunca mais tenhamos uma rede pública de ensino em que professores e alunos eram "poucos" e de nível intelectual acima da média, de classe social e interesses parecidos e quando os professores viam a sua atividade como um **sacerdócio** e não uma **carreira**.

Como destacou Gustavo Ioschpe: "Para voltarmos a esse cenário, precisamos retroagir a uma sociedade machista e ainda mais elitista do que já é.

Isso não é possível nem é desejável.

Mas isso não significa que não precisamos voltar a ter uma **educação de grande qualidade**, se bem que a boa escola brasileira do futuro **não pode mais ser copiada do nosso passado!**

Tampouco pode ser copiada de outros países como receita pronta, pois o sistema de educação de um país – especialmente daqueles que têm sistemas excelentes – é constituído pelos elementos endógenos de uma sociedade, produtos históricos de suas culturas e projetos de nação.

Teremos de caminhar com as nossas próprias pernas, levando em consideração a realidade de alunos e professores que temos em nosso País.

Assim, como é tacanho culpar a pobreza de nossos alunos pelo fracasso de nossas escolas, também acho canhestro sugerir que precisamos revolucionar a carreira do professor, atraindo um novo (e melhor) público para a área.

Podemos fazer muito mais com o que temos. Não há aluno que não possa aprender. E não há professor que não possa ensinar bem!"

E aí vai a resposta (ou pelo menos a sugestão) de Gustavo Ioschpe para a questão: **o que se deve fazer para que o Brasil evolua com a magnitude e a velocidade necessárias para se ter a EQ?**

Disse Gustavo Ioschpe: "Para mim o caminho está na junção de três fatores: **práticas de sala de aula**, **formação de professores** e **administração escolar.**

Mesmo com o baixo nível de formação de nossos professores e diretores escolares, há uma série de medidas que podem ser aplicadas hoje mesmo, em qualquer sala de aula, que tendem a melhorar significativamente o desempenho do alunado.

A primeira prática de um professor efetivo é o uso **eficiente do tempo da aula**. Muitos professores chegam atrasados em suas salas. Perdem tempo fazendo chamadas, dando recados e advertências.

Isto é um desperdício. O mais grave ocorre depois. Para muitos dos nossos professores, 'aula' significa encher o quadro negro de matéria e pedir aos alunos que a copiem, depois passar exercícios e pedir que resolvam e, finalmente, se sobrar tempo, tirar uma dúvida ou outra.

Isso tudo está errado!!!

Se copiar texto é algo que pode ser feito em casa, então deve ser feito em casa. Exercícios, se feitos individualmente pelo aluno, também!

O tempo de sala de aula deveria servir para que professores e alunos conversassem sobre o texto lido antecipadamente e os exercícios feitos em casa.

A segunda prática virtuosa, portanto, é o **dever de casa**.

Todas as pesquisas realizadas até agora indicam que os alunos que têm de fazer dever de casa frequentemente aprendem mais, especialmente a partir da quarta série.

Um estudo feito em São Paulo mostra que alunos de professores que **determinam** e **corrigem** o dever de casa aprendem mais do que aqueles em que o professor simplesmente marcam a lição de casa.

E alunos de professores que, ao corrigir o dever, comentam e explicam os erros e acertos, aprendem mais do que aqueles cujos professores apenas marcam o **'certo'** ou riscam o **'errado'**.

Relacionado ao dever de casa, também, está a questão de muitos exercícios similares feitos em sala de aula, pois são contraproducentes. Subtrai-se, assim, tempo de aula para algo que o aluno pode fazer em casa.

As provas seguem a mesma lógica, ou seja, alunos que são testados com maior frequência aprendem mais.

Faz sentido, pois, quanto mais provas, mais **o aluno tem de estudar e, quanto mais ele estuda, mais aprende!**

Outro dado importante: um bom material didático ajuda. Um bom livro didático, por exemplo, organiza e estrutura a prática de sala de aula.

Uma das demandas do professorado brasileiro é por **autonomia**.

Cada professor se sente no direito de reinventar a roda e criar seu próprio currículo e método de ensino.

Na maioria dos casos, e especialmente quando a qualificação do profissional é baixa, isso é uma **receita direta para o insucesso**!

Um outro problema de nosso sistema educacional, sem dúvida, é a formação de nossos professores. Enquanto eles continuarem recebendo a formação que hoje obtêm no ensino superior da área, nossos alunos continuarão a ter um desempenho fraco.

Ocorre com a formação dos professores algo semelhante ao que vemos com os alunos: enquanto aqueles acreditarem que a promulgação de uma lei que obriga todos os professores a terem diploma universitário significaria **um salto de qualidade**, esses ainda acreditam que a vaga em uma escola leva automaticamente ao aprendizado.

A nossa história recente mostra que a vaga, quer seja na universidade para o professor, quer seja na escola fundamental para o aluno, é apenas o **primeiro passo**. É uma condição necessária, mas longe de ser suficiente, para a resolução dos nossos problemas.

Devemos focar nossos cursos de formação de professores para a realidade prática da sala de aula, dando menos ênfase à teoria.

Precisamos não apenas aprofundar o ensino de matérias específicas, como também melhorar a ligação entre o conteúdo e a didática, transformando o conhecimento em práticas de aula.

Necessitamos dar mais ênfase ao **estágio** dos futuros professores, encarando-o como um elemento fundamental desse processo, no qual o ensino aplicado é testado com supervisão rigorosa, e o futuro docente tem a possibilidade de corrigir seu curso e aprimorar sua prática antes de receber a responsabilidade de ensinar para uma turma na escola.

É vital promover uma campanha para elevar a importância dos cursos de formação de professores dentro das nossas universidades (ou IESs) brasileiras, dando *status*, prêmios e reconhecimento aos que se dedicam a essa área.

Devemos abolir o viés ideológico e ter certeza de que, antes de formar 'futuros revolucionários', nossos professores consigam, ao menos, formar gente que saiba ler, escrever e fazer as operações matemáticas básicas.

Devemos tornar os cursos de formação de professores mais exigentes, mais difíceis.

A **qualidade da liderança** é um atributo decisivo de sucesso de qualquer organização coletiva e isso vai de um time de futebol, a uma empresa privada ou ainda de uma prefeitura.

Portanto, na educação, não é diferente.

Assim, a **gestão escolar** – tanto no nível das secretarias e Ministério da Educação, quanto na direção escolar – é um item fundamental para que ocorra a melhoria do nosso ensino.

➠ **E o que deve fazer um bom administrador escolar?**

Para começar, deve ter a casa em ordem. É importante que a infraestrutura da escola esteja em ordem: paredes, telhados, eletricidade, equipamento etc. Uma escola limpa também tende a ter alunos que aprendem mais.

Assim, é importante que todas as salas tenham um quadro-negro, cadeiras e mesas para os alunos em boas condições.

Não devem faltar materiais de ensino (e agora modernamente é vital que os alunos possam aprender usando *laptops* e *tablets*...).

Claro que as escolas devem ter bons laboratórios e bibliotecas (aliás, em certos casos, deve-se ter minibibliotecas nas próprias salas de aula...).

A instalação de espaços mais suntuosos como ter um ginásio esportivo, teatro, salas com computadores, lousas eletrônicas etc., são importantes para uma aprendizagem mais eficiente e fazem bem ao espírito e ao corpo, porém, não são imprescindíveis para se poder passar conhecimentos aos estudantes.

A parte mais importante da administração escolar não é aquela relacionada com os prédios e instalações escolares, o tamanho das turmas e inclusive o salário dos professores, que são as variáveis mais diretamente ligadas à aprendizagem.

Cabe ao gestor educacional líder a tarefa-chave de recrutar, treinar, motivar e reter os bons professores e identificar e afastar os maus. Por isso, o fator fundamental para o sucesso de uma escola é que o seu **diretor tenha autonomia para contratar e demitir seus professores.**

Finalmente, é fundamental no ensino público brasileiro existir a **meritocracia**, isto é, ter condições de pagar bonificações a professores que têm desempenho melhor, bem como para toda a escola, pois ensinar é uma tarefa sequencial e coletiva.

Infelizmente, no Brasil, a maioria das indicações dos diretores das escolas ainda é fruto da influência política, tornando-se eles, assim, apadrinhados de políticos, envolvendo-se por isso mesmo com a reeleição dos mesmos.

Na maioria dos Estados do Brasil, o diretor de uma escola é um funcionário público com estabilidade na carreira, praticamente **indemissível**, que não tem nenhum incentivo lógico para ter um grande desempenho no cargo.

Por sua vez, mesmo quando ele é bem preparado e bem-intencionado, fica atolado por uma burocracia sem fim, e acaba sendo muito mais um preenchedor de formulários do que um líder pedagógico ou motivador de pessoas.

E, finalmente, um grande obstáculo, ou seja, os diretores não têm controle sobre a variável principal do processo educacional: não podem contratar bons professores ou demitir os incompetentes!?!?

Enquanto essa situação continuar, vai ser bem difícil ter uma escola pública de qualidade, não é?"

O criativo educador Salman Khan

Estamos no século XXI, com um impacto cada vez maior da TIC sobre a sociedade e em especial sobre a **educação**.

Apesar de termos ainda diversas e graves carências na educação oferecida pelo governo às nossas crianças e jovens (instalações, professores não qualificados e mal remunerados, equipamentos, currículos etc.), não podemos deixar de estar a par do que está sendo introduzido nos países mais avançados para a melhoria do **processo de ensino e aprendizagem**.

Esse é o caso das videoaulas desenvolvidas pelo educador norte-americano Salman Khan, formado em Matemática e Engenharia no Massachusetts Institute of Technology (MIT), com mestrado em Ciência da Computação e um MBA (master of business administration), ou seja, mestrado em gestão de negócios, na Universidade Harvard (EUA).

Tudo começou despretensiosamente em 2004, quando ele passou a ajudar, da cidade de Boston nos EUA, uma sobrinha com dificuldades em matemática, que morava em Nova Orleans, bem distante de onde ele estava...

A solução foi utilizar a Internet para enviar pequenos tutoriais de aritmética, gravados com um *software* simples de captura de som e imagem.

Assim, enquanto escrevia com um caneta própria na tela do computador, como se fosse num quadro negro, Salman Khan explicava os conceitos.

Dois anos depois, Khan teve a ideia de publicar os vídeos em um canal do YouTube, batizado de Khan Academy.

O sucesso chegou rapidamente, pois as suas aulas atraíram muitos milhares de visitantes que, por sua vez, fizeram muitos elogios para a maneira como as coisas eram explicadas.

Em vista disso, Salman Khan pediu demissão do emprego de analista de fundos de investimento para se **dedicar exclusivamente** à sua academia virtual.

Os assuntos que ele passou a abordar se diversificaram e, em 2013, além de matemática, ele já desenvolveu inúmeras aulas de ciências, economia e humanidades.

A coleção de Khan está chegando a **4 mil vídeos**, que até o início de 2013 foram assistidos por cerca de **250 milhões de vezes** só no canal oficial do YouTube!

Apesar do seu potencial econômico, a Khan Academy é uma organização sem fins lucrativos que vive fundamentalmente de doações de bilionários filantropos como Bill Gates, que disse sobre ele: "Khan é **pioneiro** de um movimento global da tecnologia para que **mais e mais pessoas aprendam**, não importa onde estejam!

É o início de uma revolução. Sou um fã das suas videoaulas."

A segunda maior audiência da Khan Academy vem do Brasil (naturalmente a primeira está nos EUA).

Parte do sucesso da Khan Academy no Brasil pode ser creditado à Fundação Lemann.A entidade já traduziu centenas de vídeos da Khan Academy e está adaptando toda a estrutura do *site* de Salman Khan.

O trabalho todo vai durar alguns anos, mas, quando a versão nacional estiver pronta, os alunos terão acesso gratuito a milhares de exercícios, e os professores poderão utilizar as sofisticadas ferramentas de acompanhamento da aprendizagem dos estudantes.

O diretor executivo da Fundação Lemann, Denis Mizne, explicou: "Em 2012, as aulas de matemática de Khan foram utilizadas em um projeto-piloto que abrangeu alunos do 3º ao 5º ano de escolas públicas de São Paulo e Santo André.

Praticamente, metade da carga horária da disciplina **foi cumprida** com os estudantes assistindo aos vídeos ou fazendo exercícios em um sistema desenvolvido pela Fundação Lemann, inspirado no da Khan Academy.

Por meio de um *software*, os professores conseguem acompanhar o desenvolvimento, ou seja, o progresso dos alunos.

Ocorreu uma verdadeira revolução no ensino, pois permitiu-se ao professor customizar a aula, isto é, com diferentes exercícios para os vários alunos, tornando a aula mais produtiva.

No Brasil, só **33%** dos alunos que terminam o ensino fundamental demonstram saber de fato o conteúdo de matemática. Temos plena convicção de que, usando o método da Khan Academy, esse percentual deverá no mínimo dobrar...

O legal da tecnologia é que podemos fazer alterações rapidamente, e sem gastar muito tempo e dinheiro. Em cada uma dessas escolas, a Fundação Lemann instalou Internet de alta velocidade e entregou muitos *laptops*.

Em 2013, vamos atender cerca de 6 mil alunos em 200 salas, com cada estudante trabalhando no seu *laptop*, tendo uma aula bem individualizada, porém, cada um na sua velocidade, até porque, são poucos os alunos que acompanham de fato o ritmo do professor.

Hoje existem ferramentas que podem mudar muito a dinâmica numa sala de aula e ajudar dessa maneira o País a dar um salto na capacidade de aprendizagem."

Pois é, não se pode deixar de pensar em ferramentas de ensino como essas da Khan Academy para se ir na direção da EQ.

Salman Khan explica muito bem como enxerga a obtenção de maior eficiência no processo de ensino e aprendizagem no seu livro *Um Mundo, Uma Escola*.

Nesse seu livro ele dá um destaque especial à **duração da compreensão por parte do aprendiz.**

E aí ele ressalta: "A compreensão, no que se refere à duração, depende, em parte, primeiramente de quão ativo foi o nosso processo de aprendizagem.

Aprender envolve mudanças físicas no cérebro, quando proteínas são sintetizadas e sinapses são incrementadas. Há muito trabalho químico e elétrico acontecendo, e é por isso que pensar **queima,** de fato, uma boa quantidade de calorias! Quanto mais neurônios forem recrutados para o processo de aprendizagem, mais vívida e duradoura será a memória de cada pessoa.

Essas alterações físicas no cérebro, porém, não são permanentes.

Aquilo que chamamos de 'esquecimento' é, na verdade, uma perda ou um enfraquecimento gradual das conexões adicionais adquiridas no **processo de aprendizagem.**

O neurocientista Eric R. Kandel, ganhador do prêmio Nobel de Medicina/Fisiologia de 2000, mostrou que é mais fácil aprender algo pela segunda vez.

Ele obteve essa conclusão fazendo uma analogia com o exercício físico (apesar de ela ser inexata...). Pare de se exercitar por algum tempo e você perderá alguma, mas não toda a força que adquiriu, pois parte do benefício se mantém.

Nosso cérebro contém dois tipos diferentes de memória: de **curto prazo** e de **longo prazo.**

A memória de curto prazo não é apenas fugaz, é também muito frágil. É facilmente perturbada por um lapso de concentração ou mesmo por um desvio momentâneo para outro assunto ou tarefa.

A memória de longo prazo é muito mais estável e duradoura, embora não seja perfeita.

O processo pelo qual a memória de curto prazo se torna memória de longo prazo é chamado **consolidação.** Neurocientistas ainda não descobriram como ocorre exatamente a consolidação no nível celular, mas certas características práticas, funcionais, do processo já são bem compreendidas.

Segundo Eric R. Kandel: 'Para que uma memória persista, a **informação** precisa ser processada de maneira profunda e meticulosa. Isso se consegue ao prestar atenção à informação e, em seguida, **associá-la** significativa e sistematicamente a algum conhecimento já bem estabelecido na memória!'

Em outras palavras, é mais fácil compreender e lembrar algo se pudermos relacionar com aquilo que já sabemos.

É por esse motivo que memorizar um poema é mais fácil do que uma série de sílabas sem sentido, de igual comprimento.

Essa parece ser a maneira como nosso cérebro trabalha melhor para reter conhecimento por um prazo mais longo, e certamente sugere que o meio mais eficaz de ensinar seria enfatizar o **fluxo** de um assunto, a cadeia de associações que relacionam um conceito com o seguinte, entre diversos assuntos.

Infelizmente, porém, a abordagem padrão de ensino em sala de aula evidencia exatamente o oposto, com uma separação entre as disciplinas tradicionais (Matemática, História, Português etc.), sem praticamente algum tipo de transversalidade...

Assim, no ensino médio, a Química é separada da Física, mesmo que se estudem os mesmos fenômenos em níveis diferentes.

No nosso equivocado zelo em criar categorias bem arrumadas e módulos de ensino que se encaixem perfeitamente numa determinada duração de aula, negamos aos alunos um importante benefício – o **benefício fisiológico** – de identificar conexões.

A abordagem pedagógica convencional tende a ser melancolicamente rígida, ou seja, pegue um '**pedaço**' (trecho) de um assunto e o trate como se ele existisse no vácuo.

Tudo isso leva os alunos a **esquecerem** rapidamente de muitos assuntos, não é?

Claro que sim!

Primeiro de tudo, é provável que lhes tenha sido negada a vantagem mnemônica de relacionar o módulo mais recente com assuntos abordados anteriormente ou com sua experiência de vida.

Segundo, é possível que os alunos não tenham sido estimulados o suficiente para perceber como o domínio desse tópico conduzirá a uma compreensão mais profunda de coisas que virão **depois**.

Em suma, se uma dada matéria foi selada, embrulhada e enfeitada com um laço de fita, ou seja, a mensagem passada é que o assunto está **terminado**, por que se dar ao trabalho de **lembrar** algo da mesma?

Ao desenvolver aos poucos o meu próprio método de ensino, um dos meus objetivos centrais foi reverter a **tendência de fragmentação**.

A meu ver, nenhum assunto jamais é encerrado. Nenhum conceito está isolado de outros conceitos.

O conhecimento é contínuo, e as ideias (novas) continuam fluindo!

É preciso, pois, dar aos aprendizes o 'mapa do conhecimento', ressaltando as conexões entre os vários assuntos e dar aos que aprendem um quadro visual de onde eles já passaram e para onde eles vão, incentivando-os a seguir alguns caminhos próprios, isto é, movendo-se ativamente para cima, para baixo, para os lados, para onde quer que suas imaginações os levem!

Considerando que a aprendizagem envolve mudanças físicas em cada cérebro individual e que o conhecimento consiste não em uma progressão linear, mas numa compreensão que se aprofunda de forma gradual em uma vasta rede de conceitos e ideias, chega-se a uma conclusão surpreendente: **não existem duas educações iguais**.

E aqui se tem uma reanimadora ironia.

É possível padronizar currículos, **mas não se pode padronizar a aprendizagem**!

Não há dois cérebros iguais, não existem dois caminhos iguais através da rede extremamente sutil do conhecimento.

Mesmo os testes padronizados mais rigorosos demonstram apenas uma compreensão aproximada de certos conjuntos de ideias que cada aluno **compreende do seu jeito particular**!

Ao envolver-se com a educação fundamental e o ensino médio, a minha maior descoberta foi, sem dúvida, o fato de que os estudantes estão **famintos por compreensão**.

Naturalmente, para que a **compreensão** seja alcançada pelos alunos, os métodos de ensino importam muito, bem como o acompanhamento, detalhando e a avaliação contínua do progresso do aluno.

Mas muito mais importante do que qualquer conjunto particular de métodos e abordagens é o fato fundamental de que a educação precisa ser continuamente adaptada e aperfeiçoada.

O sistema atual é cheio de insuficiências e desigualdades, com desencontros trágicos entre como os estudantes são ensinados e o que eles precisam saber, e a situação se agrava a cada dia em que o *status quo* educacional sobrevive, enquanto o mundo muda em todas as partes.

⟶ **Será a Khan Academy, junto com as ideias a ela subjacentes, a nossa melhor possibilidade de progredir rumo a um futuro educacional melhor?**

Não cabe só a mim dizer.

Outras pessoas de visão e boa vontade têm abordagens diferentes, e espero com ardor que todas elas tenham uma boa chance de sucesso em um mundo cada vez mais amplo.

Porém, abordagens novas e arrojadas precisam ser colocadas em prática. A única coisa que não podemos nos permitir é deixar as coisas como estão. O custo da inércia é inescrupuloso e alto, e é, contudo, não em dólares, nem em reais, ou em euros ou ainda em rupias, mas nos destinos das pessoas.

Ainda assim, como engenheiro e obstinado otimista, acredito que onde há problemas, há também soluções.

Se a Khan Academy provar ser mesmo uma parte da solução para nossa enfermidade educacional, me sentirei orgulhoso e privilegiado por ter feito alguma **contribuição.**"

Em janeiro de 2013, Salman Khan se reuniu em Brasília com a presidenta Dilma Rousseff e com o ministro da Educação, Aloizio Mercadante, e ambos perceberam que o que ele está propondo é um sistema de educação **mais acessível** e **equânime**, ficando bastante impressionados e prometeram divulgá-lo no Brasil.

Mais do que isso, o Ministério da Educação vai distribuir os vídeos da Khan Academy. O ministro da Educação, Aloizio Mercadante, destacou: "Nada substitui a relação professor-aluno, mas esses vídeos da Khan Academy são mais uma boa opção para que o professor possa apresentar melhores aulas e práticas bem-sucedidas.

A nossa intenção é colocar as aulas oferecidas pela Khan Academy nos *tablets* entregues aos professores (que deverão ser aproximadamente 600 mil em 2013...) e também no Canal do Professor, um *site* com o material auxiliar para as aulas, e na TV Escola."

Por sua vez, o diretor-executivo da Fundação Lemann, Denis Mizne, complementou: "A partir de 2013, a nossa entidade vai ter alguns funcionários no escritório da academia na Califórnia (EUA) e isso possibilitará que já em 2013 tenhamos pelo menos traduzidos para o português cerca de 1.000 vídeos.

Além disso, os pesquisadores da nossa fundação vão estudar os impactos do uso das aulas de Khan nas escolas.

O contrato inicial de parceria que assinamos tem a duração de cinco anos, porém, poderá ser prorrogado."

Salman Khan explica como deve ser usado a seu método, enfatizando: "O melhor no processo de ensino e aprendizagem é caminhar para o **modelo de sala de aula invertida**, em que os alunos aprendem no seu próprio ritmo, e o professor veja na base de dados quem está com dificuldade e retrabalhe certos conceitos em pequenos grupos, pedindo àqueles alunos que já os entenderam, que ajudem seus colegas.

Nesse processo, o aluno aprende de forma personalizada e interage com outras pessoas. E, assim que compreende um assunto, pode fazer um teste. É, pois, uma questão de mudar a estrutura e o ritmo na sala de aula.

As aulas devem deixar de ser expositivas, pois elas já estão disponíveis na Internet.

Na escola, o tempo deve ser gasto pelos professores acompanhando e ajudando os alunos a tirarem suas dúvidas.

Na forma clássica da educação dos jovens, a maior parte do tempo do professor tem sido consumido dando aulas expositivas e, quando ele não estava fazendo isso, estava elaborando ou corrigindo provas e planejando as novas aulas.

Essas atividades de um docente, nos próximos 5 ou 10 anos, poderão ser feitas por meio de ferramentas virtuais sob medida.

Antes sobrava, quem sabe, **10%** a **20%** do tempo do professor para interagir com os alunos e há a possibilidade de esse tempo se tornar **90%** ou até **100%**.

Quando descrevo esse cenário, as pessoas acham que estou tirando a importância do professor no processo educacional, desvalorizando-o. Mas é que a função principal do professor passará para a condição de ser o **tutor**, no qual, além de eliminar as dúvidas do estudante, fará algo muito importante, ou seja, **desafiar intelectualmente o aluno**.

Nos EUA, já temos mais de 20 mil salas usando a Khan Academy, e essa expansão não ocorreu por ordem do governo, mas foi uma decisão dos professores, que podem assim ajudar mais os seus alunos e desse jeito tornaram as suas aulas mais produtivas.

Não se trata, pois, de dizer aos docentes o que devem fazer, mas fazê-los entender que isso deixará a vida deles melhor e fará com que gostem mais do seu trabalho.

O que um professor espetacular pode fazer com esses recursos todos é inacreditável.

Nesse sistema, o aluno mais carente terá acesso à mesma aula (bem elaborada) que o filho de uma pessoa bem rica.

No nível universitário nos EUA, instituições como Stanford, Harvard, MIT etc., já chegaram à conclusão de que não faz mais sentido dar apenas aulas expositivas, que o ensino tem que ser mais interativo e personalizado, e que precisamos repensar o significado dos **certificados de conhecimento e competências.**

Quando IESs desse tipo mudam, o efeito se espalha para outras universidades e chega até o ensino médio.

Em cinco anos, não mais, as melhores escolas vão estar invertendo a sala de aula, e então, para o resto dos colégios não será uma questão de '**devo fazer**', mas sim de '**como posso fazer isso também?**'

Já me considero a pessoa mais sortuda do planeta, principalmente, depois que a renomada revista *Forbes* me colocou na capa, dizendo que, com o meu método de ensino, podemos revolucionar o sistema educacional nos EUA, que atinge um gasto anual de US$ 1,3 trilhão, e provavelmente do mundo todo, no qual se gastam cerca de US$ 4 trilhões com o ensino público.

Em 2013, já poderia considerar-me, sem dúvida, o professor que teve o maior número de alunos da história, pois eles já ultrapassam 10 milhões!

Continuo fazendo o que acho intelectual e emocionalmente adequado e satisfatório para a melhoria do processo de ensino e aprendizado.

A única preocupação que tenho agora é que a gente não cometa nenhum erro grave, porque temos uma oportunidade incrível de fazer uma grande diferença na educação do mundo todo."

⟶ **Será que a EQ que estamos perseguindo é a que se enquadra no modelo da Khan Academy?**

Sem dúvida, devemos ser um pouco mais equilibrados, pois, por extrapolação, se num país (ou no mundo todo) existir uma só forma de ensinar isso, certamente não será tão benéfico assim, não é?

Mas, de qualquer forma, alguns dos ingredientes da Khan Academy a EQ deve ter!!!

Deve-se lembrar que nos EUA existem outras instituições educacionais que oferecem cursos *on-line*, como a Coursera, fundada em 2012 por Daphne Koller e Andrew Ng, professores de computação da Universidade Stanford, que em poucos meses de existência atraíram mais de um milhão de usuários para os seus **cursos universitários gratuitos.**

Aliás, um dos financiadores da Coursera, Scott Sandell, comentou: "O desejo inicial é manter os cursos gratuitos, em especial para atingir os estudantes mais pobres.

Por enquanto, a fonte de renda mais promissora do Coursera é o pagamento de taxas de licenciamento para outras instituições educacionais que queiram usar as suas aulas.

Porém, não está descartada no futuro uma cobrança entre US$ 20 e US$ 50 por certificado de conclusão..."

No Brasil está proliferando, também, o surgimento de *sites* e vídeos que tiram dúvidas, em especial dos alunos que vão participar da prova do Enem.

Graças à Internet, o aluno que tem dúvidas e não tem o seu professor **real** por perto, recorre a um virtual entrando num *blog* do tipo Professor de Plantão, que coloca os estudantes em contato com renomados docentes de qualificadas IESs do Brasil.

Aliás, não se deve esquecer nunca as "recomendações" de outros educadores, para se ter uma educação de qualidade no século XXI, como é o caso do norte-americano Marc Prensky, conhecido pela criação dos termos "**nativos digitais**" – geração que nasceu durante a era digital –, e "**imigrantes digitais**", aqueles que nasceram antes da explosão digital.

Ele é autor de muitos livros premiados, voltados para a educação, como *Aprendizagem Baseada em Jogos Digitais* e *Não Me Atrapalhe, Mãe! Estou Aprendendo*, com uma abordagem de se ter um currículo sempre voltado para que o aluno adquira o senso crítico, o aprofundamento do pensamento, a sociabilidade e o melhor relacionamento humano.

Na opinião de Marc Prensky, não se adaptou ainda a escola de forma adequada ao novo contexto tecnológico.

Ele comenta: "Nessa segunda década do século XXI, os professores na sua maioria e em praticamente todas as partes do mundo continuam ensinando como faziam os seus professores no século XX.

Eles ficam em pé na frente dos alunos e **apenas falam**, enquanto os estudantes somente escutam (quando escutam...), e fazem anotações.

Esse é um **método de ensino velho**!!!

Para mim, o melhor método de ensino e único é a **parceria**.

E há várias formas de se alcançar bons resultados quando professores e alunos trabalham como **parceiros**.

Os estudantes podem desenvolver as suas atividades e o professor deveria estar presente como um guia, uma espécie de técnico esportivo (*coach*).

Professores e alunos devem conversar mais não sobre notas, mas sim sobre quem eles são e como devem proceder para aprender a trabalhar, a fazer as coisas.

Devem se enxergar como parceiros.

Professores precisam conhecer as paixões dos estudantes, a maneira como eles pensam e como eles aprendem.

Os estudantes, por sua vez, precisam saber mais sobre os seus professores: o que eles estão tentando fazer, quais são os seus objetivos.

Esse relacionamento pode continuar sendo formal, mas de um modo menos distante.

Entretanto, isso não significa que se deve eliminar o aspecto tradicional da escola, que deve ser preservado, ou seja, ela deve ter sempre como norte a **preparação dos alunos para o mundo**.

Naturalmente deve-se adaptar muito mais a escola do século XXI com a tecnologia, pois as **crianças vivem na era da tecnologia**.

A função principal do professor é a de transformar o aluno em autodidata, estando, porém, sempre à disposição para não só esclarecer as suas dúvidas, como também para orientá-lo para assimilar os conhecimentos e as aptidões da forma mais eficiente.

Os professores conseguem atrair o interesse dos alunos quando justificam para eles para que serve o que estão ensinando.

Infelizmente, é comum um aluno ficar sem resposta quando pergunta a um professor por que precisa saber resolver uma equação algébrica do 2º grau ou para que servem as funções trigonométricas, ou ainda porque precisa conhecer detalhes da história da Grécia Antiga ou, o que é incrível, porque deve conhecer os textos dos principais escritores do País.

As crianças deveriam ter acesso a cursos *on-line*, como esses oferecidos pelo educador Salman Khan, apesar de achar que eles são os **velhos métodos em novos formatos!**

É a velha educação apresentada de maneira *on-line*.

Caso algum educador queira envolver-se com essa velha educação, apresentada numa forma que muitos podem chegar a ela e, principalmente, no momento que quiserem, não vejo mal nenhum, apesar de que o conteúdo como é ensinado está comumente no formato antigo, adicionando pouco valor ao que se apresenta hoje nos bons livros de cada disciplina.

Lamentavelmente, algumas pessoas envolvidas com a educação acreditam que podem resolver os problemas da educação com o ensino *on-line*.

Não sou dessa opinião!!!"

Bem, todos esses "casos" mostram que continuam valendo as seguintes dez condições do **bom estudo**:

1ª) Querer estudar.

2ª) Dispor de um bom local para estudo.

3ª) Ter boas condições físicas e mentais.

4ª) Refutar as receitas mágicas.

5ª) Não confiar na sorte.

6ª) Ter um objetivo definido.

7ª) Fazer um bom uso da memória.

8ª) Usar o raciocínio lógico e o abstrato.

9ª) Evitar interrupções pessoais ao estar estudando.

10ª) Combater o perfeccionismo que atrasa a ação.

Não se pode esquecer que tempo desperdiçado não pode ser recuperado, isto é, ele não volta mais e, principalmente, os alunos devem aproveitar corretamente o seu tempo, colocando evidentemente como sua **maior prioridade**, o **estudo**.

Para fixar esse ponto, nada melhor que ilustrá-lo com uma situação que destaca a dificuldade de conseguir imediatamente uma melhoria, numa situação "desesperadora"...

Uma rã estava se afogando na areia movediça. Quando já afundara pela terceira vez, olhou para cima e viu uma coruja num galho de árvore, acima dela. A coruja, para seu espanto, estava com uma camiseta com o nome de uma empresa de consultoria renomada.

"Não seja como a rã, que no desespero, reocorreu a um consultor sonhador!?!?"

"Socorro!!! Ajude-me!!!", gritou a rã, "Estou me afogando!"

A coruja olhou majestosamente para baixo e contemplou a rã que continuava a gritar.

"Você quer mesmo o meu auxílio?", perguntou a coruja.

A rã, ofegante e já com voz fraca, disse que obviamente queria a ajuda.

"Mas isso vai ter um custo para você", disse a coruja.

"E o que me importa isso", disse a rã, "Estou me afogando!"

A coruja coçou o queixo, fechou os olhos (!!!), meditou por algum tempo e depois pigarreou: "Meu conselho para você, pobre rã, é que deveria aprender a voar."

"Como posso aprender a voar, enquanto afundo nesta areia movediça?", gritou a rã.

"Na nossa empresa de consultoria não nos preocupamos muito com a implementação de nossas recomendações", disse a coruja, soberanamente, enquanto preparava sua fatura de consultoria.

O lema que cada um deve guardar do 5º ponto de Deming é: **"No próximo ano, vou fazer um esforço consciente para tornar-me pelo menos 10% melhor do que sou hoje!!!"**

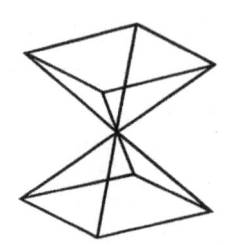

6º Ponto

Institua métodos modernos de treinamento (e retreinamento) e capacitação

Constatemente deve-se desenvolver treinamentos para todos os integrantes de uma IE (IES), em especial para seus funcionários, para se ter certeza que todos eles tenham as aptidões necessárias, que saibam bem quais são as suas tarefas e por que elas são necessárias e importantes no sistema de ensino e aprendizagem.

Uma das implicações mais significativas do trabalho de Deming foi o de ter chamado a atenção do mundo todo para a alta prioridade que uma IE deve dar, continuamente, com o treinamento e capacitação daqueles que nela realizam os serviços.

O melhor investimento que uma IE pode fazer é aplicar os seus recursos, continuamente, para desenvolver os talentos existentes em seu corpo de funcionários.

A capacitação permanente de seus recursos humanos – sejam diretores, professores, orientadores pedagógicos, secretários, funcionários etc. –, constitui-se em uma coluna mestra da escola, pois só assim será possível a ela, como IE crescer, fortalecer-se e, em última análise, sobreviver.

Em sistemas é preciso estabelecer padrões mínimos de desempenho.

A EQ é aquela que, entre as suas premissas, tem aquela de que as pessoas que nela trabalham querem executar um bom trabalho sempre e merecem confiança.

Nela, não se impede automaticamente as pessoas de correrem riscos ou fazerem experiências, e não se exige prova antecipada de que a experiência vá dar certo.

Nela, os professores sabem que a única coisa que devem temer é o **próprio medo**.

Na EQ, coragem é a elegância sob pressão e, quando o professor aponta o dedo, ninguém o morde, mas olha para onde ele aponta...

"O investimento em pessoas sempre redunda no surgimento de ideias para melhorar a qualidade."

Hoje, o avanço do conhecimento e das aplicações tecnológicas requer que, continuamente, as pessoas tenham possiblidades de aprender novas aptidões, convivam com novas ideias e adquiram novas habilidades para reavaliarem suas crenças e seus valores, tornem mais ampla a sua visão periférica e possam assim compreender as novas tendências do mundo.

Com toda certeza, a ciência avança em conhecimento mais rapidamente do que a sociedade como um todo ganha em sabedoria.

Aprender a aprender e a gerar conhecimento de forma autônoma são, agora, os resultados que as pessoas e as organizações requerem de entidades como, por exemplo, o SENAC e o SENAI e similares, no momento em que buscam educação para o trabalho ou para o exercício profissional competente.

Uma prática educacional muito interessante foi introduzida recentemente na cidade do Rio de Janeiro por Claudia Costin.

Claudia Costin, que já foi ministra da Administração e Reforma do Estado, no período de 25/6/1998 a 4/11/1998, no governo do presidente Fernando Henrique Cardoso e secretária da Cultura do Estado de São Paulo, no período de 1/1/2003 a 3/5/2005, quando desenvolveu um interessante programa que supriu 85 municípios paulistanos dos 645, que não tinham biblioteca (a FAAP, colaborou com esse programa instalando oito bibliotecas, tendo cada uma inicialmente pelo menos cinco mil títulos, auxiliando a construir a biblioteca, equipá-la adequadamente com livros e informatizando-a) e desde 2009 é secretária de Educação do Rio de Janeiro, desenvolvendo seu trabalho com muito sucesso.

Ela própria explicou como conseguiu esses bons resultados: "Temos que celebrar em 2012 os avanços do Rio de Janeiro, no IDEB, pois agora a capital carioca ficou em 4º lugar entre as capitais dos Estados brasileiros, isso para os anos iniciais e para os anos finais as escolas cariocas melhoraram em **22%** o seu desempenho.

Foi muito gratificante perceber que as nossos alunos obtiveram notas melhores e, além disso, houve uma redução na evasão escolar e na repetência.

O esforço para dar um salto na **qualidade da educação** e assegurar equidade começou com o estabelecimento de um currículo claro, organizado por bimestres, com provas bimestrais unificadas de português, matemática, ciências e redação.

Convidamos os professores para ajudarem na **produção de material de apoio**, na forma de cadernos pedagógicos e de aulas digitais, a serem projetadas em sala de aula.

Foi dada grande ênfase em **alfabetização**.

Se havia tantos **analfabetos funcionais**, algo deveria estar errado.

Assim investimos forte na formação do professor alfabetizador, autorizando, inclusive, que a escola escolhesse sua metodologia de alfabetização.

Produzimos, junto com os professores, nosso próprio livro de alfabetização e passamos uma mensagem forte de que **alfabetizamos no primeiro ano**!!!

Não podemos aceitar o fato que a escola privada alfabetize no primeiro ano e que a pública, dada a baixa escolaridade dos pais, só consiga fazer isso mais tarde.

Para as áreas da cidade conflagradas, criamos o programa Escolas do Amanhã, com atividades **pós-escola** de arte, esportes e reforço escolar, com um programa inovador de ciências, centrado em experimentação, e com **um método mais dinâmico de ensino** para desfazer bloqueios cognitivos criados pela exposição diária à violência.

Cada escola recrutou um **educador comunitário** e **três mães educadoras** para ir à casa de alunos em risco de evasão e ser uma presença pacificadora no ambiente e, além disso, se implantou o programa Bairro Educador, uma iniciativa que integra as escolas e põe os espaços comunitários a serviço da educação.

A introdução do reforço escolar teve, também, um importante papel na melhoria do ensino.

Assim, foi criado um programa de aceleração dos alunos mais velhos, de realfabetização dos analfabetos e o programa Nenhuma Criança a Menos, para garantir que os alunos com baixo desempenho nas avaliações externas tivessem mais possibilidades de sucesso no processo de ensino e aprendizagem.

Criamos também, um novo modelo de ensino para adolescentes, o Ginásio Experimental Carioca, com muito protagonismo juvenil, interdisciplinaridade e educação baseada em projetos.

Em todas essas ações, uma forte preocupação foi a de envolver as famílias dos alunos.

Dessa maneira, foi produzida uma cartilha para que os pais pudessem apoiar a educação em casa.

Mesmo os pais com baixa escolaridade podem e devem apoiar o estudo dos filhos, que agora recebem lição de casa e tarefas de férias.

Claro que ainda há muito a fazer.

Temos que garantir pelo menos **sete horas** de aula por dia, como fazem os países mais bem colocados no PISA [**Programme for International Student Assessment** (Programa Internacional de Avaliação de Alunos)], teste internacional de qualidade da educação em que o Brasil, apesar das melhorias, ainda ocupa o 53º lugar (uma posição vergonhosa...) e colocar um sentido de urgência nos avanços.

A pobreza de algumas áreas não pode ser desculpa para ficarmos inertes.

O Brasil tem pressa para **evoluir em educação** e todos os brasileiros precisam envolver-se com essa fundamental tarefa que atravanca o progresso do nosso País.

Vamos todos auxiliar a melhorar cada vez mais a educação no Brasil!!!"

Um dado muito positivo no nosso País é que as matrículas em cursos técnicos de nível médio na rede federal registraram uma expansão de 110% nos três primeiros anos do governo da presidenta Dilma Rousseff (de 2011 até 2013), sendo que no final de 2010 as vagas abertas passaram de 263,4 mil para 553,2 mil em 2013.

Mais do que bons profissionais, é vital formar nas escolas pessoas capacitadas para o exercício da cidadania e livres da submissão e da dependência, preparados para guiar suas ações por um pensamento autônomo e criativo.

No Brasil, devido à falta de recursos, não está claro, ou então nem existe, um programa formal de treinamento do quadro de **pessoal da IE (da universidade)**, bem como da renovação das instalações da mesma (não confundir isso com exigências que são feitas para que os docentes se capacitem nas suas carreiras).

É muito difícil vencer a batalha da qualidade do País se não tivermos excelentes universidades (IESs).

Nas universidades, o 6º ponto de Deming é bastante polêmico e não é fácil responder a perguntas do tipo:

⇒ Pode o conceito de treinamento interno ser aplicado ao pessoal das faculdades de uma universidade ou de uma IES?

⇒ Quais são as implicações de tal esforço de treinamento sobre a liberdade acadêmica?

⇒ O que seria necessário para a introdução de métodos modernos de capacitação dentro de uma universidade (IES)?

⇒ É conveniente utilizar enfoques diferentes para assuntos distintos?

⇒ Existe um programa formal de aperfeiçoamento para todos os docentes, implantado na universidade (IES)?

Entre as **modalidades** de capacitação de professores de uma universidade(IES) destacam-se:

1ª) Cursos intensivos (de verão ou de fins de semana).

2ª) Estágios e visitas (intercâmbio de professores com IESs de outros países).

3ª) Seminários internos (organizados pelos professores).

4ª) Cursos de especialização (incluindo didática).

5ª) Cursos de mestrado e doutorado (treinamento em pesquisa).

6ª) Pesquisas e publicações do corpo docente (produção científica).

A modalidade mais alta "pesquisa e publicações" deve ser acompanhada pelo comparecimento periódico a congressos das associações científicas e profissionais (conforme a especialização do professor), o que serve, ao mesmo tempo, para a divulgação da pesquisa e para atualização na área do conhecimento do professor.

Uma decisão deve ser tomada urgentemente: melhorar os nossos métodos de capacitação e aperfeiçoamento de docentes, se quisermos vencer a luta pela qualidade. É necessário, também, aumentar os salários dos professores para que essa profissão se torne mais atraente para os jovens quererem segui-la...

Não há do que duvidar nem por que titubear. Quem não sabe disso é porque quer ficar numa situação semelhante à da piada religiosa que vem a seguir:

Um paraquedista, não conseguindo fazer abrir seu paraquedas durante um salto, recorreu à ajuda de seu santo:

"Meu são Francisco, salvai-me!"

No mesmo instante em que uma certa mão o segurou no ar, ribombou uma voz, perguntando:

"São Francisco de Assis ou de Pádua?"

O paraquedista, aflito, apressadamente se decidiu:

"De Pádua".

A mão que o segurava o soltou... e a voz lamentou:

"Sou de Assis."

Moral da história – Na vida profissional ou particular, muitas pessoas estão vivas graças às decisões acertadas que tomaram para si e para suas instituições.

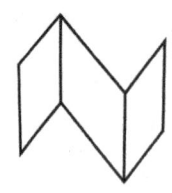

7º Ponto

Instituir a liderança

A responsabilidade da liderança é a de criar um ambiente de forma que o sistema educacional possa sempre ser melhorado: o professor é líder dentro da sala de aula e o diretor é o líder dos professores.

O objetivo da liderança deve ser sempre o de ajudar as pessoas a fazer um trabalho melhor.

O diretor de uma escola, seu **líder**, obtém os seus resultados por meio de pessoas: os professores de várias categorias, os auxiliares de ensino (ou supervisores), os funcionários de diversos níveis. Os docentes também conseguem resultados por intermédio das pessoas: os seus **alunos**.

É imprescindível que esses dirigentes (diretores e professores) que gerenciam pessoas, que administram processos e que, em última instância, promovem resultados por meio das múltiplas interações diárias, desenvolvam uma característica essencial ao sucesso de sua atividade: **a liderança**.

"O líder, apenas, não pode ser extremamente sonhador e 'voar' demais, pois isso impedirá que os outros possam segui-lo!?!?"

O líder numa sala de aula é o **professor**, e ele pode ser classificado como **bom** quando:

1º) Faz planificação do seu curso.

2º) Expõe os tópicos da sua disciplina com simplicidade e clareza.

3º) Discorre de maneira interessante e motivadora.

4º) Tem paciência em repetir.

5º) Vale-se da cordialidade, sem com isso abrir mão da ordem e disciplina na sala de aula.

6º) Segue a lógica.

7º) É entusiasta nas aulas.

8º) Mantém-se empático e simpático.

9º) Mostra-se participativo nos problemas dos estudantes.

10º) É eficiente nas comunicações verbais.

Claro que essas características se aplicam ao professor moderno e atual, mas que estão mais vinculadas ao ensino presencial...

Quando Deming propõe instituir a **liderança**, no lugar das chefias, o que ele pretende é evitar os indesejáveis traços que foram maculando ao longo do tempo e conduzindo a uma imagem totalmente negativa para a palavra **chefe**.

Parece, hoje, para todos, **que chefe é ao que se obedece e líder o que se segue(!?!?)**, ou melhor ainda, que consegue **inspirar os outros a segui-lo**. Deming sugeria que é o líder (diretor da escola e professores na sala de aula) que conduz para a transformação, pois é ele que:

1º) Tem um "descontentamento divino" e acredita que as coisas devem mudar continuamente.

2º) Evidencia a sua aversão ao desperdício e está sempre atento a oportunidades para fazer as coisas de uma maneira melhor.

3º) Não despreza a sua intuição.

4º) Acha estimulante conviver com a incerteza.

5º) Tem uma visão de longo alcance.

6º) Sua a camisa e espera que os outros também o façam.

7º) É um comunicador eficaz, que agita, movimenta e transmite ação para o que é importante e urgente.

8º) Não tem medo de se cercar de colegas e colaboradores de grande capacidade.

9º) Pode usar seu *status* quando isto for premente, porém não vive a todo momento destacando a sua posição.

10º) Nunca para de aprender.

11º) É claro quanto aos seus valores.

12º) É admirado e amado!!!

É obvio que, havendo gestores líderes numa IE, pode-se almejar ter uma EQ, visto que eles conseguem juntar pessoas competentes em torno de si, conquistando seu envolvimento, e, por meio de um trabalho coletivo, obtêm vitórias consecutivas na luta pela qualidade.

Líder é aquele que consegue ser um bom coordenador e solucionador, que entre outras coisas encontra as causas dos problemas e não apenas prescreve a "caça às bruxas".

Quem quer ter liderança numa universidade (IES) precisa ter respostas para perguntas do tipo:

⇒ Quais são as barreiras inibidoras ao aparecimento de lideranças no corpo docente?

⇒ Que tipo de liderança o professor deve exercer sobre os alunos?

⇒ Que tipo de modelo administrativo existe na IES? Ele é inibidor da criatividade?

⇒ Quais são, realmente, os papéis da supervisão que cabem aos professores, aos chefes de departamentos, ao vice-diretor, ao diretor de uma faculdade e a quaisquer outros administradores?

⇒ Qual o papel do estudante nesse processo?

⇒ Quais são os conceitos estatísticos que podem contribuir para uma supervisão mais efetiva numa IES (universidade)?

Todos ironizam a importância da Estatística e cabe aqui a seguinte historinha que mostra que, ao aplicarmos o **"achismo"** no lugar de **"dadismo"**, perdemos grandes oportunidades de implementar melhorias e obter sucesso.

De fato, o professor precisa ser líder. Infelizmente, não é essa a realidade, e o que é pior, os nossos professores também não conseguem formar líderes na quantidade que as organizações brasileiras precisam.

Nessas condições, não havendo por enquanto outra solução, são as próprias organizações que procuram se tornar as verdadeiras e eficazes escolas de líderes.

Olhando por esse prisma, é, inclusive, saudável destacar que uma grande parte das instituições públicas (empresas) brasileiras tem excelente capacidade para formar gerentes, e neste aspecto elas são ótimas; porém, infelizmente, pouquíssimas demonstraram a mesma competência para formar líderes.

Líder é aquele que diz às pessoas **como fazer** e não **o que fazer** e aí fica surpreendido pela criatividade delas!!!

Um líder sabe que ele só pode ser tão bom quanto a sua orquestra.

Um líder sabe que as sementes do futuro estão no presente!!!

Um líder sabe que o principal é preocupar-se com alguém, pois isto é o que mais importa!!!

Um líder é o que administra o crescimento, enquanto o gerente só administra a mudança.

Um líder é forte e exigente, porém, nunca pode ser cruel ou impiedoso – exceto consigo mesmo.

Um líder mostra a humanidade como um sinal de força.

Um líder é aquele que dá ordens aos outros sem que estes percebam, nem se sintam humilhados com isso.

Um líder não é, pois, o chefe tradicional que só dá ordens.

O supervisor precisa ser líder, uma vez que a supervisão com liderança é a **chave para o sucesso**.

Cabe à EQ preparar líderes para todos os setores e em todos os níveis.

Um líder sabe que precisa ter um vivo interesse pelos valores intrínsecos do ser humano, aceitar seu "modo diferente" de desempenhar as tarefas e oferecer sempre um pouco de amor, quando busca liberar toda a potencialidade de um indivíduo entusiasmado.

"As pessoas devem recorrer a quem possa ajudá-las – um líder!!!"

Essa consciência da riqueza interior, assim como a autoconfiança, é um enorme multiplicador de todos os dons e forças substanciais que um homem possui.

Só quem tem **autoconfiança** possui coragem, iniciativa e perseverança para se ocupar de novas tarefas.

Estima-se que utilizemos somente de 10% a 20% de nossa energia de fato disponível.

Os outros 80% nós bloqueamos com repressão, com o temor de enfrentar problemas ou com pensamentos e sentimentos desagradáveis, como raiva e ódio desgovernados.

Um verdadeiro líder não perde esses 80%, não fica muito tempo com

"Estou muito feliz com essa posição de liderança. Farei sempre um uso inteligente e sensato do poder de que ora disponho..."

raiva e, principalmente, ele aboliu há muito tempo o velho hábito de deixar as coisas para depois.

Postergar uma tarefa ou ainda uma decisão é uma atitude bastante comum. O velho hábito de deixar as coisas para depois já faz parte da cultura intrínseca às pessoas, seja nas atividades profissionais, seja na própria vida particular dos brasileiros.

O **ato de procrastinar** é, sem dúvida alguma, um grande desperdiçador de tempo, uma vez que gera ansiedade nas pessoas, chegando a causar um conflito interno. A procrastinação não deve ser encarada, simplesmente, como a falta de vontade de fazer as coisas ou como uma desorganização pessoal, mas deve ser entendida, acima de tudo, como uma forma que os indivíduos têm de se proteger contra o novo, o incerto, ou contra situações críticas de difíceis e indesejáveis soluções. **Líder que é líder não tem medo do novo!!!**

Os prejuízos causados pela procrastinação podem ter grandes proporções tanto na vida das pessoas como das empresas (prefeituras).

Uma mudança na forma de pensar de, **"faço isto daqui a pouco"**, para **"farei isto imediatamente"**, exige vontade de mudar e, acima de tudo, uma predisposição a quebrar vícios e hábitos que todos têm de longa data.

Aí vão alguns princípios para minimizar o **desconforto da procrastinação**.

Princípio nº 1 – Saber distinguir as tarefas ou decisões importantes e urgentes daquelas menos importantes e menos urgentes. Priorizar somente aquelas que forem ao mesmo tempo **importantes** e **urgentes**.

Princípio nº 2 – Determinar o tempo para **iniciar** e **concluir** um trabalho ou a data fatal para uma decisão.

Princípio nº 3 – Obter o **máximo de informações e dados** a respeito da situação (ou problema) que está enfrentando.

Princípio nº 4 – **Evitar abraçar o mundo sozinho.** Dividir os grandes trabalhos em subtrabalhos e delegar tudo o que for possível para os seus colaboradores de confiança.

Princípio nº 5 – Não esperar o "**momento ideal**" para iniciar um trabalho ou tomar uma decisão, pois este "momento ideal" pode nunca vir a existir.

Princípio nº 6 – Não teimar em ser perfeito, pois só existe um tipo de ser humano perfeito: "**perfeito idiota**" que acredita ser perfeito.

Um líder precisa, também, saber comunicar-se, ou seja, saber entrar "na cabeça dos outros".

O duro é saber se isto, realmente, está acontecendo no tempo certo.

As pessoas não ouvem o que dizemos, pois pode estar acontecendo o seguinte – elas ouvem o que:

a) querem;

b) gostariam;

c) já ouviram antes;

d) não está sendo dito;

e) imaginam que queremos dizer;

f) sentem;

g) já pensaram a respeito do assunto;

h) agrada-as;

i) concorda com o que pensam;

j) as emociona.

E aí o guru da administração, Peter Drucker (1909-2005) disse uma vez: **"Quem se comunica não é quem fala, mas sim quem ouve!?!?!"**

Um teste muito simples e fácil para você saber se está se comunicando é pedir a uma pessoa para repetir o que você disse.

Se a repetição for em 20% das vezes **exatamente** o que você disse, **parabéns!?!?**

Porém, o que você constatará é que na maior parte do tempo **nin-**

"Pois é, não se esqueça que as 500 palavras mais usadas na nossa língua possuem, segundo os dicionários, mais de 14 mil significados, por isso as suas ordens podem não ser bem entendidas..."

guém repete o que você disse corretamente e, o que é ainda pior, a pessoa dirá coisas como ela entendeu e não o que você disse a respeito de um assunto.

Experimente e constate a realidade!!!

Depois de toda essa conversa sobre ser líder e saber exercer a liderança, é bem apropriado você se submeter a dois testes para a sua autoavaliação.

1º TESTE DE LIDERANÇA.

Hipótese – Seu emprego no cargo de gestor na prefeitura está causando tensão cada vez maior, e você começa a não gostar dessa situação. Embora trabalhe com empenho, é incapaz de ficar à altura de todas as exigências de cumprir os serviços no prazo. Tão logo você termina uma tarefa, mais três vêm ocupar o lugar dela. É improvável que receba ajuda adicional, e você está delegando atribuições o máximo possível. Com efeito, parte do estresse resulta da preocupação de que seus "subordinados" não executem a contento as tarefas que lhes confiou.

Atribua para as estratégias abaixo as notas de 1 (péssima) a 7 (ótima), usando também os outros números (2, 3, 4, 5 e 6) para classificações intermediárias.

a) Fazer pausas curtas e frequentes durante o dia e relaxar.

b) Praticar *jogging* (corrida a pé em ritmo moderado, ao ar livre) ou entrar para um clube de tratamento de saúde para melhorar seu estado físico.

c) Levar trabalho para casa à noite, para tornar seus dias menos estafantes.

d) Recusar tarefas adicionais até terminar tudo o que está fazendo.

e) Reservar tempo para dedicar-se a um *hobby* (passatempo), realizar uma atividade agradável, regularmente.

f) Consultar um terapeuta para saber como enfrentar melhor o seu estresse.

g) Discutir o problema com seu superior imediato.

h) Pedir uma licença.

i) Classificar suas tarefas por ordem de importância e, então, riscar cada uma ao terminá-la, para demonstrar a si mesmo que está avançando no trabalho.

2º TESTE DE LIDERANÇA.

Hipótese – Você comanda um grupo de oito pessoas num certo setor da prefeitura. Embora elas façam entre si mais concorrência do que você gostaria, saem-se razoavelmente bem. Suas tarefas exigem algum trabalho individual e mais um trabalho em pequenos grupos.

Tendo observado o desempenho da integrante mais recente de seu grupo durante o último ano, se convenceu de que ela é a colaboradora mais talentosa e trabalhadeira que você já teve. Com efeito, está convencido de que ela tem mais dons e é, provavelmente, mais competente do que você.

Em vez de simplesmente obedecer a instruções, essa pessoa muitas vezes pede para tentar outros meios de executar tarefas (alguns dos quais se revelaram proveitosos, outros nada práticos).

Você sente que outros em seu grupo de trabalho cultivam ressentimentos para com essa pessoa. Lá no fundo, até você está um pouco intimidado pelos dons dela e, no mínimo, gostaria que ela agisse mais de acordo com as ideias que você tem, em vez de questioná-las conforme fez tantas vezes, especialmente nas reuniões do grupo.

Utilize para as estratégias que vem a seguir o mesmo tipo de avaliação aplicado no 1º teste.

a) Dedicar mais atenção nela e utilizar sua capacidade para benefício de ambos.

b) Fazer tudo o que pode para promover a carreira dela, mesmo com o risco de perdê-la para outro departamento através de uma promoção

c) Em sua próxima avaliação, fixar como meta de desempenho o "trabalho em cooperação com os outros".

d) Criar um cargo especial que implique dirigir outros membros do grupo.

e) Não fazer nada especial para ela, porque é provável que esse tratamento reduza a coesão de seu grupo.

f) Citar o nome dela aos seus superiores e deixar que saibam como ela é boa.

g) Recomendá-la para um cargo em outro setor da prefeitura que dependa mais da realização pessoal que do trabalho em grupo.

h) Dizer-lhe que aprecia suas sugestões, mas que ela devia transmiti-las a você em particular, e não diante dos outros.

i) Destacar que fazer o que os outros pedem é importante para o funcionamento eficiente daquele setor da prefeitura.

Compare agora as suas notas com as respostas indicadas a seguir (Tabela 4.1), resultado de uma pesquisa com alguns milhares de respondentes que já eram líderes em seus setores.

Respostas para o 1º teste:	Respostas para o 2º teste:
i) 6,3	a) 6,1
g) 6,2	b) 5,9
e) 5,5	f) 5,8
b) 5,4	c) 4,8
a) 4,1	g) 3,9
f) 3,7	e) 3,0
c) 3,1	h) 2,7
d) 2,4	d) 2,1
h) 1,5	i) 1,2

Tabela 4.1 – Médias das respostas do comportamento dos líderes que responderam a avaliação.

Como foi o seu desempenho como líder em comparação com o que pensam os outros líderes?

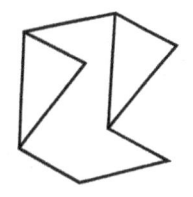

8º Ponto
Elimine o medo

No seu maravilhoso livro *Zen e a Arte da Manutenção das Motocicletas*, R. M. Pirsig disse:

"As notas, no fundo, encobrem o mau professor. Ele pode enrolar o aluno durante o semestre todo, intuir, dar as notas com base num teste sem qualquer sentido e deixar a impressão de que uns aprendem e outros não. Porém, se as notas **forem eliminadas**, a turma será obrigada a questionar diariamente a natureza da aprendizagem."

Deming, por seu turno, fez a seguinte afirmação: "O **medo** tem um custo elevadíssimo. O medo está em toda a parte, despojando as pessoas do seu orgulho, machucando-as e retirando delas a possibilidade de trabalhar a favor da EQ."

O que Deming pretende com o 8º ponto é a eliminação quase total do "recurso" de culpar os funcionários (servidores municipais) pelos problemas do sistema.

A direção (da escola) deve assumir sempre a responsabilidade pelas falhas do sistema. As pessoas numa IE devem sentir-se seguras para fazer sugestões e a direção deve procurar implementar aquelas que são adequadas...

Aqueles que trabalham numa escola não podem desempenhar suas funções de forma efetiva sem ousar questionar o objetivo de seu trabalho e oferecer ideias para a simplificação e melhoria do sistema

O medo, quando está presente, estraga os relacionamentos francos, distorce as comunicações entre as pessoas e a escola fica povoada de bajuladores ou, então, de **mentirosos crônicos**!!!

Havendo o medo, os professores não conseguem trabalhar em sua plena capaci-

"Tenho menos medo da morte do que uma vida inadequada..."

dade, pois, sendo "eficientes demais" aparecem com destaque, obtêm resultados e com isto destoam dos padrões reinantes de mediocridade.

As consequências para estes professores, geralmente são traumatizantes, variando desde a exclusão, pois "este não é da nossa turma", até o incompreensível afastamento da escola, que prefere ficar com os piores, mas mais conservadores...

Portanto, uma EQ é aquela que não tem medo de **ser feliz** e na qual os seres humanos podem procurar atingir o pleno desenvolvimento individual e social.

Nela existem respostas transparentes para perguntas do tipo:

"Um líder não pode falar em tom baixo, pois, isto demonstra insegurança, medo de se posicionar diante de uma situação. O tom tem que ser médio - nem muito agudo, nem muito grave - pois esse é o ideal. Transmite serenidade e tranqualidade."

⟹ Como eliminar o medo de perder a posição no ambiente educacional, se bem que hoje em dia são poucos os que querem e recomendam aos seus filhos para seguir a carreira docente?

⟹ Se a liberdade docente está fora da questão, qual é o motivo de tanto receio?

⟹ Os alunos desempenham suas atividades escolares impelidos por uma "motivação intrínseca" ou pelo medo da reprovação?

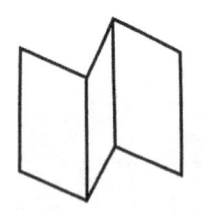

9º Ponto

Numa IE (ou IES) quebre todas as barreiras entre os diversos setores (ou departamentos) da mesma

A intenção com esse ponto é buscar que todos entendam na escola que é com a cooperação plena que vai se estabelecer uma relação ganha/ganha.

A menos que os diversos setores (departamentos) se sintam incentivados para trabalhar em conjunto, com um espírito de cooperação, cada área tenderá a fazer o que lhe parecer melhor no seu domínio e não o que é melhor para a IE (IES) como um todo.

⑈ Que barreiras ou obstáculos existem no sistema educacional?

Elas são muitas e vão desde os conflitos nas áreas administrativas e docentes, até problemas nos setores de suporte ao ensino e aprendizado [biblioteca, instalações esportivas, locais de lazer da IE (IES) etc.], devido a falhas de comunicação em todos os níveis.

O que Deming recomenda no seu nono ponto, no caso de uma escola, é que todos devem inteirar-se dos problemas existentes nos vários setores (departamentos). Uma maneira de conseguir isto é por meio de reuniões que sejam eficazes.

Porém, isto fica muito difícil quando:

⇒ Nas reuniões de trabalho, os professores ignoram os *inputs* (comentários construtivos) uns dos outros.

⇒ Nas sessões de trabalho, os docentes expõem e defendem as suas próprias ideias no lugar de procurar desenvolver as ideias dos outros.

"Uma maneira de implementar a comunicação eficaz entre os diversos setores é incrementando o trabalho em equipe, passando da criatividade individual para aquele em equipe com a presença de representantes dos vários níveis e áreas. E não se aborrecer quando se apresentam ideias malucas ou que lhe parecem extremamente ruins."

⇒ As discussões confidenciais dos chefes de setores (departamentos) vazam para professores e alunos que nada têm a ver com a solução do problema.

⇒ Existem redes de comunicação particular entre certos professores e a diretoria da escola.

⇒ Os professores criticam-se no decorrer das reuniões de trabalho e, além disso, censuram os colegas por outros meios de comunicação (redes sociais)!?!?

⇒ A crítica cara a cara leva a ataques pessoais, atitudes defensivas, xingamentos ou discussões.

⇒ A diretoria da escola está satisfeita com a própria atuação e usa a maior parte do tempo da reunião para destacar os seus feitos.

⇒ Os professores consideram-se representantes de um certo tipo de "eleitorado" no lugar de fazer parte da IE (IES).

⇒ Os professores têm metas conflitantes com aqueles da IE.

⇒ Os professores e alunos discordam sobre a forma como as reuniões devem ser conduzidas.

⇒ Diversos professores e alunos boicotam as reuniões para demonstrar com isso o seu desagrado com o que está ocorrendo.

⇒ Quando o diretor faz uma verificação de consenso em volta da mesa, alguns membros pedem para passar, guardando suas opiniões até ouvir as opiniões dos outros.

O uso conveniente da comunicação é fundamental em todas as circunstâncias e principalmente no ensino.

Comunicar-se não é apenas preencher o silêncio com palavras, tendo à frente um ouvinte!!!

É necessário, também, que a mensagem seja compreendida. Logo, comunicação é primordialmente o poder de entendimento do outro.

Falamos cerca de 120 palavras por minuto, com a responsabilidade de fazê-las fluir com clareza e coerência.

As ideias ao serem transmitidas surtirão mais efeito caso sejam completadas num tom de voz adequado para aquele instante.

Saber ouvir e não monopolizar o diálogo, também, é muito importante.

Temos dois ouvidos e uma boca, estando aí bem definida a nossa obrigação de compreender bem as mensagens antes de respondê-las.

Às vezes, nossa linguagem verbal fala uma coisa e a corporal outra, como que nos desmentindo. Nossos olhos podem auxiliar-nos a confirmar o resultado de um diálogo, na reação do ouvinte.

Os obstáculos enfrentados por um locutor são inúmeros.

As pessoas têm a tendência a ouvir o que querem ou o que acham importante, filtrando de forma suspeita o que lhes é dito.

Dessa forma, infelizmente, é sempre mais fácil reforçar uma ideia antiga do que mudá-la. Outra maneira de romper as barreiras dentro de uma escola é efetuar trocas de pessoal entre setores (departamentos) afins.

E uma outra ideia é a de promover o intercâmbio de conhecimentos entre professores de diferentes áreas, bem como entre alunos de diversos cursos, por meio de projetos comuns que possibilitem o desenvolvimento de um conhecimento interdisciplinar, ou seja, ter regularmente a oferta de um programa de **reeducação**.

As dúvidas que aparecem no ponto nº 9 estão embutidas em perguntas do tipo:

⇒ As disciplinas da escola são estanques?

⇒ Como se processa o inter-relacionamento entre professores?

⇒ O aparecimento de boatos, totalmente falsos ou parcialmente verdadeiros, influencia o moral da comunidade estudantil?

⇒ Existem grupos informais que estimulam o conformismo entre os diversos integrantes?

⇒ A escola está restrita em relação à sociedade, pelas leis e pelos muros que a cercam?

Realmente, se lutamos por uma EQ, o que Deming recomendava para alcançar esse objetivo é que se tivesse professores-líderes e dirigentes escolares com tempo para solucionar os problemas dos docentes, acompanhar o trabalho feito e, principalmente para identificar as possíveis barreiras que impedem o **"pessoal da linha de frente"** de ter sucesso!!!

Ter-se-á uma EQ quando todos os professores entenderem e comunicarem claramente para seus alunos a maneira como eles devem se comportar e como eles vão agir, ou seja:

1º) Ter honestidade em todos os seus atos.

2º) Ser um bom cidadão na comunidade local / nacional.

3º) Reconhecer o trabalho bem-feito.

4º) Oferecer iguais oportunidades a todos.

5º) Encorajar a criatividade, as inovações e o empreendedorismo.

6º) Preocupar-se com o meio ambiente.

7º) A dedicação ao estudo deve vir em primeiro lugar.

8º) Estudantes bem atendidos é a prioridade principal na atividade de cada docente.

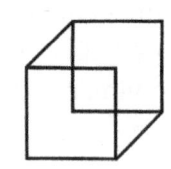

10º Ponto

*Elimine os ditos, slogans e cartazes, que
estejam exortando as pessoas para que
melhorem o seu desempenho no trabalho*

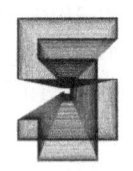

Slogans e metas impostas de forma arbitrária na melhor das condições, somente confundem os funcionários públicos (e também os que frequentam a IE).

O máximo que pode acontecer é que, depois de um curto prazo de tempo, os *slogans* sejam ignorados...

O pior de tudo é que a força de trabalho, geralmente, tenta reagir ao chamamento dos *slogans*.

Pedir, por exemplo, que o percentual de erros na correção de provas caia para 1%, quando a capacidade do processo é de 10% (obtida a partir de dados estatísticos históricos), trata-se, realmente, de algo fútil e equivale a passar a si próprio (na diretoria de uma IE ou IES) um atestado de incompetência.

A falha está no sistema, quando, por exemplo, queremos receber de volta 200 provas, de um exme cuja duração foi de 3 h, exigindo que o professor as entregue corrigidas no dia seguinte **sem nenhum tipo de erro**!!!

É natural que os erros existirão, pois a **pressa** é a **inimiga da perfeição** e estes erros só podem diminuir por meio de uma ação gerencial.

O ato de permitir ao aluno o pedido de revisão (e às vezes vista de prova) é algo paliativo e que não leva à correção desses defeitos!!!

Qualquer mudança por parte dos professores provocará o seu deslocamento de uma situação controlada (digamos que antes tinham um prazo de uma semana para corrigir as provas e entregar as notas) para um estado no qual ficarão fora de controle...

Na realidade, eles têm uma grande probabilidade de se mover de uma posição na qual fazem o melhor que podem, para uma posição de fazer pior.

Metas arbitrárias podem ser ou mais altas ou mais baixas do que aquela que o processo pode produzir com qualidade.

Caso elas sejam elevadas, o resultado é a **frustração**, visto que o corpo docente não consegue cumpri-las.

Se as metas estabelecidas forem baixas em relação à capacidade de cada professor, provocam perdas para a escola, visto que o pessoal dos diversos níveis ou quadros sabe muito bem que para ultrapassar uma meta arbitrária baixa basta trabalhar um pouco mais no próximo período (dia, semana, mês etc.).

O que se falou a respeito dos professores vale para os alunos, principalmente no tocante a exigências frouxas de conhecimentos e de dedicação ao estudo.

No lugar de metas e *slogans* "estimulantes" (ou atrevidos) a direção da escola deve oferecer ajuda aos professores (funcionários) para que eles possam melhorar o seu rendimento.

Deming notou há muito tempo que nem comentários negativos e tampouco os excessivamente otimistas podem levar à execução de um trabalho feito com qualidade e produtividade em uma base contínua.

Meios e "ferramentas" lógicas são necessários para que os problemas possam ser resolvidos, e não um conjunto de **lemas, dísticos e cartazes com frases de efeito**!!!

Materiais promocionais não acrescentam nada para a melhoria da qualidade do ensino e as exortações comumente têm pouco efeito na melhoria.

Os *slogans* conduzem os alunos e os professores para a perpetuação do mito de que as condições inadequadas na escola, ou a pobre qualidade educacional, são responsabilidade total dos estudantes e dos professores.

Os recursos gastos estritamente com materiais promocionais e de exortação seriam melhor usados se fossem para se elaborar melhores materiais instrucionais, envolver-se mais em experiências ou pesquisas etc., com os quais se teria um reflexo direto, quando aplicados à melhoria de processos na educação.

Ao querer melhorar o desempenho de um professor (funcionário em uma escola), é preciso, antes, que a IE (IES) tenha respostas às seguintes perguntas:

1ª) O professor (funcionário) sabe qual é o seu trabalho?

2ª) O professor (funcionário) conhece a qualidade do desempenho esperado?

3ª) O professor (funcionário) já executou o seu trabalho de maneira correta no passado?

4ª) Está ocorrendo algo na vida ou no ambiente de trabalho do professor (funcionário) que iniba o seu desempenho?

5ª) O trabalho em si mudou desde que o professor (funcionário) o executou pela última vez?

6ª) O professor (funcionário) **quer** realmente fazer um bom trabalho?

7ª) O professor (funcionário) tem os recursos adequados para executar bem o seu trabalho?

8ª) O problema é a necessidade de uma qualificação especial?

9ª) O professor (funcionário) sabe que não está atendendo às expectativas da escola?

10ª) Há uma coerência entre a prática e o discurso da escola?

11ª) A escola comunica efetivamente aquilo que pretende ensinar?

12ª) O que a diretoria da escola não está fazendo, que contribui para alastrar o problema?

"Pensar como um homem sábio, porém comunicar-se na linguagem dos jovens é uma virtude do bom professor!!!"

O mundo, hoje, é um "oceano de informações" que inunda os seres humanos em todos os lugares do mundo.

O volume é tão grande que nem se consegue, frequentemente, a absorção desejada dos conhecimentos.

Por isso, na EQ, os seus gestores devem praticar a **comunicação produtiva**, ou seja, aquela que possibilita a participação e o diálogo com todos os seus alunos e seus professores.

11º Ponto

*Elimine os padrões operacionais
que estabelecem cotas numéricas
comumente chamadas de unidades de
medida de um dia de trabalho*

Os padrões operacionais devem produzir **qualidade** e não quantidade!!!

Será melhor que os esforços sejam dirigidos contra o **retrabalho (reprovações)** erros, defeitos e que se procure, continuamente, ajudar as pessoas (professores, funcionários etc.) a realizar o seu trabalho de forma cada vez melhor.

É necessário que as pessoas entendam os propósitos da escola e como os seus próprios esforços estão relacionados com este objetivo.

Aí vai um exemplo um tanto esdrúxulo de uma condição mandatória no seu mais elevado nível, quando as autoridades educacionais nos EUA resolveram implementar as seguintes metas:

1ª) Todas as crianças nos EUA começarão a escola prontas para aprender.

2ª) A graduação no 2º grau aumentará para no mínimo 90%.

3ª) Os alunos norte-americanos serão competentes nos assuntos essenciais.

4ª) Cada adulto norte-americano será alfabetizado e possuirá as aptidões necessárias para competir na economia global.

5ª) Toda a escola dos EUA será segura e livre de drogas.

6ª) Os estudantes norte-americanos serão os primeiros do mundo nos resultados obtidos em ciências e matemática.

"Professor, desejo que nesse semestre se lecione 30% mais do programa e que sejam reprovados só 10% dos alunos!?!?"

Bem, não é nada fácil entender como isso seria conseguido, ou seja, as ações que deveriam ser executadas para realizar essas metas, o fato que os EUA **não as atingiram...**

Metas arbitrárias podem ser ou mais altas ou mais baixas que um processo pode produzir. Caso elas sejam elevadas, o resultado é a **frustração**, visto que o corpo docente não consegue cumprir as mesmas.

Se as metas estabelecidas forem inferiores à capacidade de cada um, provocam perdas para a escola, visto que o pessoal dos diversos níveis sabe muito bem que, para ultrapassar aquela meta arbitrária baixa, basta **trabalhar** um **pouco mais** no próximo período (dia, semana, mês etc.).

A eliminação de cotas numéricas não significa aqui a diminuição das mensurações, porém, isto sim, a extinção da imposição dessas medidas como condição fundamental para alguém permanecer no cargo de docente.

Uma coisa é saber que um professor pode esclarecer em média, **50 dúvidas** de alunos por dia, e uma outra é impor que ele cumpra esta taxa todos os dias!!!

É natural que haja dias nos quais é bem mais difícil atender um aluno que nos outros, de forma que se pode ficar bem abaixo da média de 50 dúvidas por dia, não é?

"Tem gente que acha que os professores corrigem as provas em alguns minutos. Nem na pastelaria é assim..."

Deve-se considerar, também, que é impossível ter professores com as mesmas habilidades e pode ser que esta cota tenha sido estabelecida na base dos resultados conseguidos por aqueles "mais espertos", rápidos ou responsáveis por disciplinas mais simples...

O verdadeiro desafio está em identificar os alvos certos para a mudança, o que é bem diferente de ter metas numéricas superficiais que se tornam "simples" de serem cumpridas sem produzir a melhoria desejada.

Os padrões comumente usados, como as notas dos alunos, são enganadores.

No ambiente da EQ, o 11º ponto de Deming implica que as seguintes perguntas sejam bem analisadas para se chegar a respostas convincentes:

1ª) De que forma a presença dos alunos em 90% das aulas pode encobrir os conflitos e falhas do processo ensino e aprendizagem?

2ª) Como a relação entre o estudante e a IE (IES) pode contribuir para inibir a compreensão da qualidade da educação?

3ª) Como as análises estatísticas podem contribuir para um plano de consenso de metas desejáveis orientadas para a melhoria da qualidade de ensino?

4ª) O que representa a média mínima 5 em termos de aprendizado? Isto significa que na vida real, também, podemos errar até 50% do tempo?

5ª) Os alunos que obtêm notas maiores são realmente os melhores e aqueles que devem ser premiados?

6ª) Pode-se dizer que o aluno que obtém nota 8 numa determinada disciplina sabe o dobro do que aquele que obteve nota 4?

7ª) É justo rotular os alunos por um parâmetro meramente quantitativo?

8ª) Como alguém pode resolver o conflito entre a necessidade de medidas de produtividade e a eliminação de cotas numéricas?

9ª) É correto impor ao professor que, para demonstrar a adequação de seu trabalho, ele tenha sempre 95% de aprovados?

10ª) São necessários novos dados e metas de análise mais apurados sobre a evolução do estudante na escola?

12º Ponto

Remova as barreiras que impedem os professores (funcionários) de fazer bem suas tarefas e ter orgulho do seu trabalho

É uma tarefa da administração escolar determinar a razão de as pessoas não conseguirem executar os seus serviços como esperado.

➠ **Estão por acaso os professores (funcionários) em um serviço para o qual não servem?**

Muitas vezes, isto é verdade e a culpa é da gerência que com frequência promove ou desloca pessoas para níveis (setores) nos quais elas atingem o seu **nível de incompetência**!!!

O pior é que a administração educacional dificilmente "acorda" na hora certa para corrigir o erro...

É, entretanto, responsabilidade do diretor de uma escola achar o motivo do desempenho abaixo do esperado, tanto do corpo docente como do discente, e remediar a situação.

O bom diretor-gestor é aquele que consegue se desincumbir bem nesta tarefa e não apenas no ajuste de metas numéricas ao desempenho do professor (funcionário).

Sem sombra de dúvida, é o **sucesso do estudante no futuro** a melhor medida do bom desempenho de uma escola (faculdade) e, como consequência natural, o grande motivo de orgulho de todos os integrantes de uma comunidade educacional.

Realmente, a escola é uma organização humana na qual pessoas somam esforços para um propósito educativo comum. Os profissionais que colaboram para tornar realidade esta pretensão orgulham-se dos

"Aí vão suas avaliações que são lamentáveis!!! Mas não acreditem que são todos uns inúteis, por que foram reprovados nesse texto!?!?"

resultados obtidos, sobretudo daquele que tem a sua origem no reconhecimento dos alunos, ex-alunos e pais, exprimindo o quanto a escola e seus professores marcaram suas conquistas e realizações no futuro.

É claro que na escola não existem apenas os professores, e a IE (IES) precisa instilar **orgulho** em todos os seus funcionários.

Na EQ, toda a comunidade escolar precisa sentir-se, emocionalmente, envolvida com a tarefa educacional da IE e, dessa forma, quando ninguém se sentir como um "**acidente geográfico**" surgirá o orgulho do bom trabalho!!!

As "dúvidas" que podem ainda permanecer na cabeça de muitos se referem a questões do tipo:

1ª) O professor é valorizado pelo que faz?

2ª) O aluno é condicionado pela "motivação extrínseca"?

3ª) O sucesso é tributado a todos os responsáveis pelo trabalho na escola?

4ª) Existem medidas apropriadas da produtividade no meio estudantil que facilitem a percepção da existência do orgulho pelo trabalho realizado?

5ª) Quais são os dados necessários para identificar os papéis dos participantes no processo total de ensino e aprendizagem, de tal forma que se possa ajudá-los a alcançar a melhoria da qualidade?

6ª) O sucesso do aluno é resultado do esforço dele próprio ou de um esforço coletivo?

13º Ponto

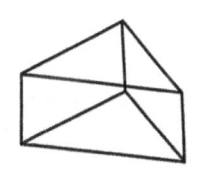

Institua um vigoroso programa de educação para reeducar o pessoal que, dessa forma, pode inclusive seguir outros paradigmas

Todo mundo numa escola precisa conhecer bem o seu serviço.

A educação (reeducação) deve ser entendida aqui como aquele conjunto de atividades, planejadas para modificar os comportamentos existentes, de forma que isso permita chegar a um resultado especifico e bem além do que se está obtendo agora.

As pessoas no século XXI necessitam de uma contínua **atualização** e **reeducação** para estarem aptas a ocupar as novas posições que lhe forem confiadas no processo educacional.

É fundamental que as escolas que pretendam atingir a excelência capacitem todo o seu quadro administrativo e o seu corpo docente para que executem todas as suas tarefas com qualidade.

"É fundamental submeter, periodicamente, os professores a um programa de reeducação!!!"

Entre os "desafios" em relação ao 13º ponto existem os seguintes:

1º) Por que a escola não promove e realiza constantemente simpósios e cursos especiais de reeducação para seus professores?

2º) A escola planeja alocar os recursos necessários para fornecer aos seus professores a oportunidade de evoluir e ficar a par dos últimos avanços nos vários campos de atuação da IE (IES)?

3º) Como a escola coleta as informações em relação aos conhecimentos e aptidões que os seus alunos precisarão ter no futuro?

4º) Que tipo de reeducação necessitam atualmente os professores (funcionários) da escola para atender de forma plena às exigências dos seus alunos?

Ao responder convenientemente a essas perguntas, a escola tem tudo para ser vitoriosa. Aliás, as características da EQ são as seguintes:

⇒ Crer, intransigentemente, que as pessoas (professores e funcionários) são o seu recurso mais valioso.

⇒ Destacar e premiar os servidores que "vestem a camisa".

⇒ Basear o seu controle na lealdade, na assiduidade e no compromisso em vez de prestigiar a obediência às regras e exigir estrita submissão ideológica.

⇒ Instilar o orgulho em todos os seus colaboradores.

⇒ Valorizar a coragem do professor de querer ser criativo.

⇒ Apoiar, continuamente, o treinamento e o desenvolvimento de seus colaboradores, pois eles têm o compromisso de ser cada vez mais eficazes e competentes.

⇒ Comprometer-se da cabeça aos pés em produzir a melhor forma de ensino que exista.

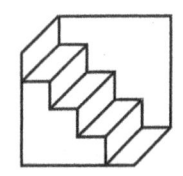

14º Ponto

Crie uma estrutura que estimule e promova todos os dias os 13 pontos já descritos

Naturalmente, o que Deming enfatizou foi que se devia promover sempre a **transformação**. Ele disse que é necessário engajar todos na escola no processo de realizar essa transformação. A transformação é uma obrigação de todos. Na EQ precisa-se do professor-líder para implementar a transformação. Este professor é o da coluna da direita da Tabela 4.2.

CARACTERÍSTICAS	PROFESSOR CONSERVADOR	PROFESSOR DA TRANSFORMAÇÃO
Pensamento.	Linear, um só canal.	Divergente, multicanal.
Redução de problemas.	Aplica a experiência anterior.	Busca novas alternativas.
Quando as coisas dão errado.	Intensifica os esforços contra o que é óbvio.	Geralmente procura mudar a sua rota.
Compreensão.	Simples, gosta de coisas demonstráveis.	Usa metáforas, expressa visões e dá continuamente pinceladas das mudanças no futuro.
Persistência.	É meticuloso e só começa uma outra coisa quando acaba o que estava fazendo.	Entedia-se facilmente com a repetição e gosta de propor coisas novas.
Recompensa.	Prêmios formais e busca do *status*.	Busca as realizações fora da estrutura formal.
Atitude diante dos regulamentos.	São úteis, pois tornam as coisas previsíveis.	São sufocantes para a criatividade, devem ser continuamente desafiados.
Atitude diante da mudança.	Tende a criar resistência.	Tende a aceitá-la com satisfação.
Tomar riscos.	Quer ter provas primeiro.	Arrisca e assim petisca.
Sob tensão.	Diminui a velocidade e concentra-se na minúcia.	Acelera e procura alternativas.

Tabela 4.2 - Mudança do professor conservador para o professor transformador que leciona na EQ.

É claro que numa escola a transformação será o resultado do esforço integrado de cada um, pois qualidade só se obtém com **participação**.

O professor que fará a transformação para a EQ é aquele que sabe o que é ser jovem, e aí vale a pena repetir o que o general MacArthur (herói norte-americano da 2ª Guerra Mundial) achava sobre a juventude: "Juventude não é um período da vida; é um estado de espírito, um efeito da vontade, uma qualidade da imaginação, uma intensidade emotiva, uma vitória da coragem sobre a timidez, do gosto da aventura sobre o amor ao conforto.

Não é por termos vivido um certo número de anos que envelhecemos; envelhecemos porque abandonamos o nosso ideal.

Os anos enrugam o rosto; renunciar ao ideal enruga a alma. As preocupações, as dúvidas, os temores e os desesperos são os inimigos que lentamente nos inclinam para a terra e nos tornam pó antes da morte.

Jovem é aquele que se admira, que se maravilha e pergunta como a criança insaciável: '**E depois?...**' É aquele que desafia os acontecimentos e encontra alegria no jogo da vida.

És tão jovem quanto tua fé. Tão velho quanto a tua descrença. Tão jovem quanto a tua confiança em ti e a tua esperança. Tão velho quanto o teu desânimo. Serás jovem enquanto te conservares receptivo ao que é belo, bom, grande. Receptivo às mensagens da natureza, do homem, do infinito. E se um dia teu coração for atacado pelo pessimismo e corroído pelo cinismo, que Deus, então, se compadeça de tua alma de velho."

Na EQ, deve existir, sem dúvida nenhuma, um programa de transformação que envolve três fatores-chave:

⇒ Busca de novos conhecimentos ou conceitos.

⇒ Existência de um novo ambiente ou cultura (o ambiente Deming, por exemplo).

⇒ Estabelecimento de novas formas de trabalho.

Na EQ, a estrutura hierárquica e departamentalizada é trocada pelo conceito de clientes internos e pela entrega de serviços e desenvolvimento de projetos e trabalhos com valor agregado.

A EQ deve, inclusive, **desmontar** a pirâmide **planeja / controle / executa,** com ênfase apenas no controle e remontá-la em células que tenham o ciclo **planeja / controla / executa internamente**, com ênfase no comprometimento com o seu mais importante interessado – o **estudante**. É claro que existem outros interessados [a família, a organização (prefeitura), na qual o estudante vai trabalhar, a comunidade que é atendida por ela etc.].

Na EQ deve ser dada enorme ênfase ao desenvolvimento das habilidades relacionais na condução dos mais diversos projetos, não importando de que tipo sejam.

O desempenho é um conceito amplo que engloba, sem dúvida, eficiência, eficácia, qualidade, produtividade, inovação (criatividade), lucratividade (no caso do ensino privado), competitividade e qualidade de vida.

Professor da EQ deve ser o da quarta geração do gerenciamento, que por sinal teve as seguintes etapas.

1ª Geração – Do fazer. Faça o que eu faço (ensino).

2ª Geração – Do dirigir. Faça o que eu peço.

3ª Geração – Do resultado. Faça dar resultado.

4ª Geração – Do processo. Faça o melhor possível que o resultado virá!!!

O teólogo protestante Reinhold Niebuhr difundiu muito o seguinte ditado, que tem pelo menos dois milênios e pode ser encontrado tanto no Império Romano quanto nos Vedas, da Índia antiga:

"Concedei-me, Senhor, a serenidade necessária para aceitar as coisas que não posso modificar; coragem para modificar aquelas que posso e sabedoria para distinguir umas das outras."

A mensagem é boa para muitos setores, e diversas áreas de atividades humanas, principalmente para a escola pública.

Aliás, até grupos de AA costumam colocá-la em cartazes durante suas reuniões. O que os AA passam para seus pacientes é que eles devem relevar as causas sistêmicas da sua doença. As causas especiais (que dependem da ação do indivíduo) é que devem ser por eles atacadas.

Essa noção simples é explicada de forma magistral por Deming.

Utilizando o conceito de variabilidade estatística, ele ensinou que conhecer as **causas sistêmicas (comuns)** e **especiais** e tratá-las de acordo com esse entendimento dicotômico é a chave para o bom gerenciamento dos processos e do bom desempenho das pessoas (principalmente no aprendizado formal).

Se o sistema educacional está ineficiente, não é de competência do aluno
mudá-lo, mas **sim** do **diretor da escola**
ou do **professor-líder**. A qualidade em
uma escola não se consegue obter por
acidente.

É sempre o resultado de:

⇒ boas intenções;

⇒ esforço sincero;

⇒ coordenação inteligente; e

⇒ execução cuidadosa.

**"Deve-se sonhar com qualida-
de, pois, caso contrário, valerá
a frase de Sêneca: 'Se um homem não sabe para que ponto
se dirige, nenhum vento lhe será
favorável.'"**

Isso continua não sendo fácil, principalmente com as restrições de recursos que existem no Brasil, onde se paga pouco para os
professores, com o que, poucos se estimulam
a seguir essa profissão.

O professor da transformação

O nosso País tem coisas maravilhosas e, em primeiro lugar, não aceita
círculos viciosos como aquele da famosa piada que contavam antigamente
os anticomunistas.

Logo que Fidel Castro tomou o poder em Cuba (1959), Ernesto "Che"
Guevara foi nomeado ministro e tratou de fazer um governo itinerante...

Ao visitar uma aldeia miserável à beira-mar, Guevara reuniu os habitantes e lhes perguntou sobre seus maiores anseios.

"Necessitamos de barcos, companheiro – ministro. Só assim poderemos
pescar em alto-mar e capturar peixes grandes."

O "Che" anotou cuidadosamente a reivindicação e, chegando a Havana,
repassou-a a seu tecnocrático chefe de gabinete.

"Impossível, excelência. Não temos embarcações."

"Porém, se temos uma indústria ociosa, ponha-a para fabricar os barcos!", disse Guevara.

"Não há madeira", respondeu o chefe do gabinete.

"E as florestas que temos no norte da ilha? Mande cortar a madeira e trazê-la para cá!", replicou Guevara.

"Não existem estradas", disse o assessor.

"Então mande buscar de navio!", gritou "Che".

"Voltamos ao ponto de partida. Não há embarcações", ressaltou o chefe de gabinete.

"Arranje uma solução", vociferou Guevara.

Na semana seguinte, o tecnocrata apareceu sorridente com uma solução, aparentemente "tradicional".

"Ministro, está tudo resolvido. Já contratei uma empresa norte-americana que se dispõe a cortar a madeira e entregá-la aqui, pedindo em troca apenas 25% (!?!?) da matéria-prima."

"Santa Madre! É para isso que fizemos uma revolução?", exclamou Guevara.

Se o errático e "americanólogo" tecnocrata foi demitido, não se sabe, porém alguns meses depois o bravo Ernesto "Che" Guevara deixou o governo e, aliviado, foi fazer revolução na Bolívia! (onde acabou sendo assassinado...).

Mais uma vez se provava assim, que é mais fácil morrer por princípios do que viver de acordo com eles...

Nós aqui no Brasil, passamos todas essas décadas observando o socialismo, ao que parece respeitando o aviso de Norberto Bobbio: "O socialismo é uma ideia cativante porque, enquanto não é posto em prática, cada um pode imaginá-lo conforme os seus próprios anseios!!!"

O Brasil conseguiu, com todas as dificuldades que têm atormentado a nossa Pátria nas últimas cinco décadas, um sucesso muito grande, por exemplo, em **educação tecnológica**.

A educação tecnológica é exercida em vários níveis no Brasil, desde escolas agrícolas de 1º grau, escolas técnicas de 2º grau, faculdades e escolas técnicas de 3º grau.

"Da sabedoria chinesa vem a seguinte reflexão: 'Se fizeres planos para mil anos, escreva livros. Para cem gerações, planta virtudes.'"

Além disso, existe a capacitação não formal oferecida pelo SENAI e pelo SENAC.

No Estado de São Paulo, nessa ultima década foram abertas pelo governo muitas Etecs e Fatecs e o governo federal também tem-se empenhado bastante no mesmo sentido.

Todas as escolas, por meio de seus diretores, devem buscar como meta, ter o **mestre da transformação** que é aquele que tem **audácia sem medo**!!!

É o professor que conhece e desempenha o papel de padroeiro da qualidade, e segue os conselhos de:

"Professor da transformação leu e aplica Lao Tsé: 'Se deres um peixe a um homem, ele se alimentará por um dia; se o ensinares a pescar, ele se alimentará por toda a vida'. Ele ensina seus aprendizes a pescar!!!"

⟹ São João Batista: "Voz que clama no deserto." (Lucas, 34)

⟹ São Tomé: "Porque vistes, crestes." (João 20, 29)

⟹ São Francisco de Assis: "Força para mudar o que pode ser mudado. Paciência para tolerar o que não pode e sabedoria para distinguir entre ambos."

O **professor da transformação** é seguidor também dos **Estatutos do Homem** de Thiago de Mello:

Ato Institucional Permanente

Artigo 1º – Fica decretado que agora vale a verdade, que agora vale a vida, e que de mãos dadas trabalharemos todos pela vida verdadeira.

Para ter a coragem de falar apenas a verdade, o mestre da transformação fundamenta-se nos seguintes pré-requisitos:

Ousadia – Marca registrada dos verdadeiros mestres e virtude difícil de ser encontrada nos homens.

Audácia – Infelizmente, ela é reconhecida somente nos vencedores que demonstrarem e provarem a grande visão e coragem.

Criatividade – Base do processo de inovação e modernização.

Obstinação – A força interior que leva o ser humano a persistir na sua "obsessão" positiva.

Inconformismo – Revolta do professor inteligente que não aceita a mesmice ou a submissão à mediocridade, buscando sempre na sua fértil imaginação, em permanente ebulição, uma forma adequada de tratar os problemas.

Não ter medo de risco – Isto é inerente à vida do professor, pois ao arriscar revela o espírito de jogador que existe em todos nós, embora na atividade do ensino o risco possa ser calculado.

Excelência – Busca incessante do melhor em tudo, estimulada pela necessidade que tem o professor de sobressair em relação aos outros.

Aceitar desafios – É a chama da competição que atiça os homens a disputar o seu lugar ao sol, procurando vencer a si mesmos.

Coragem – Crença na sua invencibilidade, ou seja, ter forte motivação para atingir os objetivos.

Emoção positiva – A sensação de excitamento provocada pelas ideias que, se colocadas em prática, trarão a compensação tão almejada pelos professores. São forças positivas internas, o prazer, a glória, a vaidade etc. Ao mesmo tempo, deve-se eliminar o componente negativo, ou seja, o medo de falhar, o que possibilitará ao professor ousar e tentar o sucesso com maior probabilidade de alcançá-lo.

Equilíbrio – O equilíbrio está na base da contraposição de forças, tais como o receio de fracassar, a penalização da sociedade e da justiça cega, do prejuízo financeiro, do conservadorismo, da preguiça de começar de novo ou do desânimo de ter de reconstruir a partir dos escombros ou do zero.

O **professor da transformação** sabe que a vitória sobre as dificuldades é a grande descoberta do homem a respeito de si mesmo.

A felicidade não foi prometida ao homem como dádiva. Ela é, essencialmente, uma conquista.

Mas, para se chegar a ela é necessário lutar, transpor muitos obstáculos, ter paciência. **Esperar!!!**

"Para ser um mestre da transformação, é necessário não esquecer que quem se organiza no tempo tem preferência no sucesso."

A felicidade é como uma obra de artesanato: fio a fio, fibra por fibra. Ela não nasce feita, ela se faz, minuto a minuto, na prática do bem, na paz da consciência. Mas quando ela chega, é para ficar, é sua, **definitivamente sua**!!!

O professor da transformação nunca esquece nem para si e nem de ensinar aos seus alunos, o provérbio japonês: "Se não fossem os nós, os bambus cresceriam mais rapidamente; contudo, sucumbiram à primeira lufada de vento. Fortalecer o nó do bambu exige tempo e energia; porém é ele que proporciona segurança nas tempestades."

A importância do 14º ponto de Deming

O 14º ponto do dr. W. E. Deming suscita questões complicadas, tais como:

1ª) O que é que está sendo feito para eliminar qualquer fator do sistema técnico-político-cultural que seja uma barreira ao aperfeiçoamento contínuo?

2ª) A escola, bem como os dirigentes que tem, pode ser de qualidade?

3ª) O que está sendo feito para que todos na IE (IES) conheçam bem todos os 13 princípios de Deming?

4ª) De que forma o professor exercita a opção pelo aperfeiçoamento contínuo?

Conclusão – Com os 14 princípios (ou pontos) de Deming viabilizados na escola pode-se acreditar que todos os estudantes terão uma **educação de qualidade**.

É claro que o desenvolvimento econômico-social de um país está alicerçado, sem dúvida nenhuma, na **educação**.

O processo educativo, que deve ser contínuo e permanente, implica a presença de três entidades que devem ser inseparáveis: a **família**, a **comunidade** e a **escola**.

Infelizmente, a escola brasileira ainda não tem conseguido responder adequadamente às expectativas da sociedade, embora essa sociedade reconheça, de forma unânime, a educação como o grande anseio nacional.

É obvio que temos um árduo caminho a andar para se chegar à EQ na rede pública no Brasil, e os indicadores estão aí para ressaltar a "improdutividade" do sistema escolar à vista dos índices de repetência e de "evasão" (pode-se até falar em uma palavra mais forte – **expulsão**), além do problema da competência dos que terminam o 1º grau, o ensino médio e o superior.

Sobressai, dessa forma, cada vez mais o problema da qualidade da educação escolar, embora seja pedagogicamente complexo definir o que seja um "ensino de boa qualidade" [formar só *thinkers* (aqueles talentosos que

"O pessoal da nossa escola (faculdade) não entendeu ainda que ninguém motiva ninguém, pois a capacidade de se motivar e também de se desmotivar é intrínseca ao indivíduo..."

pensam), só *doers* (os que fazem as coisas), ou só *watchers* (os deslumbrados que só observam)?], especialmente se desejarmos traduzir o conceito em termos de "padrão mínimo de desempenho" e não deixando de levar em conta as enormes diferenças culturais que caracterizam o nosso País.

Não pode continuar valendo nas IEs (ou IESs) do nosso País a **"parábola do elefante"**.

O filhote do elefante é impedido de fugir porque o dono do circo o acorrentou quando era pequeno a uma estaca e, quando o bicho puxava a corrente, está o machucava e ele, para evitar a dor, **parava**. Quando o elefante cresceu, mantido preso à mesma estaca, da qual poderia facilmente livrar-se como se fosse um palito de dentes, pois adquiriu uma força descomunal; lembrava-se, no entanto, da dor e nada fazia.

Moral da história – Uma frágil estaca consegue manter preso um elefante de algumas toneladas tão eficazmente como quando ele era apenas um filhote.

Muitos gestores no campo da educação continuam muito dependentes de fatos passados, de convenções e soluções ultrapassadas e ainda tomam decisões baseados no que funcionava há anos, exatamente como o elefante.

A conclusão é apenas uma: foi só o que eles aprenderam, foi só no que eles capacitaram e a perspectiva de sobrevivência com essas informações e esse comportamento no século XXI é **quase nula!?!?**

A questão que se coloca como grande desafio para a atual geração brasileira é, consequentemente, de **ordem quantitativa** (escola para todos, pelo menos até as nove séries de ensino fundamental) e **qualitativa** (educação de qualidade para todos).

No que se refere à quantidade, o governo brasileiro precisa procurar rapidamente alternativas que possibilitem a matrícula a todas as crianças em idade escolar, o que implica a ampliação da rede física, o melhor aproveitamento de espaços disponíveis, a racionalização dos serviços escolares e, no limite, até mesmo a compra de vagas porventura ociosas na rede particular!?!?

O governo precisa, também, pensar em ter cada vez mais escolas em tempo **integral** e mais **creches**.

No tocante à qualidade, algumas medidas prioritárias aparecem como as mais recomendáveis: assistir as populações mais necessitadas com programas de atenção especial integral às crianças; ampliar o atendimento em nível pré-escolar; fornecer, treinar e capacitar professores; adequar métodos e conteúdos curriculares à realidade sociocultural dos alunos.

O desafio da EQ é, portanto, enorme em todos os sentidos. Maior ainda se quisermos chegar a EQT, na qual todos aprendem enquanto lá permanecem, sendo ela um instrumento de melhoria de vida de todos que lá trabalham, lá se formam e com isso ela beneficia toda a sociedade.

Para chegar a EQT, deve-se ter na escola um grande contigente de professores de transformação (o ideal seriam todos...), viver num ambiente regido pelos 14 pontos de Deming, ter uma GQT, ou seja, a TQM comandada pelo seu diretor que também utiliza os conceitos de reengenharia dos processos de ensino (RPE).

Na EQT sabe-se que educar hoje em dia, entre outras coisas, não é mais somente, a satisfação das necessidades técnicas e sociais, num currículo adequado, mas sim, preparar os jovens para o imponderável, o imprevisível e o cada vez mais instantâneo, quando as pessoas cada vez mais querem quase tudo imediatamente.

Espero que com todas as informações desse livro, todos aceitem a ideia que para se ter um mundo melhor e em especial um Brasil invejado, é quando nele tivermos cada vez mais EQTs.

Sem sombra de dúvida, este é o mais importante e maior desafio que todos nós devemos ajudar a enfrentar e vencer nesta segunda década do século XXI.

É fundamental integrar todas as forças nacionais, visto que a resposta tem que ser rápida e os resultados têm de ficar sob a responsabilidade de todos que se **consideram brasileiros**!!!

"Winston Churchill disse: 'Nós vivemos com o que ganhamos, porém faz-se uma vida com o que se dá!!!'"

Se você for um cidadão participativo e patriota, pense sempre no que disse W. Churchill e atue de acordo com a sua recomendação!

O que se espera, evidentemente, é que tudo isso não o deixe confuso a ponto de não perceber que não existe esse tipo de mulher,

mas que fique bem claro que deve-se abandonar a escola antiga e dirigir--se para uma EQT, que além de ter melhor estética, é mais eficiente e eficaz em todos os sentidos.

Concluindo e enfatizando de maneira bem sucinta.

Se o Brasil quiser ser mais competitivo no cenário global precisa efetuar uma **revolução na educação** fundamentada em três partes:

1ª) A prioridade máxima em todos os municípios deve ser melhorar a qualidade da educação inicial.

2ª) A escola precisa espelhar-se na empresa, ou seja, se não buscar a eficiência com método e competência ela não irá ser excelente, ou seja, jamais será uma EQ.

3ª) A política deverá ser banida da escola, pois nela é inaceitável!!!

Siglas

A

AA – Alcoólicos Anônimos.

ABDIB – Associação Brasileira da Infraestrutura e Indústrias de Base.

ABNT – Associação Brasileira de Normas Técnicas.

AP – Administração Pública.

APEOP – Associação Paulista de Empresários de Obras Públicas.

AU – Aglomeração Urbana.

B

BNDES – Banco Nacional de Desenvolvimento Econômico e Social.

BRICS – Bloco de nações constituído por Brasil, Rússia, Índia, China e África do Sul.

C

CBIC – Câmara Brasileira da Indústria da Construção.

Ceagesp – Companhia de Entrepostos e Armazéns Gerais de São Paulo.

Cemforpe – Centro Municipal de Formação Pedagógica.

CFA – Conselho Federal de Administração.

Chesf – Companhia Hidro Elétrica do São Francisco.

CIEP – Centro Integrado de Educação Pública.

Conama – Conselho Nacional do Meio Ambiente.

CPI – Comissão Parlamentar de Inquérito.

CQT – Controle de Qualidade Total.

CTA – Centro Tecnológico da Aeronáutica.

D

Dnit – Departamento Nacional de Infraestrutura de Transporte.

E

EBF – Empresa Brasileira de Ferrovias.

Eletrobras – Centrais Elétricas Brasileiras S.A.

Emplasa – Empresa Paulista de Planejamento Metropolitano S.A.

Enem – Exame Nacional do Ensino Médio.

EQ – Escola de Qualidade.

EQT – Escola de Qualidade Total.

Etec – Escola Técnica.

F

Fatec – Faculdade de Tecnologia.

FIABCI – Federação Internacional de Profissões Imobiliárias.

FIFA – Fedération Internationale de Football Association.

Firjan – Federação das Industrias do Rio de Janeiro.

Flip – Festa Literária Internacional de Paraty.

G

GM – General Motors.

GQT – Gestão da Qualidade Total.

I

IBAMA – Instituto Brasileiro do Meio Ambiente e Recursos Naturais Renováveis.

IBGE – Instituto Brasileiro de Geografia e Estatística.

ICMS – Imposto sobre Operações Relativas à Circulação de Mercadorias e sobre Prestações de Serviços de Transporte Interestadual e Intermunicipal e de Comunicação.

ICONE – Instituto de Estudos do Comércio e Negociações Internacionais.

Ideb – Índice de Desenvolvimento da Educação Básica.

IDH – Índice de Desenvolvimento Humano.

IE – Instituição de ensino.

IES – Instituição de ensino superior.

IFDM – Índice Firjan de Desenvolvimento Municipal.

Infraero – Empresa Brasileira de Infraestrutura Portuária.

INPE – Instituto Nacional de Pesquisas Espaciais.

IPCA – Índice Nacional de Preços ao Consumidor.

Ipea – Instituto de Pesquisa Econômica Aplicada.

IR – Imposto de Renda.

ISS – Imposto sobre Serviços de Qualquer Natureza.

ITA – Instituto Tecnológico de Aeronáutica.

L

LDO – Lei de Diretrizes Orçamentárias.

LRF – Lei de Responsabilidade Fiscal.

M

MIT – Massachusetts Institute of Technology.

O

OCDE – Organização para a Cooperação e Desenvolvimento Econômico.

OMS – Organização Mundial de Saúde.

ONG – Organização não governamental.

ONU – Organização das Nações Unidas.

P

PAC – Programa de Aceleração do Crescimento.

P&D – Pesquisa e Desenvolvimento.

PDSA – *Plan* (planejar), *do* (fazer), *study* (estudar) e *act* (agir).

PEA – População economicamente ativa.

Petrobras – Petróleo Brasileiro S.A.

PIB – Produto Interno Bruto.

PIL – Programa de Investimento Logístico.

PISA – Programme for International Student Assessment.

PNE – Plano Nacional de Educação.

Proconve – Programa de Controle da Poluição do Ar por Veículos Automotores.

Pronar – Programa Nacional de Controle de Qualidade do Ar.

Pronatec – Programa Nacional de Acesso ao Ensino Técnico e Emprego.

Q

QT – Qualidade Total.

R

RM – Região Metropolitana.

RMSP – Região Metropolitana de São Paulo.

RMVPLN – Região Metropolitana do Vale do Paraíba e do Litoral Norte.

RPE – Reengenharia dos processos de ensino.

S

SEADE – Fundação Sistema Estadual de Análise de Dados.

SENAC – Serviço Nacional de Aprendizagem Comercial.

SENAI – Serviço Nacional de Aprendizagem Industrial.

STJ – Superior Tribunal de Justiça.

STF – Supremo Tribunal Federal.

SUS – Sistema Único de Saúde.

T

TAV – Trem de alta velocidade.

TC – Tribunal de Contas.

TCU – Tribunal de Contas da União.

TI – Tecnologia da informação.

TIC – Tecnologia da informação e comunicação.

TQM – *Total Quality Management*.

TSE – Tribunal Superior Eleitoral.

U

Unesco – Organização das Nações Unidas para a Educação, a Ciência e a Cultura.

V

VLT – Veículo leve sobre trilhos.

Bibliografia

Antunes, M. T. P. (org.). *Ética*. São Paulo: Pearson Education do Brasil, 2012.

Asher, H. *Polling and the Public: What Every Citizen Should Know*. Washington (EUA): CQ Press, 1995.

Barbeiro, H.; Cantele, B. *O Livro dos Políticos*. Rio de Janeiro: Ediouro, 2008.

Barbosa, E. F. et.al. *Gerência da Qualidade Total na Educação*. Belo Horizonte: Fundação Christiano Ottoni, 1993.

Bittencourt, S. (org.). *A Nova Lei de Responsabilidade Fiscal*. Rio de Janeiro: Temas e Ideias Editora, 2001.

Borges, R. F. *Panela Furada: O Incrível Desperdício de Alimentos no Brasil*. São Paulo: Columbus Cultural, 1995.

Bradt, G. B.; Check, J. A.; Pedraza, J. E. *Os 100 Primeiros Dias que Definem a Sua Gestão*. São Paulo: Saraiva, 2011.

Branco, C. C. *O Caseiro do Presidente*. São Paulo: Nova Alexandria, 2001.

Bucci, E. *Em Brasília, 19 Horas: A Guerra Entre a Chapa-Branca e o Direito à Informação no Primeiro Governo Lula.* Rio de Janeiro: Record, 2008.

Carr, D. K.; Littman, I. D. *Excelência nos Serviços Públicos: Gestão da Qualidade Total na Década de 90.* Rio de Janeiro: Qualitymark, 1992.

Centurião, A. *Brasil, 500 Anos de Mau Atendimento.* São Paulo: Educator, 2000.

Chias, J. *Marketing Público: Por un Gobierno y una Administración al Servicio del Público.* Madrid: McGraw-Hill, 1995.

Costin, C. *Administração Pública.* Rio de Janeiro: Elsevier, 2010.

Christensen, C. M.; Eyring, H. J. *A Universidade Inovadora.* Porto Alegre: Bookman, 2014.

Damatta, R.; Vasconcellos, J. G. M.; Pandolfi, R. *Fé em Deus e Pé Na Tábua: Ou Como e Por Que o Trânsito Enlouquece no Brasil.* Rio de Janeiro: Rocco, 2010.

Delingpole, J. *Os Melancias.* Rio de Janeiro: Topbooks, 2012.

Dubois, R.; Lins, J. *Inovação na Gestão Pública.* São Paulo: Saint Paul, 2012.

Falconi, V. *O Verdadeiro Poder.* Nova Lima: Instituto de Desenvolvimento Gerencial (INDG), 2009.

Fellers, G. *Deming Vision: SPC/TQM for Administrators.* Milwaukee: Quality Press, 1992.

Fernandes, M. L.. *Marketing para Administração Pública.* Campinas: RR Gráfica, 2005.

Ferrer, F; Lima, C. *Gestão Pública Eficiente: Impactos Econômicos de Governos Inovadores.* Rio de Janeiro: Elsevier, 2007.

Figueiredo, R.; Lamounier, B. *As Cidades que Dão Certo: Experiências Inovadoras na Administração Pública Brasileira.* Brasília: MH Comunicação, 1996.

Freitas, N. *O Rabo do Prefeito Perfeito*. Campo Grande: Solivros, 2000.

Foucault, M. *Microfísica do Poder*. Rio de Janeiro: Graal, 1986.

Gabor, A. *The Man Who Discovered Quality*. New York: Times Books, 1990.

Galan, G. *Relações Governamentais & Lobby: Aprendendo a Fazer*. São Paulo: Aberje, 2012.

Giambiagi, F.; Pinheiro, A. C. *Além da Euforia*: Riscos e Lacunas do Modelo Brasileiro de Desenvolvimento. Rio de Janeiro: Elsevier, 2012.

Giglio, C. *O Município Moderno*. Brasília: Mh Comunicação, 1998.

Gitlow, S. J.; Gitlow, H. S.*The Deming Guide to Quality and Competitive Position*. New Jersey: Prentice-Hall, 1990.

Gottdiener, M.; Collins, C. C.; Dickens, D. R. *Las Vegas: The Social Production of an All-American City*. Oxford: Blackwell, 1999.

Grandi, R.; Marins, A.; Falcão, E. (org.). *Voto é Marketing... O Resto é Política*: Estratégias Eleitorais Competitivas. São Paulo: Edições Loyola, 1992.

Hensher, P. *The Missing Ink. The Last Art of Handwriting*. Reino Unido: Faber and Faber, 2012.

Harmon M. M.; Mayer R. T. *Teoria de la Organización para la Administración Pública*. México: Colegio Nacional de Ciências Políticas y Administración Pública A. C./ Fondo de Cultura Económica, 1999.

Hermes, G. C.; Goulart, M. S.; Leiria, J. S. *Gerenciamento de Contratos na Administração Pública*. São Paulo: Makron Books, 1998.

Ioschpe, G. *O Que o Brasil Quer ser Quando Crescer?* São Paulo: Schwarcz, 2012.

Johnson, H.; Broder, D. S. *The System: The American Way of Politics at The Breaking Point*. Boston: Little, Brown & Company, 1996.

Khair, A. A. *Lei de Responsabilidade Fiscal: Guia de Orientação para as Prefeituras*. Brasília: Ministério do Planejamento, Orçamento e Gestão, 2000.

Khan, S. *Um Mundo, Uma Escola: A Educação Reinventada*. Rio de Janeiro: Intrínseca, 2012.

Koehler, J. W.; Pankowski, J. M. *Continual Improvement in Government: Tools & Methods*. Delray Beach, Florida: St. Lucie Press, 1996.

Koehler, J. W.; Pankowski, J. M. *Teams in Government*. Delray Beach, Florida: St. Lucie Press, 1996.

Leite, A. D. *Eficiência e Desperdício da Energia no Brasil*. Rio de Janeiro: Elsevier, 2013.

Lemov D. *Aula Nota 10*. São Paulo: Livros de Safra, 2011.

Lins, J; Miron, Paulo (org.). *Gestão Pública: Melhores Práticas*. São Paulo: Quartier Latin do Brasil, 2009.

Manhanelli, C. A. *Estratégias Eleitorais: Marketing Político*. São Paulo: Summus Editorial, 1988.

Mann, N. R. *Deming: As Chaves da Excelência*. São Paulo: Makron Books, 1992.

Marcovitch, J. *A Gestão da Amazônia: Ações Empresariais, Políticas Públicas, Estudos e Propostas*. São Paulo: EDUSP, 2011.

Mirshawka, V. *A Implantação da Qualidade e da Produtividade Pelo Método do Dr. Deming: A Vez do Brasil*. São Paulo: Makron Books, 1991.

Munford, L. *A Cidade na História*. São Paulo: Martins Fontes, 1982.

Nash, L. L. *Ética nas Empresas: Boas Intenções à Parte*. São Paulo: Makron, 1993.

Neave, H. R. *The Deming Dimension*. Knoxville: SPC Press, 1990.

Nóbrega, M. da. *O Brasil em Transformação*. São Paulo: Gente, 2000.

Oliveira, A. S. et al. *O Município e a Lei de Responsabilidade*. São Paulo: Mageart, 2000.

Oliveira, L. M. de; Galvão, M. C. C. P. (org.). *Desenvolvimento Gerencial na Administração Pública do Estado de São Paulo*. São Paulo: FUNDAP, 2009.

Parkinson, C. N. *A Lei do Atraso*. São Paulo: Pioneira, 1977.

Pereira, J. M. *Manual de Gestão Pública Contemporânea*. São Paulo: Atlas, 2012.

Pirsig, R. M. *Zen e a Arte de Manutenção de Motocicletas*. São Paulo: Martins Fontes: 2002.

Prensky, M. *"Não me Atrapalhe, Mãe – Eu Estou Aprendendo!"*. São Paulo: Phorte Editora, 2010.

Ramos, C. *Sala de Aula de Qualidade Total*. Rio de Janeiro: Qualitymark, 1995.

Scherkenbach, W. W. *O Caminho de Deming para a Melhoria Contínua*. Rio de Janeiro: Qualitymark, 1991.

Senlle, A. *Calidad Total en los Servicios y Administración* Pública. Barcelona: Ediciones Gestion, 1993.

Silva, C. H. D. da. *Plano Diretor: Teoria e Prática*. São Paulo: Saraiva, 2008.

Simões, M. A. *A História da Leitura: Do Papiro ao Papel Digital*. São Paulo: Terceira Margem, 2008.

Teixeira, A. *Reengenharia no Governo*. São Paulo: Makron Books, 1996.

Teixeira, S. *Sobras de Campanhas*. São Paulo: Esfera, 2000.

Tenenblat, K. (coord.). *O Ensino de Ciências e a Educação Básica: Propostas para Superar a Crise*. São Paulo: Academia Brasileira de Ciências; Fundação Conrado Wessel, 2008.

Toffler, A. *A Empresa Flexível*. Rio de Janeiro: Record, 1985.

_____. *O Choque do Futuro*. Rio de Janeiro: Civilização Brasileira, 1987.

_____. *A Terceira Onda: A Morte do Industrialismo e o Nascimento de uma Nova Civilização*. Rio de Janeiro: Record, 1990.

_____. *Powershift: As Mudanças do Poder*. Rio de Janeiro: Record, 1991.

Treff, L. e Battistella, L. R. *Inovação em Gestão de Projetos na Administração Pública*. Rio de Janeiro: Brasport, 2014.

Ventura, J. *I Ain't Got Time to Bleed: Reworking the Body politic From the Bottom Up*. New York: Signet, 2000.

Veras, M. organizador e outros. *Inovação e Métodos de Ensino para Nativos Digitais*. São Paulo: Atlas.

Vignoli, L. B.; Pradier, A.; Boelter, K. *Eu, Vereador*. Porto Alegre: Uniprom, 2000.

Villa, M. A. *Mensalão: O Julgamento do Maior Caso de Corrupção da História Política Brasileira*. São Paulo: Leya, 2012.

Waitley, D. *Impérios Da Mente: Lições para Liderar e Ter Sucesso em um Mundo Baseado no Conhecimento*. Rio de Janeiro: Campus, 1996.

Walton, M. *O Método Deming de Administração*. Rio de Janeiro: Marques-Saraiva, 1989.

_____. *O Método Deming na Prática*. Rio de Janeiro: Campus, 1992.

Whitaker, F. *Ideias Para Acabar com os Picaretas*. Rio de Janeiro: Paz e Terra, 1999.

Zarzana, D. A. P. *O País dos Impostos*. São Paulo: Saraiva, 2010.

www.dvseditora.com.br